傅小兰 周红玲 谢 彤 主 编

王九程 王 詠 刘 菲 杨晶晶 王 荔 副主编

林 春 主 审

科 学 出 版 社

北 京

内 容 简 介

本书系统地介绍了心理健康知识及自我心理调适的策略和方法，目的是帮助高职生增强心理健康和心理危机处理意识，提高自我认识、人际沟通、职场应对和知识、技能学习等各方面的能力，培养良好的心理素质，促进学生全面发展。

本书力求做到内容翔实、重点突出、通俗易懂，既可以作为高职院校心理健康教育教材，也可以作为高职生的心理自助手册，还可供高职院校管理工作人员参考。

图书在版编目（CIP）数据

心理健康教育 / 傅小兰，周红玲，谢彤主编. —北京：科学出版社，2020.9
（"十四五"职业教育国家规划教材）
ISBN 978-7-03-065588-2

Ⅰ. ①心… Ⅱ. ①傅… ②周… ③谢… Ⅲ. ①心理健康－健康教育－高等职业教育－教材 Ⅳ. ①G444

中国版本图书馆CIP数据核字（2020）第109397号

责任编辑：沈力匀 / 责任校对：马英菊
责任印制：吕春珉 / 封面设计：耕者设计工作室

科学出版社 出版
北京东黄城根北街16号
邮政编码：100717
http://www.sciencep.com

三河市骏杰印刷有限公司印刷
科学出版社发行　各地新华书店经销

*

2020年9月第 一 版　开本：787×1092 1/16
2023年8月第八次印刷　印张：19 3/4
字数：500 000

定价：50.00 元

（如有印装质量问题，我社负责调换〈骏杰〉）
销售部电话 010-62136230　编辑部电话 010-62135235（VP04）

本书编委会

主　编　傅小兰　周红玲　谢　彤

副主编　王九程　王　詠　刘　菲　杨晶晶　王　荔

主　审　林　春

委　员　李旭培　付国秋　陈　宇　肖　飞　宋晶晶　顾茜茜　向　玲　王　瑞　李　赛

前　言

每年九月，都会有数以百万计的青年人进入高等职业院校学习，追逐他们技能成才的梦想。同时，也有许多退役士兵、新型职业农民、职场人士因为知识更新和继续教育的需要被吸引到高职院校进修和深造。对于高职生来说，职业院校不仅给他们提供了一个新的学习平台，也为他们与社会和职场衔接、进军职业技能高地提供了一个良好的起点。

研究表明，高职生要在校园生活及未来的职场之路上走得“又稳又快”，除了学校和社会提供的各类支持外，学生自身良好的心理素养，是其尽快融入校园生活，顺利进入和适应职场生活的重要保障。增强高职生的心理健康意识，提升他们的心理健康水平，为他们未来的职场成功和生活幸福提供一些心理学的帮助，正是我们编写本书的初衷。

健康是人生最宝贵的财富，也是个人一切成就的基础。世界卫生组织（World Health Organization，WHO）（1989）将健康定义为人在生理、心理、社会适应和道德方面都处于一种良好的适应状态。高职生只有努力培养自己的高尚情操，提高自己的心理素养和社会适应能力，同时配合良好的身体素质，才能为自己未来的职业成功和生活幸福打下坚实的基础。

党和政府一直高度重视大学生的心理健康问题，《教育部关于加强普通高等学校大学生心理健康教育工作的意见》（教社政〔2001〕1号）指出：“大学生心理健康工作对于提高大学生适应社会生活的能力，培养大学生良好的个性心理品质，促进心理素质与思想道德素质、文化素质、专业素质和身体素质的协调发展，提高高校德育工作的针对性、实效性和主动性，具有重要作用。”

本书依据心理学原理，以高职院校的青年学生为主要对象，兼顾退役士兵、新型职业农民、职场人士等特殊学员群体的心理特点，结合编者长期从事心理健康科研教学的经验和体会，按照教育部高等学校学生心理健康教育的指导意见编撰而成。全书在内容选择和组织形式等方面做了一些尝试，力求体现新要求、新成果、新框架、新模式、新学情，尽可能在保证科学性和针对性的前提下，使内容具有互动性、可读性和实用性。

（一）突出新要求

2016年12月，国家卫生和计划生育委员会、教育部等22部门联合印发《关于加强心理健康服务的指导意见》（国卫疾控发〔2016〕77号），对高职高专院校学生心理健康教育提出具体要求；2017年12月，中共教育部党组发布《高校思想政治工作质量提升的工程实施纲要》（教党〔2017〕62号，简称《实施纲要》），将“心理育人”纳入高职高专院校十大育人体系。《实施纲要》的发布为高职高专院校思政工作着眼新征程、谋划新单元、聚焦新要求、落实新任务，打通高职高专院校育人最后一公里提供了具体指导；2018 年 7 月，中共教育部党组印发了《高等学校学生心理健康教育指导纲要的通知》（教党〔2018〕41 号，简称《指导纲要》）。本书在编写过程中认真贯彻了上述指导意见、《实施纲要》《指导纲要》的新要求。

（二）融入新成果

中国科学院心理研究所（简称“心理所”）是我国唯一的国家级综合性心理学科研和教学基地。心理所除了聚焦人类心理和行为领域的科学问题，开展心理学基础研究外，还特别重视服务于国家的重大战略，开展对国民经济和社会发展有重要意义的应用性研究。多年来，心理所一直注重国民心理健康促进方面的研究，隔年一部的《心理健康蓝皮书：中国国民心理健康发展报告》集中体现了这方面的科学研究成果。本书在编写过程中多处参考了心理所和国内外相关机构的最新研究成果。

（三）构建新框架

本书采取 13 个模块，每模块 1～3 个专题的基本框架，兼顾心理健康教育学科的内在逻辑和新时代高职生心理健康教育的新特点、新要求，力图较全面地介绍相关的心理学知识和实用的心理调节技能。

（四）采用新模式

本书根据职业教育的特点，采取了符合学生认知特点的编写模式。每个单元都设有导入案例、经典分享、心理训练、心理测试等内容，增加了内容的可读性和应用性。同时，考虑到心理健康教育工作要入情入理、效果为重的特殊要求，书中灵活设置了案例点评、测评分析等环节，希望引导青年学生树立正确的世界观、人生观和价值观。

（五）体现新学情

教育部《指导纲要》明确要求，必须与时俱进地研究当前高职高专院校学生的心理健康问题，解决心理健康教育实际工作中出现的矛盾。因此，我们在编写过程中注意把现在职业院校学生普遍关注的学业问题、人际交往问题、亲密关系问题和职业选择问题等作为重点，在书内特别安排了一些案例，向学生介绍一些常见的心理问题和不良情绪（如焦虑、抑郁）的具体解决办法，力求使内容让学生看得懂、学得会、用得着。

我应邀领衔作为本书的主编，编委会由中国科学院心理学研究所及有关职业院校心理教师组成，包括中国科学院心理研究所王詠教授、林春教授、李旭培博士，武汉铁路职业技术学院周红玲、王荔、付国秋、陈宇、顾茜茜、向玲，湖北交通职业技术学院谢彤、刘菲，武汉软件工程职业学院王九程、杨晶晶、宋晶晶、肖飞，河南农业职业技术学院王瑞，陕西工商职业技术学院李赛。

本书在编撰过程中参考了众多学者的相关著作和文献资料。在此，我代表编委会向相关单位和专家表示衷心的感谢。

尽管我们对编写体系和内容进行了反复推敲，但仍难免有疏漏和不足之处，期待广大读者批评指正。

傅小兰
中国科学院心理研究所　所长
中国科学院大学心理学系　主任
2020 年 6 月　于北京奥运村科学园区

目　录

模块一　心理健康与心理素质

模块导读

学习心理健康知识，提高个人心理素质，需对心理学的一些基本知识有所了解。作为一门学科，心理学既古老又年轻。说它古老，是因为人类探索自己的心理现象已有几千年的历史，如“心理学”一词就是源于古希腊语，意即“灵魂之学”。说它年轻，是因为心理学最初包含在哲学中，并不是一门独立的学科，直到1979年德国心理学家冯特建立世界上第一个心理学实验室，才标志着心理学从哲学中分离出来，成为一门独立的专门研究人的心理现象和行为规律的学科。在汉语中，我们习惯于把思想和情感归于“心”，把条理和规则称为“理”，“心理”就是情感和思想规律的总称。作为一门现代科学，心理学也的确是研究人们的思想、情感与行为规律的科学。

人的任何行为都伴有心理活动，都是在一定的心理背景下进行的，所以心理学与我们每个人的生活都密切相关。尽管心理学还很年轻，但科学的心理学已经表现出顽强的生命力和巨大的应用潜力，心理学知识越来越广泛地应用于人们的生活实践特别是个人发展的各个领域，尤其是在心理健康领域。本模块我们就将一起了解心理学中有关心理健康与心理素质的内容，以期更好地培养个人心理素质、提升心理健康的水平。

名人名言

心态若改变，态度跟着改变；态度若改变，习惯跟着改变；习惯若改变，性格跟着改变；性格若改变，人生就跟着改变。

——马斯洛

资源导航

1. 推荐书籍

（1）吉莉恩·巴特勒，弗雷达·麦克马纳斯，生活中的心理学［M］. 韩邦凯译. 南京：译林出版社，2013.

（2）Keith E. Stanovich，与“众”不同的心理学：如何正视心理学［M］. 范照，邹智敏译. 北京：中国轻工业出版社，2005.

（3）C.R. 斯奈德，沙恩·洛佩斯. 积极心理学：探索人类优势的科学与实践［M］. 王彦，席居哲，王艳梅译，北京：人民邮电出版社，2013.

2. 推荐电影

（1）《当幸福来敲门》，2008年，导演：加布里埃莱·穆奇诺。

（2）《心灵点滴》（又名：妙手情真/亚当医生），1998年，导演：汤姆·沙迪亚克。
（3）《叫我第一名》（又名：站在教室前/讲台前的我），2008年，导演：彼得·沃纳。
（4）《国王的演讲》，2010年，导演：汤姆·霍伯。

3．推荐视频

（1）《关注心理健康、改变坏习惯、进入新生活》，TED演讲。
（2）《马丁·塞利格曼谈积极心理学》，TED演讲。

专题一　心理活动和心理健康

能力目标

（1）了解心理活动的内涵和特点。
（2）了解心理健康的内涵和标准。
（3）了解心理健康的动态特征，主动树立提升和保持心理健康状态的意识。

心理活动和心理健康

导入案例

高考失利的小胡

小胡是一名大学二年级男生，性格内向，相貌普通。念高中时，他有个单一却又明确的目标，就是考上一所理想的大学。他和所有学子一样，奋勇拼搏，为着自己的目标坚持不懈，最终考上了大学。但是他并不满意，因为上的是一所高职学校，而原来高中班上2/3的同学都考取了本科院校，他觉得自己高中三年的努力都白费了。上了这样的学校，即使自己再努力，恐怕也不会有太大的出息。所以上了大学，小胡就不想继续好好学习了，每天过着浑浑噩噩的日子。平时他也沉默寡言，不愿意跟别人打交道。上课时他更是闭口不言，即使偶尔被教师提问，说话声音也小得跟蚊子的声音一样。下课时，他经常是静静地坐在自己的座位上发呆。有时候其他同学叫他一起玩，他也只是抬头勉强笑一下，仍然坐着不动。这导致他至今一个朋友也没有。他觉得大家都不会在乎他的存在，他感到自卑、孤独，情绪低落，学习成绩也越来越差。

【分析】高考失利对于小胡来说，是一个客观事件。对这样的客观事实，由于每个人对此的认知不同，情绪体验也会有所不同。小胡对此的心理活动表现为：他认为自己之前的努力白费了，自己是个失败者，即使再努力，未来也不会成功。于是，他情绪低落，意志消沉，也不能维持良好的人际关系。他有这样的反应，和他的个性特点即性格内向也有关系。从心理学的角度看，由于小胡人际关系不好，缺乏适应能力，因此在生活中无法保持高效、满意、积极向上的心理状态，心理健康总体水平偏低。

一、心理活动及其特点

（一）什么是心理活动

许多人认为“心理”很神秘，看不见、摸不着，是无法确定的现象，实际上这是误解。心理虽然属于精神范畴，不像物质那样能直接看得见、摸得着，但它可以通过看得见、听得见的行为和语言来体现，而且心理活动可以通过一定的方式方法来进行测量。

那么，什么是人的心理呢？心理是人在日常活动中对客观事物的反应活动，是生物进化到高级阶段时大脑的特殊功能。心理是心理活动的简称。有人把内心活动的静态表现称为心理现象，将其动态过程称为心理活动；不过，实际上内心活动本身就是一种动态系统，没有必要做严格的区分，作为非心理学专业的人士，可以把心理活动和心理现象当同义词来理解。

人的心理过程往往是从人的认识活动开始的，由感知觉进一步产生思维和引发情感，继而形成意志。例如，唐代诗人崔护在其《题都城南庄》诗中写道：“去年今日此门中，人面桃花相映红。人面不知何处去，桃花依旧笑春风。”从诗中我们可以了解到，年轻的诗人曾在那里看到一位美丽的姑娘，产生了愉快的体验，于是有了爱慕之意和想要交往的动机，可是又碍于种种因素而未能实现意图；后来再去时，却没能再遇见这位姑娘，于是心里惆怅失落，写下了这首脍炙人口的诗。其中所涉及的感受、判断、思维、动机、情绪体验等，都是心理活动。

心理就其自身来说，是一个有组织的、整体的动力系统。心理活动是有机体在内部条件下直接释放出来的内隐活动，或称激活，是从事外显活动的条件与准备。它是指通过大脑神经生理过程所进行的信息识别、编码、存储、提取和运用的过程，也即大脑高级神经活动产生的关于外界事物映象和意义的过程。简言之，心理活动是个人在现实生活中对客观事物的主观反应，是指人的内心活动；同时，因为心理活动所反映的是客观的事实，所以心理活动也是属于客观世界的一部分。

（二）心理活动的过程性与个体性

心理学家认为，心理活动或心理现象是由两个方面——心理过程和个性心理组成的。

1. 心理过程

心理过程指的是人的心理活动都有一个发生、发展、衰退或消失的过程。人们在活动的时候，通过各种感官认识外部世界事物，通过头脑的活动思考着事物的因果关系，并伴随着喜、怒、哀、惧、爱、恶、欲等不同的情感体验。这伴随着一系列心理现象的过程就是心理过程。心理过程按其性质可分为三个方面，即认知过程、情感过程和意志过程，简称知、情、意。感觉、知觉、注意、记忆、想象、思维等属于认知过程；快乐、悲哀、愤怒、恐惧等则属于情感过程；而目的性、决心、坚持、自制力等属于意志过程。

这些心理过程都有其相应的规律。例如感知觉，其中感觉是感官接受外部刺激形成的对事物属性的反应，知觉则是对感觉信息进一步加工而形成的大脑对事物的整体反应。我们春天外出郊游时，桃树上开满了桃花，粉红色的花软软的、透着淡淡的清香，所有这些都带给我们惬意的感受。这里的粉红、软、清香等都是事物在不同属性（颜色、形态、气味）上的表现，经过我们感官接收到信息和大脑的初步加工之后，使我们对这些属性和表现有了一个初步的感受，这就是感觉。而后，大脑会进一步对这些事物属性信息进行整合，并和自己原有的经验、认知图式进行匹配，做出这是桃花、春天来了、桃花开了的种种判断，这就是知觉。在此过程中，感觉和知觉又有其各自的特性。例如，知觉具有选择性、整体性、理解性、恒常性等特征。

（1）选择性：指的是人在知觉外界事物时，并不是把所有外界信息都同时进行加工，而是有针对性地对一些自己觉得重要的或符合自己兴趣的事物作为知觉的对象。例如，心理学家让受试者数一队打篮球者的传球次数，然后安排从中走过一个由人装扮的黑猩猩，之后绝大多数受试者回答说“没有看见”，因为他们正在专心数数，以至于对此视而不见。

（2）整体性：指的是事物对象往往有不同的属性、由不同的部分组成，但我们并不会把它看成为个别孤立的部分，而总是把它知觉为一个有组织的整体，如我们看到楼上的霓虹灯坏了，其中某个字只显示半边或部分笔画，但我们依然会把它在头脑中补充完整，并读出正确的字来。

（3）理解性：指的是我们并不是被动地接受外界事物的信息，而是会根据自己以往经验，对事物做出相应的解释，就像上面提到的“自动补充”不完整字的例子。

（4）恒常性：指的是即使外界客观事物发生了变化，但我们的知觉却可能并不相应变化，如我们玩过山车，当头朝下时会看到周围的花草树木是倒着的，但却并不觉得它们长反了，这就是我们过去的知识、经验在起作用。

在感知觉的过程中，我们还会产生各种各样的错觉。每年世界上还有专门的视错觉大赛，让人觉得简直无法相信自己的眼睛。心理学关于错觉现象也有大量的研究分析，发现这也是人类的感知觉规律在起作用。

2. 个性心理

个性心理包括个体倾向性、个性心理特征和自我意识。个体倾向性反映了一个人的意识倾向，是个体行为活动的动力系统，由需要、动机、兴趣、理想、信念和价值观组成；个性心理特征包括能力、智力、气质、性格等，反映了个体典型的心理活动和行为特点；自我意识是个性结构中的自我调节系统，主要包括自我认识、自我体验和自我控制三种成分。

个性心理因为个体差异而在每个人身上表现出不同的特征，原因是每个人的需要、动机、兴趣、能力、性格等各不相同。例如很多人对催眠感兴趣，在催眠中不同的人就可能会有不同的反应。催眠是一种特殊的意识状态，其特点是被催眠者的脑电与清醒状态一样，但是自主判断、自主意志行动减弱或丧失，感觉、知觉、思维等主要认知过程受催眠师的诱导。在催眠过程中，被催眠者会遵从催眠师的暗示或指示做出反应。催眠的深度会因个体催眠感受性、催眠师的威信与技巧差异而不同，而催眠所产生的效应可延续到催眠后的觉醒活动中。这种以特定步骤的诱导使被催眠者进入催眠状态的方法就称为催眠术。催眠可以唤起被催眠者对被压抑和遗忘的事情的记忆；可以帮助被催眠者减轻或消除内心冲突和紧张。将催眠疗法与其他方法配合，在药物依赖、酗酒、睡眠障碍及一些身心疾病的治疗中能发挥一定的作用。当然，催眠作为一种特殊治疗手段，须由经过专门训练的催眠师完成。正常人群对催眠存在个体差异，容易接受催眠者，通常想象力丰富、容易沉湎于当前或想象的场景中，依赖性强，深信催眠的作用。所以，实施催眠之前催眠师会对治疗对象的各方面进行评估。在催眠演示中，催眠师往往会选择那些容易受暗示、配合度高的人作为受试者，这也是个性心理差异的一种体现。再如，面对同样的事物或活动，有的人兴高采烈、趋之若鹜，有的人神色平淡、无动于衷，好比有人爱逛街、有人爱宅家，这是因为每个人的兴趣差异所致，也是个性心理的一种反映。

心理过程体现了人类的共性，而个性心理则反映出人与人之间的个体差异。但两者又是紧密联系在一起的：一方面，每个人的每一种心理过程都带有个人的独特性即个性；另一方面，每个人的个性又表现在其心理过程之中，既没有不带个性的心理过程，也没有不表现在心理过程之中的个性，两者相互渗透、融为一体。

正常情况下，人类的心理活动能保证我们适应环境，认识世界（含自己）和改造世界。但有时候有的人，他们的心理活动和个性心理特征偏离正常，对他们的生活和工作不会构成不利的影响，这就是心理学家所说的心理不正常和心理不健康状态。

二、心理健康的标准

1948 年，WHO 在其章程的序言中提出：“健康不仅是没有疾病或虚弱状态，而是个体在身体、心理、社会方面的完善状态。”1989 年，WHO 将健康的概念扩充为：“健康应包括生理、心理、社会适应和道德品质的良好状态。”可见现代健康的标准包括生理健康、心理健康、社会适应良好、品德优良等多方面。这是人类对自身认识的一个巨大进步。其中，有关心理健康的标准，是一个比较复杂的问题。

从广义上讲，心理健康是指一种高效而满意的、持续的心理状态。从狭义上讲，心理健康是指人的基本心理活动过程和内容完整、协调一致，即认知、情感、意志、行为、人格完整和协调，能正确对待外界影响和适应社会，与社会保持同步。

一般来说，心理健康的人能够善待自己和他人，适应环境，情绪正常，人格和谐。心理健康的人并非没有痛苦和烦恼，而是能适时地从痛苦和烦恼中解脱出来，积极寻求能改变不利现状的新途径。他们是那些能够自由、适度地表达和展现自己个性的人，并且能够与周围环境和谐相处。他们善于不断地学习和利用各种资源，不断地充实自己。他们会享受美好人生，同时也明白知足常乐的道理。他们不会去钻牛角尖，而是善于从不同角度看待问题。心理学家将心理健康的标准概括为以下几点。

（1）有适度的安全感，有自尊心，对自我的成就有价值感。

（2）适度的自我批评，不过分夸耀自己也不过分苛责自己。

（3）在日常生活中，具有适度的主动性，不为环境所左右。

（4）理智、现实、客观，与现实有良好的接触，能容忍生活中的挫折和打击，无过度的幻想。

（5）适度地接受个人需要，并具有满足此种需要的能力。

（6）有自知之明，了解自己的动机和目的，能对自己的能力做客观的估计。

（7）能保持人格的完整与和谐，个人的价值观能适应社会的标准，对自己的工作能集中注意力。

（8）有切合实际的生活目标。

（9）具有从经验中学习的能力，能根据适应环境的需要改变自己。

（10）有良好的人际关系，有爱人的能力和被爱的能力。在不违背社会标准的前提下，能保持自己的个性，既不过分阿谀奉承，也不过分寻求社会赞许，有个人独立的意见，有判断是非的标准。

从上述内容中可以看出，自尊是心理健康非常重要的一方面。所谓自尊，是指个体对自己（或自我）的一种积极的、肯定的评价、体验和态度。大量心理学研究结果表明，自尊是心理健康的核心。自尊与心理健康的各方面测量指标都高度相关，如自尊可以反映人们的生活满意度。高自尊的人往往有着积极向上的情绪，对世界的看法也比较乐观等。

在我国，近年来不仅人们对心理健康的需求越来越突显，党和政府也越来越重视全社会的心理健康状况和心理素质提升。在中央文件和政府报告中多次提出，要注重“培育自尊自信、理性平和、积极向上的社会心态”。从便于记忆的角度，我们也可以把“自尊自信、理性平和、积极向上”作为心理健康状态的一个凝练表达。

个体的心理状态可以是积极的，也可以是消极的，而积极向上的心理状态，是心理健康的重要标志。如果我们掌握了心理健康标准，就能够以此为依据、对照自己进行心理健康的自我诊断。如果发现自己的心理状况中某个或某些方面与心理健康标准存在一定距离，就可以针对性地加强心理锻炼，以期达到心理健康的要求。如果发现自己的心理状况严重地偏离了心理健康标准，就要及时就医，以便早诊断、早治疗。

三、心理健康标准的动态性

值得注意的是，心理健康标准是一种相对理想化的描述，它为人们提供了衡量心理健康的标尺和努力的方向，但同时我们也要注意到，心理健康的标准是动态变化的，它具有相对性、连续性、可逆性的特点。

（一）心理健康标准的相对性

心理健康是一个相对的、发展的、文化的概念。随着国别、地域、民族、文化、发展阶段等的不同，对心理健康的行为要求和标准也会有社会文化背景和历史的时代的差异。特定的社会文化对心理健康的要求，取决于这种社会文化对相应的心理健康特征的价值观，同时它也会随着个体的年龄、性别、种族差异等而可能有不同的社会期待和要求。例如，我们对男童、女童在淘气、文静、冒险性等方面的一般看法和期待会存在差异。因此，心理健康标准往往只有在与同一时代、同一社会文化背景、同一种族、同一年龄等具有相同群体特征的人做发展水平的比较，才具有现实意义。

（二）心理健康标准的连续性

在心理健康的不同特征上，并非只有截然相反的好和坏两种状态，或者非黑即白。从心理健康到心理不健康乃至心理异常是一个从量变到质变的渐进过程。在黑色、白色之间，是一个连续体，存在一条长长的颜色渐变、由白到黑、由浅入深的灰色带。完全健康的纯白者和有严重精神疾病的纯黑者极少，大多数人是处在中间地带。相应的状态，也可分为心理健康、心理亚健康、心理问题、精神障碍等不同层级。尤其值得注意的是，近些年的调研结果表明，由于社会变革、工作与生活压力等多方面因素，越来越多的人处于心理亚健康的状态，出现焦虑、抑郁、疲倦、无助、无力等消极思维与消极情绪多发，并伴随生理亚健康的状况。心理健康不仅是指没有心理疾病，还指要尽可能消除心理亚健康，保持良好的、积极的心理状态。

（三）心理健康标准的可逆性

每个人都会面临心理健康的状态和心理亚健康或心理不健康状态的转换变动。例如，我们本来心情可能很好，但由于遭遇了一些不好的事或重大负性生活事件（如考试失利、失恋），导致心情变得非常糟糕，甚至出现抑郁，也不能安心学习工作；但又过了一段时间，或由于自己的努力，慢慢又摆脱了这种状态，心情慢慢地又转好了。这就是心理健康状态的可逆性。因此，判断一个人的心理是否健康，不能仅凭一时一事进行简单判断和下结论。一个人偶尔有一些不健康的心理和行为，并不意味着心理一定不健康，要具体情况具体分析。

健康无止境，我们每个人都应该追求和保持心理健康的良好水平，充分发展发挥自身潜能，更好地实现自己的人生目标。

经 典 分 享

心理活动的外在反应之一：瞳孔的秘密

长久以来，人们都认为眼睛是“心灵的窗户”，是反映情绪的晴雨表。当你对某人说的话产生怀疑时，你可能会对他说：“请看着我的眼睛说！”很多玩牌高手声称，他们能够通过注视对手的眼睛来发现牌局的变化。心理学家赫斯认为，在上述例子中，人们所看的主要是对方的瞳孔的变化，即变大或变小。

的确，研究表明，情绪对瞳孔是有影响的。人的注意、兴趣或情绪的唤起都能够激活交感神经系统，从而导致瞳孔变大。

虽然人的瞳孔在愉快与不愉快时都会放大，但大多数人还是倾向于把瞳孔放大当作愉快情绪的信号，把瞳孔缩小当作是不愉快情绪的信号。为了证明这个观点，赫斯设计了这样的实验：他让一组男性被试者看两张漂亮姑娘的照片，区别是一张照片中人眼的瞳孔较大，而另一张照片中人眼的瞳孔较小。结果，被试者一致认为大瞳孔者是“温柔的”、“有韵味的”和“漂亮的”姑娘，而把小瞳孔者形容为“难缠的”、“自私的”和“冷酷的”姑娘。其实那两张照片是同一个姑娘的。当然，这种理论并不仅仅适用于男性评价女性。

在另外一组实验中，研究者要求被试者在两个性别不同的人中挑选一个人作为自己的实验伙伴。实验设计要求这两个人中的一个人通过使用眼药放大了瞳孔，而另一个人没有这样做。结果表明，被试者都愿意挑瞳孔大的人作为自己的实验伙伴，不论此人是男性还是女性。

【分析】心理活动往往有其外在表现，如肌肉紧张、血压升高、激素分泌、心率、皮肤电、脑电的生理变化，等等；也会反映在外在的行为变化上，如身体姿态和言语表达的变化，出现攻击行为、合作行为或其他某种意志行为等。因此，心理学家们可以通过观察这些特征变化来考察各种心理活动产生的影响；或者反过来，通过对这些指标变化的观测来考察或推测内在的心理活动过程。

心 理 训 练

我的心理健康状态

1．训练目的

通过心理健康问卷，测试了解自己的心理健康状况。 如果我们在测试中得分为中度抑郁以上的，就应该寻求心理教师和心理咨询师的解释和帮助。

2．训练时间

15 分钟。

3．训练内容

表 1-1 为抑郁量表，其中描述了个体在生活和学习中可能存在的心理感受，请就下列描述对自己在过去 2 周内的实际感受做出判断，选择符合相应感受在 2 周内出现频率高的选项。

表 1-1　抑郁量表

心理感受	选项			
	没有	有一两天	有 3～5 天	几乎每天
做什么事情都觉得没兴趣、没意思	○	○	○	○
感到心情低落、郁闷，没希望	○	○	○	○
入睡困难，总是醒着，或者睡得太多、一直想睡觉	○	○	○	○
感到身体疲倦	○	○	○	○
胃口不好，或食欲过盛	○	○	○	○
认为自己是个失败者，让家人丢脸	○	○	○	○
学习或娱乐时难以集中注意力	○	○	○	○
行动、说话过慢或过快以至引起他人的注意	○	○	○	○
有轻生或伤害自己的念头	○	○	○	○

【评分标准】

每题对应 0～3 分。分值与选项的对应关系为：没有为 0，有一两天为 1，有 3～5 天为 2，几乎每天都有为 3。

计算 9 道题的平均得分：0～4 分，为没问题；5～9 分，为轻微抑郁可能；10～14 分，为中度抑郁；15～19 分，为中重抑郁；20～27 分，为重度抑郁。

成长反思

（1）怎么理解心理是脑的功能？

（2）结合心理健康标准，对照自己的情况进行相应分析。

（3）你认为就自身心理健康状态而言，哪些方面需要优先进行改善？

专题二　心理素质培养

能力目标

（1）了解心理素质的内涵、结构和分类。

（2）能培养和提升自己的心理素质。

（3）具有树立培养积极品质的意识。

心理素质培养

导入案例

乐观向上的张海迪

张海迪5岁时因患脊髓血管瘤，高位截瘫。因此，她没进过学校。但张海迪童年起就开始以顽强的毅力自学知识，先后自学了小学、中学和大学的专业课程。张海迪15岁时，随父母下放到山东聊城莘县一个贫穷的小村子。她没有惧怕艰苦的生活，而是以乐观向上的精神顽强拼搏。在那里她给村里小学的孩子们教书，并且克服种种困难学习医学知识，热心地为乡亲们针灸治病。在莘县期间，她无偿地为人们治病1万多人次，受到人们的热情赞誉。

【分析】张海迪面对逆境没有自暴自弃，而是以坚忍、乐观的心态克服了种种困难，努力实现自身价值，展现了良好的心理素质。

一、心理素质的内涵

心理素质，是指个体在遗传和环境的共同作用下，形成的内在的、相对稳定的心理品质。这些心理品质影响或决定着个体的心理、生理和社会功能，其结构由认知品质、个性品质和适应能力三个基本维度构成。关于心理素质的分类有多种，如前所述的“知、情、意”是一种分类；强调心理有“智力因素”与“非智力因素（或人格因素）”又是一种分类。从认知品质、个性品质、适应能力的角度，其实就是侧重于后一种分类。认知品质主要强调智力因素，个性品质侧重于动机、情绪情感、意志、自我认识等非智力因素方面，适应能力则重点在于自我发展和社会交往的适应性，主要也属于非智力因素。

当前，全世界都注重要从小培养心理素质，这与心理健康教育也密不可分。在我国，早在1999年发布的《中共中央国务院关于深化教育改革全面推进素质教育的决定》

中就已提出："在全面推进素质教育工作中，必须更加重视德育工作，加强学生的心理健康教育。"此后，《教育部关于加强普通高等学校大学生心理健康教育工作的意见》指出："高等学校培养的学生不仅要有良好的思想道德素质、文化素质、专业素质和身体素质，而且要有良好的心理素质。"在教育部《中国普通高等学校德育大纲（试行）》中也明确提出："要把心理健康教育作为高等学校德育的重要组成部分，大学生应具备良好的个性心理品质和自尊、自爱、自律、自强的优良品格，具有较强的心理调适能力。"从这些文件中都可以看到，心理健康教育的重要目的在于提高广大学生的心理素质。

心理健康教育，顾名思义是指提高学生心理健康的教育，包括普及心理健康基本知识，树立心理健康意识，了解简单的心理调节方法，认识心理异常现象及初步掌握心理保健常识等，涉及学会学习、人际交往、自我修养、升学择业及生活和社会适应等方面的常识。本书中所谈到的心理素质，就是指在面向心理健康保持和提升的要求下，个体在认知、情感、行为意向等方面需要学习了解掌握的知识技能和相关的心理准备。

从心理健康的角度看，心理素质可以分为适应性指标和发展性指标。适应性指标重点是看能否良好地适应社会，一切不适应的心理行为都属于心理不健康的范畴，如学生中存在的嫉妒、任性、自卑、孤僻、逆反、焦虑、神经衰弱、社交困难，乃至自杀、犯罪等心理行为问题。发展性指标则强调智力因素和非智力因素（即人格因素）的培养发展。智力因素包括感知觉能力（特别是观察辨别能力）、记忆能力、想象能力、思维能力、言语能力和操作技能，其中思维能力是智力与能力的核心。非智力因素是指智力活动以外又能对智力活动产生助益的一切心理因素。良好的非智力因素主要包括健康稳定的情绪情感、刚毅坚忍的意志、积极主动的兴趣、稳定持久的动机、崇高的理想、良好的习惯等。

二、培养积极健康的心理素质

心理素质是一个多层次、多维度的概念。从其功能角度，对于个体来说心理素质存在正性（积极的或健康的）和负性的（消极的或不健康的）两种功能。就心理健康的角度，我们应重点发展或培养积极健康的心理素质，减少或消除那些消极、不健康的心理素质。

在这些心理素质中，既包括指向自我的心理品质，如自我知觉、自我体验、自我评价、自我调节和自我效能感，也包括指向其他人或物的心理品质，如个人的认知风格、情绪体验、情绪调节、应对风格、个性、动机、价值观等。

培养积极健康的心理素质，重点可从以下几方面着手。

1. 自我认识与控制

自我认识与控制是指个人对自己的认识、对自己情绪的体验和调节，以及控制自己行动的相关知觉和信念。简言之，包括自我知觉、自我评价、自我体验、自我调节。其中，有关自我效能感和自尊的培养极为重要。对此，我们可以从专注认真地完成日常点滴小事中，逐渐积累成就体验感和价值感。

2. 心理活动的动力系统

心理活动的动力系统是指个人心理活动的动力源泉，包括心理活动最基本的动力源泉——需要，以及在社会生活中形成的人生观、价值观及生活目标等。对于高职院校的学生来讲，就是要好好考虑未来的职业取向和生活目标，思考自己未来希望成为什么样的人，相应地规划自己的行动方案。

3. 性格

性格指的是人对现实的稳定态度和与之相适应的习惯化了的行为方式。其主要反映人格中较为稳定的对事物的认识，有关事物变化发展的乐观与悲观态度，敢于负责、敢于行事、独立行事、能够克服困难并自我约束的意志品质，以及在挫折情境下的挫折容忍力。

4. 认知风格

认知风格是指个体在认知过程中经常采用的习惯化的方式。具体而言，就是在感知、记忆、思维和问题解决过程中个体所偏爱的、习惯化了的态度和方式。它包括认知方式和归因方式两个方面。认知方式可分为沉思—冲动、发散—整合、语言—图像、复杂—简单、具体—抽象、冒险—谨慎等方面；归因方式有内归因与外归因、稳定归因与不稳定归因等。

5. 情绪调节能力

我们在日常生活中会产生各种各样的情绪，包括积极情绪和消极情绪。积极情绪对人的活动具有正向作用，对人的生活具有良好的适应功能，对人的发展具有推动作用；消极情绪往往会对心境产生负面影响，但如恐惧、愤怒这样的消极情绪，其实也是来自生物进化中为躲避威胁而产生的本能反应，也有其本来的适应的积极意义。总体而言，如果我们能够提高情绪调节和控制能力，使积极情绪在个人的情绪生活中占主导地位，减少消极情绪对个人心境和行为的负面影响，就能够更好地提升自己的幸福感。

6. 应对风格

应对风格是指个人身上较稳定的、独特的应对外部环境和应激事件的策略和方式方法。应对风格既是个人以往应对经验的积累，也是应对策略和方式的学习。进入高职院校之后，高职生会面临更复杂的学习环境，以及人际关系，学习应对各种压力情境的方式方法，形成自己的有效应对方式和应对风格，是值得每一个人所重视的。

7. 人际交往素质

人际交往素质是指个人能与周围人和群体进行交往、沟通，建立良好人际关系，维持、改善人际环境的能力和品质。其包括人际知觉、人际沟通、同理心、人际过程中的自我情绪调控能力等。

良好的心理素质有助于产生良好适应状态，这也是心理健康者的特征。在现代社会，适应还意味着能够随社会进步和生活节奏的改变，不断改变自己、改变环境、改变自身的需要以适应不断变化着的现实，从中体现出我们的适应能力、自控能力和社会交往能力。因此，我们每一个人，都有要努力提高自己的心理素质。

三、心理素质与品格优势

（一）心理素质中的人格因素

如前所述，心理素质的非智力因素主要强调适应能力和人格因素。人格又称个性，是指个体在对人、对事、对己等方面的长期社会适应中所形成的相对稳定的行为上的内部倾向性和心理特征。人格表现为能力、气质、性格、需要、动机、兴趣、理想、价值观和体质等方面的整合，是具有动力一致性和连续性的自我状态和行为模式，具有个体独特性和相对稳定性。

一个人的人格是在遗传、环境、教育等因素的交互作用下形成的。整体性、稳定性、独特性和社会性是人格的基本特征。不同的遗传、生存及教育环境，形成了不同个体各自独特的心理特点和人格。所谓“人心不同，各如其面”。同时，人格又具有相对稳定性。俗话说，“江山易改，秉性难移”，这里的“秉性”就是指人格。青少年时期仍然处在人格发展形成的重要阶段。

人格心理学家常常按照人格的差异，将人们分成不同的类型。许多人喜欢在日常生活中使用人格类型，因为这有助于我们将理解他人这种复杂的过程简单化。

早期的类型理论之一是由公元前5世纪的一位希腊医生希波克拉底提出来的。他认为人体含有四种基本的体液，每种体液与一个特定的气质类型（一种情绪和行为的模式）相对应。多血质的人是快乐、好动；黏液质的人是缺乏感情、行动迟缓；抑郁质的人悲伤、多愁善感；胆汁质则易激怒、易兴奋。虽然希波克拉底提出的这个理论没有经受住现代社会的考验，但它的确流行了几个世纪，影响一直延续到中世纪。

之后，不同的心理学家纷纷提出不同的人格分类依据，在近代尤以人格特质理论为主要代表。人格特质理论强调人格可以因其不同的方面分解为不同的特质维度，每一个人在这些特质维度上可能又有不同的表现水平。例如，英国心理学家艾森克夫妇在20世纪70年代～90年代根据人格测验的数据得到三个范围很广的人格特质维度：外向性（内向或外向）、神经质（情绪稳定性）、精神质（善良体贴的或是有攻击性的）。英国和美国心理学家雷蒙德·卡特尔则在前人有关人格描述的4 500个形容词表的基础上，从中选定171项行为特征，让大学生应用这些特征对同学进行行为评定，通过因素分析后最终概括得到16种人格特质（又称“16PF”）。由此，卡特尔提出了人类人格的16个因素，认为这是可用于区分人格类型的数量适宜的、基本的特质维度。卡特尔的16种人格特质包含了16个重要的行为范畴：乐群性、聪慧性、稳定性、恃强性、兴奋性、有恒性、敢为性、敏感性、怀疑性、幻想性、世故性、忧虑性、实验性、独立性、自律性、紧张性。从这16种人格方面对人进行描绘，一定程度上可以把握个体在环境适应、专业成就和心理健康等方面的表现。在人事管理中，16PF可用于预测应聘者的工作稳定性、工作效率和压力承受能力等，因此也曾广泛应用于心理咨询、人员选拔和职业指导的各个环节，为人事决策和人事诊断提供了个人心理素质的参考依据。除了艾森克和卡特尔之外，还有许多心理学家也提出了各自的人格类型理论，在此就不一一列举了。

（二）品格优势与美德

随着积极心理学运动的兴起，心理学家们开始关注可以提升人类幸福感的那些积极的人格品质。以美国克里斯托弗·彼得森（1950—2012年）为首的一批杰出心理学家在研究了全世界横跨3000年历史的各种不同文化后，归纳出了六大放之四海而皆准的美德，以及从属于六大美德的24项品格优势。这些品格优势可为我们提升心理素质做很好的参照。这24项品格优势的提出，恰是为了帮助人们更好地认识和发展自身的积极品质，克服自身不足、消除不良的心理行为因素，着重培养和发展自己的优势力量，并促使人们更好地走向成熟、发挥潜能、自我实现。

在克里斯托弗·彼得森等人的研究发现中，六大美德指的是智慧、勇气、仁爱、正义、节制和精神卓越。对应六大美德的24项品格优势则分别如下所述。

（1）智慧：好奇心、好学、洞察力、思维力、创造力。

（2）勇气：正直、坚韧、勇敢、活力。

（3）仁爱：爱、善良、人际智力。

（4）正义：公平、领导力、公民精神。

（5）节制：自我规范、审慎、谦逊、宽恕。

（6）精神卓越：感恩、幽默、灵性、欣赏、希望。

积极心理学认为，每个人内在都拥有这24项品格优势，只是不同个体在各项品格上的表现不同。美国心理学家马丁·塞利格曼在其著作《真实的幸福》中指出，积极心理学所探讨的优势必须是可以后天培养的。任何一个人，只要他愿意付出努力，采取正确的方法，就可以提升自己的优势。心理学家们在提出这个体系的基础上，发展了相应的品格优势测量问卷，来帮助人们评估自己的品格优势水平，更好地认识和发掘自身的优势，发挥潜能、实现价值。同时，他们也提出了多种方法，帮助人们训练和提升自己的品格优势，如通过写感谢信、每日记录“三件好事”来训练自己的感恩意识和心态，提升个体的幸福感。

研究发现，品格优势与青少年一些常见的心理问题，如抑郁、青少年犯罪、药物滥用等负相关（指品格优势多则问题行为更少），与学业成功、亲社会行为、美好生活等积极发展结果正相关。因此，我们可以考虑从这24项品格优势入手，认识自己和发展自己，提升我们的心理素质。

经 典 分 享

32美元和一句忠告

有一年暑假，大学二年级学生乔恩到华盛顿游玩，钱包不慎遗失。在忍受了两天饥饿后，乔恩决定铤而走险去偷钱。

夜幕降临，乔恩翻窗潜入威拉德酒店二层的一个房间。黑暗中，他摸到了衣架上的衣服，摸到了衣兜里的钱包，还摸到了一块怀表。表链钩连着衣襟，正当乔恩想伸手解表链时，一个声音在黑暗中响起：“请不要拿走我的怀表！”乔恩吓了一跳，傻傻地脱口问道：“为什么？”“并非这表有多值钱，只是因为它对我而言意义非凡。我请求你不要拿走它。”黑暗中，那声音停顿了一下，问道，“孩子，你为什么要这么做呢？”

“对不起，先生！我丢了钱包，我无法回家，我很饿……”乔恩如实讲述着自己的困境，“如果您不介意，我就只拿走这个钱包。”

“好的，我不介意。不过，如果支付房费和返程车费，32美元足够。”黑暗中，那声音平静沉稳，“我想，这32美元算我借给你的，如果以后你方便的话，可以还给我。”“当然，我一定会还您！”乔恩感到心中有股暖流在涌动，连声道谢。“孩子，我知道你是个好人，可你今天的举动非常糟糕。”那声音接着说，“以后，一定要记住：你是谁！”

很多年以后，乔恩成为了一名出色的律师。他兑现了自己的承诺，归还了32美元。多年来，他一直牢记那句忠告：“一定要记住：你是谁！”

这个故事记载在约翰·卡尔文·柯立芝的自传中。他就是怀表的主人，美国第30任总统。

【分析】著名思想家卢梭说过：“善良的行为有种好处，就是能使人的灵魂变得高尚，并且使它可以做出更加美好的行为。”从故事中我们可以感受到柯立芝总统的善良和宽恕，也能感受到即使乔恩做出偷窃的蠢事，但他心中仍存着善良。同时，我们还能从中发现柯立芝总统的其他人格魅力：从容、冷静、勇敢、坚定、公正、仁爱、正直、幽默、希望等，当然也还有他的人际智力和领导力。可以说，这个故事为我们提供了一个很好的积极品质发展的楷模，提示我们，人格的发展是无止境的，我们应不断地学习、修炼和提升自己。

心理训练

提升幸福感：每天三件好事

1. 训练目的

通过每天记录与分享三件好事，体会积极的情绪和感恩的心态。

2. 训练时间

40分钟。

3. 训练内容

（1）6～8人一组。每人准备一张纸和一支笔。

（2）每人回顾自己过去一天中的经历，写下其中令自己感到愉快的三件好事（也可以更多），也可以同时写下与这些事相关联的值得感谢的人（可以是他人，也可以是自己）。

（3）在自愿和做出保密承诺的前提下，每人在小组内进行分享。

（4）回顾和分享三件好事，你觉得对你的感恩之心有帮助吗？是否使小组内的氛围更融洽和愉悦？

成长反思

（1）你认为自己的心理素质水平如何？哪些是你的优势品质？哪些地方还存在不足？

（2）你希望重点提升自己哪些心理素质？

（3）你有没有想过如何更好地发挥自己的优势品质以获得更多的成就？

心理测试：我是不是真实的自己

1. 测试目的

通过真实性量表，评估自己在日常学习生活中是否可以真实地做自己。

2. 测试时间

20 分钟。

3. 测试内容

下列题目是用来描述人们对自己看法的。答案没有对错之分，请根据自己的实际感受，按 1～7 七个程度，选出最符合自己的选项（1. 很不符合；2. 基本不符。3. 有点不符合；4. 介于符合与不符合之间；5. 有点符合；6. 基本符合；7. 很符合）。

（1）我认为做自己要比受欢迎好。

（2）我不知道自己内心真正的想法。

（3）他人意见能强烈地影响到我。

（4）我经常做别人让我做的事。

（5）我总是感到需要做其他人期望我做的事。

（6）其他人对我影响极大。

（7）我感到好像不是很了解自己。

（8）我总是坚持自己的信念。

（9）大多数情况下，我是真实的自己。

（10）我感觉无法触及真实的自我。

（11）我依照自己的价值观和信念行事。

（12）我感到与自我疏离。

【评分标准】

每题对应 1～7 分。12 题分别属于以下三个维度，根据各维度下相应题目的得分计算平均分，得到每个维度的得分。

真实的生活（分数越高真实性越高）：包含（1）、（8）、（9）、（11）题。低于 3.8 分，为较低水平；3.8～6.1 分，为平均水平；6.2 分以上，为较高水平。

接受外部影响（分数越高真实性越低）：包含（3）～（6）题。低于 2.8 分，为程度较低；2.8～5.4 分，为平均水平；5.5 分以上，为程度较高。

自我疏离（分数越高真实性越低）：包含（2）、（7）、（10）、（12）题。低于 2.2 分，为程度较低；2.2～5.2 分，为平均水平；5.3 分以上，为程度较高。

（1）如果“真实的生活”分值高于 6.2 分（含）、“接受外部影响”低于 2.8 分、“自我疏离”低于 2.2 分，表示自我真实程度很高；如果上述三方面只有两个方面符合，表示自我真实程度较高。

（2）如果“真实的生活”分值低于 3.8 分、“接受外部影响”高于 5.5 分（含）、“自我疏离”高于 5.3 分（含），表示自我真实程度很低；如果上述三方面中只有两个方面符合，表示自我真实程度较低。

（3）其他分值情况，意味着中间状态，也即真实性处于一般平均水平。

模块二　心理问题与心理支持

模 块 导 读

许多人谈心理问题就色变，殊不知一般性的心理问题就犹如感冒，人人都会遇上。现在的大学校园里，环境适应、学业困惑、生活压力、交往障碍和就业竞争等因素都有可能导致高职生产生心理问题和心理障碍。所以，我们应该学会直面自己的心理问题，接纳内心的不完美，懂得及时自我调适或寻求帮助，及时恢复健康，拥有健康的心理，提升生命的质量。

通过本模块的学习，高职生能够了解心理问题的含义，生命的含义和特征，生命教育的内涵与原则；知晓青年人常见的心理问题、心理障碍和精神疾病；理解高职生良好社会适应能力的标准，以加强对心理咨询的相关认知。

名 人 名 言

一切幸福都并非没有烦恼，而一切逆境也绝非没有希望。

——培根

资 源 导 航

1. 推荐书籍

（1）多湖辉，改变人心的技巧［M］. 张克云，赵伟译. 北京：中国发展出版社，2002.

（2）郭念峰，心理咨询师（基础知识）［M］. 北京：民族出版社，2005.

（3）理查德·格里格，菲利普·津巴多，心理学与生活［M］. 王垒，王甦，等译. 北京：人民邮电出版社，2008.

（4）岳晓东，登天的感觉：我在哈佛大学做心理咨询［M］. 上海：上海人民出版社，2008.

（5）莫勒，生命不再等待［M］. 向兆明译. 北京：中信出版社，2011.

2. 推荐电影

（1）《爱德华大夫》，1945 年，导演：阿尔弗雷德·希区柯克。

（2）《美丽心灵》，2001 年，导演：朗·霍华德。

（3）《生命之树》，2011 年，导演：秦伦斯·马力克。

3. 推荐视频

（1）《谁动了我的大脑》，中央电视台《健康之路》，2011 年 3 月 5 日。

（2）《谢尔顿敲门》，都市情景剧《生活大爆炸》第 11 季，2018 年。
（3）《你抑郁了吗？抑郁症的表现》，北京电视台《我是大医生》，2019 年 5 月 23 日。

专题一 心理健康状态和心理问题

能力目标

（1）了解心理问题的含义和类型。
（2）知晓高职生常见的心理问题。
（3）了解高职生常见心理障碍和精神疾病。

心理健康状态和心理问题

导入案例

社交恐怖症

张某，女，23 岁，某大学三年级学生。自诉有害羞的毛病，两年多来，从不过多与人讲话，与人讲话时眼睛躲闪，不敢直视，脸发烧，心怦怦跳，全身发抖、起鸡皮疙瘩；说话时总是低头盯住脚尖，像做了亏心事，最怕接触男生，也害怕老师；上课时，只有老师背对学生写板书时他才不紧张，只要老师面对学生，他就不敢朝黑板方向看；常常因为紧张，对老师所讲的内容不知所云。由于这些毛病，张某极少去社交场所，很少与人接触。自己曾力图克服这个毛病，也看了不少心理学方面的图书，按照书中社交方式改善自己；用理智说服自己，用意志控制自己，但作用就是不大。现在已严重影响了自己各方面的发展：学习成绩下降；交往失败。

【分析】张某的情况符合神经症的三方面症状，是一种常见的心理障碍——社交恐怖症。这是由心理原因导致的，应该及时到心理咨询室或医院的心理科寻求心理咨询师的帮助。

一、心理健康状态的划分

心理健康状态可以分为正常和异常两大范畴。正常的心理是具备正常功能的心理活动，多数人的心理状态都处在正常状态的范畴中。通常将心理健康状态划分为四个等级：心理健康、心理问题、心理障碍和心理疾病。

（一）心理健康

心理健康是指生活在一定社会环境中的个体，智力正常、情绪稳定、行为适度，具有协调关系及适应环境的能力。个体在一个时间段中，良好的感觉大于不良感觉，个人心理活动与周围环境相协调，社会功能良好，具有良好的自我调节能力。是一种较为稳定的心理状态。

（二）心理问题

心理问题（也称心理失衡）是指所有各种心理及行为异常的情形。心理的“正常”和“异常”之间并没有明确的和绝对的界限，现实社会中的每一个人在一定程度上都存在心理问题，只是程度不同而已。心理问题是正常心理活动中的局部异常状态，不存在心理状态的病理性变化，具有明显的偶发性和暂时性，常与一定的情境相联系，常有一定的情景诱发，脱离该情境，个体的心理活动则完全正常。

（三）心理障碍

心理障碍是由于某种原因导致的心理功能不能正常发挥作用，从而影响了个体的正常生活、学习和工作状态，使个体无法有效适应日常生活要求。通俗理解：是指个体没有能力按社会规范或适宜的方式来适应日常生活要求，而表现出的心理异常或行为偏离。“没有能力”可能是器质性损害或功能性损害的结果，或者两者兼有。

在识别心理障碍者时，应该注意到：心理障碍者肯定偏离常态心理现象，但并非所有偏离常态心理现象的人都患有心理障碍。对心理障碍的判断还应该参照当事人一贯的心理行为表现，以及发生该“异常”行为有无“合理”的原因及解释等。另外，不同的社会制度、风俗习惯也会影响我们对心理障碍的分辨。

我们可以通过图 2-1 中的指标来标识心理障碍，具体包括以下几个方面。

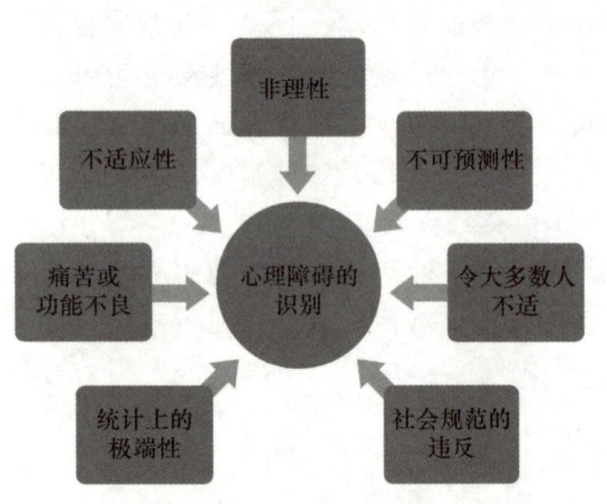

图 2-1　心理障碍识别的主要考虑因素

（1）痛苦或功能不良。例如，一个男生离开家就要哭，无法正常生活。

（2）不适应性。例如，总是需求无法保持正常上班工作，或者对他人的安全造成威胁。

（3）非理性。例如，个体总是对实施上不存在的声音做出反应。

（4）不可预测性。个体从一个情境过渡到另一个情境的行为存在不可预测性或者没有规律可循，如一个孩子无缘无故地用拳头打碎玻璃。

（5）令大多数人不适，即个体让他人感到威胁或遭受痛苦。

（6）社会规范的违反。个体违反了社会规范对其行为的期望。

（7）统计上的极端性。个体的行为在统计学上处于极端位置，违反了社会公认的或赞许的标准。

（四）心理疾病

心理疾病是指由于个人及外界因素引起个体强烈的心理反应，并伴有明显的躯体不适感，是大脑功能失调的外在表现，如出现思维判断上的失误，情绪低落，紧张焦虑，行为失常，意志减退等。这种状态通常需要接受精神病专业医生实施药物与心理治疗。

二、高职生常见的心理问题

正处于生理和心理发展期的高职生，在日常学习、生活中会因遇到各种各样的矛盾冲突，则有可能产生短暂性、发展性的心理困惑。这些心理矛盾或心理困惑表现得并不剧烈，及时使用正确的方法调试就可以恢复到正常的心理健康状态，但如果不及时进行心理疏导，则可能转化成为心理障碍，甚至严重的心理疾病。常见的心理问题表现在以下几个方面。

（一）环境适应问题

对于环境的适应问题，在高职院校一年级的新生中出现较为常见。调查显示，有将近一半的高职生在初入学时，会因为环境的改变而出现矛盾心理和困惑心理。其中的一部分学生会表现出对现实状况较为严重的失落感。把自我想象中理想的大学校园与实际现状中的职业院校校园做比较，产生理想与现实的心理落差，因此会出现无奈、失意、“混文凭”等心理状态，以致严重影响学生的自信心和进取心。还有一部分学生会对所学专业表现出困惑，与高中时期相比，职业院校学习具有更多的自主性、灵活性和探索性。进入职业院校以后，学生从以往对学习的严格“管教”中解脱出来，会感觉到无所适从，不知该如何安排学习和生活，因而导致心中忧郁、烦躁或焦虑。

（二）学习压力问题

职业院校学生常见的学习问题主要表现为：学习目的问题、学习动力问题、学习方法问题、学习态度问题，以及学习成绩不理想等。刚入学的高职生，学习往往不再如高中阶段那样得到家人和老师的重视和关注，很容易在放松的状态下出现学习目的不明确、动力不足等方面的问题。

（三）人际关系问题

现代社会的飞速发展，导致生活也随之快速变化，就在这日趋信息化的社会里，人与人之间的关系也日趋复杂多样。人们在交往中所生成的人际关系的好坏，往往是一个人心理健康水平和社会适应能力的综合体现。对处于青年期的职业院校学生而言，人际交往又是青年自我意识成熟的重要途径，因此，人际关系的好坏，会直接影响到职业院校学生的适应和发展。具有和谐的人际关系，适当的交往能力、观察能力及表达能力是个体健康的心理素质的展示。

如何与周围的同学友好相处，建立和谐的人际关系，是职业院校学生面临的一个重要问题。同高中阶段相比，高职生对人际关系问题的关注程度超过了学习，也成为高职生心理困扰的主要来源之一。人际关系问题常常表现为难以和别人愉快相处，没有知心朋友，缺乏必要的交往技巧，过分委曲求全等，以及由此而引起的孤单、苦闷、缺少支持和关爱等痛苦的感受。

（四）恋爱与性心理问题

高职生处于成年早期（18～25 岁），生理和心理都日渐成熟，往往会萌发对异性的爱恋之情。这种恋爱是异性的自然吸引，是最纯洁的、没有夹杂私欲的爱慕情绪的流露，高职生恋爱是符合青年阶段的生理和心理发展需要的，是性发育成熟的重要特征。恋爱与性的问题一般包括单相思、恋爱受挫、恋爱与学业关系问题、情感破裂的报复心理等，而常见的性心理问题有由婚前性行为、校园同居等问题引起的恐惧、焦虑、担忧等。

在埃里克森提出的自我发展八阶段理论中，青年期首要任务就是建立深厚的友谊和亲密关系。然而由于高职生自身认知、情绪发展还不完全成熟，初涉爱河时，一方面会分散精力，影响学习；另一方面，这一阶段的青年男女经济还没有独立，缺乏承担义务和责任的能力。不成熟、不稳定的状态又使得失恋率极高，对失恋的承受力又不强，所以由失恋导致的心理问题就较为突出。失恋心理的表现是情绪低落，无心学业，对一切都失去兴趣，干什么都提不起精神，丧失自信等，而失恋心理极端的表现还会出现纠缠对方，以死要挟，甚至由爱生恨，酿成严重的后果。

（五）性格与情绪问题

性格是指表现在人对现实的态度和相应的行为方式中的比较稳定的、具有核心意义的个性心理特征，它是一种与社会相关最密切的人格特征，在性格中包含有许多社会道德含义。性格表现了人们对现实和周围世界的态度，并表现在行为举止中。情绪，是对一系列主观认知经验的通称，是多种感觉、思想和行为综合产生的心理和生理状态。最普遍、通俗的情绪有喜、怒、哀、惊、恐、爱、恨等，也有一些细腻微妙的情绪，如嫉妒、惭愧、羞耻、自豪等。情绪常和心情、性格、脾气、目的等因素互相作用，也受到激素和神经递质影响。

性格障碍是高职生中较为严重的心理障碍，其形成与成长经历有关，原因较为复杂，主要表现为自卑、怯懦、依赖、神经质、偏激、敌对、孤僻、抑郁等。

（六）求职与择业问题

求职与择业问题，是职业院校高年级学生常见的问题。在即将跨入社会时，他们往往感到很多的困惑和担忧。如何选择自己的职业，如何规划自己的生涯，求职需要些什么样的技巧等问题，或多或少会给其带来困扰和忧虑。

高职毕业生要找一个理想的工作不容易。毕业班学生的心理压力要比低年级学生更大。在择业过程中可能会遇到的各种问题，如工作环境不如意、工资待遇不满意、担心自己经验不足、缺乏胜任自信等，这些都给临近毕业的学生造成巨大的心理压力，毕业生更容易产生焦虑、自卑等情绪。

三、高职生常见的心理障碍

（一）神经症

长期的睡眠困难、焦虑、抑郁、强迫、疑病、恐怖等都是神经症的临床表现症状。神经症问题是偏离正常状态的心理问题，是以广泛和持续性焦虑或反复发作的惊奇不安为主要特征的神经症性障碍。

1. 焦虑症

焦虑症又称为焦虑性神经症，是神经症这一大类疾病中最常见的一种，以焦虑情绪体验为主要特征。焦虑症是一种对身心伤害很大的精神类疾病，其特征为心慌心悸、头晕眼花、感觉心跳加快、胸闷、呼吸不畅，甚至有窒息的濒危感。焦虑症又分慢性焦虑（广泛性焦虑）和急性焦虑。

（1）广泛性焦虑：患者经常持续出现无明确对象或固定内容的紧张不安，或对现实生活中的某些问题过分担心、烦恼。

（2）急性焦虑（又称惊恐发作）：发作不限于某一特殊情境或特殊场合，患者会突然产生极度恐惧的状态。

2. 恐怖症

恐怖症是以对某种客体（特定物体或情境）产生不合理的恐惧为临床表现的一类神经症性障碍。其特征为：恐怖情绪与现实不符，对恐怖现象有回避行为，伴有明显的自主神经症状。恐怖症又分为场所恐怖、社交恐怖和物体恐怖。

（1）场所恐怖：患者对特定场所或环境产生恐惧，如广场、空旷的场地、高处、幽闭空间等。

（2）社交恐怖：患者对特定的社交场合和人际接触产生恐惧，如对视、赤面、学校、异性和陌生人等。

（3）物体恐怖：患者对特定的物体产生恐惧，如动物、血液、自然现象、疾病、尸体等。

3. 强迫症

强迫症是以强迫症状为主要临床表现的一类神经症。强迫症患者明知没有必要却又不能以主观意志所克制，其症状特点是自我强迫与反自我强迫同时存在，患者感到焦虑、痛苦，有明显的人格基础。强迫症又分强迫观念、强迫行为、强迫观念与强迫行为混合。

（1）强迫观念。强迫观念是指在患者脑中反复出现的某一概念或相同内容的思维，明知没有必要，但又无法摆脱，如强迫怀疑、强迫回忆、强迫穷思竭虑、思维强迫意向、强迫情绪、魔术性思维等。

（2）强迫行为。强迫行为往往是为减轻强迫观念而引起的焦虑，患者不由自主地采取的一些顺从性行为，如强迫洗涤、强迫检查、强迫记数、强迫仪式动作等。

（3）强迫观念与强迫行为混合，即在某段时间个体反复而持久的经历某些侵扰和不恰当的观念的冲动，又用某种行动来压制这种观念的产生。

4. 疑病症

疑病症是以疑病症状为主要临床特征的一类神经症性障碍。其特征为：对健康过分担忧，其严重程度与实际情况明显不相称；对身体过分关注，对通常出现的生理现象和异常感觉做出疑病性解释；有疑病观念，缺乏根据，但不是妄想。

5. 神经衰弱

神经衰弱是一种神经症性障碍，主要表现为精神容易兴奋和脑力容易疲乏，情绪易烦恼，入睡困难。其特征为：脑力不足、精神倦怠；对内外刺激敏感；情绪波动、易烦易怒、缺乏忍耐性；紧张性疼痛；失眠、多梦等。

（二）心境障碍

心境障碍是一组以明显而持久的情感高涨或低落为主要特征的心理疾病，伴有相应的认知和行为改变。严重者可有幻觉、妄想等精神病性症状，大多有反复发作的倾向，治疗缓解后或发作间期精神状态基本正常，但部分患者有残留症状或转为慢性。心境障碍主要包括躁狂发作、抑郁发作和双相障碍等。

1. 躁狂发作

躁狂发作指与所处情境不相称的心境高涨，可能兴高采烈，可能易激惹。患者感觉到挫折的时候，一般是易激惹，甚至发生意识障碍，严重者可能出现幻觉、妄想精神病性症状。在躁狂阶段，患者常常感觉到自尊的膨胀感，自己拥有特别能力或潜力，表现出前所未有的乐观，需要睡眠的时间戏剧化地减少，精力充沛。

2. 抑郁发作

这是与所处情境不相称的心境低落，可以从闷闷不乐到悲痛欲绝，严重者甚至可能出现幻觉、妄想等精神病性症状。简而言之，抑郁发作的患者可谓“六丧失”：没有乐趣、没有希望、没有办法、没有精力、没有意义、没有用处。

当今社会，高校学生中出现抑郁倾向的比例较高，一方面，是由于他们对社会有强烈的需求和期望，表现出自己的才能；另一方面，他们对社会还缺乏认识，加上人生观、价值观尚未稳定，对挫折的承受能力与心理防御机能还不成熟、不完善，因而很容易影响个体的情绪和心境。

3. 双相障碍

双相障碍是指躁狂症状和抑郁症状在一次发作中同时出现，临床上较为少见。通常是在躁狂与抑郁快速转相时发生。例如，一个躁狂发作的患者突然转为抑郁，几小时后又再复躁狂，给人“混合”的印象。但这种混合状态一般持续时间较短，多数较快转入躁狂相或抑郁相。

（三）人格障碍

人格障碍是指从童年或少年期开始，现年 18 岁以上，至少持续 2 年，其人格发展和人格结构显著偏离常态为特征的精神障碍。其特征为：从童年或少年开始；有严重的人格缺陷；情感异常；缺乏自制力和自知力；持续终生，不易改变。常见的人格障碍又分偏执型人格障碍、分裂型人格障碍、反社会型人格障碍、冲动型人格障碍、表演型人格障碍、强迫型人格障碍、焦虑型人格障碍和依赖型人格障碍。

经 典 分 享

约拿情结

“约拿情结”是美国著名心理学家马斯洛提出的一个心理学名词。简单地说，“约拿情结”就是对成长的恐惧。它来源于心理动力学理论上的一个假设：“人不仅害怕失败，也害怕成功。”其代表的是一种机遇面前自我逃避、退后畏缩的心理，是一种情绪状态，并导致我们不敢去做自己能做得很好的事，甚至逃避发掘自己的潜力。在日常生活中，“约拿情结”可能表现为缺少上进心，或称“伪愚”。它的存在也许有一定的合理性，不过，从自我实现的角度来看，这是一种阻碍自我实现的心理障碍因素。

“约拿情结”的基本特征可以分为两个方面：一方面是表现在对自己，另外一方面是表现在对他人。对自己，其特点是：逃避成长，拒绝承担重要的使命。对他人，其特点是：嫉妒别人的优秀和成功、幸灾乐祸于别人的不幸。

人类的心理是复杂而奇怪的：我们渴望成功，但当面临成功时却总伴随着心理的迷茫；我们自信，但同时又自卑；我们对杰出的人物感到敬佩，但总是伴随着一丝敌意；我们尊重取得成功的人，但面对成功者又会感到不安、焦虑、慌乱和嫉妒；我们既害怕自己最低的可能状态，又害怕自己最高的可能状态。简单地说，这些表现，就是对成长的恐惧——既畏惧自身的成功又畏惧别人的成功。

约拿情结是一种复杂的心理现象。它的存在也许有一定的合理性，不过，从自我实现的角度来看，这是一种阻碍自我实现的心理障碍因素。

【分析】毫无疑问，“约拿情结”是我们平衡自己内心心理压力的一种表现。我们每个人其实都有成功的机会，但是在面临机会的时候，只有少数人敢于打破平衡，认识并克服了自己的“约拿情结”，勇于承担责任和压力，最终抓住并获得了成功的机会。这也就是为什么只有总是少数人成功，而大多数人却平庸一世的重要原因。

心理训练

自我肯定练习

1．训练目的

学习肯定自己、鼓励自己，并掌握温和地表达或拒绝的方式。

2．训练时间

40分钟。

3．训练内容

（1）教师在白色屏幕上打出了一个黑色的圆点。问学生：“你们看见了什么？”如果学生回答说：“一个黑点。”那只能说明其看到了极小的一部分，屏幕中最大的部分是空白。只见小，不见大，就会束缚我们的思考力。成千上万的人不能突破自己的原因就在这里。这个黑点恰似人的缺点，盯着自己缺点不放的人，就会成为一个自卑而怯懦的人；盯着别人缺点而不放，则会失去周围所有的朋友。

（2）对照以下题目，在自己能够做到的项目后面画“√”，看看个体对自己的关爱是否足够。做完之后，可以与周围的人互相讨论。

① 停止对自己的批评。__________

② 不要自己吓自己。__________

③ 保持温柔、善良和忍耐。__________

④ 好好对待自己。__________

⑤ 悦纳自己、称赞自己、支持自己。__________

⑥ 保重身体。__________

⑦ 注重自己的感受。__________

⑧ 现在就做。__________

（3）自信训练，主要包括坚持自己的立场和学会表达自己的感觉，目的是去掉深植于心中的悲观念头，重建新的观点。

① 一个人自己先闭上眼睛，从小声到大声地反复背诵一句话："无论你怎样待我或说什么，我仍然是个有价值的人。"

② 提高练习效果的方法：两人一组，其中一个人先说一句指责、挑剔的话，另一个人听完别人的批评与指责，延缓数秒钟，平复自己的恼怒心情，然后用平和沉稳的语气说："无论你怎样待我或说什么，我仍然是个有价值的人。"

③ 几分钟后，角色互换，进行同样的操练，相互强化。

成长反思

（1）如何正确认识每个人都存在心理问题？

（2）怎么看待和预防自己日常出现的心理问题？

（3）你存在心理障碍吗？若存在，应该怎样克服？

专题二　心理咨询和心理危机干预

能力目标

（1）了解心理咨询的含义。

（2）掌握获取心理咨询的途径。

（3）了解心理危机的概念，能识别常见的心理危机表现。

心理咨询和心理危机干预

为什么受伤的总是我

刘某，女，20岁，某高职院校一年级学生，在家排行老二，父母都是农民，文化程度不高且身体不好，家中原本有一个姐姐、一个弟弟。由于传统的重男轻女的观念，弟弟在家里备受宠爱和关注。可一场意外夺去了弟弟的生命，肇事者的逃逸还使这个经济状况本就十分拮据的家庭雪上加霜。在这种情况下，刘某发奋学习，决心承担起家庭生活的重任。之后她考上了某师范大学，报到一个月后，她觉得当老师没有高额回报，因而执意退学复读，为此与父母之间关系闹得很僵。复读期间，她的学习成绩一直很好，可在高考之际因女性生理问题影响了其正常水平的发挥，最终被录取到了一所高职院校。她又萌生了复读的想法，可这回，父母坚决不同意。最终，她拿着2 000元到学校报到。报到后，她发现学校的环境不如原来退学的师范大学，与周围同学相比，自己家庭的贫困状况又让她觉得很自卑，因而她认为世界对她太不公平了，于是她又给家里打电话说想退学，父母对此强烈反对。之后，刘某在学校里沉默寡言，很少与老师沟通，与同学相处也很不融洽；在家庭中，因复读一事与父母意见分歧较大，交流日渐稀少。

之后，辅导员从任课老师那儿了解到，刘某经常旷课。同宿舍的学生也反映她在日常生活中表现异常，如每晚熄灯后才去洗澡，而且弄出很大声响，总让人感觉她是在故意制造噪声；其躺在床上也是辗转反侧，很久不能进入睡眠状态。同时在新生心理普查报告中显示：她有严重的自闭心理和自杀倾向。因而学校心理老师决定对其实施心理危机干预。

【分析】这是典型的因无法应对挫折而出现的心理危机（关于挫折应对，见模块九）。当个人经历或目睹重大突发事件发生时，一旦超过其平时身心所能承受的压力，又无法通过常规的解决手段去应付面临的困难时，便会陷入惊慌失措的情绪状态，使个人失去导向及自控力。这是一种无法承受的局面，它具有引起人的心理结构颓败的潜在可能，因此必须尽早进行干预。尤其要及时给个体提供释放的机会，引导其及时恰当地释放不良情绪或冲动，从而减轻心理压力，摆脱心理危机。

一、心理咨询

高职生初入大学，兴奋感过后，就会面临一段心理的适应期，在这个阶段很容易出现心理适应不良的现象。平日里，遇到一些自己无法解决的问题时就会产生各种心理困扰，阻碍了自己的发展。此时，在自己努力无效的情况下，高职生应该及时寻求心理咨询师的帮助，自愿寻求帮助是心理成熟的表现。

（一）心理咨询的含义

“咨询”一词源于拉丁语“consuitatio”，英语为“counsel”，有商讨、劝告、质疑等意思。心理咨询（psychological counseling）是在咨询的概念上延伸出来的特指在心理方面给咨询对象以帮助、劝告、引导的过程。心理咨询是通过人际关系，运用心理学理论和方法，给咨询对象以帮助、启发，以协助其自强自立的过程。通过心理咨询，可以使咨询对象在认识、情感和态度上有所变化，解决其在学习、工作、生活、疾病和康复等方面出现的心理问题，从而更好地适应环境，保持身心健康。

（二）心理咨询的原则

心理咨询的原则是心理咨询师在工作中必须遵守的基本要求，是有效运用心理咨询方法和技术与来访者建立良好关系的重要条件，也是取得良好咨询效果的重要保证。心理咨询的原则有很多，其中，高职院校心理咨询师在心理咨询中必须遵守以下基本原则。

1. 保密原则

这是心理咨询中最重要的原则。这一原则是指心理咨询人员有责任对来访者的谈话内容予以保密，来访者的名誉和隐私权应受到道义上的维护和法律上的保护，在没有征得来访者同意的前提下，不得在咨询场合下把来访者的言行随意泄露给任何人或机构。当然，从另一方面来讲，保密也是有一定限度的，对于某些问题，咨询人员可以不保密。根据美国心理学家联合会（American Psychological Association，APA）的条例，以下几种情况属于例外，可以不保密：确信一名未成年人是性虐待或其他虐待的受害者；来访者有自杀倾向或经由一项测验显示来访者有高度危险时；当来访者有强烈伤害他人的倾向时；当法庭要求提供个案资料时。

2. 自愿原则

“来者不拒，去者不追”，强调来访者必须出于完全自愿是心理咨询工作中所应遵循的原则。

学校心理咨询有其特殊性，特别是从目前高职生的现状看，有相当一部分学生心理健康意识相对比较淡漠，对心理咨询存有误区。因此，可以引导学生来咨询，但不能利用教育者的身份强制学生前来咨询。

3. 平等原则

咨访关系是一种没有上下级之分，没有指导者和被指导者之分的平等关系。在学校心理咨询中，心理咨询师更要处理好教师与学生之间的关系，以平等的身份接待来访的学生。

4. 时间限定原则

一次咨询时间一般定为50分钟左右，原则上不能随意延长咨询时间。咨询次数一般为每周一次，特殊情况下可以增加到每周两次。咨询时间的限定，可以让来访学生能够更加珍惜并有效利用每一次咨询时间。但是，咨询时间的限定也不是绝对的，对于一些特殊的学生，可以根据实际情况，适当缩短咨询时间和间隔。

5. 感情限定原则

感情限定原则是指心理咨询师不得与来访学生在咨询室以外的地方有亲密接触和交往，也不能将自己的情绪带进咨询过程，不对来访学生在感情上产生爱憎和依恋，更不能在咨询过程中寻求在爱憎、欲求等方面的满足和实现。

6. 中立性原则

每位心理咨询师都会有自己的价值取向，对客观事物也有着自己的评价。但在咨询中，不能以自己的价值取向作为参照点，去评判来访学生，要保持一种中性的态度，与来访学生共同探讨，促进其对原有的观点进行自我审视，从而让学生获得成长。

7. 非指导性原则

授之以鱼，不如授之以渔。心理咨询师对来访学生的问题不做直接的建议和提示，而是启发和鼓励来访学生自我理解、自我改变，促进其心理成熟和成长，达到助人自助的目的。

8. 预防重于治疗原则

学校心理咨询是为全体学生服务的，高职院校的心理咨询师的工作除了对来访学生心理问题的个别咨询外，更重要的是面向全体学生的心理健康知识的普及和宣传，使尽可能多的学生增强心理健康意识，掌握心理调节的方法，提高广大学生的心理健康水平，真正发挥学校心理健康教育的作用。

9. 发展性原则

高职生的心理问题多数为适应、交往、情感和学习等方面遇到的困惑。因此心理咨询师要以发展变化的观点来看待来访学生的问题，不宜轻易将来访学生的问题归为某种心理障碍或某种心理疾病。

10. 坚持性原则

由于来访学生个性和特点不同，需要解决的问题不同，心理咨询所需要的次数也会存在差异。心理咨询过程有可能不是直线发展的，咨询中，可能会因为来访学生认识的变化，环境的影响而产生反复和周折等现象，因而心理咨询师和来访学生都要能够坚持，这样才有利于咨询效果的巩固和提高。

（三）如何通过心理咨询寻求帮助

1. 把握心理咨询的时机

总的来说，当学生遇到自己不能解决的问题，同时所产生的心理情绪等困扰又是自己调整不好的，已经明显影响了其生活质量或功能，这时就应该立即寻求心理咨询师的帮助。如果遇到下述具体情况都应寻求心理咨询师的帮助：学业迷茫；考试屡次失败；人际交往困难；与家人很难沟通；欲求过强，不能自控；恋爱失利；家境困难，自己学习生活艰难；家人出现意外；上网过度，不能自控；较长时间内受到某种想法或情绪困扰；突然出现某种自己不能调控的状况；身患疾病，心中茫然。

2. 做好心理咨询的准备

心理咨询的各个阶段都需要来访者的密切配合。因此，来访者做好充分的心理准备，对提高咨询效果十分必要。

1）咨询前准备

（1）有主动咨询的愿望。良好的心理咨询首先建立在来访者自愿的基础上，如果来访者没有沟通的愿望，仅仅是被老师或家长带来，是不会自愿地谈及真实的自我，咨询效果也会受到影响。通常，来访者的求助动机越强，与心理咨询师的配合越好，咨询的效果也会更明显。

（2）减少不必要的担心。心理咨询要遵循保密原则和价值中立原则，这是心理咨询师最基本的职业道德。有些来访者担心谈话的内容外泄，咨询时往往隐去某些问题，这样不利于心理咨询师发现问题，做出诊断和提供帮助。此外，有些来访者清楚自己的行为是“非主流”的，如同性恋，担心被心理咨询师嘲笑，又想解决自己的痛苦，交流过程中会表现得犹犹豫豫。心理咨询不是思想教育工作，不是与上级谈话，心理咨询师关注点不在于价值的判断，而在于帮助来访者解决心理上的困惑。

（3）选择合适的心理咨询师。咨询前，要了解一些关于心理咨询师的情况，每个心理咨询师的职业背景、职业经历、咨询擅长领域都有所差异，尽量找受过专业培训、具有从业资格的心理咨询师。咨询前还要考虑自己的需求，例如咨询婚姻问题，最好找年龄偏大的心理咨询师；有关性的问题，最好找同性别的心理咨询师，咨询时会更方便。如果和心理咨询师接触后，感觉不合适，来访者可以提出中止咨询或请求转介其他心理咨询师。

（4）了解咨询的时间规定。咨询是有时限的，通常一次咨询的时间约 50 分钟。根据来访者表现出来的心理问题程度和心理咨询师使用的方法不同，咨询次数不固定。有的需要 1～2 次，就会达到咨询目的；有的需要更长的时间，甚至 1 年、2 年。心理咨询一般需要提前预约，来访者应按照约定的时间准时去咨询，如遇特殊情况，需提前联系，更改咨询时间，以免耽误心理咨询师的宝贵时间。

2）咨询过程中的配合

（1）来访者要有自助意识。心理咨询不是一般的助人行为，而是“助人自助”的过程。心理咨询师不是救世主，只能起到分析、引导、启发、支持、促进来访者改变和人格成长的作用，不能替代来访者改变或做决定。心理咨询更需要来访者积极主动地配合，参与到咨询方案的制定中，认真完成咨询作业，勇于改变自己、战胜自己，最终才能走出心理困境。

（2）来访者要有耐心。心理问题、心理疾病不是一天两天形成的，它可能是多种原因造成的，解决问题也需要一定的时间。心理咨询也是个渐进的过程，一般要经过了解来访者的问题、诊断、设立咨询目标、选择咨询方法、制定咨询方案、实施和反馈等过程，欲速则不达。有时在咨询的过程中，心理问题还会反复出现，非常考验耐心和信心。

（3）真诚坦率的交流。心理咨询主要以语言沟通为基础，面对心理咨询师，来访者尽量不要过多地考虑说话的方式方法，要如实地、直截了当地讲述心理困惑和内心感受。即使弄不清问题所在，也不用担心，心理咨询师会在倾听过程中捕捉一些重要的信息点去询问。来访者不用辨别有用与无用，只要实事求是回答即可。

（4）认真完成咨询作业。咨询过程中，一个重要的环节就是来访者和心理咨询师共同制定咨询目标和计划，来访者要在咨询的不同阶段认真地完成各种实践作业，贯彻咨询计划，做好反馈，这样才会有助于收到理想的咨询效果。

二、心理危机干预

在心理学领域中，心理危机是指个体处于一种“紧张紧急状态”，自感对困难无力处理，无法对当下的境遇做出反应，也可以理解为个体危机问题处理的能力已超出了过往生活经验。

（一）高职生心理危机概述

高职生心理危机一般是指由于突然遭受严重灾难、重大生活事件或精神压力，使生活状况发生明显的变化，尤其是出现了现有生活条件和经验难以克服的困难，以致陷入痛苦、不安状态，常伴有绝望、麻木不仁、焦虑，以及自主神经系统症状和行为障碍。要判断个体是否处于心理危机状态需要满足以下三个条件。

（1）个体存在着具有重大心理影响的生活事件，如突然遭受严重灾难、重大生活事件或精神压力。

（2）个体出现严重不适感，引起一系列的生理和心理应激反应。

（3）当事人惯常的处事手段不能应对或应对无效。

如果达到以上三个标准就可以判断个体正在经历着危机。

一般情况下，心理危机的后果有以下四种：

（1）不仅顺利度过危机，还学会了处理危机的方法策略，提高了心理健康水平。

（2）度过了危机但留下心理创伤，影响个体今后的社会适应。

（3）未能度过危机导致出现严重心理障碍。

（4）自伤自杀。

（二）常见心理危机的类型

关于高职生常见心理危机按不同的标准可以有多种分类方法。根据个体在校主要生活事件，可分为适应型心理危机、学习压力型心理危机、境遇型心理危机、经济压力型心理危机、人际关系型心理危机、恋爱情感型心理危机和就业压力型心理危机。

1. 适应型心理危机

适应型心理危机主要是指高职生对大学新的学习、生活、人际关系等环境不适应，从而形成的心理失衡状态。强迫症状、人际关系不良、情绪和意志问题、自信心缺乏是其的特点。

2. 学习压力型心理危机

学习成绩是家长、教师、同学、用人单位、社会对学生进行评价的主要依据之一，是高职生非常看重的一项指标。一方面，大学的学习内容信息量大，教学方法有别于中学，这些因素容易造成部分学生难以掌握大学的学习方法，而进入高职院校的时候，同班学生之间的入学成绩都很接近，之后学习的成绩的主要决于个人在校期间的努力程度，因而不少学生感到学习压力很大。另一方面，因为就业的需求，高职生除了完成较重的必修学业之外，还要参加各种形式的职业资格考试和专业等级考试，这进一步加重了高职生的学业负担。还有的学生对专业的不适应和排斥，也会造成学业上的巨大压力。这些学习上的压力往往会使高职生长期处于身心疲惫的状态，从而引发心理危机的出现。

3. 境遇型心理危机

境遇型心理危机是指突如其来的、无法预料和难以控制的自然灾害或人为事件的影响，使得高职生无法承受由此带来的影响和压力，从而产生心理危机。如洪水、“非典”、冰雪灾害、地震、内涝等自然灾害，以及高职生个人及家人在灾害中受到的影响和伤害，往往会对学生的心理健康产生严重的影响，甚至产生心理危机，从而形成继发性伤害事件。而生活中突发的人为事件，如亲友突然死亡、父母感情破裂、家庭经济破产、家人受到刑事处罚、偶像幻灭、自身遭遇身体的侵害或财产的侵占等偶然性遭遇，由于事件随机性强，当事学生没有心理准备，一经发生，心理上的无助感和挫折感就十分强烈，也容易使学生爆发心理危机。

4. 经济压力型心理危机

目前，子女的教育费用，特别是高等教育的费用，已是许多家庭第一位的消费支出。对于经济困难的家庭，要负担一名甚至是多名大学生上学是一个巨大的压力，许多家庭因此背上沉重的债务。近年来，国家出台的相关奖、助、贷政策，在一定程度上缓解了高职生学费的问题。然而，日益上涨的生活费也是经济困难家庭高职生面对的难题，其中部分学生可以通过兼职收入缓解一定的压力。而那些既困难又没能找到兼职的学生，在巨大的经济压力面前容易感到无助和自卑，从而产生巨大的心理压力。而生活在同一群体中的高职生，来自不同条件的家庭，具有不同的消费能力和消费习惯，有的学生还盲目攀比，给自己造成了不必要的经济压力，更有甚者进而产生嫉妒，形成严重的心理问题。此外，一些高职生以高消费来赢得恋人或同学的欢心，也会让自己背上沉重的经济负担。

5. 人际关系型心理危机

当代高职生多为独生子女，成长环境比较封闭，在人际交往中常常表现出个性缺陷。许多独生子女从小一直是家长和教师眼中的佼佼者，总是以自我为中心，缺乏与人沟通的能力，缺少交往中必需的宽容、热情、信任和技巧，这一弱点在上大学以后的集体生活中暴露无遗。大学宿舍同学间的关系紧张是高职生心理危机爆发的重大隐患。缺乏交往能力还表现在高职生容易出现骄傲、不懂得欣赏他人优点等方面，使得高职生在人际交往中缺乏主动性，同学之间“心墙”越垒越高。除了与同学的关系紧张外，在与教师、家人或其他社会成员的交往中，高职生也常常受到挫折。在碰到人际关系挫折后，他们有的表现为脆弱、抗挫折能力差，或与他们的骄傲不相符合的低自信力，一旦遇到困难，没有勇气面对，更没有能力解决，很容易导致其在面对人际关系挫折时无所适从，从而产生心理危机。

6. 恋爱情感型心理危机

高职生处于人生成长阶段的青年期，生理发育基本成熟，普遍具有欣赏和追求异性的心理。目前，高职生恋爱的现象越来越普遍，如果感情和学业处理得当，恋爱会使两人相互督促，共同进步和提高。然而，有的学生心理发展还不成熟，情感经验缺乏，无法处理好复杂的情感纠葛，一旦出现感情挫折（如遭遇倾慕异性的拒绝，恋爱过程中的分手，不慎的性行为，恋爱与学业、事业发展之间的冲突等），就容易陷入恋爱情感引发的心理危机。

7. 就业压力型心理危机

当前高职生普遍存在对前程的担忧，他们不知道毕业后该干什么、能干什么，感到前途渺茫，担心找不到好的工作，辜负父母的期待，甚至担心失业。高等教育的大众化和社会竞争的加剧，高职生已经不再是“天之骄子”，他们几乎从一上大学起就在为就业做准备。这种就业压力一直伴随高职生的整个大学生活，已经成为高职生面临的最大的心理应激源，是高职生陷入心理危机的主要原因。就业压力型高职生心理危机还表现在求职过程中。一方面，用人单位对高职生的知识结构、社会实践、综合素质的要求越来越高；另一方面，高职毕业生就业期望也越来越高，留恋大城市的工作，不愿到艰苦地区工作，加上就业环境存在的个别不正之风，使不同家庭社会背景、地域条件、性别等的高职生受到区别对待。在就业过程中，部分难以就业或与就业预期反差较大的学生很容易产生心理危机。

（三）高职生心理危机的表现形式

1. 自杀

历年来，多方数据统计均显示高职生自杀或自伤的行为频现，并有愈演愈烈的态势。纵观现在的高职生心理现状，有些学生不能正确地对待生活中的挫折或失败，一旦遇到暂时无法解决的困难，就会选择用自杀或自伤的方式来缓解痛苦、逃避难题。高职生作为一个成年人，更需要理性地思考问题，用更多的责任感来看待生死问题，不让自己一时的冲动行为造成家人和社会长久的悲痛。

2. 伤人

与频现的高职生自杀事件同样让我们担忧的，还有近年来越来越多的高职生伤人事件。处于这个年龄段的青年人，心理发育并未完全成熟，对很多事情无法理性处理，往往强调个人主观感受和期待，进而做出伤人伤己的举动。

（四）高职生心理危机的特点

1. 危机事件的易发性

高职生处于青春期，是生命中很多重要事件的开始阶段，如升学、恋爱、就业、自我实现等发展性事件，这一阶段的高职生呈现出心理与生理成熟度不匹配的特性，简言之就是心理成熟滞后于生理成熟，而高职生的社会发展又不能满足其心理发展的需要，因此一些成长事件易使高职生产生消极思维和极端行为。

2. 危机心理的连续性

高职生心理危机具有连续性，这是由高职生所处的人生发展阶段所决定的。这一时期，高职生相继要经历学业压力、情感问题、职业选择、自我发展等事件，是一个充满了许多困惑与挑战的时期。同时，这些事件的发生又容易相互影响、彼此牵引、互为因果，相互联系，这也使得高职生常感无力应对生命中的困难，或是感到困难是无穷无尽的。高职生所要面对的现实事件很多，这些事件又常处于一种变化之中，这也使高职生常感到焦虑与恐慌，常常是一个问题或危机才解决，下一个问题或危机又产生了。

3. 危机后果的严重性

高职生的心理危机一般是伴随着现实事件的刺激而产生的，危机后果并不是一天发生的或是由一件事情而引发的，危机心理是一个长期积累的过程。准确地说，高职生危机心理是一个从量变到质变的过程，也正因为这样，一旦高职生认为现实的刺激达到了心理承受的极限，危机心理将直接导致极端的行为后果，这些后果往往是伤人或是伤己的严重事件。

（五）心理危机的干预措施

1. 心理危机干预的含义

心理危机干预指对处在心理危机状态下的个人采取明确有效的措施，使之最终战胜危机，重新适应生活。危机干预的主要目标是降低急性、剧烈的心理危机和创伤的风险，稳定和减少危机或创伤情境的直接严重后果，促进个体从危机和创伤事件中恢复或康复，给予帮助的及时性、迅速性是其突出特点，有效的行动是危机干预成败的关键。

2. 心理危机干预的主要技术

（1）支持技术。这类技术的应用旨在尽可能地解决危机，使求助者的情绪状态恢复到危机前水平。由于危机开始阶段求助者的焦虑水平很高，应尽可能使之减轻，可以应用暗示、保证、疏导、环境改变、镇静药物等方法；如果有必要，可考虑短期的住院治疗。

（2）干预技术。又称解决问题技术，帮助处于危机状态的求助者按以下步骤进行思考和行动，常能取得较好效果：①明确存在的问题和困难；②提出各种可供选择的方案；③罗列并分析各种方案的利弊和可行性；④选择最可取的方案；⑤确定方案实施的具体步骤；⑥执行方案；⑦检查方案的执行结果。

在这个过程中教师、同学及其他帮扶人员的作用在于启发、引导、促进和鼓励，而不是提供现成的公式，主要职能是：①帮助求助者正视危机；②帮助求助者正视可能应对的方法；③帮助求助者获得新的信息或知识；④可能的话在日常生活中给求助者提供帮助；⑤帮助求助者回避一些应激性境遇；⑥避免给予不恰当的保证；⑦敦促求助者接受帮助。

（3）倾听技术。准确和良好的倾听技术是危机干预者必须具备的能力，实际上有时仅仅倾听就可以有效地帮助所有的人。为了做到很好地倾听，干预人员必须会全神贯注于求助者。有效倾听的重要因素有：①要在开始时就用自己的言语向对方真实地说明自己将要做什么；② 要让求助者知道，干预人员能够准确地领会其所描述的事实和情绪体验；③ 要帮助求助者进一步明确了解自己的情感、内心动机和选择；④要帮助求助者了解危机境遇的影响因素。

3. 心理危机干预的步骤

在面临心理危机时，我们可采用心理学家总结的“六步干预法”进行心理危机干预。

（1）确定问题。心理危机干预的第一步是从求助者的立场出发，确定和理解求助者的问题。干预人员使用积极的倾听技术：同感、理解、真诚、接纳尊重，以及使用开放式问题；既注意求助者的语言信息，也注意其非语言信息。

（2）保证求助者安全。在危机干预过程中，干预人员应该将保证求助者安全作为首要目标。这里的安全是指对自我和对他人的生理和心理的危险性降到最低的可能性。在干预人员的检查评估、倾听和制定行动策略的过程中，安全问题都必须给以同等的、足够的关注。

（3）给予支持和帮助。危机干预强调与求助者沟通和交流，通过语言、语调和躯体语言让求助者认识到危机干预人员是能够给予其关心帮助的人，让求助者相信“这里有确实很关心你的人”。

（4）提出应对的方式。帮助求助者探索可以利用的替代解决方法，促使求助者积极地搜索可以获得的环境支持、可资利用的应付方式，启发其思维方式，让求助者知道有哪些人现在或过去能关心自己，有许多可变通的应对方式可供选择。

（5）制订行动计划。帮助求助者做出现实的短期计划，包括资源的提供应付方式，确定求助者理解的自愿的行动步骤。计划应该根据求助者自身的应付能力，着重于切实可行和系统地帮助求助者解决问题；计划的制订应该与求助者合作，让其感到这是他自己的计划；制订计划的关键在于让求助者感到没有剥夺他们的权利、独立和自尊。

（6）得到求助者的承诺。帮助求助者向自己承诺采取确定的、积极的行动步骤，这些行动步骤必须是求助者自己的，从现实的角度是可以完成的。如果制订计划完成得较好的话，则得到承诺是比较容易。在结束危机干预前，干预人员应该从求助者那里得到诚实、直接和适当的承诺。

除以上干预措施之外，还应该启动社会支持系统。社会支持系统主要包括：来自父母及其他亲人、老师和同学、朋友和社区志愿者的支持等。这种支持不仅包括心理和情感的支持，也包括一些实质的救助行动。有调查表明，个体从他人那里获得的社会支持具有可靠同盟、价值增进、工具性帮助、陪伴支持、情感支持、亲密感和满意度等调节功能，这些功能对处于危机期的高职生具有重要作用。

（六）心理危机的预防机制

高职院校可以围绕着五级防护开展心理危机的预防工作。

1. 一级防护

学生自我调节：自觉地认识自己、独立地调节各种心理问题。学校可以有针对性地开展心理健康教育与宣传，提高学生的心理素质。

2. 二级防护

学生的朋辈互助：提高学生间互帮互助的意识和能力，通过互帮互助解决某些问题学生的心理问题。

3. 三级防护

辅导员、班主任、教师的工作：及早发现学生的心理问题，及时推荐某些学生去做心理咨询，建立院系心理健康联系人制度，培训心理辅导员，三者应该相互合作，保护、帮助学生解决某些心理问题，协助开展重点难点的学生心理援助工作。

4. 四级防护

心理咨询中心的工作：负责对高职生提供心理咨询、心理测试、心理训练、心理健康教育等服务。

5. 五级防护

医院治疗与家庭护理工作：医院治疗是对问题学生心理疾病实施门诊药物治疗或住院治疗，家庭能协助并配合做好当事人的心理问题的防护和心理危机的干预工作，并与校医院及校外医疗机构保持紧密联系。

经 典 分 享

点 灯 的 心

这个故事发生在16世纪荷兰的港口城市阿姆斯特丹。海边的小镇上住着一对夫妻，白天丈夫出去捕鱼，妻子在家洗衣做饭、看孩子。每天傍晚，妻子都会爬到屋顶，挂上一个很大的瓶子，里面燃着红烛，烛光一直照耀至丈夫平安归来。有一天，狂风大作，海浪滔天，夜色降临，仍不见丈夫回来，妻子忐忑难安。忽然，当啷一声，大瓶子被风吹落，掉在地上，滚了好远。妻子跑了出来，外面已经漆黑一团，她怕极了，但还不至于慌乱。她坚信丈夫会安全回家，像往常一样，给孩子们轻轻地讲故事，直到他们睡着。为了给丈夫照明，为了丈夫的平安回来，也为了用自己的爱，唤起丈夫求生的勇气和信心，她再次爬上了屋顶，点燃了红烛，右手高高举起，左手夹住灯罩，围在烛光四周。风太大了，吹乱了她的头发，吹红了她的眼睛，吹得她嘴唇发紫，吹得她牙齿打架。微弱的烛光，熄了再点，点了又熄，但她始终没有放弃。奇迹终于发生了，丈夫在水中看到了远处的烛光，知道妻子在等他，这个家庭需要他，他要活着，虽然他已经与风浪搏斗得精疲力尽了，但刹那间浑身充满了力量，朝着那微弱的光游去。他终于平安归来了。尽管失去了船，弄丢了网，也没捕到鱼，然而他却十分感动，因为那颗“点灯的心”。

【分析】每个人都有一颗“点灯的心”，只是有的为自己，有的则是为了别人，有的始终亮着，有的却早已熄灭了。想想看，他的平安正是你的幸福，他的离开却是你的悲哀，别犹豫了，快快点亮你心中的灯吧。

心理训练

戴“高帽”

1. 训练目的

学会发现别人和自己的优点，并欣赏之，促进人和人之间的相互肯定与接纳。

2. 训练时间

30 分钟。

3. 训练内容

将团队所有成员分成若干小组，每组 5～10 人。每组请一位成员坐或站在团体中央，其他人轮流说出他的优点及欣赏之处（如性格、相貌、处事……）。然后被称赞的成员说出哪些优点是自己以前察觉的，哪些是不知道的。每个成员轮流站到中央戴一次“高帽”。规则是必须说优点，态度要真诚，努力去发现他人的长处，不能毫无根据地吹捧，这样反而会伤害人。参与者要注意体验被人称赞时的感受如何，怎样用心去发现他人的长处；怎样做一个乐于欣赏他人的人。

完成后，让团队成员分享在活动中的感受，发现自己的独特之处，增强在工作、生活中的信心。

成长反思

（1）当遇到心理问题时，你会采取哪些求助方式？

（2）如果发现身边的同学中有心理异常者，你应该采取什么措施？

专题三 生命的意义和责任

能力目标

（1）了解生命的含义及特征。

（2）了解生命教育的内涵与原则。

（3）掌握自杀行为的防治措施。

生命的意义和责任

导入案例

极端的他

某高职生李某，因为临近毕业，找工作的压力骤升，眼看着身边的同学一个个都落实了工作单位，心里不免焦急。在面试四处碰壁后，他开始埋怨父母没有能力，无法为自己解决找工作的困难，并因为工作问题和父母多次发生争执，最后一时想不开竟自杀。被同学发现后，紧急送到医院救治。父母知道后，痛苦不已，一方面对李某的行为表示愤怒，另一方面又不断自责，觉得是自己不够关心李某，才让他做出了极端的行为。

【分析】从李某的案例里我们可以看出，他对于生命的价值和意义认识理解还不够充分，简单地认为生命属于自己，生死应该由自己决定。

一、生命教育概述

生命，一个神圣而又严肃的话题。生命是什么？似乎每个人的心理都有答案但却又不能够具象地说出。有人曾这样诗化地阐述生命："生命如诗，是一首浪漫的抒情诗；生命如梦，是一个美婉或晦涩的梦；生命如歌，是一首欢快的歌曲；生命如茶，是一杯充满韵味的苦茶。"但生命毕竟是实实在在的，人的生命只有一次。因此，肩负祖国未来建设重任的高职生的生命意识亟待加强，高职生的生命教育刻不容缓。

（一）生命的含义

《说文解字》对"生"的解释是："生，进也。象草木出土上。凡生之属皆从生。"后引申为生命的孕育。"命，使也。从口令。令者，发号也，君事也，非君而口使之，是亦令也。故曰：命者，天之令也。"《现代汉语词典》将"生命"解释为"生物体所具有的活动能力"，生命是有限的，但生命的精神却是无限的，个体的一生是生死相依的。生命究竟是什么，不同的人有不同的看法。

（二）生命教育的内涵

生命教育是指在生命活动中进行的教育，是通过生命活动进行的教育，是为了生命而进行的教育。从事生命教育的研究者认为生命教育是以生命为核心，以教育手段，倡导认识生命、珍惜生命、尊重生命、爱护生命、享受生命、超越生命的一种提升生命质量、获得生命价值的教育活动。让青少年认识生命和珍惜生命成为生命教育的重中之重。

生命教育既是一切教育的前提，同时还是教育的最高追求。因此，生命教育应该成为指向人的终极关怀的重要教育理念，是在充分考察人的生命本质基础上提出来的，符合人性的要求，它是一种全面关照生命多层次的人本教育。"生命教育不仅教会青少年珍爱生命，更要启发青少年完整理解生命的意义，积极创造生命的价值；生命教育不仅告诉青少年关注自身生命，更要帮助青少年关注、尊重、热爱他人的生命；生命教育不仅惠泽人类的教育，还应该让青少年明白让生命的其他物种和谐地同在一片蓝天下；生命教育不仅关心今日生命之享用，还应该关怀明日生命之发展。"大学生的生命教育应将焦点集中于生命的实践价值和生命的本体价值两方面，通过生命教育引导大学生以积极的心态去面对生命中的痛苦与失落，正确地认识死亡，正确地认识生命的意义与价值，唤醒生命意识，开发生命潜能，提升生命质量，这也是生命教育最终所要达到的目的。

（三）生命教育的原则

1. 螺旋式推进的原则

在生命教育内容的设置上，要根据青少年身心发展规律和接受程度，从最基础的内容着手，逐步加深教育内容。例如，在校学生的生命教育主要包括快乐与幸福教育；而青壮年的生命教育则包括成功与事业教育；老年人的生命教育则包括休闲、养生、保健教育，要按照城市和农村的不同特点，按地域规划，分层推进，逐渐达到全面推广。

2. 知行统一的原则

生命教育既要对学生进行科学知识的传授，让学生理解生命教育的内涵，又要引导学生贴近生活、体验生活，在生活实践中将知、情、意、行融为一体，使学生丰富人生经历，获得生命体验，拥有健康生命。

3. 互动结合的原则

高职生既要通过学校教师的传授接受教育，又要通过家长、社区、医院等机构、团体的帮助使生命教育的内容内化为自觉的行动。学校不仅要倡导开展学生之间、师生之间、亲子之间的互动，还要引导学生注重自救、自律和自我教育，增强在困境中的应对技能和求助意识。

4. 与学生身心发展一致的原则

在学校开展生命教育，要依据学生身心发展的基本规律，选择贴近学生生活和实际，与他们成长、发展、学习、交往密切联系的内容，进行科学组织与编排，既要有利于他们学习接受，又要方便学校教育教学工作的开展。

5. 学校、家庭、社会相结合原则

生命教育既要发挥学校教育的积极引导作用，又要积极开发、利用家庭和社会的教育资源。在学校课程教学、综合实践活动等方面落实生命教育的同时，还要通过家长学校、社区活动等多种途径，积极引导家庭和社会培养青少年健康的生活习惯、与人与自然和睦相处的技能和积极的生活态度，形成生命教育的合力。

二、生命教育的内容与目标

对高职生的生命教育所要解决的不仅是遏制自杀、伤人等这样的问题，而是要通过接受生命教育使当代青年学生拥有正确健康的生命观、社会责任感和自我价值感，并激发出高职生对于自身和他人生命的全部热爱。

（一）生命教育的内容

具体来说，生命教育的内容有以下四个方面。

1. 认识生命

我们每个人都是一个独立的个体，是不能被再造和复制的。每个人在生命开始之初，都必将经历母亲和自身共同地挣扎和努力才能顺利来到人世，正是生命中最初的痛苦才体现了生命的珍贵和伟大。认识生命，要求高职生理解生命不仅以自然属性躯体形式的存在，还要认识到生命是一种情感的维系，是一种理想价值成就的载体。

2. 珍爱生命

中国心理卫生协会危机干预专业委员会数据表明，自杀在我国已成为位列第五的死亡原因，中国的青少年心理问题中自杀已排在第一位。生命的唯一性告诉我们，珍爱自己的生命，不轻言放弃是对自己、家庭和社会的一种不可推卸的责任。

3. 感恩生命

认识生命是为了更好地珍爱生命，而珍爱生命是为了感恩生命、升华生命的价值。感恩生命不仅是要感谢生养自己的父母，还要感恩在成长道路上帮助和教导自己的老师、朋友。当我们用生命去感恩他人时，无形中就会增加了我们的生命重量，让我们感受到生命的美好。同时，当我们生命中充满感恩之后，我们也可以更好地用自己的生命观影响身边的人。

4. 尊重生命

尊重生命意味着我们需要学会平等地去看待自己与他人生命的权利，在了解了生命的唯一性，获知了生命的珍贵之后，高职生更要学会尊重生命。尊重生命不仅要求我们尊重自己的生命，还要求我们尊重他人的生命，特别是在与他人有了矛盾和冲突之后，更需要我们从尊重生命的角度去理性处理。尊重生命还意味着需要我们理性看待生命中的好与坏、得与失，允许生命中出现一些瑕疵和失望。

（二）生命教育的目标

生命教育的最终目标就在于使学生知道生命的意义、价值，让学生能够从根本上了解生命的精神内涵，追求美好的人生，即培养以下两个能力。

1. 抵御问题的能力

对生命力最大的威胁来自现实的生活境遇，有时我们无法拒绝生活压力事件的发生，无法决定自己境遇的好坏，所以高职生需要通过生命教育的学习，培养出解决现实问题的能力。这种能力也可以从自我的正向感知中获得，也可以通过寻找有效资源来获得。现在有个很流行的说法叫每天一点“小确幸”，其实每天持续积累生命中的“小确幸”，那么久而久之它就会变成一种解决问题的能力了。

2. 幸福生活的能力

所谓生命教育绝不只是为了杜绝自杀，更重要的是需要提升生命的存在意义和价值，回归于个体身上就是一种能够幸福生活的能力，不仅是让自己幸福，也可以让身边的人幸福。这种能力是基于对自己生命的全然接纳和了解的基础之上的，是和自我认知相关的。

三、开展生命教育的途径

生命教育是一种终身教育，贯穿于人的整个一生，蔓延于生活的各个方面。生命教育必须由学校、家庭、社会等多个合力共同推动开展，而学校在这其中起着主导作用。根据生命教育的内容，结合当代大学的成长环境，高职生的生命教育可以从以下几个方面开展。

（一）丰富生命教育的内容

对高职生开展生命教育的内容应是丰富多彩的，以使学生对生命教育有个全面的认识。除前文所提到的生命教育内容的四个基本方面外，还应注意以下方面：

一是要提高自我保护的意识和能力。学会各种生存的知识、处理危机的方法、逃生的本领，掌握突发事件应急自救的技能。

二是提高人际交往能力。生命教育不仅是让学生珍爱和维护自己的生命，同时也要让学生学会与他人和谐相处，培养他们的人文关怀、社会关怀精神，学会欣赏他人、接纳他人，尊重和爱护他人的生命，杜绝伤害他人生命事件的发生。

（二）对学生进行挫折教育、逆境教育

不少学生生活在家长提供的优越环境中，“两耳不闻窗外事，一心只读圣贤书”。经济上的宽裕、生活上的无忧使学生成为“温室娇花”，一旦遇到挫折，他们便无法理智地应对。因此，要培养高职生挑战挫折和苦难的能力，磨炼其生命意志。高职生初涉社会往往害怕失败，害怕挫折。因此，首先要让他们对“失败”有一个科学的认识，建立面对“失败”的正确观念。一方面要让他们正确认识挫折的不可避免性，指出“失败”是每个人走向成熟的必经之路，我们要以积极的态度去面对；另一方面，要针对实际情况，培养高职生的挫折承受能力，增强其挫折容忍力和心理调控能力。

（三）生命教育融入课程内容

职业院校生命教育课程内容的讲授可以以两种方式来进行。其一，在高校思想政治教育的“思想品德修养”课中增设有关生命教育的内容，通过学习，使学生正确认识生命的起源，体验迎接新生命的喜悦，意识到随意处置生命是轻视生命、毫无意义、没有任何尊严的行为，从中学会珍爱一切生命。其二，将生命教育内容融入心理健康教育选修课中，关注学生的认知、情感、意志等各个方面，构成一种旨在改善生命质量的综合性视角，使相关的内容融入已有的心理健康教育内容中并占有足够的地位，从而促使学生在认知、情感、意志等方面共同发展。

（四）将生命教育渗透到实践活动中

青年学生渴望了解社会、接触社会，热衷于参加各种社团活动、课外活动。可根据高职生的这一特点，通过形式多样的社团课外活动来实施生命教育，引导学生在实践中掌握生命知识，形成正确的生命态度和生命意识，培养对社会及他人的关心。生命教育不仅是传授知识、技能的教育，更是一种直接触及人的心灵、感染人的灵魂的教育，所以生命教育必须渗透到实践活动中，进行体验式教学。这种体验式教学，除了需要教师利用发生在青年学生自己身上或他人身上的一些偶然事件，进行生命价值的教育，从中获取直接的感受外，还需要引导青年学生在社会实践中通过自己的直观去感受生命。例如：①组织到动植物园等地参观，让青年学生真正领略到生命之奇、动物之趣和自然之美，培养学生的博爱情感。②组织医院参观产房、婴儿院、手术室、太平间等，使其了解生命的起源，体验生命的喜悦和恐惧，让学生敬畏生命，更加珍惜生命。③组织到德育教育基地参观，让学生学会欣赏生命，使其懂得生命的价值和意义；进行生命价值和审美教育；组织学生到法院、监狱参观，让学生树立法律意识，学会尊重生命。④组织“青年志愿者”协会，利用节假日从事一些公益活动，如走访孤儿院或敬老院，引导学生用爱心、友善去关爱别

人，真诚地帮助困难弱势群体，让他们在社会公众的赞扬声中，体验和感悟生命的快乐。

四、自杀行为及其预防

（一）自杀的类型

自杀是一个沉重的话题，近年来，职业院校学生自杀事件数量呈上升趋势。自杀是指主体蓄意或自愿采取各种手段结束自己生命的行为。自杀是对个体生存意义的否定和对个体所在社会的否定。著名的法国社会学家埃米尔·涂尔干将自杀分为以下三类。

（1）利己性自杀。这种类型的自杀是指当某个人不能很好地融入社会时，他会感到孤独和社会隔离，因而在这种心境下产生自杀行为。

（2）利他性自杀。这种类型的自杀是指某个人过度紧密地融入社会，并且把社会的需要置于个人的需要之上，当他认为自杀可以解脱，并且对他人有利时，就会采取行动。

（3）失范性自杀。这种类型的自杀是指某个人对社会道德标准认识不清，感觉不到社会标准的存在而产生的自杀行为。其核心假设是当社会不能给人们提供必要的特定强度水平的社会目标和准则时，最脆弱的人会自杀。因此，要降低自杀率，必须增强社会的凝聚力和成员之间的相互支持。

（二）大学生自杀的原因

1. 心理障碍

其实大多数人都有一定的心理问题，关键看个人如何调节，如何释放。做得好则问题迎刃而解，反之则会引向极端。当高职生在生活或学习的过程中，遇到了困难或挫折时，有的人可以自我调节成功，但有些人则不能，这些人往往在心理上出现觉得无能力、无希望、无帮助的“三无”心理疾病。如果此时仍没人分解其问题，其就会产生自杀的冲动。每个人都会产生冲动，这就需要有冲动控制或者冲动引导机制，或者由于外部事物将构成冲动的精神能量释放，反之，则易发生自杀情况。

2. 生理疾患

我们大部分人无生理问题，但也有一些天生的疾患是无法改变和治愈的。其中一些天生有生理疾患的人伴着旁人异样的眼光，跨过高考的羁绊，进入了大学。但随着年龄的增加，自我意识越来越强，这种压力会逐渐增大。他们可能就会越来越觉得自卑，觉得命运的不公平，继而产生轻生的念头，最终酿出悲剧。

3. 家庭突遭变故，以致不能承受

目前的高职生中独生子女的比例相当大，他们从小在父母的精心呵护下长大，很少经历挫折和逆境，父母是他们的保护神。据有关部门调查统计，单亲家庭孩子的犯罪、自杀率相对正常家庭要高得多。有的高职生因为心理不成熟，不能理解父母离婚这一行为，不能接受这个事实，认为父母不再爱他，要抛弃他。于是他们会选择更极端的方式——自杀来反抗父母。

4. 学习和就业压力大

高职生处在人生的黄金时代，无论是家人还是自己，都对读大学寄予了厚望，可是

有些学生在通往人生目标的路上，遇到障碍时就会感到沮丧、失望。反复遭受挫折就可能产生心理障碍和心理疾病，特别是感到前途无望，行为上就会产生偏差，最终酿成惨剧。一般情况下，当高职生进入大学后，面临一种全新的环境，也面临着一种全新的学习方式，一些学生不能把握自己，以致迷失了方向，导致很多学科成绩不能及格，在面对学校的处罚和家长的问责时，自觉丧失颜面，因而采取极端的自杀行为。而随着国家对大学生的扩招，以及其他一些因素的影响，高职生就业压力越来越大，因为不能够找到比较满意的工作，也会出现以自杀结束生命的悲剧。

5. 情感挫折

高职生谈恋爱具有强烈的浪漫色彩和盲目性，他们不清楚“爱”为何物，只是凭一时冲动或者随波逐流，所以他们的恋爱极其脆弱，失恋是难免的事。大多数高职生的心理并不成熟，他们不能经受失恋的悲痛，失恋使他们消沉，对生活失去信心，造成精神失常，有的甚至产生自杀、报复心理。当他们听到自己心爱的人提出分手时往往觉得不能接受，没有心理准备，以致认为活着再没有任何意义，或者认为失恋是一件丢人的事情，于是选择自杀。更有甚者，当他们的恋人提出分手后，他们愤愤不平，认为恋人侮辱了自己的感情，于是产生报复心理，这种情况男性比较多，他们一般选择先杀害恋人，再自杀。

（三）识别自杀的征兆

自杀并非突发。一般而言，自杀者在自杀前处于想死同时渴望被救助的矛盾心态时，从其行为与态度变化中可以看出蛛丝马迹。大约2/3的人都有可观察到的征兆。据南京心理危机干预中心调查显示，61例自杀的大学生中，有22人曾明显流露出各种消极言行以引起周围人的注意。日本心理学家长冈利贞认为自杀前会有种种信号。可以从言语、身体、行为三方面观察。

1. 言语

有自杀意念的人会间接地、委婉地说出来，或者谨慎地暗示周围，如“想逃学”“想出走”“活着没有意思”。

2. 身体

有自杀意念的人会有一些身体症状反应，如感到疲劳、体重减轻、食欲不好、头晕等。这往往是抑郁情绪所致，不能简单地认为是身体有病，应引起注意。

3. 行为

当自杀意念增强时，在日常生活中会表现出不同于平常的行为，如无故缺课，频繁洗澡，看有关死的书籍，甚至出走、自伤手腕等。根据以上种种征兆，可以为预防自杀提供线索。

（四）自杀行为的预防措施

1. 提高青年学生自身素质

一般来说，有的青年学生对困难和挫折的心理承受能力比较差，进入大学后要独立生活，要独立面对更激烈的学习竞争，要处理各种人际关系，遇到较为尖锐的矛盾时，往往措手不及，方寸大乱。高职生应该培养良好的意志品质，增强自控能力。培养良好的行为习惯要注意自觉地运用心理学知识，分析自己的心理本质和行为习惯，弄清不良性格与不良习惯之间的关系。对不良行为习惯要进行自我调节，及时纠正。良好的行为习惯是人们在日常生活中逐渐形成良好的习惯，如勤奋、勇敢、热情、大方等。高职生还要正确对待各种压力，学会调节自己的情绪，加强心理健康训练。当遇到不愉快的事情或者心情不好的时候，可以采取多种方法排解，如发泄法、诉说法、转移矛盾法、升华法等。

2. 落实高校思想政治教育工作

高校思想政治教育工作对学生自杀行为的防治有着极其重要的作用。

第一，高校的辅导员担负着对学生进行思想政治教育工作的重任。要使思想政治教育工作落到实处，辅导员必须真正走到学生中间去，成为他们的朋友，而不是高高在上的“领导者”。同时高校管理部门还要注意加强辅导员队伍的理论水平，定期组织辅导员学习系统的思想政治教育工作理论和方法，提高他们的工作能力。

第二，学校应有一支强大的“两课”教师队伍。相关教师应有较强的理论功底和责任感。随着时代的发展，教师要与时俱进，紧跟时代发展，关注青年学生关心的热点，并针对这种情况采取相应的措施提高思想政治教育工作的效率。

第三，对有条件的学校可以设立专门的心理咨询机构，当学生遇到心理创伤时，可以到学校设立的心理咨询机构去获得心理咨询师的帮助，倾诉自己的苦闷，解除心理危机，以防止自杀事件的发生。同时学校还要经常组织心理调查，方便了解学生的思想情况，对有问题的学生要有针对性地加以治疗。

3. 改善家庭教育

青年学生是父母的骄傲，父母对他们给予了厚望，父母望子成龙、望女成凤的心情是可以理解的。但是父母也不要给子女施加太大的压力。同时，父母要多关心子女的生活，让他们体会到父母的温暖。当发现子女行为异常的时候，要及时了解情况，帮助他们解决。父母要学会做子女的朋友，以平等的身份和子女交谈，不要搞“专制”“家长制”。这样才能形成一种良好的家庭氛围，有利于子女的成长。

4. 呼吁全社会的关注

青年学生是祖国的未来，是社会主义现代化事业的建设者和接班人，因此，对大学生自杀的问题，也要引起全社会的关注，需要全社会都来重视这个问题，都为这一问题出谋划策。可以通过专家讲座、家长学校、团体辅导、社区活动、图书展出、全民阅读等多种途径，积极开展关于青少年心理危机干预方面的普及与教育，引导全社会和家庭重视青少年的心理健康教育，培养青少年健康的生活习惯、与人与自然和谐相处的技能和积极的生活态度，养成全社会的心理健康教育理念和注重青少年心理危机干预的常规，创造温暖温馨的青少年社会生活氛围，构筑心灵防护的坚实长城，来关注和防止青少年的自杀行为，形成生命教育的合力。

（五）自杀干预的“五要、十不要”原则

1. 五要

（1）保持平静、沉稳，对求助者随之而来的暴风雨般的情绪要有心理准备。

（2）给求助者充分的机会倾诉，以便确定危机类型、诱发事件及严重程度；不要试图消解自己被求助者引起的沮丧感。

（3）必要时询问客观问题，只要得当，可有镇静作用。
（4）要直接面对事情，勿涉及深层及潜意识原因。
（5）可向社区、医务、法律等机构求援。

2. 十不要

（1）不要对求助者责备或说教。
（2）不要批评求助者，或对他的选择、行为提出批评。
（3）不要与其讨论自杀的是非与对错。
（4）不要被求助者所告诉你的危机已过去的话所误导。
（5）不要否定求助者的自杀意念。
（6）不要过急，要保持冷静。
（7）不要分析求助者的行为或对其进行解释。
（8）不要让求助者保持自杀的秘密。
（9）不要把自杀行为说成是光荣的、浪漫的、神秘的，以防止别人盲目仿效。
（10）不要忘记跟踪观察。

（六）自杀事件后的群体心理危机干预

学生自杀事件发生后，在校园内会产生很大的影响，特别是对自杀事件的目击者和同学好友伤害更大，因此学校的心理咨询工作者必须尽快对相关人群进行心理危机干预。

（1）个别咨询和干预。心理咨询师可直接与学生交谈，为学生提供安全场所，让其发泄悲痛、自由地表达自己的感受。

（2）团体咨询和干预。教师可与学生一起讨论对未来和生命的看法，但不宜对自杀的学生进行太多的纪念。经验证明，不渲染自杀的戏剧性、浪漫性、神秘性，有助于防止他人盲目地效仿。

（3）及时公布有关信息。及时公布事情真相，避免误传和谣言等失真信息的传播，避免造成公众不必要的恐慌。

经典分享

生命的价值

有一个生长在孤儿院中的小男孩，常常悲观地问院长："像我这样没人要的孩子，活着究竟有什么意思呢？"院长总笑而不答。

有一天，院长交给男孩一块石头，说："明天早上，你拿这块石头到市场上去卖，但不是'真卖'，记住，无论别人出多少钱，绝对不能卖。"

第二天，男孩拿着石头蹲在市场的角落，意外地发现有不少人好奇地对他的石头感兴趣，而且价钱越出越高。回到院内，男孩兴奋地向院长报告，院长笑笑，要他明天拿到黄金市场去卖。在黄金市场上，有人出比昨天高10倍的价钱来买这块石头。

最后，院长叫孩子把石头拿到宝石市场上去展示，结果，石头的身价又长了10倍，由于男孩怎么都不卖，竟被传扬为"稀世珍宝"。

男孩兴冲冲地捧着石头回到孤儿院，把这一切告诉给院长，并问为什么会这样。

院长没有笑，望着孩子慢慢说道："生命的价值就像这块石头一样，在不同的环境下就会有不同的意义。一块不起眼的石头，由于你的珍惜、惜售而提升了它的价值，竟被传为稀世珍宝。你不就像这块石头一样？只要自己看重自己，自我珍惜，生命就有意义、有价值。"

【分析】如果你自己把自己不当回事，那别人更瞧不起你，生命的价值首先取决于你自己的态度。"每个人应当从小就看重自己，在别人肯定你之前，你先得肯定你自己。"珍惜独一无二的你自己，珍惜这短暂的几十年光阴，然后再去不断地充实自己，最后世界才会认同你的价值。

心理训练

思考生命的价值

1．训练目的

明确自己生命的重要性，珍视对他人重要性。

2．训练时间

20分钟。

3．训练内容

（1）折叠椅一人一把。

（2）把学生分成5～6个人一组。各组围圈坐下，尽量缩短相互之间的距离，留一个出口；为增强气氛可以拉上窗帘，关上灯，出口处最好靠近门或窗。

（3）教师叙述："有一群学生到郊外旅游，不巧遇到泥石流倾泻，全部被困在几米深的地下，只有一个出口，只可以过一个人，而出口随时有倒塌的危险，谁先出去就有生的希望。请每个人依次说出自己求生的目的及将来可能对社会做出的贡献，然后大家协商，看谁可以最先逃出，并排出次序。然后，全体一起讨论活动过程及自己的感受。"

（4）讨论的重点集中到自己能否说出将来生活的指向，听了别人意见后自己是否修正原有的想法，小组内以什么为标准决定逃生者的次序。

成长反思

（1）对你而言生命意味着什么？

（2）作为高职生，如何理解生命教育的目标？

（3）作为高职生，如何开展生命教育？

心理测试：心理承受能力自测问卷

1．测试目的

通过量表了解个体的心理承受能力。

2．测试时间

20 分钟。

3．测试内容

仔细阅读每一道题，并根据自己的实际情况，对下列题目做出“是”或“否”的回答。对这些问题回答时不要做过多的考虑，对每个问题立刻做出回答比考虑后再回答更为正确。

（1）你认为自己是个弱者吗？

（2）你是否喜欢冒险？

（3）你生活在使你感到快乐和温暖的班级里吗？

（4）如果现在就去睡觉，你会担心自己睡不着吗？

（5）生病时你依旧乐观吗？

（6）你是否认为家人需要你？

（7）晚睡 2 小时会使你第二天明显地精神不振吗？

（8）看完惊险片很长一段时间内，你会一直觉得心有余悸吗？

（9）你常常会觉得生活很累吗？

（10）你是否有一些无话不谈的知心朋友？

（11）当考试成绩不理想时，你会感到非常沮丧吗？

（12）你认为自己健壮吗？

（13）当你与某个同学闹意见后，你会一直无法消除相处时的尴尬吗？

（14）大部分时间你对未来充满信心吗？

（15）你有一个关心、爱护你的家庭吗？

（16）当你在课堂上回答不出问题时，你在课后还会久久地感到烦恼吗？

（17）每到一个新地方，你是否常常会出现各种问题，如吃不下饭、睡不着觉、拉肚子、头晕等？

（18）即使在遇到困难时，你还是相信困难终将过去？

（19）你明显偏食吗？

（20）当你与父母发生不愉快时，你是否曾想离家出走？

（21）你是否每周至少进行一次所喜欢的体育活动，如登山、打球、游戏等？

（22）你觉得自己有些神经衰弱吗？

（23）你认为你的老师喜欢你吗？

（24）心情不愉快时，你的饭量与平时差不多吗？

（25）看到苍蝇、蟑螂等讨厌的东西，你感到害怕吗？

（26）你相信自己能够战胜任何挫折吗？

（27）你是否常常与同学交流看法？

（28）你常常因为想心事而躺在床上久久不能入睡吗？

（29）在人多的场合或陌生人面前说话，你是否感到窘迫？

（30）你是否认为你受到的挫折与其他人相比，根本算不了什么？

【评分标准】

（2）、（3）、（5）、（6）、（10）（12）、（14）、（15）、（18）（21）、（23）、（24）、（26）、

（27）和（30）题答“是”记 1 分，答“否”记 0 分，其余各题答“是”记 0 分，答“否”记 1 分。各题得分相加，即为总分。

0～9 分：表明个体的心理承受能力差，遇到困难易灰心，常有挫折感；10～20 分：表明个体的心理承受能力一般，能轻松地承受一些小的压力，但遇到大的打击时，容易产生心理危机；21～30 分：表明个体的心理承受能力强，能在各种艰难困苦面前保持旺盛的斗志。

模块三　认识自我

模块导读

古希腊戴尔菲城阿波罗神庙的石碑上刻着一句铭文："认识你自己"。这句碑铭表达了人类与生俱来的内在要求，这就是希望了解自己。在生活中，我们也会经常问自己：我是谁？我在社会中究竟处于一个什么位置？我有什么目标？我如何才能成为理想中的那类人等问题。这种自我反省和自我认识的结果，就是自我意识。自我意识是个体意识发展的高级阶段，是一个人心理成熟和心理健康的重要标志。高职生只有对自己持一种接受和开放的态度，客观、准确地认识自我，正确地评价自我，积极地悦纳自我，有效地控制自我，科学地发展自我，才有可能发掘自己的潜能，幸福快乐地生活；才有可能心理健康，顺利成长。通过本模块的学习，高职生可以了解自我意识的概念、结构和发展的特点，理解自我意识的发展阶段、规律及其特征，认识到职业院校学生自我意识存在的问题，掌握高职生健康人格的评价标准和完善的途径。

名人名言

在这个世界上，你是独一无二的一个。你生下来是什么，这是别人给你的礼物，你将成为什么，这是你给别人的礼物。

——柏格森

资源导航

1. 推荐书籍

（1）朱建军，我是谁：意象对话解读自我［M］. 合肥：安徽人民出版社，2009.

（2）爱德华多·普赛特·卡萨尔斯，我是谁：在纷扰的世界中找回自我的精神力量之旅［M］. 王路译. 北京：现代出版社，2011.

（3）阿尔弗雷德·阿德勒，自卑与超越［M］. 黄久儒，许龙桃，等译. 武汉：武汉大学出版社，2015.

2. 推荐电影

（1）《我是谁》，1998 年，导演：陈木胜、成龙。

（2）《冰雪奇缘》，2013 年，导演：克里斯·巴克、珍妮弗·李。

3. 推荐视频

（1）《别对自己说不可能》，约翰·库缇斯。

（2）《自卑是把双刃剑》，中央电视台《心理访谈》，2010 年 第 330 期 。

专题一 自我意识及其发展规律

能力目标

（1）了解自我意识概念的内涵及结构。
（2）理解自我意识的发展阶段和规律。

自我意识及其发展规律

导入案例

残废的天使

一位就读于某高职院校的学生，因左眼残疾非常苦恼，常常睡不好、吃不下。他的左眼是在小学和同伴玩耍时被同伴不小心用棍子捅致失明的。进入高职院校后，面对恋爱、找工作的需要，他感到非常自卑和痛苦。本来成绩排在全班前面的他，一个学期结束就排到了后面，为此他到校心理咨询室寻求帮助。经过几次心理咨询，该学生不再唉声叹气，而是把精力集中到学习上，成绩很快得到了提高，之后还通过专升本考试进入某大学继续学习，从本科学习到攻读博士学位，他完成了自己所制定的学习目标，并组建了一个幸福的家庭。

【分析】该学生显然是因为身体上的残疾而产生了过度的自我否定心理。虽然自己学习成绩很好，但由于过度关注的是自己的不足，因而看不到自己的长处。其实每个人都有自己的长处和短处，扬长避短就是发挥自己的长处，规避自己的短处。

了解、认识自我的过程是困难甚至艰险的。但如果不去尝试揭开谜底，那将只能停滞不前或倒退，永无发展的可能了。对于处在自我意识快速发展的特殊阶段的高职生而言，关注自我，了解自我意识的含义、结构和自我意识常见的问题，培养健康的自我意识，具有极为重要的意义。

一、自我意识的含义

意识是人对自己和环境的觉察，自我意识是个体对自己存在的觉察，是意识的核心部分，即自己认识自己的一切，包括认识自己的生理状况（如身高，身材，形态等）、心理特征（如能力、性格、气质、兴趣等）、人际关系（人己关系、群己关系等）和社会角色（职业，群体中角色）。简言之，自我意识就是指个体对自己及自己与周围环境关系的认识。这种认识是一个多层次、多维度的心理系统，是通过观察、分析外部活动及情境、社会比较等途径获得的。

自我意识是意识的最高级形式，它不是单一的心理品质，而是认知、情感、意志的融合体，是一个完整的心理结构。

一般来说，自我意识可分为现实的自我、应该的自我和理想的自我三个部分。现实的自我是指人们认为自己在现实生活中是一个怎样的人或别人是怎样看待自己的。应该的自我是指人们按照自己的社会角色给予自己的一个价值判断，按照自己的现在所处的位置及身份应该要做到什么。理想自我是指人们认为自己将来是一个怎样的人。

活着究竟是为了什么，生命的意义是什么，我是谁，我从哪里来，我到哪里去，等等，进入高职院校的学生并没有因为多年的学习而减少了问“为什么”，相反却有了更多的“为什么”。有了更多关于自己、关于他人、关于与他人的关系、关于人类生存环境的迷惑与探求的渴望。苏格拉底告诫世人要“认识你自己”。循着这一箴言，人们终其一生就是在不断地探索自我、实践自我和超越自我中度过。某种意义上，关注与反思自我也是个体进步和成熟的表现。

二、自我意识的结构

自我意识是一个多维度、多层次的复杂心理现象，可以从不同的角度进行分析。

（一）从内容上划分

从内容来看，自我意识可分为生理自我、社会自我与心理自我。

1. 生理自我

生理自我是个体对自己身体、生理状态（如身高、体重、容貌）的认识和体验，它是个人在与他人交往的过程中通过学习而逐渐形成的，它使个人把自我和非我区别开来，意识到自己的生存是依托于自己的躯体内的。生理自我是与生俱来的，我们只能接受它，不能改变它，随着自我意识的成长，我们逐渐对生理自我有一个明晰的看法与正确的认识，但由于青年时期的不确定性，有的学生对生理自我产生较高的心理关注，女性关注自己是不是漂亮、迷人、有吸引力，胖、瘦、高、矮甚至脸上的雀斑；男性关注自己的体形与身体高度、声音的吸引力等。这些都是因为高职生正处于青春期乃至青年初期，处于对自己身体状态高度关注的时期。

2. 社会自我

社会自我是个体对自身与外界客观事物关系的认识、体验和愿望，其包括个人对自己在客观环境及各种社会关系中的角色、地位、权利、义务、责任等的意识。青年人常用“我已经长大了”来表达自己的社会自我，期望社会给予积极的肯定与认可。

3. 心理自我

心理自我是个体对自己的心理活动、个性特点、心理品质的认识、体验和愿望，其包括对自己的感知、记忆、思维、智力、能力、性格、气质、爱好、兴趣等的认识和体验。

（二）从心理活动过程上划分

从心理活动的过程来看，自我意识可以分为自我认识、自我体验与自我控制。

1. 自我认识

自我认识是主观自我对客观自我的评价，其包括自我感觉、自我观察、自我印象、自我分析、自我评价等。自我认识解决“我是一个什么样的人”的问题。在客观存在的自我认知基础上做出正确的自我评价，对于个人的心理生活、行为表现及协调社会生活中的人际关系，都具有很大的影响作用。在人们的心理生活中，自尊或自卑的自我评价具有很大作用。一般来说，人们倾向于把自己看作是有价值的、讨人喜欢的、优越的能干的人，心理学上称之为“自我尊重”。如果一个人看不到自己的价值，只看到自己的不足，觉得自己什么都不如别人、处处低人一等，就会丧失信心，产生强烈的自卑感。其结果是缺乏勇气和积极性，无论做什么事情都难以保证质量。如果一个人只看到自己比别人好，别人都不如自己，就会产生盲目乐观的情绪，自我欣赏，自以为是。其结果往往是不能处理好人际关系，难以与人合作，被他人拒绝、被群体孤立。

2. 自我体验

自我体验是伴随主体对自身的认识而产生的内心情感体验，是主观的我对客观的我所持有的一种态度，是自己对自己所怀有的一种情绪体验，其包括自信、自卑、自尊、自满、内疚、羞耻等。主要是以体验的形式表现出人对自己是否悦纳、满意等态度。自我体验反映了主体“我”的需求与客体“我”的现实之间的关系，当“客我”满足“主我”的需要时，便产生肯定型自我体验（自我满意）。反之，便呈现出否定型自我体验（自我责备）。“客我”是否满足“主我”的要求，往往与个体的自我认知、自我评价和个体对社会规范、价值标准的认识有关。良好的自我体验有助于自我监控的发展。自我体验是在自我认识基础之上产生的，自我认知决定自我体验，而自我体验又强化着自我认识，主要集中在“能否悦纳自己”“对自我是否满意”等方面。

自尊心是一种内驱力，激励着个体尽可能地努力获得别人的尊重，尽可能地维护自己的荣誉和社会地位。自信心则是人们对自己的智力、能力、意志、毅力等方面的坚信，是使个体能够迎难而进、走向成功的内在动力。但是，如果对自尊心和自信心把握不当，就会有点成绩即趾高气扬，瞧不起他人。而一旦遇到一点挫折，则会自卑、自贬，甚至一蹶不振。

成功感和失败感往往取决于个体的自我认知与自我期望水平，决定于个体的内部标准。决定个体成功与失败的情绪体验的内部标准在一定程度上还要与社会的共同标准相适应。一般来说，当个体体验到成功感时，就会产生积极的自我肯定，向更高的目标进取。反之，当个体体验到失败感时，则常会产生消极的自我否定，闷闷不乐，甚至放弃努力。可见，如何恰当地处理自我体验，对个体的身心发展及事业成功都具有重大的意义。

3. 自我控制

自我控制是自我意识的关键环节，是个体对自己的行为、思想、语言等的控制，使行为符合群体规范，符合社会道德要求，以达到自我期望的目标，包括自我激励、自我暗示、自强自律等。自我控制是自我中最高阶段，其核心是我应该做什么，我应该成为什么样的人，我可以选择如何做，等等。我们经常讲的“自制力”，其实就是自我控制的能力，是作为“主我”对于“客我”的制约作用。自我控制有两个方面的表现：其一是发动作用，其二是制止作用。人们在克服困难的过程中，个体强制自己的言语器官和运动器官进行种种活动，这就是自我控制所起的发动作用。例如，个体要克服自己贪玩欲望，坚持在教室上自习就属于自我控制所起的发动作用。而“主我”根据当时的情境，抑制“客我”的行动和言语，则为自我控制所起的制止作用。例如，注意力不集中的学生在课堂上强行要求自己集中注意力听讲关于荣誉等价值观念方面的内容。心理学研究表明：成功的人都有较高的自我控制能力。但并非所有的自我控制都是积极的，有的学生对自己的要求非常高，自我控制能力强，而在实际中却因为主观或客观原因没有能够达到，容易对自我产生怀疑与否定。

自我认知是自我体验和自我调节的基础，自我体验能强化自我调控，自我调控的结果又会丰富自我认识，三者是相互联系、密不可分的。

（三）从存在方式进行分析

从存在方式进行分析，自我意识可分为现实自我、投射自我和理想自我。

现实自我就是个体从自己的立场出发，对自己当前总体实际状况的基本看法。投射自我也称镜中自我，是指个体想象自己在他人心目中的形象或他人对自己的基本看法。理想自我则是指个体想要达到的比较完美的形象。从自我意识存在的形式来看，现实自我是一种能被人感知到的客观存在，而投射自我和理想自我是在个体大脑中的一种客观存在，容易受到个体的主观因素影响，往往不稳定、易变化。研究表明，当现实自我和投射自我相一致时，个体会产生加快自我发展的倾向，反之，个体会感到别人不理解自己，或试图改变现实自我。当理想自我建立在个体的实际情况基础之上，且符合社会要求和期望时，它就会指导现实自我积极适应并作用于内外环境，从而使自我意识获得快速发展。反之，如果理想自我、现实自我和社会要求三者之间有矛盾，就会引起个体内心的混乱，甚至会引起严重的心理疾病。

三、自我意识的发展阶段

一个人自我意识的形成通常会经历一个发生、发展、成熟的不断分化和统一的过程，每一次分化和统一都会使自我意识不断地走向成熟。一般来讲，婴儿期是自我意识的发生阶段，儿童期至少年期是自我意识进一步发展的阶段，青年期则是自我意识迅速发展并趋向成熟的阶段。

美国心理学家爱利克·埃里克森是新精神分析派的代表人物之一。他认为，人的自我意识发展持续一生。他把自我意识的形成和发展过程划分为八个阶段，每个阶段都有主要的心理冲突，或者叫社会心理危机，心理冲突解决了，自我意识就能顺利发展。这八个阶段的顺序是由遗传决定的，每一个阶段都是不可忽视的，但是每一阶段能否顺利度过却是由环境决定的，所以这个理论可称为心理社会阶段理论。具体见表 3-1。

表 3-1　自我意识形成和发展的八个阶段

阶段	年龄	主要冲突	阶段	年龄	主要冲突
1. 婴儿前期	0～1.5 岁	信任—怀疑	5. 青少年期	12～18 岁	角色同一—混乱
2. 婴儿后期	1.5～3 岁	自主—羞耻	6. 成年早期	18～25 岁	亲密—孤独
3. 幼儿期	3～6 岁	主动—内疚	7. 成年中期	25～65 岁	繁衍—停滞
4. 童年期	6～12 岁	勤奋—自卑	8. 成年后期	65 岁后	完善—失望、厌恶

（一）婴儿前期（0～1.5 岁）：获得基本信任感，克服基本不信任感

这个阶段的心理特征为基本信任和不信任的心理冲突。如果这一阶段的危机成功地得到解决，就会形成希望的美德；如果危机没有得到成功地解决，就会形成胆小惧怕的性格。

这个阶段的儿童最为孤弱，因而对父母依赖性最大，如果父母能以慈爱和惯常的方式来满足儿童的需要，他们就会形成基本信任感。如果他们的父母拒绝他们需要或以非惯常的方式来满足他们的需要，儿童就会形成不信任感。得到信任的儿童敢于希望，这是一个注重未来的过程，而缺乏足够信任的儿童不可能怀有希望，因为他们必须为需要是否能得到满足而担忧。

当儿童形成的信任感超过不信任感时，基本信任对基本不信任的危机方才得到解决。应当牢记，重要的是两种解决办法所占的比率。对任何人和任何东西都信任的儿童必然会陷入困境。某种程度的不信任是积极的和有助于生存的。但是，信任感占优势的儿童具有敢于冒险的勇气，不会被绝望和挫折所压垮。

（二）婴儿后期（1.6～3 岁）：获得自主感，避免怀疑感与羞耻感

这个阶段的心理特征为是自主与害羞和怀疑的冲突。在这个阶段中，如果儿童形成的自主性超过羞怯与疑虑，就形成意志的美德；如果危机不能成功地解决，就会形成自我疑虑的性格。

儿童开始有了独立自主的要求，如想要自己穿衣、吃饭、走路、拿玩具等，他们开始去探索周围的世界。这时候，如果护理人允许他们独立地去干一些力所能及的事情，并且表扬他们完成的工作，就可以培养他们的意志力，使他们获得一种自主感，能够自己控制自己。相反，如果过分爱护他们，处处包办代替，什么也不需要他们动手；或过分严厉，这也不准那也不许，稍有差错就粗暴地斥责，甚至采用体罚，就会使孩子产生自我怀疑与羞耻之感。

父母必须按照社会所能接受的方向，履行控制儿童行为的精心任务，而又不能伤害儿童的自我控制感和自主性。换言之，父母必须具有理智的忍耐精神，但仍然必须坚定地保证儿童的社会许可行为的发展。

（三）幼儿期（4～6 岁）：获得主动感，克服内疚感

这个阶段的心理特征为主动对内疚的冲突。如果这个阶段的危机成功得到解决，就会形成方向和目的的美德；如果危机不能成功地解决，就会形成自卑感。

在这一时期，幼儿能更多地进行各种具体的运动神经活动，更精确地运用语言和更生动地运用想象力。这些技能使幼儿萌发出各种思想、行为和幻想，以及规划未来的前景。如果幼儿表现出的主动探究行为受到鼓励，幼儿就会形成主动性，这为他将来成为一个有责任感、有创造力的人奠定了基础。如果成人讥笑幼儿的独创行为和想象力，那么幼儿就会逐渐失去自信心，使其更倾向于生活在别人为他安排好的狭窄圈子里，缺乏自己开创幸福生活的主动性。

（四）童年期（7～12 岁）：获得勤奋感，避免自卑感

这个阶段的心理特征为勤奋对自卑的冲突。如果这一阶段的危机成功地得到解决，就会形成能力的美德；如果危机不能成功地解决，就会形成无能。

这一阶段的儿童都应在学校接受教育。学校是训练儿童适应社会、掌握今后生活所必需的知识和技能的场所，学校也是培养儿童与他人合作能力的地方，所以社交技巧是学校传授的重要课程之一。爱利克·埃里克森认为，儿童在这一阶段所学的最重要的课程是“体验以稳定的注意和孜孜不倦的勤奋来完成工作的乐趣”。如果能顺利地完成学习课程，他们就会获得勤奋感，使其在今后的独立生活和工作中充满信心，反之就会产生自卑。当儿童的勤奋感大于自卑感时，他们就会获得有“能力”的品质。

但是，如果儿童养成了过分看重自己在工作能力方面的地位，而对其他方面木然处之，把工作当作生活的全部，这种人的生活是可悲的。爱利克·埃里克森说：“如果他把工作当成他唯一的任务，把做什么工作看成是唯一的价值标准，那他就可能成为自己工作技能和老板们最驯服和最无思想的奴隶。”所以，在这个阶段里，教师和家长必须以充满爱的关注，鼓励儿童掌握为未来就业所必需的技能，但不能以牺牲儿童某些其他重要的品质为代价。

（五）青少年期（13～18 岁）：获得同一感，克服同一性混乱

这个阶段的心理特征为自我同一性和角色混乱的冲突。如果这一阶段的危机成功地得到解决，就会形成忠诚的美德；如果危机不能成功地解决，就会形成不确定性或无归属感、为人冷淡冷漠、缺乏关爱意识。

这个时期是自我意识发展的关键期。其核心问题是自我意识的确定和自我角色的形成。青少年对周围世界有了新的观察与新的思考方法，他们经常考虑自己到底是怎样一个人，他们从别人对他的态度中，从自己扮演的各种社会角色中，逐渐认清了自己。此时，他们逐渐疏远了自己的父母，从对父母的依赖关系中解脱出来，而与同伴建立了亲密的友谊，从而进一步认识自己，对自己的过去、现在、将来产生一种内在的连续之感，也认识自己与他人在外表上与性格上的相同与差别。认识自己的现在与未来在社会生活中的关系，这就是同一性，即心理社会同一感。

在此之前的四个阶段中，儿童懂得了自己是谁，能干什么，也就是说，懂得所能担任的各种角色。在青少年阶段中，必须仔细思考全部积累起来的有关他们自己及社会的知识，最后致力于某一生活策略。一旦他们这样做，他们就获得了一种同一性，否则就会产生同一性的混乱，如怀疑自我认识与他人对自己认识之间的一致性；做事情马虎，看不到努力工作与获得成就之间的关系。同一性混乱，还表现在对领导与被领导之间的共同点与差异看不清，要么持对立情绪，要么盲目顺从等。在两性问题上也可能发生同一性的混乱，如认识不到两性之间存在同一与差异等。

（六）成年早期（19～25 岁）：获得亲密感，避免孤独感

这个阶段的心理特征为亲密对孤独的冲突。如果这一阶段的危机成功地得到解决，就会形成爱的美德；如果危机不能成功地解决，就会形成混乱的两性关系。

这是建立家庭生活的阶段，也是获得亲密感，避免孤独感的阶段。亲密感，是人与

人之间的亲密关系，包括友谊与爱情。亲密的社会意义，是个人能与他人同甘共苦、相互关怀。亲密感在危急情况下往往会发展为一种互相承担义务的感情，它是在共同完成任务的过程中建立起来的。如果一个人不能与他人分享快乐与痛苦，不能与他人进行思想情感的交流；不相互关心与帮助，就会陷入孤独寂寞的苦恼情境之中。

健康的人是充满爱而又能辛勤工作的人。具有牢固同一性的青年人是在寻求和保持同一性的过程中生成的，他们期望并乐意把自己的同一性与其他人的同一性融合在一起。他已具备了与他人亲密相处的能力，也就是说，具备了成为协会会员和伙伴关系成员所须承担义务的能力，也具备了为遵守这些义务而发展的道德力量的能力，即使这些都需要付出巨大的牺牲和让步。

（七）成年中期（26～65岁）：获得创造力感，避免“自我专注”

这个阶段的心理特征是生育对自我专注的冲突。如果这一阶段的危机成功地得到解决，就会形成关心的美德；如果危机得不到成功的解决，就会形成自私自利。

这是中年期与壮年期，是成家立业的阶段。这是获得创造力感，避免“自我专注”的阶段。这一阶段有两种发展的可能性，一种可能性是向积极方面的发展，个人除关怀家庭成员外，还会扩展到关心社会上其他人，关心下一代以至子孙后代的幸福。他们在工作上勇于创造，追求事业的成功，而不仅是满足个人的需要；另一种可能性是向消极方面的发展，即所谓“自我专注”，就是只顾自己及自己家庭的幸福，而不顾他人的困难和痛苦，即使有创造，其目的也完全是为了自己的利益。

（八）成年后期（66岁以上）：获得完美感，避免失望感

这个阶段的心理特征是自我完整与绝望期的冲突。如果这一阶段的危机得到成功的解决，就形成智慧的美德。如果危机得不到成功的解决，就会形成失望和毫无意义感。

由于衰老，人的体力、心智和健康每况愈下，对此他们必须做出相应的调整和适应，所以被称为自我调整对绝望感的心理冲突。如果一个人的自我调整大于绝望，他将获得智慧的品质，以超然的态度对待生活和死亡。如果前面七个阶段积极的成分多于消极的成分，就会在老年期汇集成完美感，回顾一生觉得这一辈子过得很有价值，生活得很有意义。相反，如果消极成分多于积极成分，就会产生失望感，感到自己的一生失去了许多机会，走错了方向，想要重新开始又感到为时已晚，痛不胜痛，于是产生了一种绝望的感觉，精神萎靡不振，马马虎虎地混日子。

这八个阶段不但依次相互关联，而且第八个阶段还直接与第一个阶段相联系。换言之，这八个阶段以一种循环的形式相互联系。例如，成人对待死亡的态度会直接影响儿童的信任感。爱利克·埃里克森相信“如果儿童的长者完美得足以不惧怕死亡，那么这些健康的儿童也不会惧怕生活”。如果个人获得的自我完整胜过失望，那他或她就以智慧的美德为一生的特征。

四、自我意识的发展规律

在个体的发展过程中，自我意识开始形成于童年时期，初步形成并定型于青少年时

期，成熟于成年时期。自我意识从形成到成熟，要经历自我意识的分化、自我意识的矛盾和自我意识的统一者三个过程，这就是自我意识的发展规律。这三个过程相互依存、不可分割，没有经历自我意识的分化，没有体验自我的矛盾冲突之苦，就没有可能在深层次上获得自我的统一和整合。

（一）自我意识的分化

当个体发现自己像观察其他人那样在观察自己时，个体的自我意识就出现了分化：主体“我”正在观察客体“我”。原来完整的“我”被分化成两个“我”——主观的我和客观的我，伴随着主我和客我的分化，“理想我”和“现实我”也开始分化。自我意识的分化使得我们更频繁地进行自我观察、自我分析、自我评价和自我监督。个体主动地关注自己的内心世界和行为，产生了新的认识和体验，同时，由此产生的种种情感也要求有属于自己的一片天空。自我意识的分化是自我意识开始走向成熟的标志。

（二）自我意识的矛盾

随着自我意识的分化，个体也不得不承受与惊喜一并而来的焦虑、不安、自我怀疑、挫败感和失落感，这些消极的情感体验是由于自我意识分化的矛盾而产生的，具体表现在：主观“我”和客观“我”的矛盾；理想“我”和现实“我”的矛盾；渴望交流与缺乏知己的矛盾；独立需求与依附需求的矛盾。随着自我冲突的加剧，自我意识不能统一、自我形象不能确立、自我概念不能形成，表现出明显的内心冲突，甚至产生内心痛苦和强烈的不安感。

（三）自我意识的统一

寻求平衡状态是生物的本能，当我们饱受自我意识分化、自我意识矛盾所带来的痛苦时，我们尝试着各种方式来摆脱这种痛苦，这实际上就是自我意识在谋求统一，包括主观“我”与客观“我”的统一、理想“我”与现实“我”的统一、生理“我”、社会“我”与心理“我”的统一及自我与客观环境的统一。从另一个角度来说，也是自我认知、自我体验和自我控制的统一。

总之，自我意识由分化、矛盾到统一的过程是相对的，由于我们不同的成长环境和生活经历，自我分化的早晚、自我矛盾的性质和持续时间及自我统一的具体特点都有所不同。此外，自我意识的发展是伴随我们终身的，只不过它是青年人面临的主要人生命题。

经典分享

小欣的困惑

远离了父母和昔日的朋友，刚进入高职院校的小欣心里非常迷惘、伤感。当高职院校生活初步安顿下来，开始了正常的学习之后，最初的新鲜感逐渐淡去。她每天背着书包穿梭在校园中。教室、食堂和宿舍构成了她的三点一线。小欣由于对未来没有设想，没有目标，她觉得日子就像白开水一样索然无味。

【分析】进入高职院校前，高中生的目标非常清晰——考大学。目标具有动力、导向和激励作用。中学阶段的奋斗目标非常明确，能促使一切行动围绕高考这个目标进行。进入高职院校后，很多新生失去了方向，如不及时建构新的目标，自己就会导致目标丧失，缺乏努力方向，行为懒散。因此，一年级新生要把求学与求职结合起来，从一入学就应制定目标，并将入学后的行为围绕这一目标进行。例如，如果毕业后计划考公务员，在校期间就要了解考试的相关规定，提前做好准备，而不能等到毕业时再准备。在高职院校学习过程中，每个人的目标都是不同的，同学之间不要盲目攀比，而要分析、认识自己，走好自己的路。

心理训练

他人评价与自我评价的异同

1．训练目的

了解他人对自己的评价与自我评价有何异同。

2．训练时间

30分钟。

3．训练内容

（1）教师准备材料（每个学生一份）：白纸，黑色记号笔，别针。

（2）教师分发材料，请学生互相帮助，将白纸用别针固定在每个人的背后。

（3）每个学生请其他同学在自己背后的白纸上写下对自己的评价（不留下书写者的名字），至少取得15个人的评价。

（4）20分钟后，每个学生回到自己的座位上，取下白纸，看看别人对自己的评价。

（5）思考：有什么让你吃惊或不解的评价吗？别人对自己的评价有道理吗？你有什么感想？

成长反思

（1）你了解自己吗？

（2）你觉得自我意识对自己会产生哪些影响？

（3）你自己在自我意识发展上的期待是什么？

专题二　高职生自我意识的发展

能力目标

高职生自我意识的发展

（1）了解高职生自我意识发展的特点。

（2）了解高职生自我意识发展中的矛盾冲突。

导入案例

自大带来的烦恼

李某才貌双全，能歌善舞，在家中一向被父母视为掌上明珠。进入高职院校后，能力超群的她很快便被辅导员任命为班干部，管理班级日常事务。不知不觉中她感觉自己能力无人可及，变得妄自尊大，目空一切，和同学之间的矛盾也日益突显。在大学二年级新学期开学初班级组建新班委前，辅导员向她征询几个候选人的意见时，她不是摇头就是撇嘴，说这个人组织能力不强，那个人语言表达能力差，全班同学竟没有一个人能让她看上眼的。她这种自高自大引起了同学们的普遍反感，最后在班委投票选举时，她竟然以低票落选。面对这一结果，李某不能理解，更不能接受，痛哭流涕。

【分析】李某不把任何人放在眼里是她最大的缺点。李某自大的心理使她觉得自己了不起，而且容不得别人超过她。在这种自我认识的支配下，个体往往会夸大现实的自我，形成错误的、不切实际的理想自我。这种类型的学生往往盲目乐观，以自我为中心、自以为是，不易被周围环境和他人所接受与认可，容易引起别人的反感与不满。

一、高职生自我意识发展的特点

高职阶段是自我意识迅速发展的阶段，也是自我意识发展和确立的关键时期。在这个时期，自我意识趋于稳定、全面、丰富和深刻。在这一时期，自我认知、自我体验、自我控制三方面趋于协调发展；自我意识的核心，即世界观和人生观已基本确立。总的来说，高职生自我意识的发展随着年龄的增长而不断发展，并表现出以下几方面的特点。

（一）自我认识方面的主要特点

1. 自我认识的广度和深度大大提高

高职院校这一特殊的学习、生活环境，为高职生打开了一个全新的世界。这个新世界使他们的视野更开阔了，关心的社会问题也更多了，社会对他们的期望也比较高。这时，他们的自我认识不仅涉及自己的气质、风度和性格等一般问题，而且还涉及自己的社会地位、社会责任、自我的价值等问题。通过对这些问题的分析和思考，高职生自我意识可以达到新的广度和深度。

2. 自我认识更具自觉性和主动性

迈入高职院校就等于迈入了半个社会。高职院校是高职生走向社会的预备阶段。在这期间，他们面前摆着许多深刻的问题：我要做个什么样的人？我能为社会做些什么贡献？等等。高职生总是十分感兴趣而又急切地思考着这些问题，并且会付诸行动。相对于少年时期，高职生的自我认知更具主动性和自觉性。

3. 自我评价能力增强

由于高职院校生活的历练，高职生的知识增加了，社会经验也丰富了，大多数人能够通过自我观察、自我总结等手段全面、客观地看待和评价自己，自我评价逐渐走向成熟。但是高职生自我评价的能力存在很大的个体差异。

（二）自我体验方面的主要特点

1. 自我体验的丰富性

高职院校丰富多彩的生活和高职生自我认识水平的提高，使高职生的自我体验更加丰富。高职生自我体验的情感基调是积极的、健康的。高职生要注意增强自我意志的指向能力，提高自我认识的水平，这将有助于高职生自我体验的丰富性向健康方面发展。

2. 自我体验的不稳定性

高职生由于对自我的认识还在不断提高中，个性还不够成熟和稳定，也缺乏驾驭情感的意志力量，因此他们的情感体验表现出明显的不稳定性。他们可能因一时的成功而产生积极的、愉快的情感体验；也可能因一时的挫折、失败而低估自我或丧失自信心。到了高年级，当高职生的自我认识和自我控制比较确定后，这种情绪和情感方面的自我体验才趋于稳定。

3. 自我体验的深刻性

他们的自我体验不仅与自己的个性特点相联系，而且还与自己的生活信念和人格倾向相联系。当自我的生活信念和人格倾向为别人所悦纳，或客观事物符合自己的生活信念和人格倾向时，他们就产生愉快的情感体验，否则就产生消极、不愉快的体验。因此，高职生的自我体验是深刻的。

（三）自我控制方面的主要特点

1. 自我控制能力明显提高

进入高职院校后，随着知识积累、生活阅历的增加，高职生自我认识和自我评价水平增强，他们能够根据别人的评价和自己行动结果进行反省，及时调整自己的行为和目标。这说明高职生行为的自觉性和自我控制能力明显增强，而盲目性和冲动性则逐渐减少。高职生自我控制能力的明显提高，还表现在他们的行为和目标能以社会期望和社会要求为转移。面对社会的期望和要求，高职生能对自己的目标进行及时的调整，在掌握专业知识的同时，注重各种能力的培养，以便能更好地适应社会。

2. 自我设计的愿望增强

据调查，高职生普遍抱有设计自我、完善自我的强烈愿望。他们可以根据自我的设计不断充实自己的知识、培养自己的能力、形成自己良好的性格与品德。高职生的成就动机是最强的，他们不愿做一个庸庸碌碌无为的人，都想干出一番事业，能对社会、对祖国有所贡献，以实现自己人生的价值。虽然高职生的自我设计常会产生与社会要求不一致的矛盾，但是我国高职生的自我设计、自我完善的基本倾向是奋发向上的、积极的。

3. 拥有较为强烈的独立意识和自信心

高职生在生理发育上已完全具备了成人的特点，心理成熟和社会成熟也已达到较高的水平。因此，高职生的成人感特别强，希望摆脱往日的监督和管教，独立意识强烈。高职生各方面的优越条件使他们具有产生自信心的生理基础、心理基础及社会基础。高职生的独立意识和自信心十分宝贵，它是蓬勃向上、积极进取等优良品质的心理基础，因此要加以适当的保护和引导。一般来说，随着自我评价能力的提高和知识经验的积累，高职生的独立意识和自信心会逐步表现得客观和稳定。

二、高职生自我意识发展中的矛盾冲突

自我意识作为隐藏于个体内心深处的心理结构，是个体意识发展的高级阶段，是人格的自我调控系统。高职学习阶段是个体自我意识急剧增长、迅速发展和趋于完善的重要时期，但同时由于生活阅历的局限，在发展自我意识的过程中难免有许多矛盾和冲突，这些矛盾和冲突影响到高职生的心理健康、学业发展及人际关系等。

（一）主体自我和客体自我之间的矛盾冲突

主体自我是个人对社会情景做出的反应，是自我中积极的一面，客体自我是主体自我在社会他人和自己眼中的反映。二者应该是统一的，这种统一是个人对客体的认识与个人愿望的统一，是自我意识良好的标志。但是由于个人所处的社会环境的差异，主体自我与客体自我并不总是统一的。高职生的主体自我与客体自我的矛盾就表现得较为突出。现如今，“重理论轻实践、重专业轻基础、重科学轻人文”成了社会对高职生的评价，这也是社会对高职生“客我”的认识。当高职生也认识到自身的状况时，矛盾冲突就产生了，高职生回归本位，身上光环的消失使他们产生了些许的失落感，既承认自己又否定自己，从而出现了主体自我与客体自我的矛盾冲突。

（二）理想自我和现实自我的矛盾冲突

理想自我是个人追求的目标，是个人想要达到的完美形象，它对个体实现理想中的自我起着引导作用。现实自我是对现实中自我的各种特征的认识，是个人从自己的立场出发得出的认识。二者之间存在一定的差异。青年学生怀揣着无数的美好梦想进入高职院校校门，每个人都渴望有一片属于自己的美丽天空。有理想就有动力，因此，高职生的成就动机特别强烈，他们有抱负、有追求、有理想，他们为自己设定了一个美丽的“理想自我”，也对高职生活进行了理想化的设定。然而现实往往是残酷的，现实与心中的理想形成巨大的反差，他们的现实自我在能力、知识、经验等方面与理想尚有很大差距。在对理想自我的期望和追求中，现实自我带来更多的是失望。在这种情况下，高职生陷入趋避两难的冲突中，是采取积极的行动使现实自我向理想自我靠近，还是就此消极沉迷，承认自己“才疏学浅”而放弃理想自我。在理想自我与现实自我的冲突中，高职生迷失了自己生活的方向，这时，积极的自我调适就显得极为重要。

（三）自尊与自卑的矛盾冲突

自尊与自卑的冲突是自我体验冲突的典型表现。我国当代青年学生大多数是独生子女，他们的父母都尽自己最大的努力让孩子吃最好的、穿最好的，一味表扬而不忍批评，让孩子误以为自己是最优秀的。这些高职生是在社会认同、长辈赞誉、同龄人的羡慕中长大的，它使高职生本人也产生了强烈的优越感和自豪感。自尊和自卑总是紧密联系在一起的，自尊表现强烈的人往往也是极度自卑的人。当他们遭遇失败与挫折时，有时甚至是小小的失利，他们便开始怀疑自己的能力，进而产生自我否定、自我怀疑甚而自暴

自弃，陷入强烈的自卑之中。由于对自己的评价不够恰当，给自己设定的抱负水平较高，自己的所作所为总是不能满足自身内心的期许。这种从自尊到自卑的反差给高职生带来的焦虑、忧郁和悲观，这些都与高职生自我定位的不准确有关。自尊与自卑的矛盾冲突也是自我体验冲突的明显体现，即过度的自我接纳和过度的自我拒绝之间的矛盾冲突。过度的自我接纳和过度的自我拒绝是两个绝对相反的命题，但共同点是二者对人的心理健康都会带来极为不利的影响。过度的自我接纳往往使个体扩大现实的自我，形成不切实际的理想自我，不易被他人接受和认可，从而导致人际关系紧张；过度的自我拒绝会使自己厌恶自己，丧失自信，从而失去应有的进取心，压抑自我的积极性，可能引发严重的情感损伤。

（四）独立与依附的矛盾冲突

进入高职院校后，高职生的生理和心理的成熟使他们的独立意识迅速发展。他们希望能在经济、生活、学习、思想等方面独立，希望摆脱成人的管束，以独立的姿态面对生活、学习与工作中遇到的问题，自主地处理所遇到的一些问题。但由于长期的校园生活使高职生与社会脱节，他们的社会阅历和经验相对匮乏。当遇到重要问题时，他们又盼望父母、老师、同学能够帮助自己，替自己分忧。并且他们在经济上也并没有独立，仍需要父母、学校给他们提供支持来完成学业。高职生无论是在心理上还是在现实生活中都需要依赖成人，无法真正做到人格上的独立。因此，在高职生身上，一方面有着强烈的独立意识，另一方面却又事事要依赖别人，这就使他们在心理上出现了独立性与依附性的矛盾冲突。高职生带着对独立意识的追求和无奈，在渴望独立与摆脱不了的依附心理的冲突中徘徊。这种独立意向与依附心理的矛盾一直困扰着他们。

（五）交往需要与自我闭锁的矛盾冲突

高职生迫切需要友谊，渴望理解，寻求归属和爱。他们有着强烈的交往需要，希望能向知心朋友倾吐对人生和生活的看法，盼望能与人分担痛苦、分享欢乐。他们也渴望着自我价值的实现，渴望与人探讨人生的真谛，也希望自己能成为群体中受欢迎的人。但同时他们又存在着自我闭锁的倾向，许多人往往不愿主动敞开自己的心扉，而把自己的心灵深藏起来，在公开场合很少发表个人的真实意见。他们在与他人交往时存有较强的戒备心理，与同学间有意无意地保持一定的距离。还有一些学生因为考虑问题不全面，交往心切，有时在不了解实际情况的时候就与他人坦诚相交，往往易受到伤害，受到伤害后而产生心理闭锁。正是这种交往需要与自我闭锁的矛盾冲突，使得不少高职生感觉十分“孤独”。

（六）激情与理智的矛盾冲突

这是自我意识的自我控制方面的冲突。自我控制是指个体摆脱监督和支配的一种自我意识倾向。随着身心的发展，高职生的认知水平不断提高，理性思维日渐成熟，比起高中时代，高职生考虑的问题更加全面与客观，对人生、未来都有所思索。高职生最大的特点是感情易于冲动，表现出自我控制能力较差，甚至有时被人利用，听到赞扬时容易忘乎所以，受到责难时立刻怒发冲冠，讲到哥儿们义气时又极易铤而走险，往往出现理智让位于情感，导致做出一些错事、蠢事。他们在做过错事、蠢事后，又会后悔不迭，马上变得一蹶不振，使自己陷于懊悔的惆怅之中。理性思维成熟与情绪情感不稳定的出现明显的冲突，一方面不断克制，另一方面不断冲突，这就是理智与激情的矛盾冲突。

经典分享

接纳他人才能融入环境

小美以前没住过校，进入高职院校后，与5个同学共住在一间宿舍。她特别爱生气，在一些小事上斤斤计较。例如，其他同学早上起床时间早了、打电话的声音大了或者晚上睡觉的呼吸声大了都会让她心生厌恶。小美还是个不善言辞的人，心里有想法也不愿和其他同学沟通交流。渐渐地，她发现别的舍友之间关系融洽，唯独自己跟别人难以沟通，因而觉得非常孤独，特别想家。

【分析】环境的改变会给高职生带来很多的不适应，其中，饮食、天气等物理环境比较容易适应，而人际关系的适应是一门“学问”。一年级新生入校后容易想念父母，思念好友，与新同学交往时总与原来的同学比较，很可能觉得不如以前的同学好，因而感到莫名的孤独。这时候，作为高职新生应该及早建立起新的支持系统，可以找老乡、学长多交流，尽快找到倾诉对象，把不开心的事说出来。此外，自己还可以多参加学校、班级组织的集体活动，增加与周围同学接触的机会，以便更好地融入其中。

心理训练

我 是 谁

1．训练目的

认识并接纳独特的我，认识并接纳独特的他人。

2．训练时间

30分钟。

3．训练内容

（1）先向一位学生连续问5次“你是谁？”。每次回答不能重复。当出现“我是一个学生”或“我是一个男生”这样的回答时，要求其尽量选择能反映个人特点的，真正代表独一无二的个体的语句。之后全体学生边思考边写出20句“我是一个……的人”。

（2）将自己所陈述的20项内容做下列归类：

① 关于身体状况（属于你的体貌特征的，如年龄、形体等）陈述的有几项；

② 关于情绪状况（反映你常持有的情绪态度）陈述的有几项；

③ 关于才智状况（表现你的智力、能力）陈述的有几项；

④ 关于社会关系状况（属于品德、与人关系等方面）陈述的有几项。

（3）最后评估一下自己的陈述是积极、肯定的？还是消极、否定的？在每句话的后面标上加号（＋表示肯定满意）或减号（－表示不满意、否定）。看看自己的加号和减号有多少。

（4）如果自己的加号大于减号，说明个体的自我接纳状况良好。相反，减号将近一半甚至超过一半，这显示自己不能很好地接纳自己，个体的自尊程度较低。这时个体需要内省一番，寻找问题的根源。如哪一方面过低评价了自己？是什么原因造成的？有没有改善的可能？

成长反思

（1）高职生自我意识发展的特点是什么？
（2）在自己身上存在哪些自我意识发展的矛盾冲突？

专题三　健康人格的标准和塑造

能力目标

（1）了解人格的含义及特征。
（2）懂得健康人格的含义及标准。
（3）了解健康人格的塑造方法。

健康人格的标准和塑造

导入案例

“人来疯”与零容忍

小王，20岁，某高职学院二年级学生。她是典型的“人来疯”，别人越关注自己，自己就越兴奋，而且特别爱自夸。同时，对别人的不同意见几乎零容忍，总要靠发怒堵住别人的嘴。她看不到自己身上的任何不足，却常常看不起周围的人。对于自己一个知心朋友也没有的现状，小王却认为是自己与众不同，别人都无法理解自己的思想。

【分析】小王过度的自我接纳也称自负，这类高职生往往过高地估计自己，不能充分地了解自己，对自己的肯定评价超过了自身的实际水平，很少认识到自己的缺点和不足，甚至把自己的短处当成优点。同时，存在过分的独立意识，不听从他人意见，视孤立为不落俗套，凡事我行我素。

一、人格的含义及特征

（一）人格的含义

“人格”一词来源于拉丁文“persona”，原指戏剧表演时演员所戴的面具，而后引申为演员所扮演角色的特征。在我国的京剧表演中，各种不同的脸谱也是用来表现不同角色的性格特点。“人格”一词在心理学中的广泛应用要追溯到20世纪30年代，当时主要作为性格（character）的替代概念而出现。因为在西方语境中，“性格”带有道德评价方面的含义，而“人格”则显得中性。

在心理学中，人格经常也被称为个性，是人们相对稳定的个性心理特征和独特的个性心理倾向的总和，它反映了一个人总的心理面貌，是在长期的社会生活实践中形成和发展起来的。

一个人的人格，不是指某一方面的人格特点，而是多方面人格特点的有机整合。每个高职生的个性心理特点和个性心理倾向的诸多因素有机结合在一起，就构成了自己的人格。人与人之间显著的差别就在于人格。

（二）人格的特征

人格是构成一个人的思想、情感及行为的特有的统合模式，是稳定的、内部的、一致的、区别于他人的心理品质，它有多种特征。

1. 独特性

个体的人格是在遗传、环境和教育等因素的交互作用下形成的。不同的遗传、生存及教育环境，形成了各自独特的心理特点。俗话说“龙生九子，各有所好”，即使是同卵双生子长得再像，人格上也是有差异的。所谓“人心不同，各如其面”，人的心理差异就像人的面孔，千姿百态，千差万别。每一个人都是一个与众不同的个体，这就是人格的独特性。

2. 稳定性

人格的稳定性是指那些经常表现出来的特点，是一贯的行为方式的总和。个体在不同生活情境中表现出大体一致的心理品质，就是人格的稳定性。而在行为中偶然发生的、一时性的心理特征和心理倾向，并不能代表个体的人格特征。俗话说“江山易改，本性难移”，就是指人格的稳定性。

人格是相对稳定的，但并不意味着它在人的一生中是一成不变的。每个人的人格都可能随着生理的成熟和现实环境的改变或多或少地发生变化，这是人格可塑性的一面，正因为人格具有可塑性，才能培养和发展人格。儿童的人格在形成过程中易受环境影响发生较大的变化，可塑性较大；成年人的人格比较稳定，可塑性较小，但也并非不能改变。因此，人格是稳定性和可塑性的统一。

3. 统合性

人是极其复杂的，人的行为表现出多元性、多层次的特点。人格的组合千变万化。包含在人格中的各种心理特征彼此交织，相互影响，构成了一个有机的整体，具有内在的一致性。人格统合性是心理健康的重要指标。当个体的人格结构在各方面彼此和谐统一时，他的人格就是健康的，反之，则可能出现适应困难，甚至出现人格分裂。

4. 功能性

人格决定着一个人的生活方式，甚至决定着一个人的命运和成败。当面对失败和挫折时，性格坚强的人能发奋拼搏，积极生活；性格懦弱的人会一蹶不振，消极生活。这就是人格功能性的表现。

5. 社会性

人是社会性生物，在人格发展的过程中不可避免地要经历社会化。社会化是指个体在社会环境中形成适应于社会的人格，掌握社会所认可的行为方式的过程。个体从自然人向社会人转变是一个系统的过程，它要求人必须在社会认可的行为标准中形成自身的行为模式，使之成为符合社会要求的一员。社会化贯穿于个人的一生，一个人从出生到老年，个体无时无刻不在接受社会的影响，不断地进行社会化。在每个人一生中的不同时期，社会化的要求和内容都会有所不同。

二、健康人格的含义和标准

（一）健康人格的含义

健康人格是一种状态，通常指人格结构中的各个方面得到协调、充分的发展，能有效地适应变化着的社会生活环境以利个体身心的发展，对身心健康、潜能发挥等诸多方面产生积极有效的影响。

（二）健康人格的标准

1. 亚伯拉罕·马斯洛关于健康人格的标准

美国心理学家亚伯拉罕·马斯洛通过对数千名大学生和数十位著名历史人物的具体研究，归纳了人格健全、心理健康的 15 个特征。

（1）对现实世界有敏锐的洞察力。

（2）能接受自己、他人和现实。

（3）言行坦率、自然和纯真。

（4）不过分关注自己，而以问题为中心。

（5）具有超然于世的品格和独处的需要。

（6）独立自主。

（7）时时常新的新鲜感。

（8）常常能体会到狂喜、惊异和崇高等所谓高峰体验。

（9）对人类充满深厚的爱。

（10）其亲密朋友不多，但感情深厚。

（11）具有民主态度。

（12）具有很强的道德感。

（13）有幽默感。

（14）有创造性。

（15）不盲从。

2. 高职生健康人格的标准

根据我国的具体情况，学者们提出了高职生健康人格的标准。

（1）能客观地认识自我。首先是接纳自我，乐于接受一切属于自己的东西，对遭遇的坎坷和挫折持有积极的心态和看法。其次是了解自我，对自己的优势和不足了如指掌，知道如何看待自己同别人之间的差别。最后是完善自我，有明确的奋斗目标并为之不懈努力。

（2）具备合理的知识结构。高职生应具备完善的科学知识结构，并拥有良好的观察力、记忆力、注意力、想象力和创造力，各种认知能力能有机地结合并发挥应有的作用，能服务于社会和人民。

（3）具有良好的思维习惯。高职生应善于独立思考问题，善于灵活多变地思考问题，能根据客观情况变化，适度地调整原有方案。

（4）富于进取性、创新性和协调性。高职生应具有拓荒者的胆识和气魄，有强烈的好奇心和旺盛的求知欲，敢于摆脱陈旧的观念，乐于改正自身的错误。

（5）富有团队协作精神。现代社会中为了在竞争中获胜，就必须加强团体协作以形成合力。社会发展、成就事业要求高职生不仅要有一定的知识技能，更重要的是要求他们能把个人才智能力融入集体之中，有与他人合作创业的心境和欲望，有为团队发展壮大的协作互助能力。

（6）具有良好的心理品质。高职生应具有较强的适应能力和坚韧不拔的意志力，积极、愉快、乐观地面对生活，能及时化解心理挫折和困扰，对周围的客观世界有着较强的适应性；坦然面对竞争、失败和压力，社会活动范围广，与大多数人建立一种良好的人际关系，富有同情心和爱心。

（7）要有宽阔的胸怀。“己所不欲，勿施于人”。高职生无论做什么事，都要推己及人，将心比心，设身处地为别人着想，并在工作实践中刻苦历练自己，养成具有凝聚力、感召力、影响力的优秀人格，这是成就事业的基础和保证。

总之，具有健康人格的人是集感性与理性于一身，熔激情与理智于一炉，集完整性与平衡性于一体的人。在这种人身上，既有情感的冲动，又有理性的导引；既富有蓬勃的生命，又有充满智慧的光芒。

三、健康人格的塑造

没有健康的人格，“有理想、有道德、有文化、有纪律”也就难以做到，当代高职生应努力寻找塑造健康人格之路。这里我们介绍几种塑造健康人格的方法。

（一）认识自我，优化人格

认识自我是改变自我的开始。为了有效地进行人格塑造，就应该充分了解自己的人格状况，认识自我的三观、能力、兴趣和需要，了解自己的气质类型和性格特征，只有准确地把握自我的人格状况，才能为优化人格提供基础和条件。人格塑造是为了实现优化整合人格，以达到人格的健全。为此，要在充分认识自我的基础上，明确人格塑造的目标、内容、途径、方法。优化人格整合就是要随着个体心理的成熟，人格的各个方面逐渐由最初的互不相关，发展到和谐一致状态的过程。

优化人格整合，一要择优，二要汰劣。择优即选择某些优良的人格特征作为自己努力的目标，如自信、勇敢、勤奋、坚毅、善良、正直等可作为人格塑造的依据。汰劣即针对自己人格上的缺点、弱点予以纠正，如自卑、胆怯、抑郁、冷漠、懒惰、任性、自私等。当然，择优与汰劣往往是同步进行的。只有在择优汰劣中才可能使高职生的人格不断地健全和发展。

（二）夯实基础，完善人格

人格健全需要智力基础，有了智力基础，人格发展的速度与质量才有保证。现实生活中，有不少人格发展的缺陷是由于无知引起的，无知容易使人自卑、粗鲁，而丰富的知识则使人自信、坚强、理智。因此可以说，学习科学文化知识、增长智慧的过程也是完善优化人格的过程。

英国科学家培根认为："读史使人明智，读诗使人灵秀，数学使人周密，科学使人深刻，伦理学使人庄重，逻辑修辞之学使人善辩。凡有所学，皆成性格。"在当代中国，受应试教育影响，许多理工科学生缺乏人文知识，文科学生缺乏科学精神，这对于人格的健全发展是不利的。因此，高职生应有意识地补充薄弱领域的知识，做到科学与人文并重，夯实知识基础，才能将学习成果最终转化为人格。

（三）积极实践，磨砺人格

除了努力学习科学文化知识之外，高职生还应该积极投身到各种实践当中去，在实践中锻炼能力，培养兴趣，满足需要，发展并完善价值观和人生观，同时还可以磨砺人格。可以说，实践是人格发展的必由之路。例如，一个人的勤奋、坚忍、乐观、细致等人格特征都是长期实践锻炼的结果。高职生应积极参加各种有益身心健康的实践活动，如近年来校园内兴起的青年志愿者活动对于高职生人格的发展与塑造就很有意义。

（四）融入集体，发展人格

个体的发展与成熟就是不断社会化的过程。在这个过程中，通过与他人、集体和社会的相互作用，自己的某些人格品质或受到赞扬、鼓励，或受到压制、排斥，从而有助于个体做出有针对性的调整，而且集体能够伸出手来帮助个体择优汰劣。在与他人的交往和比较中，能够正确地认识自己，既能看到自己的长处，也能了解自己的不足，从而实现人格的优化与塑造。因此，要想塑造健康人格，必须发展良好的人际关系，尊重社会习俗，关心他人的需要，真诚地赞美，不做无建设性的批评，多与他人沟通意见，保持自尊和独立等。

（五）锻炼身体，强健体魄

人格发展的过程是生理因素、心理因素与智力因素协同作用、相互促进的过程，健康的体质是人格健全发展的物质基础。一个体弱多病的人是难以发展健康人格的，拖沓、懒惰、急躁、怯懦等人格发展缺陷与不坚持体育锻炼有明显的关系。只有身体健康，才能有更充沛的精力学习科学文化知识，参加社会实践，增强自信，接受意志的考验，这些过程本身就优化完善了人格。

（六）教育内化，健康人格

个体自身之外的教育、影响和引导有助于良好人格的形成，但最关键的还是把外在的要求内化为自我认同价值的观念，并形成自觉的行为习惯，才算真正完成了健康人格的塑造，这个过程就是自我修养的过程。要进行自我修养，一要自励，注意训练真实地表现自己，自觉地强化自己，不断发现新的自我。二要自控，消除紧张、畏惧、焦虑等消极心理，保持乐观向上的积极心态。三要自省，切实克服自我中心心理、自卑心理、自负心理，训练培养自己的自觉性，树立良好的理想信念，主动培养健全的人格，勇于抛弃不良的人格特征，这样持之以恒，日积月累，就会逐渐形成健全的人格。

人格完善的过程，就是心理发展和心理成熟的过程。塑造健康的人格，是一项系统的自我改造、自我实现的工程，要从小做起，贵在坚持。当代高职生应从塑造健康人格做起，努力将自己塑造成为符合时代要求的高素质人才。

经典分享

阅读帮助建立健康的人格

每个人的人格会受到周围人们的影响，马克思也说过，人的本质是一切社会关系的总和。在我们的成长过程中也会跟各种各样的人交往，行为观念和思维方式都会受到影响，人格也就在各种人际关系中被塑造出来。

除了生活中的人们，大量的阅读也会提供这种人际关系。当然，这一类人际关系是虚拟的，但是同样对人们人格塑造起着重要作用。通过阅读不同的著作，也就相当于跟每一个作者交流，吸收消化作者带来的思想和故事。

例如，柏拉图的《理想国》教导着我们如何管理好一个国家；《物种起源》告诉我们自然界的适者生存，并依靠进化论前行；《乱世佳人》给我们讲述了一个战争困境中理解爱情为何物的故事；《肖申克的救赎》带给我们希望，以及对自由的向往。

阅读变成了沟通，让我们体验别人所拥有的真实的情感，抑或是理解这个世界最底层的逻辑原理。这就是阅读带来的人际关系，书中的作者是我们的老师、我们的朋友，一本又一本地为我们讲述着这个世界。

阅读会提高我们的认知，大量的阅读就会使得我们对这个世界越来越熟悉。生活中的一些疑惑也会在不知不觉中慢慢打开，并且看着书中的内容有时还会有感同身受的感觉。而这种感同身受也就是知道了别人跟自己有过同样的困惑或是经历，这样的感受会对自己形成肯定，而获得肯定就是人们生存前行的力量源泉。

生活和工作中的我们总会有一种念想，那就是踏上浪迹天涯的旅程。通过阅读我们知道，很多人都有着这样的念想。这并不是什么人格的缺陷，也并不是对于周围家人的不负责任，而是一个成长的过程，并且在时机成熟的时候也可以去尝试拓展自我。

在我们阅读的时候会有这样一种现象，阅读一本书之后感觉意犹未尽，将这本书延伸的相关作品找来继续阅读，或者阅读一整个系列的书籍。这样进行阅读之后，就对于相关领域有了充分的认识理解。阅读得越多，对事物进行判断的时候，考虑的内容也越来越多，下结论时也不再如往日那么武断。

这样的行为也是阅读在塑造我们健康的人格，一个阅读过《平凡的世界》《活着》《苏菲的选择》书籍的人，遇到了失恋或是考试落榜这样的困境时，根本不会被眼前的艰难压垮，他会马上调整心态继续前行，因为他明白，自己的经历跟真正的苦难相比是如此的微不足道。

阅读一类书籍，会建立相应类别的知识体系，明白在这一个体系里所有的原理规则。阅读的书籍足够多，我们就会明白生存的意义究竟是什么，什么样的事情值得我们去做，什么事情不值得我们浪费生命。

【分析】通过阅读，我们自身的理念、周围环境的影响与书中带来的感受会相互摩擦融合，使我们变得更加有包容性，完整、健全的人格就是由此产生，这样的人格会推动着我们在人生的旅途中不断前行。

心 理 训 练

独 特 的 我

1．训练目的

帮助学生进一步认识自己，并学习接纳每个人的独特性。

2．训练时间

30 分钟。

3．训练内容

（1）6～8 人小组。每人 1 支笔、1 张卡片，视频手语操“我真的很不错”。

学做手语操，让学生在手语操中坚定对自我的悦纳。

（2）热身活动。6～8 人一组，面对面而坐。要求学生仔细思考，用一种动物代表自己，并在卡片上写下这种动物的名字。等所有人写完后，同时亮出卡片，每组成员看看组内动物园中有哪些动物，哪些与自己相似，哪些与自己不同。然后大家讨论，轮流介绍自己为什么会选该种动物代表自己，该种动物的优点和缺点是什么。

要求：当一个学生讲述时，其他学生要认真倾听，与发言者保持目光接触，但整个过程中不能发言。

① 欣赏自己。小组成员轮流对其他人表达：我喜欢我……活动要求同（2）。

② 小组交流：当自己表达对自己的欣赏时，自己内心的感受；当自己看到别人认真地听自己表达时，其内心的感受；自己真诚地表达，同时抱着对他人的兴趣，去了解组内每一个人。

（3）做真实的自己。

① 真诚、负责任地表达。小组成员轮流对其中一人表达：我不喜欢你的……这只是我个人的看法，我对此负责任。我很喜欢你……活动要求同（2）。

② 小组交流。自己对自己的真实感受负责，自己尊重别人的看法，别人的看法是客观的存在，不会影响自我的情绪。

成 长 反 思

（1）你对自我有什么样的评价？

（2）你的自我意识有哪些偏差，如何完善？

心理测试：自我形象测试

1．测试目的

通过量表了解个体对自我形象的认知情况。

2．测试时间

20 分钟。

3．测试内容

对下列每个题目做出最适合自己的选择。

（1）上次某个异性朋友说你长得迷人，你当时反应如何？

A．不觉得意外，因为知道会有这种情况发生。

B．觉得快活，因为自己也想到这一点，只是不能完全肯定而已。

C．又惊又喜。

（2）你是否直呼你父母的名字？

A．是的，自从长大成人以来一贯如此。

B．是的，只因为父母提议要我那样做。

C．不知道什么缘故，我就是不喜欢那样叫法。

（3）你即将担任一项重要任务，一项你以前从未做过的事情。你有一位朋友不经心地说，但愿我有你那样的机会。你会：

A．接受这句恭维话。

B．向他表明你并没有十足的把握，但你很乐观。

C．心想，如果你知道我有多紧张就好了。

（4）你已经拿定主意下午逃学，你觉得：

A．好极了，我一定能玩得很痛快。

B．很好，只是有点罪恶感。

C．很有罪恶感，以至于玩兴全消失了。

（5）你是否觉得别人不了解你的优点？

A．很少觉得。　　B．有时候觉得。　　C．经常觉得。

（6）当你生气的时候，你通常是：

A．不表现出来。　　B．直接表现出来。　　C．经常表现出来。

（7）假如（6）的答案是 A，你是否觉得，你当时非常生气，别人看你却是镇定的？

A．很少觉得。　　B．有时觉得。　　C．经常觉得。

（8）假如（6）的答案是 B，你是否觉得，在你气得快要崩溃的时候，别人看你却还是坚强的？

A．很少觉得。　　B．有时觉得。　　C．经常觉得。

（9）下列情况哪一种最适合你：

A．我对自己的才干了如指掌，并正在善加利用。

B．有时候我觉得自己在某些事情上还可以做得更好一些。不过一般而言，我对自己努力的成果通常都很满意。

C．假如我用心去做，几乎什么事情我都能做，不过我从未得到应有的机会。

（10）当你告诉某一个很了解你的人，你在某个特殊的场合有某种行为和感觉时，他是否说："我没想到你会这样。"

A．从来没有。 B．很少。 C．有时候如此。

（11）如果你有一件想做的工作，但是没有规定是你完成，这时你：

A．立刻行动。

B．有点分心的感觉，但很容易进入工作状态。

C．觉得不愿意定下心来做，或者感到注意力分散得很厉害。

（12）当某个人似乎并不喜欢你时，你会：

A．以豁达的胸襟接受这一事实：一个人无法讨好每个人。

B．想知道你是否做了什么事得罪他了。

C．认为他一定嫉妒你。

（13）你是否担心自己会让别人失望，辜负他们对你的期望？

A．很少。 B．有时候。 C．经常。

（14）假如你在通过海关时被阻拦下来彻底检查行李，而你并没有携带违禁品，你会：

A．因为被耽搁了，觉得有点懊恼。

B．心想，幸好我没带违禁品。

C．觉得紧张而有罪恶感，像自己做错了事一样。

（15）你会做白日梦吗？

A. 不常做。 B．偶尔做。 C．经常做。

（16）假如（15）的答案是 B 和 C，你的白日梦是：

A．和可能的情况十分接近。

B．幻想自己大权在握，人人都仰望自己。

C．自己经常都能随心所欲。

（17）在过去两年之中，是否有好几个人评论你的人格（不论恭维或批评），让你感到惊讶的？

A．实在没有。

B．是一两个。

C．几乎没有。

（18）当你在学校里犯了错，或者在家里把晚餐弄糟了，这时你：

A．就耸耸肩，心想没有一个人是十全十美的。

B．需要自我安慰，说那不太要紧。

C．觉得很着急，并且很想替自己辩护。

（19）如果有人得罪了你，你会：

A．生气了一阵子，过后就忘了。

B．觉得难以抛开创痛和怨恨。

C．想报复，并且想象用严厉的方式惩罚对方。

（20）你必须参加某次面试或某种考试。对于这些，你已经有了充分的准备，你会：

A．觉得有点紧张，但是仍愿意全力以赴。

B．有时觉得有把握，有时觉得紧张。

C．严重怀疑自己的能力。

（21）假如你不喜欢你的学校或你的邻居，你会：

A．痛下决心换一个地方，并且尽快去实现。

B．不知何去何从，犹豫不定，不过最后还是采取行动了。

C．觉得陷进去了，无法采取行动。

（22）假如你把时间和金钱投进了某个冒险事业。结果一败涂地，你会：

A．检讨得失。

B．决定将来小心行事。

C．认为那只是运气坏一点罢了，下次事情必定进行顺利。

（23）你觉得下列哪个形容词最适合你，请你指出来。然后找两个很了解你的人，不要告诉他们你的答案，请他们分别告诉你，他们认为哪个最适用于你：

A．性子稳重或急性子。 B．怕羞或外向。 C．粗心或谨慎。

（24）有位朋友和你争论，而你认为他的观点不合理。这时你会：

A．就直截了当地跟他说你的观点。

B．试着跟他妥协。

C．觉得难过又生气，但尽量避免对峙。

（25）你是否觉得不论你做什么事情，都会有人照顾你？

A．否，我必须依靠自己的努力。

B．只是照顾到某个地步而已，不能过于强求他人。

C．是的，通常都有。

（26）你是否觉得别人控制了你的生活，你所做的事情，没有发言的权利？

A．并非如此。 B．有时候这样认为。 C．经常这样认为。

【评分标准】

除（6）题选 A 或 B，均计 0 分，（23）题加 1 分外，其他题选择“A”计 0 分；选择“B”计 1 分；选择“C”计 2 分。

0～10 分：说明你对自己的看法和别人对你的看法很接近；11～25 分：说明你对自己的评价大部分合理而真实；26～35 分：说明你对自己的看法与别人对你的看法有差异；36 分以上：假如你没有算错分数，而且也诚实地做了这个测试，表明你对自己的看法与现实极不相符，那就要注意分析原因了。

模块四　适应校园生活

模块导读

法国思想家蒙田说过："既然不能驾驭外界，我就驾驭自己，如果外界不适应我，那么我就去适应它们。"带着美好的期望，带着对未来的憧憬与梦想，从中学来到大学，每个高职生都面临着一个全新的世界，自然环境、生活环境、人际交往、学习方式等都发生了重大的变化，因而也出现了理想与现实的落差等种种不适应的感觉。作为高职生，应该尽快通过自我调适，使自己的思维方式和行为方式更加符合环境变化和自身发展的要求，从而使个体与环境达到新的平衡。本模块主要从心理学的角度讨论高职生适应校园生活的问题，通过本模块的学习，高职生能够了解大学新生适应期的心理特征和环境与角色的变化，了解适应不良的表现特征，培养自己的心理适应能力，掌握校园生活的调适策略。

名人名言

最高明的处事术不是妥协，而是适应。

——吉姆梅尔

资源导航

1．推荐书籍

（1）Thomas L.Creer，心理调适：实用途径．张清芬，等译．北京：北京大学出版社，2004.

（2）李开复，做最好的自己．北京：人民出版社，2005.

（3）M. 斯科特・派克，少有人走的路：心智成熟的旅程．长春：吉林文史出版社，2007.

2．推荐电影

（1）《心灵捕手》，1997 年，导演：格斯・范・桑特。

（2）《录取通知书》，2006 年，导演：斯蒂夫・平克。

3．推荐视频

（1）《挑战者进行全面身体及心理体验》，江苏广播电视集团卫星电视频道《我们的挑战》，2017 年 2 月 23 日。

（2）《刘媛媛：年轻人能为世界做什么》，安徽广播电视集团卫星电视频道《超级演说家》，2018 年 3 月 26 日。

专题一　社会适应和角色转变

能力目标

（1）了解适应的含义与特征。

（2）了解高职生所处的环境变化与角色变化。

（3）熟悉高职生适应不良的表现与原因。

社会适应和角色转变

导入案例

哭泣的独行者

小王为某高职院校一年级女生，其在高中三年住校期间一直睡在下铺。开学前她建议父亲提前带自己到校，占一个下铺，但没能如愿，入学后，就一直不适应现在的住宿环境。班主任也进行了协调解决，但没有同学愿意和她换铺。她经常独自哭泣，并不停地给家人打电话，要求退学回家。班主任和家人都非常担心，建议她找心理咨询师咨询。她在一个多小时的心理咨询过程中几次落泪，难以自持。小王的不良情绪持续时间已经超过了一个月，不仅影响了其学习情况，还影响到她的生活起居，并出现了社会功能退化的现象。

【分析】小王这种情况，初步判断是典型的环境适应性障碍问题，主要是对新的生活环境不适应所致，没有显著的抑郁、恐惧症状。由于小王一直在家庭中备受呵护，对父母非常依赖，在新的环境中感到强烈的失落和人际漠然，成长的信心受到打击，因而产生了退缩的行为。通过心理咨询和建立有效的宿舍、班级、家庭、社会支持体系，可以使其逐步适应新环境，并进入学习状态。

一、适应的含义及方式

（一）适应的含义

适应原本是演化生物学的一个概念，指的是生物与环境、生物的结构与功能等相适合的现象，是生物界的普遍现象，尤其表现为生物对环境的生理和心理适应。在心理学领域，适应是指个体通过不断调整自身、使其个人需要能够在环境中得到满足的过程，是自我与环境和谐统一的一种良好的生存状态。因此，适应包含了个体、环境与改变三个基本组成部分。改变是其中心环节，它不仅包括个体改变自身以适应环境，而且也包括个体改变环境使之满足自己的需要，从而达到个体和环境的和谐。

人类对其所处的环境，都有一定的适应行为。“良好适应”包含两层含义：一方面，就主体来说，个体的需求获得满足，紧张情绪相应消除；另一方面，就社会来说，个体满足需求的方法要为社会所认可。也就是说，适应要同时具备“需求满足”与“社会认可”这两个条件，反之就是“不适应”或“适应不良”。良好适应能增进心理健康，形成健全的人格，不良适应则可能导致行为异常或人格的偏离。

WHO 认为，“良好的社会适应能力”是健康不可或缺的一方面，一个人没有良好的社会适应能力就不是真正的健康。

关于“适应”的含义，可以从以下三个角度来理解。

1. 生物学角度

适应最初是一个生物学概念，一切有生命的有机体都是以适应作为生存的基本任务，即生理适应，指的是在环境变化的作用下，个体的生理结构、机能或行为随之发生变化。

2. 心理学角度

从心理学角度看，适应是指个体遇到环境的变化后借助心理防御机制来使自己减轻压力、恢复平衡的自我调节过程。心理适应主要指个体通过自身的多种个性特征互相配合以适应周围环境的能力。心理适应可以从以下四个方面来解读。

（1）心理适应是个体对环境变化所做出的反应，没有环境的变化就无所谓适应或不适应。

（2）心理适应是一个过程，需要一定的时间和努力。

（3）心理适应是一个重建平衡的动态变化过程。适应的主要任务就是使个体和环境之间的不平衡状态重新恢复平衡。

（4）心理适应的内部机制是同化和顺应的平衡。同化是指将个体纳入主体已有认知结构或行为模式的过程，顺应则是指调整原有的认知结构或行为模式以适应环境变化的过程。

一个人能否快速适应新环境，与其心理适应性高低有直接的关系。

3. 社会学角度

从社会学角度看，适应是指个体为了生存和发展使自己的行为符合社会要求和规范的过程。良好的社会适应意味着一个人对社会环境的刺激能做出恰当正常的反应。

高职生的良好社会适应能力的标准如下：

（1）能够与环境保持良好的接触，能根据变化的环境及时修正自己的需要和愿望，使个人行为符合新环境的要求。

（2）当个人需要与社会发生矛盾时，能够积极调节自我与社会之间的冲突，使自己在思想、行为上与社会保持协调一致。

（3）个人具有较强的竞争意识与创新意识，敢于正视人生与社会的变化与挑战，不断实现自我提升与自我超越。

高职新生的适应不仅包含个体随环境改变和角色变化而做出的行为反应，还包括其心理的成长与成熟。从时间界定上看，新生适应一般是指从入学到第一学期结束；但从心理影响上看，可能不仅局限于这一阶段，有时会更长一些，这取决于个体之间的适应能力差异。

（二）适应的方式

从心理学的观点看，适应的标准就是减轻或消除紧张。例如，高职新生找到了正确的适应方式，减轻了刚入学时的紧张，并且逐渐驾轻就熟，能够和新时期的学习、生活节奏保持和谐一致；如果完全消除了紧张，就可以达到完全适应的状态。适应包括积极适应和消极适应两种方式。

1. 积极适应

积极适应是主动的、健康的适应，一是改变自己以顺应环境，或顺应环境中的某些变革；二是不断地抗争和选择，从一个目标走向另一个目标，这是发展性适应。积极适应的具体表现如下。

其一，积极适应是一种放弃，即放弃固有的行为习惯，习得新的生存模式。

其二，积极适应是一种接受，是有辨别、有选择地接受，而不是麻木地跟随或违心地屈从。

其三，积极适应是一种挑战，是在现实与不断变化的环境中挑战自我、完善自我、求得生存。

其四，积极适应又是一种痛苦选择，因为有打破与重建及产生冲突与恢复平衡的过程，这种痛苦选择的过程也正是适应的过程。

整个适应的过程，既是放弃的过程，也是发展的过程。

2. 消极适应

消极适应是被动的、不健康的适应，它以牺牲个体的发展为代价，甚至会导致某些不同程度的心理问题或疾病。人只有在适应中才能生存和发展，适应是人生过程中别无选择的课题。与其被动适应，不如主动适应；与其晚适应，不如早适应。综观人生，凡懂得适应和善于适应者，往往处处占领先机，事业节节成功；反之，则会步人后尘，碌碌无为，难有建树。

二、高职生所处环境与角色的变化

高职阶段的生活与中学生活存在多方面的差异，无论是生活环境还是学习方式，无论是社会期望还是自身目标、周围环境都发生了巨大变化。高职生只有在短期内尽快适应环境、调整自己的心态、转变个人的角色，才能为新环境的学习和生活奠定良好的基础，从而顺利度过高职阶段。认识新环境、适应新生活，这是每一个高职新生入学后要上的第一堂课。高职新生需要做的就是发现变化，并主动适应变化，可以先从生活环境、学习环境、人际环境及自身角色等方面整理一下自己感受到的变化。

（一）生活环境的变化

相比中学生活，高职生活需要更多的独立自主性。从衣食住行到学习交友，都需要高职生独立思考面对。进入高职院校，远离了熟悉的家，住在集体宿舍里，同学们来自五湖四海，兴趣爱好、生活习惯等方面都存在着较大的差异，因此在生活方式、生活范围、生活习惯、语言环境等方面都需要高职新生积极主动地去适应。

（二）学习环境的变化

学习环境的变化主要体现在学习内容、学习资源和学习方式的变化。

1. 学习内容更加广博

高中时期，学生主要学习一般性的基础知识，大约 15 门课；高职教育是专业性学习，一名学生的学习广度及深度要远远超过高中。高职课程除了学习理论知识，还要进行各种技能的培养，综合素质的提高。首先，授课内容中加入了教材之外的新知识、新信息；其次，高职课程的学习需要学生积极主动提出问题并探讨研究，需要学生课后查找资料和实践等，需要学生具有自学能力；再次，高职课程开设门类众多的选修课程，为学生扩充知识和全方位发展提供了更加广阔的空间。此外，高职阶段还会有辅修课，实施双学位制度，以拓展专业内容、培养复合型人才。多种多样的课外科研实践活动，相关相近专业的交叉学习与互动活动等，使高职的学习内容更加广博精深和丰富多彩。

2. 学习资源更加优越

高职院校里有各具所长的专业教师，学生也来自四面八方，成长经历各具特色，性格爱好各不相同，每一位教师或同学身上皆有可学习、可借鉴之处。高职院校里有更专业、更先进的学习设备和场所，校园网、图书馆等可以提供十分丰富、便利的学习资源，设备齐全的实验室可提供学习和实践探索的机会，漂亮、干净、宽敞、安静的校园环境让学习成为自觉习惯。除此之外，高职生本身也有较多的自由支配时间，有机会参加各种社会活动，广交朋友、取长补短、相互借鉴、历练能力、开阔视野。

3. 学习方式的变化

高中阶段学习主要以教师讲授为主，讲授的内容一般不脱离教材，学生只要吸收教师所讲的知识即可。高职院校里则划分专业，既有必修的公共课程，也有必修的专业课程。在高职院校里，教师往往要将广博的学习内容在十分有限的课堂上浓缩讲解，因此高职课堂授课节奏快、信息量大，讲解思路多、详细讲解少，学生在课下要花费大量时间去整理，还要参阅大量相关的学习资料以帮助理解吸收。此外，职业教育是培养高级专门人才的教育，学习内容具有很强的专业性，学生往往还要专注于某一专业领域的研究。

（三）人际环境的变化

人际环境的变化主要体现在人际交往的方式与对象、人际交往的要求等方面。中学阶段，学生的主要任务是学习，与社会接触有限，生活单调，人际关系也相对简单，主要是和父母、老师、同学打交道，不太会感受到地域文化的差异。进入高职院校，人际关系和交往范围出现了很大的变化。首先是人际交往范围扩大。在学校里，高职生要和不同地域文化的同学接触，和院系等有关部门的教职工接触，还会和不同专业、不同年级的同学接触，甚至因为参与实践活动还会与社会接触。其次，异性交往的机会增多会使人际交往的难度增加，同学之间生活习惯或者价值观的差异等因素也提高了交往的难度。

（四）自身角色地位的变化

高职新生的生活、学习及人际环境的变化，归结起来是自身角色地位发生了变化，从一名中学生转变为一名高职生。每一名高职新生都面临着角色的转变，需要从高职阶段的学习、生活、人际等方面对自我重新定位。

三、高职生的社会适应问题

（一）高职生适应不良的表现

一般来说，适应不良是指由于个体自身或环境的原因，导致个体不能很好地融入新的环境，或者新的环境不能满足个体的需要，从而产生认知、情绪及行为方面的问题。

在现实生活中，个体适应不良的行为表现往往有以下三种。

（1）反抗现实。个体由不满现实转而反抗现实，反抗现有的社会规范，反抗社会权威，甚至产生更为严重的反社会行为。其结果是不但不能解决问题，反而带来更为严重的挫折，甚至于毁灭自己。

（2）逃避现实。由于个体承受不了现实压力，又不能从经验中找到面对现实的方法，所以就以自欺欺人、掩耳盗铃的方式来应付问题，以获得暂时的满足；但久而久之，会造成更大的挫折和溃败。

（3）脱离现实。个体从现实中退却，沉迷于虚构的幻想世界，过的是完全与现实隔离的生活，此种方式易于导致心理疾病。

（二）高职生适应不良的原因

高职生伴随着正常学习生活的开始，最初进入高职院校的新奇感与激情逐渐逝去，紧接着将要面临一段艰难的心理适应期，此时需要及时地进行自我调整。在这个心理转型与重塑的过程中，如果缺乏必要的心理准备，就可能会产生不同程度的适应问题。高职生适应不良的原因通常有如下几方面。

1. 独立生活能力差，难以应对陌生的生活环境

在进入高职院校之前，部分学生对父母有较大的依赖性，饮食起居完全由父母包办，缺乏必备的独立生活能力。进入高职院校后，生活中的保护人没有了，有的学生因此做事拘谨、胆怯、缺乏方向感，同时花钱没有计划、时常出现“经济危机”。有的学生由于习惯了中学时以学习和高考为第一要务的生活，不会管理自己的时间，面对丰富多彩、应接不暇的校园文化生活无所适从。

还有学生因为理想与现实的落差太大而导致不适应。在进入高职院校前，许多学生想象的高职院校都是校园风景如画、教室宽敞明亮、师生团结友爱、处处欢歌笑语、充满诗情画意，然而入学以后，却发现现实中的高职院校和自己的想象存在许多的差距。致使一些学生感到前途渺茫、怅然若失。

2. 学习特点与中学阶段差异巨大，导致部分学生难以适应

学习仍然是高职生活中最重要的一部分。许多高职生在当初高考报志愿的时候，并没有做好心理准备，没有充分了解所报考（读）的学校和专业，因此入学后对专业的认识和态度模棱两可，有的甚至不喜欢自己的专业。这就为以后的学习埋下了隐患，容易出现学习方面的不适应。

在学习方式上，中学学科内容与学习进度相对固定，师生关系较为密切。高职院校的教学风格、教学方法都与中学有着明显的不同，更强调学习的独立性、自主性，学生自学时间大大增加。没有了家长的监督，没有了教师的主动指导，更没有人给制定具体的学习计划与目标，大量的时间完全靠自己来管理和应用。很多学生对此无所适从，存在明显的学习动力不足现象，严重影响了他们在高职期间的学习。尤其是一些自我控制能力较差的学生，更容易受别人的影响。如果不能及时调整自己，适应学习方式上的转变，则会产生很大的学习负担，甚至导致厌学和心理健康问题。

3. 全新的人际关系造成较大的负担

在中学时期，由于高考的压力，学生的主要精力都投入学习当中，很少花心思来处

理人际关系。进入高职院校后，由于要建立新的人际关系，而且要处理的人际关系远远多于中学阶段，有同乡关系、师生关系、同班同学关系、同一专业同学关系、社团成员间关系等。事实上，高职生对新的人际关系的适应能力远比对学习和生活环境的适应困难。这主要表现为不少学生因缺乏经验、技巧而不善交往，因担心别人轻视自己而不愿交往，因担心异性相处困难而不敢交往，因性格内向孤僻而不会交往等。高职新生人际交往过程中常常会出现以下情况。

（1）交往问题多。高职生大多来自不同的地区，各自具有不同的生活习惯、性格、兴趣、家庭状况、生活经历，而且这个时期学生的自我意识都比较强。因此，有些高职生在交往过程中，彼此之间会发生一些摩擦、冲突，甚至导致情感上的伤害。

（2）真正知己少。丰富多彩的高职生活，为高职生的人际交往提供了多种平台。学习活动、日常生活、社团活动、文体娱乐活动等都为高职生提供了方便的资源和广泛交往的空间。但是，有部分学生仍然感到不快乐，其原因就在于朋友好像很多，但真正称得上知己的却很少。

4. 未建立自主的理财行为习惯

部分高职生在中学阶段没有独立理财的机会，到了高职院校，却要面对学费、生活费的管理，以及勤工助学方面的问题。因此，除了交学费、买学习用品，多数新生没有太多“理财”的经验。那些计划不当甚至没有计划的学生，常常在最初的时间里花钱大手大脚，导致“过度消费”“超前消费”，甚至出现“月光族”，把伙食费提前花掉了，甚至有的学生把父母辛辛苦苦积攒的学费都挥霍光了。

（三）高职新生社会角色转变带来的不适应问题

角色原是指演员在舞台上所扮演的戏剧人物。美国著名社会学家乔治·赫伯特·米德把社会与舞台、社会中的人与舞台上的演员进行了类比。他认为，演员在舞台上有固定的角色，要按照剧本规定去扮演角色，完成角色的任务；而每个人在社会中也有社会角色，要按照社会规范来指导和约束自己的行为。社会角色是指与人们的社会地位、身份相一致的一整套权利、义务的规范与行为模式。中学生是一种社会角色，高职生是另一种社会角色，从中学到高职院校要经历角色的转变和适应。高职新生的角色转换一般来说要经历下列四个阶段。

1. 角色认知阶段

社会期望每一个特定角色都能够做出与其身份、地位相适应的行为，以维护社会的有序运行。高职生在这一阶段的任务是要正确认识和理解社会对高职学生的角色期望与要求，明确哪些事情可以做，哪些事情与自己高职学生的身份不相符。

2. 角色认同阶段

对于从中学生到高职生这样一个角色的转换，有些学生是缺乏心理准备的，包括一些中学时学习成绩较为优秀的学生——高考的“失利”使他们“落入”了高职院校，使得他们对这样一个新的社会角色不能够一下子产生认同。还有一些高职新生由于对新的角色所面临的困难估计不足，产生了许多冲突和矛盾，也会制约或影响其对高职生活的适应。因此，作为高职新生，要意识到自己必须主动地适应和接受新的社会角色，只有这样，才能产生较强的学习自觉性，才能主动地进行角色实践。

3. 角色实践阶段

角色实践是角色扮演的实质性阶段，在这一阶段，个体在角色认同的基础上以实际行动来实现社会角色。高职生应在角色认同的基础上，努力学习知识技能及相应的行为规范，自觉实践高职生社会角色的各项要求和规范。

4. 角色信念阶段

角色信念阶段是指高职生将社会对高职生的角色期望与要求转化为个人的心理需要，形成了高职生特有的自尊心和荣誉感。此阶段，高职生应目标明确、意志坚定，努力将自己打造成为社会需要的高等技术应用型人才。

高职新生从中学迈入高职院校，在学习和生活上都要完成角色的转变，如果这种转变不能顺利进行，就会影响到个体对新的环境的适应。

经典分享

停止盲目学习别人

有一天，一群动物聚在一起，彼此羡慕对方的优点，抱怨自己的缺点。于是，它们决定成立一所学校，希望通过训练，使自己成为一个通才。动物们设计了一套课程，包括奔跑、游泳、飞翔和攀登。所有动物都报了名，选修了所有的科目。最后的结果是：小白兔在奔跑课名列前茅，但是一到游泳课的时候就浑身发抖；小鸭子在游泳课成绩优秀，飞翔课也还差强人意，但奔跑和攀登的成绩却糟糕透顶；小麻雀在飞翔方面，轻松获胜，但就是不能正经奔跑，尤其是碰到水就几乎精神崩溃；至于小松鼠，固然爬树的本领高人一筹，奔跑的成绩也还不错，却在飞翔课中学会了逃课。大家越学越迷惑，越学越痛苦，终于决定：停止盲目学习别人，好好发挥自己的长处。它们不再抱怨自己、羡慕别人，又恢复了往日的活泼和快乐。

【分析】德国哲学家莱布尼茨说过："世界上没有两片完全相同的树叶。"世间万物，各有短长，不能勉强。每个人各自发挥自己的长处，而不是都去追求十全十美，才能够更好地度过这一生。人的价值，在于自我回归，也就是把最优秀的那部分自我充分发掘、充分发展和发挥出来。

心理训练

理想的我

1. 训练目的

寻找理想的我与现实的我之间存在的差距。

2. 训练时间

30 分钟。

3. 训练内容

（1）将学生按 3～4 人划分为若干小组。要求每个学生认真思考理想中的我具有哪些特征，在 8 分钟内至少列举出 10 个"理想的我"的特征（越多越好）。每个学生分别轮流对每个组员的“现实的我”的特征进行评价，然后每个学生对同学的评价与自己所认为的“理想的我”进行比较，寻找两者间存在的差距，时间大概 15 分钟。最后每个小组选派一名代表，谈谈参加此次活动的感受。

（2）完成后，让学生分享在活动中的感受，再次澄清对自我的认识。

成长反思

（1）你到高职院校以后有哪些不适应的地方？

（2）针对自己的各种适应不良，你准备怎么采取什么措施？

专题二 新生适应期心理特点和调适策略

能力目标

（1）了解新生适应期的心理特点。

（2）能自觉培养心理适应能力。

（3）掌握适应高职院校生活的调适策略。

新生适应期心理特点和调适策略

导入案例

小齐的困扰

小齐是某职业院校烹饪专业的一名新生。开学2周后，他和同宿舍的同学谈心的时候说：“听到原来的高中同学多数都去读了大学，而我背井离乡地来到这样一个陌生的城市学习烹饪，总觉得心里不是滋味，感觉很压抑。现在我特别后悔上高中的时候没有好好学习，更后悔现在选择职业院校。要不是读高中的时候玩心太重，经常打游戏，我肯定能考上大学。还是高中的时候好，我的高中同学层次也比现在的高很多。我现在特别想回家，这几天晚上睡觉总是梦到高中同学和高中时发生的一些事情。我正在认真考虑，要不要回高中复读，再次参加高考。从来到这里开始，我虽然身体上没有什么异样或者不舒服，但我总是觉得打不起精神来，每天都像在混日子，完全没有目标，也不知道自己应该做点什么。”

【分析】这是职业院校新生经常遇到的心理困扰，在心理学上称之为“回归心理”。它产生的主要原因是对新环境的不适应，对新环境产生极大的陌生感和疏离感，通常表现为沉迷于过去，有一种希望回到过去的心态。出现“回归心理”是一种正常的现象，每个人在离开熟悉的环境到陌生的地方时都容易产生这种心理。但是，如果长期处在一种留恋过去的心理状态中，就会造成对现有生活和学习上的不安心理，对现状不满，无法体验到生活和学习的愉悦感，逐渐形成心理压力，甚至夜不成眠、烦躁、焦虑，影响正常的学习和生活。

一、高职新生适应期的心理特征

从高中到高职院校是人生的一个重要转折点，但不少职业院校新生在新的环境里心理上很不适应。学生心中“理想的我”与“现实的我”可能发生剧烈的心理碰撞，再加上很多高职新生都是脱离原有的生活环境来到陌生的城市上学，又从曾经受老师器重、家长宠爱和同学瞩目的状态，转变成各自平等、独立的角色，导致部分学生出现思念亲人、怀念家乡、情绪低落的状态，更严重者则学习积极性不高、随波逐流或我行我素地混日子。因此，高职新生应及时对自己在新环境下的心理不适应状况进行梳理和调整，准确地了解自己的现状，尽快从由高中到高职院校的“跨度”变化所引起的身心失衡中摆脱烦恼与困惑，为适应今后高职院校的生活和学习打下良好的基础。高职新生适应期的心理特征主要包括以下几方面。

（1）放松。经历过高考的学生对高中时期高度紧张的生活体验是终生难忘的。经过3年超负荷的拼搏，经过“黑色6月”的高考洗礼，大多数学生身心俱疲。进入高职院校后，相当一部分学生产生了放松心理，将之前绷紧的神经放松下来，同时产生了对学习的厌倦情绪。

（2）失落。这种心理的产生与两个因素有关，一是有些学生由于没有录取到理想的学校或专业，入学后觉得心里别扭和沮丧，退学或换专业的意念强烈，由于对录取学校或所学专业不接纳、不认同，心理上的抵触情绪和失落感比较严重；二是有些学生入学前将高职院校生活过分理想化，把高职院校生活想象得浪漫神秘、多姿多彩，入学后却发现并非如此。过高的期望值与现实生活反差较大，导致部分新生入学后出现情绪波动和失落。

（3）茫然。在高中，学生的奋斗目标非常明确，就是考上一所理想的高校。在这个目标的指引下，大多数学生的生活都是高效、专注、充实和快节奏的，个体的潜能被最大限度地挖掘。高考结束后，原先的目标已成为过去，新的目标尚未确立，出现了目标的缺失和理想真空。许多高职新生不知自己该干什么，空虚、无聊、茫然。

有的学生在高中阶段就是缺乏明确目标的人，学习动力不足；进入高职院校后，虽然迈上了人生的一个新阶梯，但是仍然没有新的起色，不考虑将来的发展和前途，混沌度日，无所事事。

（4）自卑。一是部分学生高考成绩不理想，自感矮人三分，自尊心受挫，不愿别人问起自己的学校；二是一些高职新生入学后发现，衡量个体价值和能力的不仅仅是学业成绩，个体的兴趣、才华、风度、交往能力等都是引起人们关注的重要品质。那些来自偏远贫困地区或者一心埋头苦读而很少注意全面发展的学生，深感自己在这些方面的劣势而滋生自卑心理。

（5）怀旧。进入高职院校后，学生的生活和学习环境变化巨大。生活方式、习惯、环境的急剧变化，加上远离家乡、亲友和同伴，对缺乏生活自理能力和人际交往技能的学生来说，无疑是个不小的挑战。尤其是某些年龄小、以自我为中心、过分依赖家庭的女生，哭鼻子想家、闹情绪、人际关系紧张的事情时有发生，怀旧心理油然而生。

二、高职新生适应期的适应内容

高职新生在进入职业院校后，要经历生活适应、学习适应、人际适应、协调多种发展、消除自卑心理等方面的适应期。在此期间，由于环境、文化、生活等方面的差异造成不适，多数新生会产生由于新环境而导致的心理困扰，引起程度各异的烦躁、焦虑和其他不适心理反应。通常，高职新生要达成以下几方面适应目标。

（一）对角色转变的适应

人的一生中，每个阶段都有不同的任务，要担负不同的责任，扮演不同的角色。对于刚刚步入职业院校校园的高职新生来说，最重要的也是必须面对的就是如何适应新的环境、调整自身状态适应各方面要求，顺利完成从一名高中生到一名高职学生的角色转变。

在待进入职业院校校园时，我们往往对新的校园生活充满各种憧憬和期待，寄予许多美好向往，期盼新学期生活的多姿多彩。当真正地走进学校校园，感知到学生生活主调上仍是宿舍—教室—食堂“三点一线”的模式时，高职新生往往会产生理想与现实的心理落差。再美好的想象终究要回归到现实。新环境中有许多挑战和各种各样的竞争，而不是像书本或电影里描述的那样悠然自在、诗意浪漫，加上许多学生从前事事由父母照顾如今却要自主安排生活，这使得许多缺乏独立生活能力和心理准备的高职新生倍感不适。由此可见，要顺利地适应新的环境，不仅要逐渐增强生活的自理能力、掌握良好的人际交往技巧，还要具备积极乐观的心态，以尽快消除初入高职院校的陌生感，实现思想上的自我定位、自我教育、自我调适，努力使自己逐渐成熟强大起来。

（二）对学习内容、学习方式转变的适应

高职阶段同样是掌握知识、提升自我整体素质的重要阶段。但是，高职阶段的学习不再是以大篇幅的记忆为主，而是更加注重非智力因素的促进作用；不再有家长和教师大力度的督促，而更多要依靠学生的主动学习。因此，学生面临的学习内容、学习方法及学习目标都发生了变化。高职学生的学习特点主要表现在以下几个方面。

1. 学习内容的专业性

与高中阶段学习内容更注重全面性和基础性相比，高职阶段的学习内容更加强调专业性，注重在专业学习的基础上进行拓展、科研和创新。高职生在校学习阶段往往要根据自己所学专业的培养要求，围绕某一专业领域进行学习和研究。同时，高职生可以根据自己的兴趣爱好，进一步拓宽自己的学习范围，掌握更加精深的专业知识，为将来成为专业人才打下基础。

2. 学习方法的主动性

中学时的学习主要是以教师讲授为主，学生过度依赖教师和课本，学生的学习内容、学习时间及学习计划大多是在教师的安排和监督下完成的，而高职阶段的学习则主要是在教师的指导下充分发挥学生的自主性。高职生的学习方式以自学为主，要自己合

理安排学习内容、学习时间，进行自我约束。学生不仅能从课堂课本中寻找答案，还可以从图书馆及网络资源中获取相关的学习资料，并通过实践活动，理论联系实际，更好地学习、掌握、运用专业知识。

3. 学习目标的务实性

大多数学生在中学时的学习目标是考上一所理想的大学。但是，步入职业院校后，由于缺乏明确的学习目标，许多高职新生迷失了学习的方向，往往无所适从。职业院校由于偏重职业教育的缘故，注重职业素养和职业技能的培养。高职生只有针对未来的职业方向和职业选择进行思考，确立相应的发展目标，才能够更好地明确学习目标，然后才能够积极主动地学习，认真务实地学好专业知识和技能，全面提高个人能力和水平。

因此，在了解了职业院校的学习特点之后，高职新生需要通过自主探索、积极调整，更好地适应职业院校的学习要求，重新规划学习模式，尽早地平稳度过“心理不适期”，树立起新的学习观，使自己的行为不断适应高职阶段的学习生活要求，顺利完成学业目标。

（三）对人际关系转变的适应

良好的人际交往能力及良好的人际关系是个体生存和发展的必要条件。人际交往障碍会给高职生的学习、生活、情绪、健康等各个方面带来一系列不良影响。高职生作为一个特殊群体，面对激烈的竞争和巨大的社会心理压力，必须正确认识和处理人际交往中存在的问题。

（四）对独立生活能力要求的适应

每一位学生在高中时代都是家庭的“宠儿”，但在职业院校校园里只是集体中普通的一员，生活的各个方面都必须自理，再没有人会像家长那样包揽照顾其日常生活琐事。因此，高职新生需要把自己当作一个独立的社会人，主动在班集体、宿舍等这些主要生活环境里做好一些不起眼的小事。雨果曾经说过：“最高的圣德，便是为旁人着想。”所以，高职生在集体生活中，要努力培养自己独立生活能力，关心、帮助别人，为自己将来进入社会做好准备。

（五）对外部环境变化的适应

从高中时代走来，每一位高职新生所面临的都是一个全新的世界，都要有一个适应的过程，其中也包括对客观环境改变的适应。高职新生从五湖四海汇聚在职业院校校园，有不少学生来自农村和边远地区，不仅对校园的环境陌生，而且需要适应城市环境。在新的环境下，高职新生会有程度不同的陌生感和失落感，有些贫困学生入学时还背负着沉重的经济负担。面对巨额的学费、相对复杂的人际关系、目不暇接的校园活动及竞争日益激烈的就业市场，这些学生能否正视现实、接受挑战、自信稳步地投入高职阶段的学习生活，对其是个严峻的考验。个别高职学生由于不能正确地认同自我，处于自卑与自尊、焦虑与抑郁、依赖与自强并存的状态中，内心充满了矛盾和痛苦，从而产生各种心理问题，因此更需要得到学校和班集体的关爱。

（六）对就业准备的适应

目前国内严峻的就业形势让莘莘学子倍感压力，与其说是“就业难”，不如说是“就业迷茫”，许多学生不知道自己该从事什么样的工作。不少高职生都有“一二年级先轻松一下，三四年纪再努力也不迟”的心态，对自己的未来发展缺乏科学的规划，这往往成为他们面对就业压力时感到手足无措的重要原因。高职新生从跨入校门的那一刻开始，就应该对自己的职业规划做好准备，进行正确的自我分析和职业分析，树立正确的职业理想，依据自己的职业目标规划自己的学习和实践，并为获得理想的职业积极做准备，如充分考虑职业的区域性、行业性和岗位性特征，分析行业现状和发展前景，了解职业岗位对求职者的自身素质和能力的要求等。

三、高职生适应期的调适策略

（一）学会生活

对于高职新生来说，只有尽快调整自己的心态，转变个人的角色，才能顺利地度过高职时光。为了尽快适应新环境，为自我健康成长、成才奠定良好的基础，建议高职新生努力做到以下五个方面。

1. 锻炼自立能力

高职新生的第一个问题往往就是怎样独立生活，而他们的第一笔财富也就是学会独立生活。人总要学着自己长大，尽快适应生活环境的变化。这种能力需要自己亲身实践、培养和锻炼。只有试着独立面对问题、尝试解决问题，才能从中得到锻炼，进而发展自己的自立能力。因此，建议高职新生要积极参加学校的文体活动、社会实践、勤工助学、社团活动等，从实践锻炼中认识自己、改变自己，逐步提高自己的自立能力。

2. 尽快熟悉校园

高职新生到校后应到校园的各处熟悉情况，通过校园内的各种标志了解校内整体布局，了解自己所在的系部、教室、图书馆、校园内外的超市、辅导员办公室的位置和分布、食堂开饭时间及其他与校园生活密切相关的信息。这样，就会尽快融入新的环境，并把它作为自己现在的家。

3. 请教身边的同学

一是直接向高年级的学长请教。大多数高年级的学生都愿意把经验传授给新生，以帮助他们尽快适应校园生活，尽量少走弯路。二是向同班、同宿舍、同年级的同学请教，以获得直接的帮助。

4. 多参加校园活动

高职新生应该抓住班级、学生会及社团招聘新人的机会，放开手脚，大胆尝试探索，主动参与班级活动，有选择地参与社团工作。与教师、同学接触得越多，掌握的信息越多，锻炼的机会也越多，越容易培养自信心。

5. 学会健康生活

拿出足够的时间参与体育锻炼，合理地安排饮食和睡眠，承担起自己照顾自己的责任。食堂饭菜不可口可以调剂着吃，课余时间可以多阅读一些自己喜欢的书籍报刊。以读书为乐事，既可以排遣烦忧，愉悦性情，又可以获取知识，增长智慧，对身心的健康发展非常有利。

（二）学会学习

高职生的身份仍然是学生，学业是主业，应当热爱学习，更要会学习。学会学习，不仅是为了获得知识本身，重要的是获得一种认识世界的手段和能力。

1. 在专业认同方面

有些高职新生由于填报志愿盲目或者是专业调剂的原因，在学习了一段时间后，有可能发现对专业提不起兴趣，看不到本专业发展的希望，对所学专业不能产生认同感，导致上课不能集中注意力，难以在学习上找到新的支撑点和成就感。这时候就应该耐心摸索专业领域里自己的兴趣点，并结合自己的能力和价值观，进行积极有效的学业生涯规划。

2. 在学习方法方面

高职教学风格、学习方式的改变也要求高职新生转变学习方法，提高自主安排学业的能力。适合自己的学习方法是提高学习效率，达到学习目的的手段。我国著名物理学家钱伟长曾对大学生说过：一个青年人不但要用功学习，而且要有好的科学的学习方法。进入高职院校之后，高职生在学习方法上要做到勤于思考、多想问题，而不是靠死记硬背。学习方法得当，往往能收到事半功倍的成效。在理论课程的学习中，要把握住的几个主要环节是：预习、听课、复习、总结、记笔记、做作业、考试等，这些环节把握好了，就能为进一步获取知识打下良好的基础。

（三）学会相处

与人和谐相处，是人际交往能力的一种反映，是保持良好心境的必备条件，也是开发和利用人际资源的需要。良好的人际关系可以使人产生归属感和安全感，体验到人际交往的快乐。对于高职新生来说，面对来自不同地域、性格和行为习惯各异的同学，如何建立和谐、良好的人际关系，是每个人都必须面对和学习的重要内容，而且这种对新的人际环境的适应远比学习和生活环境的适应要困难得多。为此，高职新生应当学会尊重与真诚地对待每一个人，做到以诚相待，严于律己；同时要学会接纳他人的长处与不足，宽以待人，能够与他人进行良好的沟通，在沟通中建立和保持这种亲密的合作关系，在相互交流与分享中共同成长与发展。对比自己优秀的同学，要注意克服嫉妒心理，使之升华为合理的竞争和有效的行动。此外，要积极参加集体活动，体验团结合作的重要性，感受集体的温暖和力量。这样，才能使自己更快、更好地适应新生活，从而为今后的健康发展奠定基础。

（四）学会理财

独立生活，自己给自己当家，这是高职新生盼望已久的“特权”。但由于其消费心理和消费行为还没有完全成熟，有些学生追求时尚潮流，超前消费，而用于正当生活的开支和学习投资的费用则少得可怜。这些不合理的消费背后其实是“攀比”心理和“炫耀”心理在作怪。因此，如何支配金钱是高职生需要认真思考的问题。

首先，要树立科学健康的消费观念，提倡理性消费、节俭消费；无法“开源”，则应以“节流”为关键，进行合理消费。

其次，要掌握理财技巧，把握理财奥秘。例如，开学之初就做好开支计划，把生活费存入银行，然后按月给自己“发工资”。平时花钱可以每月先把饭卡充足，这样吃饭就不成问题了；每月把大额的消费记录下来，了解每一笔大额支出的同时，也可以克制自己的消费欲望。要学会积蓄，增加对学习的投资；控制不必要的、盲目的消费；把握消费时机，避开销售高价期；合理运用银行卡，“卡”住非理性消费；限制每天口袋中的“钞票”数额；等等。

（五）合理定位

作为高职新生，要主动调控自我，积极适应新角色。

1. 明确角色要求

高职新生要认识到自己首先是一名学生，当前的任务仍然要以学习为主，同时兼顾其他能力的发展。无论对所学专业是否感兴趣，首先要顺利完成学业，其次要正确把握个人的自由度。相对于中学阶段教师严格的管教和家长的约束，高职校园的生活要自由得多，这正是高职生锻炼自己独立生活、提高自主学习能力的有利时机，我们要正确处理好自由与纪律的关系。

2. 合理规划目标

适应环境最根本的因素是要有明确的奋斗目标。进入高职阶段，高中时期的奋斗目标已成为了过去，新目标尚未确立，不少学生感到茫然、空虚，进入“动力真空带”或称“理想间歇期”，出现懈怠情绪。“凡事预则立，不预则废。”合理规划目标，就是要求高职生要做好自己的职业生涯规划。一个人的事业究竟应该向哪个方向发展，可以通过职业生涯规划明确起来。

面对严峻的就业压力，高职生的职业生涯规划也显得越来越重要。许多学生对自己的发展规划并不明确，不注重有计划地在高职阶段培养自己真正有发展潜力的素质，缺乏相应的知识和技能来规划自己未来的工作与人生，从而严重影响自己的提前准备和准确定位，甚至影响将来对社会的适应。不少用人单位对刚毕业的高职生的印象是：高职生缺乏社会实践，解决实际问题的能力差，只学到书本知识而没有掌握学习方法，缺乏团队精神、人际沟通能力和自我认识。究其原因，职业生涯规划的缺失可以说是其中的重要因素。

作为高职新生，要好好规划自己的人生，努力设计自己未来的蓝图，即使一开始不能做到非常清晰，但至少有了目标与方向，也就有了动力。

经 典 分 享

适 者 生 存

孔子到吕梁山游览。那里的瀑布有几十丈高，水流湍急，水花飞溅，鱼类都难以穿梭逡巡，却看见一个男人在那里游泳。孔子认为他是有痛苦想投水而死，便让学生沿着水流去救他，他却在游了几百米之后出来了，披散着头发，唱着歌，在河堤上漫步。

孔子赶上去问他："刚才我看到你在那里游，以为你是有痛苦要去寻死，便让我的学生沿着水流来救你。你却一下子游出水面，我还以为你是鬼怪呢。请问你游到那种深水里去有什么特别的方法吗？"那人说："没有，我没有什么特殊方法。我起步于原本，成长于习性，成功于命运。水回旋，我跟着回旋进入水中；水涌出，我跟着涌出于水面。顺从水的活动，不自作主张。这就是我能游水的缘故。"

孔子说："什么叫'起步于原本，成长于习性，成功于命运'？"那人回答说："我出生于陆地，安于陆地，这便是原本；从小到大都与水为伴，便安于水，这就是习性；不知道为什么却自然能够这样，这是命运。"

适者生存，这是人类一切问题的答案。试图让整个世界适应自己，这便是困难所在。试图让一切适应自己，这是很幼稚的举动，而且是一种不明智的愚行。

【分析】那位智者让自己适应水流，而不是让水流适应他。就这样，智者成功了。这不是一种方法，也不是一个技巧，而是一种智慧。

心理训练

换座位

1. 训练目的

体会和反思环境变化可能带来的不适感。

2. 训练时间

30分钟。

3. 训练内容

（1）所有学生离开自己原来的座位，换到离原来座位较远的位置上，体会一下换座位后的感受，全班进行分享。体会换座位这样一个小的环境变化带给人的不适应感受。

（2）讨论：

① 你到新环境后，心里是什么感觉？

② 离开家乡，来到陌生的城市，你是怎样适应的？

成长反思

（1）高职时期与高中时期有哪些不一样？

（2）怎样才能顺利地适应高职的生活和学习环境？

心理测试：高职生心理适应性

1. 测试目的

了解心理适应能力。

2．测试时间

30 分钟。

3．测试内容

表 4-1 是关于高职生心理适应性的量表，包括了学习适应性、人际适应性、角色适应性、职业选择适应性、生活自理适应性和环境的总体认同性六个方面，请根据自己的实际情况选择符合程度。

表 4-1　高职生心理适应性量表

序号	问题	符合程度				
		非常符合	符合	无所谓	不符合	非常不符合
学习适应性						
1	我对高职的学习感到无所适从					
2	我无法适应高职教师的授课方式					
3	在考试前，我时常不知道自己该如何着手复习					
4	我现在还没有找到自己较为满意的学习方法					
5	我一直都没有明确的学习计划					
6	我感到无法缓解自己的学习压力					
7	我对自己在班上的学业地位感到失望					
8	与我的努力相比，我的学习不算好					
人际适应性						
1	我感到周围的人难以相处					
2	我能很快化解与他人的矛盾					
3	我不知道以何种方式与教师相处					
4	我很难加入到别人的讨论中去					
5	大伙儿讲话时，我时常躲在后面					
6	我在学校里如愿地结交了一些朋友					
7	我觉得我已融入了学校的环境					
8	我感到自己在学校里成了一个被遗忘的人					
9	我能与他人愉快地进行合作					
10	在学校和同学在一起时，我感到不自在					
11	对于我在学校里的社交，我感到相当满意					
角色适应性						
1	我和异性同学相处得不好					
2	我参与了很多学校里的社会活动					
3	我不关心学习以外的东西					
4	我只在乎自己的学业成绩					
5	除了学习，我很少参加别的活动					
6	若有机会，我能胜任某种学生干部的工作					
7	我很重视发展自己的业余爱好					

续表

序号	问题	符合程度				
		非常符合	符合	无所谓	不符合	非常不符合
8	我认为在学校里应多参加一些学习以外的活动					
9	我害怕与异性同学交往					
职业选择适应性						
1	我觉得自己还没有做好进入社会的准备					
2	我从来没有考虑过以后的就业问题					
3	我没有明确的就业方向					
4	我不知道自己适合从事哪些方面的工作					
5	我难以解决自己该到哪里工作					
6	我有意识地训练自己的职业技能					
7	我参加过与专业有关的社会实践活动					
8	我有意识地通过各种渠道收集就业信息					
9	我不知道哪些专业知识是以后工作所需要的					
生活自理适应性						
1	我能独立地处理日常事务					
2	父母不在身边的时候，我也能够照顾好自己					
3	我常打电话向家人诉苦或求助					
4	我不敢单独上街买东西					
5	我很少自己动手洗衣服					
6	在学校什么都需要靠自己，我感到很不适应					
环境的总体认同性						
1	周末我常常觉得没事可做					
2	我对自己上了这所高职院校感到高兴					
3	我很喜欢校园里的自然环境					
4	我对学校里的课外活动感到满意					
5	学校里的娱乐设施不能满足我的需要					
6	我认为学校的风气很糟					
7	我觉得学校的硬件设施很差					

【评分标准】

问卷分正向记分和反向记分，各项适应分类所属的题目如表 4-2 所示，根据正向和反向评分标准（表 4-3）记录所有问题的得分，然后分别将每个适应方面的得分相加，得出自己在该方面的适应水平。

表 4-2 各项适应分类所属题目

序号	分类	正向记分题目	反向记分题目
1	学习适应性		1、2、3、4、5、6、7、8
2	人际适应性	2、6、7、9、11	1、3、4、5、8、10
3	角色适应性	2、6、7、8	1、3、4、5、9
4	职业选择适应性	3、6、7、8	1、2、4、5、9
5	生活自理适应性	1、2	3、4、5、6
6	环境的总体认同性	2、3、4	1、5、6、7

表 4-3 正向和反向评分标准

序号	选择程度	正向记分	反向记分
1	非常不符合	1	5
2	不符合	2	4
3	无所谓	3	3
4	符合	4	2
5	非常符合	5	1

得分越高，说明个体在该方面的适应水平越高。根据每个方面的得分，可以大致了解自己的适应状况和适应水平，并可有针对性地调节自己的适应能力，或请相关教师给予对适应能力的专业指导。

模块五　提升学习效能

模 块 导 读

俗话说：活到老，学到老。从我们来到这个世界上开始，一直到生命的终结，每个人都要一直面对学习这一重要的课题。学习是人最基本的需要之一，是人的本质特征，是个体生存发展的重要手段。学习可以改变命运，知识可以成就未来。对学生来说，学习是主要任务。学会学习，提高自身的学习能力，也是高职生完善自我的外在要求和内在动力。高职阶段是青年人的人生观、世界观和价值观渐趋完善的阶段，端正学习态度、掌握科学的学习概念和正确的学习方法，在这个时期尤为重要。与中学阶段不同，高职的学习有着很强的目的性、自主性与选择性，它不单纯是为了学习而学习，更是为了兴趣、志向、提升素质和解决就业而学习。这个阶段的学习，对于高职生来讲，不仅是未来事业的基础，更是成长历程的关键。通过本模块的学习，高职生能够进一步理解学习的含义，了解学习心理的特殊性，熟悉高职阶段的学习特点和高职生常见的学习问题，以便更好地掌握高职阶段学习的应对策略与学习能力培养的渠道。

名 人 名 言

博学之，审问之，慎思之，明辨之，笃行之。

——《礼记·中庸》

资 源 导 航

1．推荐书籍

（1）刘电芝，田良臣，高效率学习策略指南［M］. 北京：科学出版社，2011.

（2）亚伯拉罕·马斯洛，动机与人格［M］. 3版. 许金声，等译. 北京：中国人民大学出版社，2012.

（3）泰尔斯顿，让学生都爱学习：激发学习动机的策略［M］. 朱玲译. 北京：中国轻工业出版社，2012.

2．推荐电影

（1）《小孩不笨2》，2006年，导演：梁智强。

（2）《放牛班的春天》，2004年，导演：克里斯托夫·巴拉蒂。

（3）《阿甘正传》，1994年，导演：罗伯特·泽米吉斯。

3．推荐视频

《永不放弃》（又名《潜能》），优酷视频，2011年4月4日。

专题一 学习和学习心理

能力目标

（1）了解学习的定义及作用。
（2）理解高职学生的学习特点。
（3）了解高职生学习心理的特殊性。

学习和学习心理

导入案例

偏离航向的学习者

小李已经是大学三年级的学生了。他一向对自己要求很高，这也与他家庭的期望有关。小李的父母都是具有高级职称的知识分子，在他们的言传身教下，小李从小就知道要努力与奋斗。上大学后，小李对自己做了认真细致的生涯设计：要一步一个脚印地向前走，成绩要拔尖；大学二年级要通过国家英语六级考试和托福考试，为将来出国留学做好准备；三年级要入党，使自己的政治生命有所依托；同时要锻炼自己在各方面的能力。于是，小李在大学里像一只陀螺一样高速地运转着，珍惜大学的分分秒秒，因为他相信：付出总有回报。可是他却发现，自己似乎离目标越来越远，首先就是在大学里他的成绩不像在中学时那么拔尖了。他感到自己在学习上的优势在失落，多年积累的自信也受到挑战，甚至忽然怀疑起自己的学习能力来。他平生第一次对未来感到了担心：自己该怎么办？

【分析】从上面的案例可以发现，造成青年学生困扰的原因之一是他们的学习动机不当，有的是因为学习动机不足，有的则是由于成就动机过强，但却偏离了自己内在的学习兴趣所致。针对这些情况，青年学生应从自身出发，主动寻求自己感兴趣的学习内容，正确评估自己的能力；同时要注意反思自己的学习动机，适当淡化外在因素的影响，更加注重自己内在的提高。

一、学习的定义和作用

（一）学习的定义

长期以来，许多心理学家、教育学家和哲学家从不同的角度提出了学习的定义：美国著名心理学家桑代克认为：“人类的学习就是人类本性和行为的改变，本性的改变只在行为的变化上才表现出来。”美国教育心理学家罗伯特·米尔斯·加涅提出：“学习是人类倾向或才能的一种变化，这种变化要持续一段时间，而且不能把这种变化简单地归之为成长过程。”另一位美国著名的教育心理学家欧内斯特·希尔加德则认为：“学习是指一个主体在某个现实情境中的重复经验引起的、对那个情景的行为或行为潜能变化。不过，这种行为的变化是不能根据主体的先天反应倾向、成熟或暂时状态（如疲劳、醉酒、内趋力）来解释的。”联合国教育、科学及文化组织（简称“联合国教科文组织”）在其1987年发布的报告《学习，财富蕴藏其中》中指出：学习是指个体终身发展、终身教育的理念。

其实，学习的概念有广义与狭义之分。从广义上讲，学习是人和动物在生活过程中通过实践训练而获得的由经验引起的相对持久的适应性的心理变化。在这个定义中，体现了四个观点：一是学习是动物和人共有的心理现象，虽然人的学习是相当复杂的，与动物的学习有本质区别，但不能否认动物也有学习；二是学习不仅是本能，更主要是后天的习得和养成；三是任何水平的学习都将引起适应性的行为变化，不仅是外显行为的变化（有时并不显著），也有内隐行为或内部过程的变化，即个体内部经验的改组和重建，并且这种变化是长久的；四是不能把个体一切变化都归因于学习，只有通过学习活动产生的变化才是学习，而由于如疲劳、生长、机体损伤或其他生理变化所产生的变化并不是学习。狭义的学习是指人的学习，是指个体在生产实践活动过程中，以语言为中介，自觉、主动、积极地获得知识和技能等的过程。

（二）学习的作用

1. 学习是个体生存的必要手段

学习是生物适应环境的手段。环境不断变化，生物为了适应环境并求得生存，除了具备一些先天的本能之外，还要通过学习获得个体经验。人类的学习不仅要获得个体行为的经验，更主要的是在社会生活实践中，积极主动地掌握社会的历史经验，并利用它们改造现实生活环境。事实上，人的能力主要是学习的结果，能力的发展依赖于学习过程。因此，学习本身就是人类能力的一种持续的、终身的、最为重要的构成要素。

2. 学习可以促进人的成熟

随着年龄的增长，人的生理和心理会逐渐成熟。但成熟并不是完全脱离环境和学习影响的纯自然过程，尤其是早期的学习、训练及相应的文化环境，对人的感觉器官和大脑等机体功能的发展有着巨大的影响。除了促进生理成熟外，学习还可以促进人的心理成熟；而且，个体的心理发展并非到青年时期就已完成，研究表明，中老年时期的学习依然能够促进人的心理发展。因此，“活到老，学到老”是很有道理的。

3. 学习可以提高人的素质

（1）学习可以提高人的文化修养。人类在社会历史发展过程中创造了大量的物质文化与精神文化。特别是精神文化，如文学、艺术、教育、科学等方面的成果，尤其需要我们通过学习去获得，以提高自己的文化修养。缺乏文化修养的人不能算作真正健全的人，现代社会的新型人才必须是具有较高文化修养的人。

（2）学习可以优化人的心理素质。优秀人才应该具备诸多方面的良好心理素质，如高尚的品德、敬业的精神、目标专一的个性及坚忍不拔的意志，等等。这些都可以通过学习来获得。正如英国小说家萨克雷所言：“读书能够开导灵魂，提高和强化人格，激发人们的美好志向，增长才智、陶冶心灵。”

4. 学习是文明延续和发展的桥梁与纽带

人类文明的延续和发展，就如同一场规模宏大而旷日持久的接力赛：前人通过劳动和生活获得维持生存和发展的经验，不断总结、积累、提高，形成知识和技能，传给后人；后人在学习前人经验的基础上，进行进一步丰富和提高，以适应时代与环境的变迁。如此代代相传，便形成了一部人类文明延续发展的历史。

二、高职阶段的学习特点

进入高职院校后，高职生的生活、学习方式都发生了变化。学校不仅强调学生学习能力的培养，同时也十分重视对学生综合素质的培养。因此，高职生的学习就呈现出一些相应的学习特点。

（一）专业性、技能性

高职生的学习活动是一种以掌握专业知识和技能为特征的社会活动，围绕着如何使高职生尽快成为高级专门人才而进行。基于这种特点，专业思想是否牢固及专业兴趣的大小将直接影响高职生的学习成绩。有研究表明，高职生的学习成绩与专业思想是否牢固关系密切，而与高考入学成绩关系甚小。所以，在高职阶段的学习中，高职生应更加注重专业课向着更专、更精的方向发展。但专业性并非是单一性，职业教育提倡培养出来的学生要“一专多能”，各学科之间要相互联系、相互交叉、相互渗透。尽管学习要求专业性强，但由于多方面的原因，高职生毕业后，未必都从事本专业的工作，所以高职生在学习专业知识的同时，也要注意扩大知识面，广泛涉猎各学科知识，适应严峻的就业形势，更好地满足社会对人才的需要。近年来，职业教育改革越来越强调知识的学习与实践能力的培养同样重要。相比于普通高校，高职院校的培养目标更加重视学生专业技能的学习和实践锻炼，在培养方案、教学计划中都把实践教学和技能培养置于相当重要的地位，在课程设计、学年论文、毕业设计与毕业论文中也都体现了对专业知识技能活学活用的能力要求。

（二）自主性

高职生的学习虽然也要按照教师要求进行，但并不像中学那样绝大部分时间是被动地完成教师布置的任务，而是有相当大的自主性。教师课堂讲授要求做到少而精，这势必要求学生在课外通过自学掌握更多内容。此外，高职生自我支配的时间较多，这就意味着高职生要有较强的自学能力和学习计划能力，能够根据自己的兴趣、爱好制订适合自己的学习计划，合理安排好自己的学习时间。对于大多数高职生来说，从高中那种填鸭式的学习状态转到这种自主式的学习状态是比较具有挑战性的，所以需要尽快适应这种方式和节奏。对于教师来说，传授知识只是一个方面，更重要的是向学生传授学习的方法，引导学生学会学习。

（三）广博性

步入高职院校，高职生会发现除了基础知识之外，还有许多专业技能知识及人文社科知识可以学习。高职校园里那些形形色色的社团活动和社会实践活动又为高职生接触社会、融入社会提供了多种多样的机会。因此，无论在学习还是生活中，高职阶段学习的广博性可想而知。

（四）创造性

不同个体由于智力、知识经验、认知等的差异会表现出不同的创造性。高职阶段的学习，相比于中学也更具创造性，这主要表现在高职生除了书本知识以外，对书本之外的新观点、新理论也进行深入的研究与探索。对于高职生来说，不仅要学习科学文化知识，而且要探究专业方法和专业技能，了解本专业的前沿发展状况。目前，高职院校普遍重视学生创新能力的培养，在课程安排、课程设置上都突出学生的主体地位，加强学生实践环节的培养，以提高高职生的创新能力。

经典分享

人类的学习

在学习理论中，学习是一个含义极广的概念，它是人或动物在生活过程中获得个体的行为经验的过程。人和动物的学习，既有共同之处，又有本质的区别。一般说来，动物的学习都是无意识的，而人的学习主要是有意识的；更重要的是，动物的学习是被动地适应环境，而人的学习则在于能动地认识世界和改造世界。另外，人类的学习是个体与其他人在进行社会交往中通过言语的中介掌握历史经验的认识过程，这更是动物无法比拟的。

人类的学习是复杂多样的。小孩认识动物、使用筷子、懂得文明礼貌是学习，成年人掌握如何开汽车是学习，学生在学校里上学是学习，科学家在发明创造中也有学习。学习是个体在生活过程中由于反复的实践和积累经验而带来的行为或行为潜力的比较持久的变化。

【分析】对人类而言，学习不仅是生存的本能，而且是有意识地、能动地改造世界、发展自身的过程。学习带来个体自身的变化，也是科技发展和社会进步的源泉。

心理训练

学习的五环节

1. 训练目的

熟悉学习的五个环节，掌握有效的学习方法。

2. 训练时间

约 30 分钟。

3. 训练内容

1）热身活动——智囊袋

（1）教师事先准备 15～20 件小物品（如剪刀、胶水、笔等），放置于一个袋子内。

（2）教师说明活动方式：这里有一个智囊袋，里面装有许多物品。教师会一一呈现物品，学生要用心记，但不可用纸笔。每个人看完后，将所记得的物品名称写下来。

（3）教师重新呈现物品，学生对照统计自己正确写下的物品数目，计算得分。

（4）请记得最多的 3 位学生分享他们是如何记忆的。

（5）教师引导：即使是最简单的记忆也要讲求方法，因此，学习也要讲求方法，才能达到事半功倍的效果。

2）导入新方法

教师："谁都想成为一个聪明的、学习效率高的人，但是，大家是否知道聪明与否和学习环节有关的？学习环节是可以通过了解和实践运用来掌握的方法。今天我们就一起来学习掌握这种方法。"

3）分组

可分为预习组、解惑组、辅导组、复习组和考查组等。

4）拓展活动

（1）脑力激荡。

① 请学生罗列并讨论平日学习中曾使用的学习环节，以及哪些环节有助于提高学习效率（每个组发一张宣传纸和一支水彩笔）。

② 每个组将写好的宣传纸张贴在黑板上，每个组派一名代表上台讲解。

（2）学习五环节。教师补充和介绍学习过程的预习、解惑、辅导、复习和考查五个环节。

5）分享时刻

全班学生自由发言，分享感受。

成长反思

（1）学习究竟有什么作用？

（2）怎样把握高职院校的学习特点？

专题二　常见学习心理问题及应对

能力目标

（1）了解高职生学习中常见的心理问题。

（2）能自觉培养和提升学习能力。

（3）能自如应对高职阶段常见的学习心理问题。

常见学习心理问题及应对

导入案例

学会自己"找东西吃"

小阳经过奋斗考上了高职。到校 3 个月后，他仍然不适应大学的教学和学习方式。他说，高中阶段的学习是在教师和家长的双重监督下进行的，自己想不努力都难。进入大学后，没有人再像以前一样督促自己。教师很少过问学习情况，任课教师布置的作业很多不做硬性要求，面对如此自由的学习环境，他不知该怎么办才好。

【分析】高中阶段的教学是传承式的，教师会把各学科的重点强调很多遍，学生处于相对被动的位置。而高职教育更强调创造性学习，注重专业性和创新性。高职院校的课程表很多时段都是空着的、自由的。高职生如果把大部分的自由时间都用在玩网络游戏等娱乐上，那么毕业时将后悔莫及。因此，高职生要学会自己“找东西吃”，学会主动、自觉的学习。入学后，高职生要及时了解图书馆、语音室、阅览室的开放时间，多听一些学术报告，尽量充实自己的生活。在课下，高职生还应大量阅读相关书籍和文献资料，以便更好地理解消化课堂学习的内容。

一、高职生常见的学习现象

（一）学习自主性两极分化

学习自主性两极分化的情况在高职院校学生中较为突出，这也使得学生的学习能力和成效相应产生较为明显的分化。部分学生由于过去学习的内在动机不足，外因驱使较为明显，在进入高职院校后，依然没有摆脱老师、同学、家长的督促下才能学习的习惯，自主学习能力较差；加之高职院校较为宽松自主的学习氛围，使得部分学生无法适应，因而造成一定的学习障碍。不过，也有较多自主性较好的学生，进入高职院校后就已经开始着手规划未来，并积极做了相应的准备。

（二）学习适应性参差不齐

部分高职新生，由于中小学时养成了单向接受式学习的习惯，进入高职院校后无法适应互动体验式、学生主导和自主学习为主的教学方式。面对高职教育课程种类繁多、教学进度快、理论抽象等特征，这些学生往往在第一学期就表现出种种的不适应情况，继而引发对于教学环境和学习生活环境的诸多不满和埋怨，哀叹自己专业选择的失误及对专业课程设置的不解，并可能进一步对校园文化产生不认同。

适应不良的学生，往往表现出过度焦虑和厌学等心理反应。

心理学研究认为，学生在学习过程中，保持适当的焦虑是必要的，但严重的学习焦虑则会对学习产生不利影响。高职生学习中的过度焦虑表现为：学习压力大，精神长期高度紧张，思维迟钝，记忆力下降，注意力涣散，情绪烦躁，寝食难安，神情恍惚，郁郁寡欢。这些不良心理反应在考试前往往表现得尤为明显，甚至可能引发失眠、多汗、尿频、腹泻、神经衰弱、注意力不集中、记忆力衰退等症状。

厌学现象在高职生中也不少见。这是一种典型的心理倦怠反应，具体表现为：学习被动，缺乏内在动力和热情；课业拖拉、抄袭，敷衍了事；上课不认真听讲、无精打采，下课则生龙活虎、精神百倍；经常无故迟到，千方百计逃课；大量时间花在上网、打牌、踢球等娱乐活动上。有些学生因为高考之后就开始放松，进入高职院校后则举着“60分万岁，多一分犯罪”的旗帜，不断放松对自己的要求，对学习成绩好坏持无所谓态度，对荣辱优劣更是不放在心上。他们看起来冷静自制，无欲无求，实则缺乏求知欲和上进心，缺乏理想与抱负。厌学的学生往往学习态度冷漠、缺乏学习兴趣，学习如走马观花，满足于一知半解；学习上不用功、怕苦怕累、怕动脑筋，遇到一点困难就畏缩不前。

（三）部分人学习目的急功近利

有些高职生持实用主义的学习态度，即对学习内容的选择注重实用性、为用而学，目的过于功利化，主观色彩浓厚。个人主观认为对自己今后发展有用的课程，如英语、计算机等，就肯学、苦学、多学，而对一些公共课或自己认为没有实用价值的课程就少学或不学；轻视专业理论的学习，重视实用知识、技能的学习。这部分学生往往偏科严重，也容易出现浮躁、畏难、焦虑等学习心理特征。浮躁心理体现了心境和情绪上的波动性，具体表现为行动盲目、缺乏思考和计划，做事心神不定、缺乏恒心和毅力，急功近利、不求甚解，不能脚踏实地；畏难心理表现为在学习上碰到挫折时就选择逃避，逃到另一“现实”（如网络世界）中，或逃向幻想世界、逃向疾病等；学习焦虑则表现为前述的精神紧张、思维迟钝、注意和记忆力下降、情绪躁郁等心理状态。

（四）由于比较和差距产生自卑心理

高职校园往往汇聚了来自全国各地的学生。许多学生感受到自己过去一度引以为傲的才能受到了前所未有的挑战，有部分学生则感觉在自己对专业学习还未能调整适应好的同时，已经被其他人拉开了距离。有的学生在通过努力后仍感觉自己看不到希望，因此而丧失信心、产生了自卑心理，甚至可能认为自己什么也做不好，产生了破罐子破摔、自暴自弃的心态。

学习自卑在高职生中并不少见，不少学生由于高考失利给自己的定义就是“高考失败者”，产生一种低人一等的心理，对自己的能力缺乏自信，对未来、前途悲观失望。自卑严重的学生，往往表现为对学习目的、学习内容的困惑、迷茫和无所适从，学习吃力，成绩下降；情绪上郁郁寡欢、压抑自怨、离群索居、焦虑不安，甚至出现失眠、神经衰弱等生理症状，严重影响了学习成效和身心健康。

二、高职生学习心理问题的成因

前述学习心理问题的产生、存在和发展，不仅会影响到高职生的学习，也会对其身心发展产生不良影响。研究发现，造成高职生学习心理障碍的主要原因有如下几个方面。

（一）认知偏差

思想指导行动，人的认识将直接影响其行为选择。由于我国的高等职业教育起步较晚，与普通高等教育相比在许多方面还存在一定的差距，社会上很多人对高职教育缺乏客观、合理的评价，这对于高职生的影响也是巨大的，学生中一些厌学、自卑、冷漠的心理都能从这里找到根源。

（二）学习动机不当和兴趣缺乏

动机是由个体的需要所引起的有意识的行动倾向，它是激励或推动人去行动以达到一定目标的内在动因。学习动机是学生将学习需要和愿望转变为学习行为的心理动因，是发动和维持学习行动的内部力量。适当的学习动机是学习取得良好效果的重要保证，但高职生在学习过程中常出现学习动机不足或过强的情况。

苏联教育家、心理学家赞科夫说过，“对所学知识内容的兴趣可能成为学习动机”。在高中阶段，学生往往抱有非常明确的学习目标，即考上大学；在高考结束进入高职院校后，学生若未能及时地确定自己新的学习目标，就容易产生松懈心理。有的学生则是因教师教学内容枯燥、方法陈旧，不能激发自己的学习兴趣。还有一些学生，高中阶段由于高考的压力导致兴趣狭窄或兴趣被压抑、课余活动很少；进入高职院校后，这些学生出于补偿心理迫切地想发展自己的爱好特长，其中一些自控力差的学生把主要精力放在娱乐上，乐此不疲，而对学习却逐渐失去了兴趣。

1. 学习动力不足的表现及原因

高职生学习动机缺乏的表现主要有学习目标缺失、注意力分散、厌学、懒惰等。学习目标缺失指的是没有明确的学习目标，学习缺乏计划，而且由于目标缺失导致学习无成就感、无抱负和期望、没有紧迫感；注意力分散指的是学习时注意力涣散、容易发生兴趣转移、学习易受各种内外因素的干扰；厌学表现为学习不主动、不认真、情绪消极、课业拖拉敷衍、经常迟到甚至逃课，伴随而来的是学习效率降低、考试成绩下降；懒惰指的是学习中怕苦怕累、不肯用功、怕动脑筋、懒于思考，只图一时安逸，缺乏远大理想和抱负。

学习动力缺乏的原因是复杂的，归纳起来大概有以下两方面。

（1）内部的原因：是指来自高职生自身的原因。一是学习动机不正确，社会责任感不强；二是对所学专业缺少兴趣；三是不正确的归因，如学生成绩优秀，其可能将自己的成功归因于能力并继续充满信心，也可能将成功的原因归于运气并希望下次考试再碰上好运气；四是对自己的能力缺乏正确的评估和判断。

（2）外部的原因：是指来自社会、学校、家庭等方面的原因。例如，学校专业设置可能过细、口径过窄，一定程度上脱离社会需要，导致择业困难；课程设置不合理，教学内容陈旧、方法单一，教学效果不佳；教学管理不严，教学条件跟不上；等等。有的家庭急功近利为子女选择专业，而不考虑子女对这些专业是否有兴趣、是否适合。有的学生面临学习之外的社会诱惑过多，如电子游戏、网上聊天等，当这些诱惑远远大于学习的感召时，学生的学习兴趣就会大大降低。

2. 学习动机过强的表现及原因

进入高职院校后，高职生同样也面临着来自社会、学校、家庭等各方面的压力，许多学生因此而拼命地学习，其中有些是因为自己的成就动机过强、有些则是奖惩动机过强，而这些最终都导致他们的学习动机过强。成就动机强的学生急于取得成就、满足各方期待，并想事事超过他人。在学习中常常对自己当前的行为和表现不够满意。他们经常给自己设置那些很难达到的目标，施加自己无法承受的压力，这使得他们的生活高度紧张，长期处于高负荷运转状态。奖惩动机过强的学生则是对奖惩考虑过多，他们以考试为中心，上课小心翼翼记笔记，下课认认真真对笔记，考试前辛辛苦苦背笔记。这类学生往往考分较高，但多数学得呆板，或表现为过于勤奋。他们的学习强度过大，每天学习时间长，不能劳逸结合，容易出现过度焦虑和相伴随的生理、心理问题，最终导致学习成绩下降、身心健康受损。

造成学习动机过强的原因有以下四点：一是对自己能力认识不足，估计过高，抱负与期望超出自己实际水平；二是不恰当的认知模式，如简单机械地认为“只要我付出了努力，我就一定会成功”；三是某种补偿心理，如一些学生由于业余爱好较少，于是试图通过突出的学习成绩得到他人的认可，因此产生了过于强烈的学习动机；四是他人不适当地强化，即有些学生由于学习刻苦而常常受到教师和同伴的赞扬并因而更加努力，但却不是其内在的学习兴趣使然。此外，自尊心过强、做事过于认真、追求完美、好强、固执等性格特征，严厉的家庭教育方式和家长的期望值过高，也往往导致学生的学习动机过强。

（三）不良的社会环境及家庭环境的影响

看到社会上的一些不公平现象和不正之风后，有的高职生便觉得读书无用，滋生厌学情绪；享乐主义的影响使得部分学生不能正确地处理好休闲娱乐和学习的关系，终日迷恋上网、游戏，热衷于交友游玩，上课无精神，学习无兴趣；有些家长自身认识具有局限性，对孩子不仅不能正确引导，甚至还起到负面作用，从而影响到学校的教育效果。

三、高职生常见学习心理问题的调适

学习与心理健康关系十分密切，它们之间相互联系、相互制约，学习的状况会直接影响到高职生的身心健康。学习是一种复杂的心智活动，不少高职生由于不良学习动机、考试焦虑等的影响，造成了学习心理问题，这对学生完成学业和身心健康发展十分不利。

（一）学习动机不当的自我调适

1. 学习动机过强的自我调适

学习动机过强的高职生，可按以下策略进行自我调适：一是要正确认识自己的潜质，制定恰当的学业目标与学业期望，调整成就动机，同时脚踏实地、循序渐进、不好高骛远；二是转换表面的学习动机为深层学习动机，淡化外在奖励，特别是学业成就的因素，正确对待荣誉与学业成绩；三是端正学习态度，树立远大理想，保持旺盛的学习热情，朝向长远目标坚持不懈地努力；四是运用科学的学习方法，合理用脑、劳逸结合，运用有效的学习策略提高学习效率。

2. 学习动机不足的自我调适

学习动机不足的学生可按以下策略做自我调适：一是正确认识学习的价值，确立高职阶段的学习目标，重新规划学业与人生；二是调整心态，以积极的心态对待学习和学习中遇到的挫折与困难，用自身的意志战胜惰性；三是改进学习方法，提高学习效率与学业自我效能感，注重学业的自我价值与社会价值；四是培养学习兴趣，主动快乐地去求知，孜孜不倦地去探索和研究。

（二）记忆力不好怎么办

记忆力使人能够积累和保存知识，加深对客观事物的了解。它是学习能力的重要方面，是学习活动的重要心理条件。记性不好是许多高职生感到头痛的问题，因为它不仅直接影响学习效率，还会影响学习的兴趣和情绪。记忆力虽然有先天遗传因素，但也可以通过后天的训练得到培养和提高。

1. 保持良好的情绪状态

心理学研究发现，愉快的心情会引起人体内的一系列生理变化，如肌肉舒适放松、心脏有规律地跳动、体温略微上升等。这些变化会引起身体的快感，在这种状况下学习，记忆效果会显著提高；而在不愉快的心情下，心律会加快、血压升高，容易使人的精神不集中，记忆效果也不佳。

2. 遵循记忆规律，掌握科学记忆方法

德国心理学家艾宾浩斯（H.Ebbinghaus）研究发现：遗忘在学习之后立即开始，但遗忘的进程并不是均匀的，最初遗忘速度很快，以后逐渐缓慢，也就是说遗忘的规律是先快后慢。因此，他提出“保持和遗忘是时间的函数”，并根据自己的实验结果绘成描述遗忘进程的曲线，即著名的艾宾浩斯记忆遗忘曲线（图 5-1）。

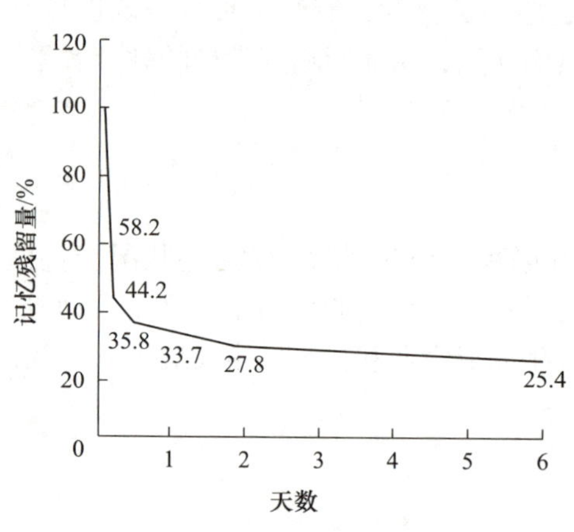

图 5-1 艾宾浩斯记忆遗忘曲线

根据遗忘的规律，高职生可以采取多种方式进行复习，尤其是在刚刚学习完的时候要多复习。例如，运用“近因效应”与“首因效应”的知识技巧，不断变换记忆内容的起始位置；将知识总结归类，找出事物的内部规律，既是复习又能加深理解。

记忆是人过去的经验在头脑中的反映。汉语中“记忆”一词就简明地说明，人对过去经验的反映是一个先“记”后“忆”的过程。要提高记忆力，除了明确记忆的目的和任务，善于积极地思维和集中注意力之外，还应掌握一些科学的记忆方法，如善于理解、尝试背诵、综合识记、多种感官、勤于观察、对比联想、制作图表、分门别类等。遵循记忆规律，提高记忆效率是一个非常好的学习方法。

3. 科学用脑

“刀不磨要钝，脑不用不灵”。大脑要经常使用，且使用要讲求科学。要保证睡眠时间，通过睡眠解除生理疲劳，保证人体机能的和谐与平衡；及时转移大脑兴奋中心、变换活动内容或使活动内容丰富化，在学习上可以采取各学科系统安排、交叉进行的方式，达到轮换休息的目的；加强身体锻炼，体育锻炼可以培养坚强的意志和进取精神，有利于适应紧张的复习考试活动，增强对紧张学习及长时间学习的承受能力，减缓或推迟疲劳的产生。

总之，在学习过程中，高职生应注意以健康的身体、饱满的热情、乐观的情绪、蓬勃的精神、平和的心态及科学的方法来面对，以取得学习的最佳效果。

（三）考试焦虑及调适

1. 考试焦虑的概念

焦虑是指一个人的动机行为遇到实际或臆想的挫折而产生消极不安的情绪体验，它由多种感受交织而成。焦虑可分为低度焦虑、适度焦虑和高度焦虑。适度焦虑对学生的学习是有利的，而低度焦虑和高度焦虑则相反。心理学家罗伯特·耶基斯和约翰·多德森的研究表明，达到最高作业水平的动机强度为动机的最佳水平。在动机强度低于最佳水平时，随其强度的增加，作业的水平不断提高；而动机强度超过最佳水平时，随着强度的增加，作业的水平不断下降。这一研究结果被称为“耶基斯-多德森定律”。

过度焦虑时，高职生往往感到沮丧、痛苦、失望、内疚，而焦虑不足则会使学生不思进取、萎靡、消沉、灰心丧气。引起焦虑的原因可能来自许多方面，如由于预期考试不利可能导致自尊心受损，或是由于以往考试的失败感和内疚感所致，紧张、不安、忧愁、烦躁、恐惧等混杂在一起，最终形成一种焦虑状态。考试焦虑是一种常见的学习心理问题，是高职生担心考试不能达到预期目标，或可能产生不良后果而出现的紧张不安、恐惧的情绪状态。多数人在面临重要考试时都会产生一定程度的考试焦虑，这是正常的、无害的。但过度的考试焦虑对学习及身心健康危害很大。

过度考试焦虑的主要表现为：情绪上，心烦意乱、躁动不安、无精打采、紧张、担忧；认知上，注意力不集中、记忆力下降、学习效率低；行为上，坐立不安、手足无措；生理上，头痛、肠胃不适、食欲下降、失眠等。个别学生在考场上还会出现视力障碍、判断力下降、大脑一片空白等情况。造成这种现象的原因主要是不正确的考试态度或平时对知识掌握不够扎实所致，当然也与自身的考试经历和不良的性格有关。

2. 考试焦虑的自我调适

（1）正确认识考试，稳定情绪。不要过分看重考试对个人前途的影响，更不能片面认为只有考试取得好成绩才是对自己能力的唯一肯定。我们每一个人都要认识到，考试只是检验学习结果的一种手段而非目的，并不能全面反映学生的学习能力。成绩对个体将来的就业或成功有一定的影响，但绝不是决定因素。

（2）做好充分的考试准备。制订可行的考试计划，平时多努力，应该解决的问题尽量解决掉，扎实地掌握知识，并且考前认真复习。考试前做好精神、物质上的准备工作，有利于放松紧张心情、有条不紊地进入应试状态。除了要调整好情绪，还要保证充足的睡眠；要重视科学用脑，不要开夜车；还要注意起床时间不要离考试时间太近，起床后应活动一下，以最好的状态来备战考试。

（3）正确评估自己，树立信心。考前不要盲目乐观，使自己始终处于自信而不自满，自尊而不自负的心理状态；更不能低估自己，要振奋自己的士气、树立信心，这是防止“晕场”的有力保证。即使对眼前的考试由于准备不充分而缺乏信心，也不要过于悲观，要正确评估自己，肯定自己已经做出的努力，争取在临场发挥中有更好的表现。

（4）自我放松，积极自我暗示。积极的自我暗示对人的心理和生理都有很大的帮助，在考试之前要给自己一个积极的心理暗示："我一定行"。考试过程中如果因过度紧张而大脑一片空白，可以反复暗示自己："放松，不要紧张"；如仍处于紧张状态，可以做几次深呼吸。

（四）保持积极的心智模式

心智模式（mental model）的概念最早起源于心理学领域，是由英国心理学家肯尼思·克雷克于1940年提出的。它指根植于个体心中，影响其如何了解外部世界，如何采取行动的各种假设、成见、印象、经验，是个体对于周围世界如何运作的既有认知。从本质上看，心智模式是人们在大脑中构建起来的认知外部现实世界的"模型"，它会影响人们的观察、思考及行动。图5-2反映了个体心智模式的形成，它从与外界的交互中通过直接经验或实践形成，在与他人的沟通交流和学习中进一步得到修正，又会通过科学系统的思考发展出新的推论模式。

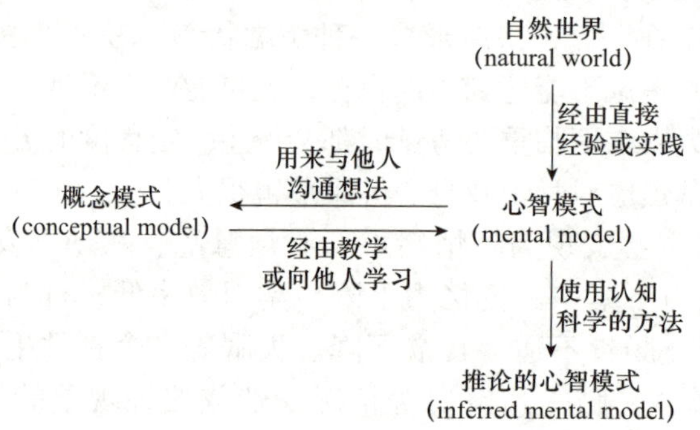

图5-2　心智模式的形成

从功能上看，心智模式有积极和消极之分。积极的心智模式能帮助我们健康成长，而消极的心智模式则会成为学习发展的障碍。要培养发展积极的心智模式，我们可以从开放的认识、乐观的心态、积极主动的行动等角度入手进行培养，也可以借鉴一些良好的思维与行为习惯，如斯坦福心理学家卡罗尔·德韦克提出的"成长型思维"，以及美国著名的管理学大师史蒂芬·柯维所总结的"高效能人士的七个习惯"。

"成长型思维"是卡罗尔·德韦克在其著作《终身成长》提出的。她认为，我们每个人获得的成功并不是能力和天赋决定的，更受到我们在追求目标的过程中展现的思维模式的影响，即强调思维模式的力量。在她的书中，固定思维与成长型思维的比较最广为流传，两者的主要差异体现在以下八个方面。

（1）固定思维的人规避挑战，成长思维的人欢迎挑战。

（2）固定思维的人痛恨变化，成长思维的人拥抱变化。

（3）固定思维的人老是关注限制，成长思维的人总是寻找机会。

（4）固定思维的人在改变现状上无能为力，成长思维的人凡事皆有可能。

（5）固定思维的人不接受批评，成长思维的人珍视反馈、主动学习。

（6）固定思维的人喜欢待在舒适区中，成长思维的人喜欢探索新事物。

（7）固定思维的人有时觉得努力无用，成长思维的人每次失败都是一堂课。

（8）固定思维的人认为毕业后无须过多学习，成长思维的人认为学习是终生的事业。

在卡罗尔·德韦克看来，人的思维方式其实蕴含了无限的能量。而一个拥有“成长型思维”的人，未来更有可能取得成功。

史蒂芬·柯维所提出的“高效能人士的七个习惯”则是：积极主动、以终为始、要事第一、双赢思维、知彼知己、统合综效、不断更新。

这方面的研究和实践资料还有很多，高职生可以在学习之余多做了解和练习，努力培养自己的积极心智模式。

经典分享

考试焦虑及考前不良心态

紧张的复习又来临了，经常听到高职生说自己的头脑“发木”，不太灵光，什么都记不住，为什么会出现这种情况呢？主要原因有以下几点。

（1）面临考试会引起情绪紧张、急躁、烦恼。心烦气躁，怎能去集中精力看书呢？这样势必要影响自己的接受能力、记忆力。

（2）高职生对考试缺乏信心，这种心境会影响正常的复习心态。

（3）用脑不当。许多学生一到考试前就搞突击，开夜车，每天只睡两三个小时，造成大脑供氧不足，头脑晕晕乎乎，这样怎么会有好的学习效果呢？

（4）学习方法不当。有些学生一上复习课就烦，不理睬教师，只顾埋头做自己的。其实教师的引导作用是很重要的，要依照教师的引导来进行复习。有的学生凭兴趣复习，只复习自己成绩好的一门；有的是从弱点着手，只复习自己的薄弱点。这两种方法都有偏颇，因为大脑的不同部位分管不同的思维，长期使用同一部位，会使它疲劳，就像橡皮筋一样，时间长了就会失去弹性。

（5）暗示。在高职院校，同学之间的交流往往比较多，因此，其他同学的言语很容易影响到自己。例如，当身边有一个人说他头脑发木的时候，你就会去注意这种现象，并关注自己；当有10个人这样说的时候，你就可能会加入他们的行列，也觉得自己的头脑开始发木，什么也记不住了，这就形成了一种传染效应（其实是自我暗示和从众心理造成的）。

如何防止、克服以上情况呢？主要可注意以下两点：一是要有正确的考试观，敢于正视考试压力；二是要根据自己的学习时间特点，充分利用高效的记忆时间，采取合理的、多样化的复习方法，有效地记忆和巩固所学的知识。

【分析】考试焦虑、烦恼、缺乏信心是考前常见的心理状态。对于大多数学生来说，考试是一种压力，而紧张是正常的生理和心理反应。有压力才有动力，关键是要保持适度的压力感。如果感觉到过度压力，我们就可能头脑发蒙、心情烦恼；而要形成适度压力感，就需要我们能够正确认识考试压力，日常做好准备，考前正确地评估自己，学会放松自己。即使准备不足没考好，我们也可以不断努力，争取在后面的考试中取得好的成绩。

心理训练

有备而来——我不怕考试

1．训练目的

克服高职生考试的焦虑感。

2．训练时间

30～45 分钟。

3．训练内容

（1）热身活动：角色扮演（给予有关考试后可能发生的情境让学生表演），可供表演的内容如下：

① 拿不理想的考试成绩给父母看时。

② 拿优异的考试成绩给父母看时。

③ 发现好朋友考试成绩不理想时。

（2）发展活动：演讲会。教师向学生宣布演讲题目，并给他们 2 分钟的时间准备即兴演讲，之后选 2～3 位学生上台演讲 1 分钟。演讲结束后，询问学生刚才准备演讲的心情，引导学生回想当时的生理和心理状态。然后，教师针对刚才学生演讲所表现出来的焦虑状态，结合临考期间学生的表现，询问学生这些情况出现的频率是否增加？（可请学生以自身经验补充说明）

（3）分享讨论：

① 为什么学生会在演讲会上出现焦虑状态？

② 探究出现焦虑的原因。

③ 寻找放松自我的方法。

成长反思

（1）如何看待高职生常见的学习心理问题？

（2）怎么培养和提升自己的学习能力？

（3）怎样合理调适自己的考试焦虑？

专题三　学习能力培养和潜能开发

能力目标

学习能力培养和潜能开发

（1）了解八大智能的培养和开发渠道。

（2）掌握发展兴趣爱好的方法和途径。

导入案例

勤奋的回报

案例描述：我是小刘，很长时间，高职生一直是我身上抹不去的标签，让我痛苦，让我挣扎，让我丢掉了快乐。我农村出身，家境较差，但我好强，不认输。在高职院校里，我几乎拒绝了一个正常学生该有的娱乐活动：课没逃过一次，甚至连恋爱都没谈过。我的努力得到了幸运之神的眷顾，毕业后我分到了一家国营单位，待遇还可以，发展也顺利。到单位后我参与了一个重要的国家地铁项目，在工作中我尽心尽责，在专业方面得到了大家的认可。工作两年后我当上了班长，也带了几个徒弟。我白天在工地干活，晚上在宿舍学习，经过努力，终于考取了某大学的专升本，历经磨难拿到了毕业证，并在拿到毕业证没多久，就被提拔为部长。随后的几年里，我又考取了某大学的研究生，进入了公司的专家库，也成为了重大项目的副总经理。

【分析】小刘一步一步走来，走得很踏实。他没有因为学历低而自我放弃。如果发现学历不够，就及时去提升，采取科学的方法和成功经验去加强学习。天道酬勤，只要方法得当、积极努力，人生一定可以逆袭。

针对高职生学习心理的特殊性及高职学生中常见的学习心理问题及表现，我们通常通过调整学习动机、掌握学习策略的方式培养其学习能力，并通过对高职生学习潜能的开发与探索，进一步提升个人的学习能力。

一、培养学习能力

人本主义心理学理论认为，人类具有学习的自然倾向和学习的内在潜能，学习是一种自发的、有目的、有选择的过程，人可以通过学习塑造自己行为并从中得到满足。同时，学习方法的学习和掌握非常重要，最好的学习是学会如何进行学习。随着学习生活由基础教育向高等教育的转变，发展方向由升学为主向就业为主的转变，高职生在学习策略、学习方式和学习方法等方面必然会面临新的挑战。由于这个时期学习的任务要求更高、学习内容更加丰富、学习难度加深、教师的教学个性化等因素，客观上也要求学生必须具备自主学习能力和建立获取信息的能力。因此，学会有效的学习是高职阶段的重要学习目标。法国的埃德加·富尔在《学会生存》一书中写道：未来的文盲，不再是不识字的人，而是没有学会学习的人。

（一）培养自主学习能力

自主学习是指学习者在确定学习目标、选择学习方法、监控学习过程、评价学习结果等方面进行自我设计、自我管理、自我调节、自我监控、自我判断、自我评价和自我转化的主动学习过程。高职学习阶段的自主学习，不只包括自觉主动，更包含了自己对学习方法的探索和对学习的定位。高职生首先要确定自己的学习目标，给自己制订学习的计划，学会合理安排自己的时间，真正成为学习的主人。

（1）自觉、主动地学习。这意味着学习者产生发自内心的一种强烈的求知欲望，是“我要学”而不是“要我学”。从入学开始，高职生就应从中学时的被动学习转为主动学习，积极地管理自己的学业，积极地规划高职的学习生活。马斯洛的需要层次理论告诉我们，自我实现是人的需要中的最高层次，一个人只有当高级需要得到满足才能产生令人满意的主观效果，才能得到一种鼓舞力量。自觉主动地学习就能够满足自己的高级需要。

（2）掌握良好的学习方法。“工欲善其事，必先利其器。”在学习上如果想取得好的成绩，必须有科学高效的学习方法，高职学习阶段更应该注意学习方法的重要性，尤其是要注意提高学习效率。要勤于思考，多想问题，不要靠死记硬背。学习方法的正确，往往能收到事半功倍的成效。在高职学习中要把握住的几个主要环节：预习、听课、记笔记、复习、总结、做作业、考试。这些环节把握好了，就能为学习打下坚实的基础。

（3）培养自主学习的能力。自主学习主要通过个体自己来完成对学习计划的拟定、监控和调节，因此，元认知策略的培养是个体自主学习能力提高必不可少的条件，是学习策略培养的核心。所谓元认知，是指对认知的认知。对个体自身的感知、记忆、思维等认知活动本身的再感知、再记忆、再思维就称为元认知。个体相应的监控和调节活动策略就是元认知策略。元认知能力的培养要着眼于元认知的认识功能和监控功能的提高，即教会学生根据自己的智力特点、学习材料的特点、学习任务与要求灵活地制订学习计划，并学会对自己的学习情况进行自我监控，如采用自我记录技术、自我记分技术、自我提问技术等来对自己学习进展情况做记录和分析。同时，高职生还要注意学习相应的自我调节和监控手段，如通过反馈等方法来对不适当的学习步骤和学习策略进行调整，使之沿着正确的轨道进行。

（二）激发学习动机

学习动机是激发个体进行学习活动、维持学习活动的持续性，并使行为朝向一定学习目标的一种内在的心理状态。学习动机具有指引学习方向、集中注意力和增添学习内驱力的多重作用。

学习动机的激发既与环境因素有关，也与学生的内部条件有关。内部动机是高职生对学习活动本身的兴趣和学习动力，是激发学生学习动机的关键。不少高职生的学习动机指向学习活动之外，也即外部动机，需要学习情境以外的诱因加以维持；一旦外物缺失，动机就会减弱或消失。例如，学校为了鼓励学生学习，设置了等级奖惩办法，这也是一种外部诱因；对于几乎没有获奖机会而不看重等级的高职生来说，这种等级奖惩就是无效的。

激发学习动机，可以通过高职生自我提升和教师引导这两方面来实现。

1. 学生应努力增强自我效能感

根据美国心理学家阿尔伯特·班杜拉的自我效能理论，提高自我效能感主要有三种方式：一是增加学生的成功经验。学生的亲身经验对效能感的影响是非常大的，不断的成功会使人建立起稳定的自我效能感，这种效能感不会因为一时的挫折而降低，而且还会泛化到类似情境中。二是积极的自我强化。使学生进行积极的自我强化，关键是使学生建立合适的可以达到的目标，使其能在较近的目标达到后看到自己的进步。三是言语说服。这是一种极为常用的方法，就是凭借说服性的建议、劝告、解释和自我引导来改变人们的自我效能感。

2. 教师应注意引导激发学生的学习动机

高职院校的教师经常使用一些外在的强化手段来激发学生的学习，这种方法在行为控制方面有作用，但在形成正确的学习动机方面却有其局限性。教师应该引导学生在所学内容的内部寻找乐趣，发现学习本身的意义；允许学生做选择，鼓励学生成为自主的学习者，用热情激发学生的兴趣和好奇心，让他们关注自己能力发展的需要；让学生“投入活动”而非“干完拉倒”，让学生体验到掌握知识或技能后的成功和对自身能力的提高。因此，帮助学生形成稳定的内部学习动机是职业教育教学活动的主要目标。

（三）注重多种能力的培养

高职教育具有明显的职业定向性，要求学生除了扎扎实实掌握书本知识之外，还要培养研究和解决问题的能力。因此，高职生在注意自主学习能力培养的同时，还要注意思维能力、表达能力、组织管理能力和创造能力的培养，为将来适应社会工作打下良好的基础。马克思认为：个人劳动能力的全面发展，既不仅要有良好的科学文化素质、身体素质、思想道德素质，而且还要有能妥善处理人际关系和适应社会变化的能力；个人的才能应获得充分的多方面的发展，做到人尽其才，各显其能，社会要提供个人能力充分发展的环境。

1. 培养思维能力

思维能力能揭示客观事物的本质特征及内在联系，并主要表现在概念形成和问题解决的活动中。思维能力主要包括使认识过程简化的分析能力，使认识过程深化的综合能力，对具体事物认识理论化的抽象能力，从共性出发探究个体以便更深刻认识共性的归纳能力，从已知事物出发与未知事物进行比较从而揭示未知事物运动规律的类比能力，把不同事物或同一事物的不同部分联系起来的概括能力等。培养思维能力有助于高职生理解知识、巩固知识，也有助于更好地运用知识，学会学习。

2. 培养表达能力

表达能力是指人们以语言或其他方式展示自己思想感情的能力，是交流科学技术思想、交流感情的工具。表达能力是一个人的一项重要能力，也是一种基本功。语言能力反映人的思维能力、社交能力及性格、风度。一个人在工作中主持会议、撰写文件、上传下达工作指令、接待来访、参加社交活动、发表演讲和个别交谈……都需要表达能力，如果表达不确切、不清楚，也会直接影响能力的施展。表达能力主要包括口头表达能力和书面表达能力。口头表达能力，就是将自己的思想、观点、意见、建议运用最生动、最有效的表达方式传递给听者，对听者产生有效影响的一种能力；书面表达能力，就是将自己的实践经验和决策思想，运用文字表达方式，使书面表达系统化、科学化、条理化的一种能力。口头表达能力要求的是语言的流畅性、灵活性和艺术性；书面表达能力要求的是文句的逻辑性、艺术性和条理性。对高职生来说，表达能力在将来的工作岗位上是极为重要的，因此在校期间要加强锻炼、不断提高。要多读书，以增强自己表达思想的深刻性、观点的新颖性、内容的丰富性；要多实践，多培养自己思路的敏捷性，表达的条理性、准确性和生动性。

3．培养组织管理能力

组织管理能力包括计划能力、组织实践能力、决断能力、指导能力和平衡能力。随着大学毕业生就业制度的改革，具有一定的交往能力和组织工作能力的高职生愈加受到用人单位的普遍欢迎。许多单位挑选应聘者时，在注重其学业成绩的同时，对其是否担任过学生干部、参加过社会实践也很感兴趣。因为，无论从事何种工作，都离不开一定的组织管理。要把工作开展起来，把计划付诸实施，把他人的积极性协调起来，把大家的智慧发挥出来，没有一定的组织管理能力是不行的。因此，高职生应积极参加社会活动，尽量多做些社会工作，不断增强自己的组织工作能力。

4．培养创新能力

因为没有创新就没有未来，高职教育也非常重视学生创造性的培养。有研究者认为，高职生创造性培养涉及六个方面的个人因素：强烈的好奇心和求知欲、联想的独特性和新颖性、个性的独立性、知识的有效性、不怕犯错误、正确的价值观。从个人成长来说，创新可以改变命运，使自己开创更大的事业。创造性的才华能使人更快做出与众不同的成绩，创新是突破事业停滞状态的重要环节。在我们成长的旅途中会遇到各种挫折，使我们陷入人生发展的困顿时期，这时候运用原来的思维、方法和知识往往无法适应新的形势并解决难题，而是需要创造性的思维方法，打破定式乃至传统。为培养创新能力，高职生可以多参加一些社会活动，如在社团活动中锻炼策划能力或在社会实践活动中提高自己的创新能力和创新意识；在专业探索和实践活动中也要注意开拓创新能力的锻炼，增强开拓创新意识，为在今后的工作中有所发明创造奠定良好的基础。

二、发展多元智能

传统上，学校一直只强调学生在逻辑思维能力方面的发展，但这并不是人类智能的全部，不同的人会有不同的智能组合。例如，建筑师及雕塑家的空间智能较强，运动员和芭蕾舞演员的身体运动智能较强，公关人员的人际智能较强，作家的内省智能较强等。为此，美国哈佛大学教育研究院的发展心理学家霍华德·加德纳在 1983 年提出了“多元智能理论”。霍华德·加德纳从自己亲身实践与研究中总结出了影响人的八大智能，即语言、音乐、空间、逻辑、运动、自然、内省和交往。霍华德·加德纳认为，这是每个个体身上都相对独立存在着的、与特定的认知领域和知识领域相联系的八种智能。

（一）言语 - 语言智能

言语 - 语言智能是指听、说、读和写的能力，表现为个人能够顺利而高效地利用语言描述事件、表达思想及与人交流的能力。这种智能在作家、演说家、记者、编辑、节目主持人、播音员、律师等职业上有更加突出的表现。

言语 - 语言智能的开发会影响人的思想的表达、思维的发展。重视言语 - 语言智能的开发，不仅会使人的思想表达完整清晰，而且思维组织力也会进一步加强。

（二）音乐 - 节奏智能

音乐 - 节奏智能是指感受、辨别、记忆、改变和表达音乐的能力，表现为个人对音乐包括节奏、音调、音色和旋律的敏感及通过作曲、演奏和歌唱等表达音乐的能力。这种智能在作曲家、指挥家、歌唱家、乐师、乐器制作者、音乐评论家等人员身上有出色的表现。

音乐 - 节奏智能影响人的精神健康和智力发展。音乐 - 节奏智能的开发会使人的右脑功能得到较高层次的发展，从而不仅陶冶性情，还有助于智力发展。

（三）逻辑 - 数理智能

逻辑 - 数理智能是指运算和推理的能力，表现为对事物间各种关系如类比、对比、因果和逻辑等关系的敏感及通过数理运算和逻辑推理等进行思维的能力。数学家、统计学家、会计、计算机程序员、科学家等是这种智能强的人。

逻辑 - 数理智能会影响人的分析问题、解决问题能力的发展。人的一生要处理千千万万的事物，都需要靠这种能力来解决，而这些推理、判断、分析能力正是从逻辑 - 数理智能中开始建立的。

（四）视觉 - 空间智能

视觉 - 空间智能是指感受、辨别、记忆和改变物体的空间关系并借此表达思想和感情的能力，表现为对线条、形状、结构、色彩和空间关系的敏感及通过平面图形和立体造型将它们表现出来的能力。画家、雕刻家、司机、向导、建筑师、水手等都是这种智能强的人。

视觉 - 空间智能会影响人们用直觉把握事物能力的发展。人所接触的事物往往是首先靠眼睛在空间中来有效地把握的。视觉空间智能的开发不仅会影响把握的准确性，而且会影响对空间对象的判断力。

（五）身体 - 动觉智能

身体 - 动觉智能是指运用四肢和躯干的能力，表现为能够较好地控制自己的身体、对事件能够做出恰当的身体反应及善于利用身体语言来表达自己的思想和情感的能力。运动员、舞蹈家、外科医生、手艺人都有这种智能优势。

身体 - 动觉智能会影响人的身心全面发展。加德纳强调：人的身体的任何活动，特别是身体的协调运动都是智力的综合作用的表现。

（六）自知 - 自省智能

自知 - 自省智能是指认识、洞察和反省自身的能力，表现为能够正确地意识和评价自身的情绪、动机、欲望、个性、意志，并在正确的自我意识和自我评价的基础上形成自尊、自律和自制的能力。这种智能在优秀的政治家、哲学家、心理学家、教师、诗人等人员身上往往有出色的表现。

自知 - 自省智能可以使人更易走向成功。一个人只有在任何时候都能认识到自己的客观情况，在每做一件事之后都能反过来内省一下，才会少犯错误，并更容易顺利通向成功之路。

（七）交往-交流智能

交往-交流智能是指与人相处和交往的能力，表现为觉察、体验他人情绪、情感和意图并据此做出适宜反应的能力。销售家、政治家、教师、心理学家、社会工作者往往是这种智能较强的人。

交往-交流智能会影响人与他人合作能力的发展。从小重视自己的交往力，有助于被他人接纳，并在走向成功的道路上能轻松赢得他人的合作与帮助。

（八）识别-自然观察智能

识别-自然观察智能是指个体辨别环境（不仅是自然环境，还包括人造环境）的特征并加以分类和利用的能力。植物学家、动物学家、环保主义者、物理学家、形象设计者等是这种能力强的人。

识别-自然观察智能会影响人的探索创新能力的发展。探索、创新是人类向未来世界进军的重要能力。人类要探索大自然，激活与生俱来的自然观察潜在智能，培养其好奇心，引发探索、创新欲望，是人类发展的根本。

综上所述，高职生要重视培养开发自己的多种潜在智能，这不仅对自身发展具有重大的现实意义，也是全面提升学生群体素质所迫切需要的。

三、开发个人潜能

潜能的概念起源于古希腊哲学，古往今来的教育家、心理学家、教师及家长也都对学生的潜能开发高度重视。人们认为，进行实践和教育的目的就是不断发现人的潜能并实现其潜能。马克思在《资本论》第一卷中把这种人类自身的自然沉睡的潜力概括为人的潜能。这种潜能就是人的体能和智能的总和。据此，通俗地说，潜能是指有待于开发的处于挖掘状态的潜伏的一种能力。

歌德说，没有人事先了解自己到底有多大的力量，直到他试过以后才知道。戴尔·卡耐基说，多数人都拥有自己不了解的能力和机会，都有可能做到未曾梦想的事情。每个人都有成功的潜质，而这颗成功的种子就埋藏在我们每个人的内心深处，等待着被唤醒。古今中外许多成功之士之所以能成功的奥秘不是他们具有超凡脱俗的本领，而是他们能够探求并开发自己的潜能。人的潜意识深处有着无限的智慧、力量，以及所需要的所有东西。因此，高职生可以通过努力开发自己的潜能，不断提高自己的学习能力，以获取更多创造性的收获。

潜能开发通常需要关注以下几个要点。

（一）把握学习的关键期以适应潜能的变化性要求

潜能是变化发展的，即每种潜能都处在“可能状态”之中，而这种可能状态的开发又往往存在着某种“关键期”。关键期这一概念是由诺贝尔奖获得者、奥地利习性学家和心理学家康拉德·柴卡里阿斯·洛伦茨提出来的。他利用人工孵化灰色雁，并日夜观察它由蛋孵化成雁的过程，结果该灰色雁出生后不与伙伴一起行动，而是独自追赶洛伦茨。洛伦茨把这种行为称为“印刻现象”。这种“印刻现象”是一种快速的先天学习，发生在个体生命中一个短暂的关键期。客观刺激只有在这个时期内出现，印刻才能产生或者最为有效。如果错过了这一阶段，就不容易出现这样的好时机。由此可见，高职生的有效学习、潜能的实现也要抓住机遇，充分利用资源，在学习的关键期内尽可能掌握最多的知识和技能；同时，要注意正确认识自身的“最近发展区”，适时为自身的学习确定合适的提升目标，增强学习的有效性。

（二）增加学习的自主性以契合潜能的能动性要求

潜能的能动性概念强调，行动者自己的主动性是保证某一结果实现的关键。

首先，高职生要注意培养学习的独立性，这种独立性是相对于依赖性而言的。高职教育较之义务教育和高中教育的最明显的区别是高职教育要求学生有较强的独立学习能力。因此，高职院校的教师也必须尊重学生的独立性，积极鼓励并创造各种机会发挥学生的独立性，培养学生的独立学习能力。

其次，高职生要注意增强自控能力。潜能的能动性要求学生规划解决好各阶段能否学习、学习什么、怎么学习等问题，它突出表现为学生对学习的自我计划、自我调整、自我指导、自我强化，即在进行学习活动之前能确立明确的学习目标，选择正确的学习方法，安排合理的学习步骤，以及树立应达到的学习目标；在学习过程中，能按照预先的计划如期进行。自控性能规范学习者的学习行为，从而使学习者不断进取，持之以恒。

最后，还需注重学习的内化。高职生在学习知识的同时，还要注重理论联系实际，在实践中反复练习所学的知识技能，这样才能使自己所接受的教育真正成为自身知识和技能的一部分。

（三）正确认识自我以适应潜能的社会性要求

潜能具有社会性，即潜能的发挥受到各种社会因素的制约。正确认识自我、充分利用外部条件能促进学习潜能的发挥。在这个世界上，认识自己才是最难的事情，这是因为自我是多层次的、并且在不同的时期有着不同的表现。因此，客观地、正确地认识自我，对学习是很有帮助的。要正确地认识自我，就要恰当地利用各种社会关系，经常和朋友或他人交流，了解别人对自己的看法，了解别人对自己所作所为的评价，从中反思和再认识自我。在学习中，如不能正确认识自我，明确自己的学习目标，就容易陷入迷惑之中。此外，通过与别人的比较，认清自己的优缺点，有利于明确自己的定位，保持现有的优势，集中弥补自己的不足和缺陷，从而提升自我。高职生尤其应重视这一点。由于以前的学习方法不再适用，也不能所有的学习都靠教师教了，高职生必须在自己感兴趣的基础上探寻适合自己的学习方法。

人的潜能随着人自身的发展及其外部条件的变化而变化。高职学习阶段是学生完善知识结构、学习专业特长、完善自我的重要阶段，因此应抓住机遇开发潜能，并借此不断提高学习的能力。

经典分享

将军射“虎”

“林暗草惊风，将军夜引弓。平明寻白羽，没在石棱中。”诗中那位“夜引弓”的将军，就是被人们称为“飞将军”的李广。据说，他在镇守北方边境的时候，曾发生过这样一件事。天色晚了，李广带兵巡逻，路过一片松林。一阵疾风吹来，树木野草发出“沙沙”的声音。猛然间，李广发现前方的草丛中，影影绰绰蹲着一只老虎！他连忙举弓搭箭，运足气力，拉开硬弓。“嗖”的一声，一支白羽箭射了出去。第二天，天刚蒙蒙亮，李广的随从便来到射虎的地方。呀！几个人惊呆了——原来李将军射中的不是老虎，而是一块巨石！那支白色羽箭深深地扎进石头里，兵士们怎么拔也拔不出来。李将军后来再射，却怎么也射不进石头里了。

【分析】人是不断发展的，我们每个人都有很大的发展空间。人的潜能犹如一座有待开发的金矿，其中可能蕴藏着我们远未发掘出来的巨大价值。在特殊情境下，我们的潜能可能被激发出来。我们也可以在心中想象一个自己期待的“自我”形象，激励自己的斗志，通过实践努力挖掘和释放自己的潜能。

心理训练

时间管理：做自己的时间馅饼

1．训练目的

回顾自己的日常时间分配情况，进行反思和重新规划。

2．训练时间

30～40 分钟。

3．训练内容

（1）根据自己的思考先绘制一张“理想的时间馅饼图”（图 5-3），而后再尽量回忆在过去的一周中参加的各项活动，包括花在各项工作、学习、家庭、朋友身上的时间，参加的各种进修、身体锻炼、休闲娱乐等活动，然后根据每项活动所投入时间的多少按照百分比绘制“实际的时间馅饼图”（图 5-4）。

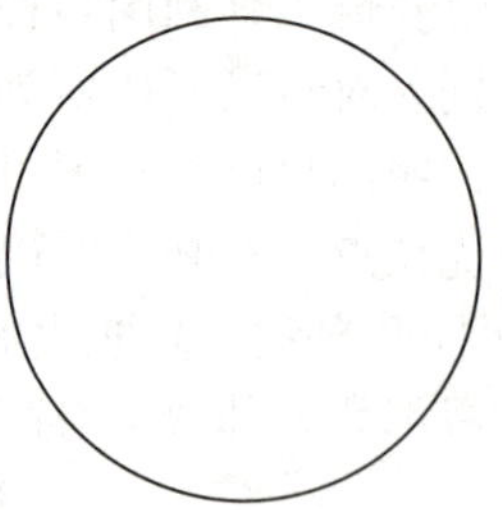

图 5-3　理想的时间馅饼图

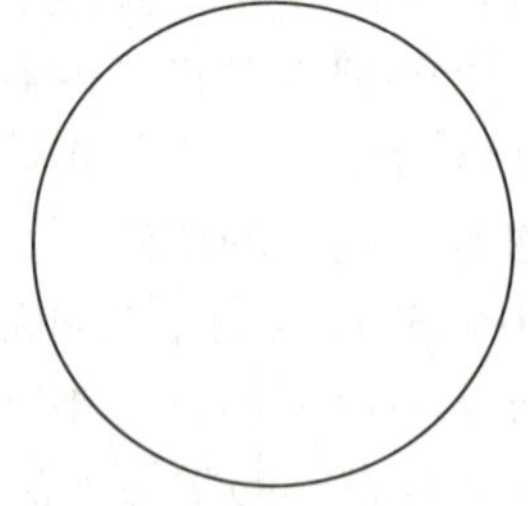

图 5-4　实际的时间馅饼图

（2）完成“实际的时间馅饼图”的绘制后，请思考下面的问题：

① 对照一下自己做的“理想的时间馅饼图”，看看它是否与你实现自己定下的学习

目标相匹配。

②“理想的时间馅饼图”与你目前实际的时间分配状况之间有何差别？是什么原因造成了这种情况？能不能进行改进？如何进行改进？

③ 请拟出你今后时间管理的具体计划。

在进行时间管理时，请记住时间管理的一个重要原则：自己将时间耗费在某些事情上的唯一理由，就是为了实现自己的近期和长远的目标。

成长反思

（1）你将如何正确培养自己的学习动机和兴趣？

（2）影响人的八大智能是什么？如何培养？

（3）结合自身的学习情况，你打算设定什么样的学习计划？

心理测试：多元智能理论小测试

1. 测试目的

熟悉多元智能理论，了解自己相对较强的智能所在。

2. 测试时间

约 15 分钟。

3. 测试内容

以下是对个体的一些描述。请对照自己的实际情况，对这些描述是否符合自己做出判断（可在符合自己的某个题号上打“√”）。

（1）你在背诗和有韵律的词句时很出色。

（2）你能注意到自己愁闷和高兴的情绪变化。

（3）你常常问诸如“时间是从什么时候开始的？”等问题。

（4）你很少迷路。

（5）你的动作很优美。

（6）你唱歌时音阶很准。

（7）你经常会问打雷、闪电和下雨是怎样形成的等问题。

（8）经常说过的一个词你用错了，你就会纠正。

（9）你很早就会系鞋带，出人意料地学会骑车。

（10）你特别喜欢扮演某个角色并编出剧情。

（11）外出旅行时，你能记住沿途标记，可以说出，“我们曾到过这个地方……”。

（12）你喜欢听各种乐器发出的声音，并能通过辨音认出它们。

（13）你画图画得很好，对物体描绘清晰。

（14）你善于模仿各种身体动作及面部表情。

（15）就像喜欢根据大小和颜色把玩具分类一样，你善于划分种类。

（16）你长于把动作与情感联系起来，譬如说，“我发昏了才做出这事……”。

（17）你能够相当精彩地讲故事。
（18）你能够对不同的声响发表议论。
（19）某人被引荐，你有时会说："她使我想起了 ××。"
（20）对别人能完成与不能完成的事你能做出准确的评论。
（21）在看电影、电视时，能够很快看出谁是坏人。
（22）观察力强，能发现事物的细枝末节。
（23）说话早，表达能力强。
（24）喜欢下棋、打牌。
（25）学歌学得快。
（26）能够熟练地掌握各种工具器械。
（27）不卑不亢，有自信心。
（28）有"眼力见儿"，能够应酬和接待客人。
（29）很少不知所措。
（30）从小就喜欢读书，无须大人督促。
（31）能很快学会等量转换，如 500 克是 1 斤，3 尺是 1 米。
（32）从小就爱摆弄乐器，长大以后，能通过乐曲辨别其演奏乐器。
（33）是拆装玩具、折纸的能手，别人都说你手巧。
（34）知道如何计划自己的事情。
（35）喜欢养动物和植物。
（36）能够区分不同的动物和植物的品种。

【评分标准】

选择（1）、（8）、（17）、（23）、（30）题表现出的是言语 - 语言智能；
选择（6）、（12）、（18）、（25）、（32）题表现出的是音乐 - 节奏智能；
选择（3）、（7）、（15）、（24）、（31）题表现出的是逻辑 - 数理智能；
选择（4）、（11）、（13）、（22）、（29）题表现出的是视觉 - 空间智能；
选择（5）、（9）、（14）、（26）、（33）题表现出的是身体 - 动觉智能；
选择（10）、（16）、（20）、（27）、（34）题表现出的是自知 - 自省智能；
选择（2）、（10）、（19）、（21）、（28）题表现出的是交往 - 交流智能；
选择（35）、（36）题表现出的是识别 - 自然观察智能。
注：（10）题属于两种智能。

倘若你对上面与某项智能有关的问题上回答的"是"相对最多，那么，你就可能在那方面具备较强的优势。

模块六　合理使用网络

模块导读

互联网始于1969年美国的阿帕网。1989年，中国开始建设互联网，1997年，中国互联网正式进入商业时代。网络给我们的学习、工作、生活已经带来了翻天覆地的变化。无论是为获取信息，还是社交、娱乐、购物等，我们都可以足不出户通过网络完成相关的活动。但是，科技的进步往往是一把双刃剑，网络在带来了诸多便利和丰富的体验的同时，也带来了一些糟粕和危害。如何合理使用网络、避免网络的过度使用可能带来的危害、预防和矫治网络成瘾，将是本模块的重点学习的内容。

名人名言

知道在适当的时候自动管制自己的人就是聪明人。

——雨果

资源导航

1．推荐书籍

（1）亚当·乔伊森，网络行为心理学：虚拟世界与真实生活［M］．任衍具，魏玲译．北京：商务印书馆，2010．

（2）周宗奎，网络心理学［M］．上海：华东师范大学出版社，2017．

（3）凯利·麦格尼格尔，自控力［M］．王岑卉译．北京：文化发展出版社，2017．

2．推荐电影

（1）《网瘾》（又名：站在教室前／讲台前的我），2014年，导演：Shosh Shlam / Hilla Medalia。

（2）《魔鬼藏在同意书》，2013年，导演：Cullen Hoback。

（3）《搜索》，2012年，导演：陈凯歌。

3．推荐视频

（1）《社交媒体的使用伤害到心理健康了吗》，TEDx视频。

（2）《自控力的秘密》，TED演讲。

（3）《76岁的执念：小泽征尔患食道癌的这一年》2010年。

专题一　网络合理使用和过度使用

能力目标

（1）了解信息社会中网络存在的意义，树立正确使用网络的意识。
（2）能够明晰网络的合理使用与过度使用的界限。
（3）学习把握合理使用网络的方式方法。

网络合理使用和过度使用

导入案例

疫情与线上学习

小吴是一名大学四年级学生，突如其来的新型冠状病毒肺炎（简称“新冠肺炎”）疫情使他无法返回学校继续学习，完成毕业论文。刚开始他很着急，但他很快调整了心态，利用网络在家查资料、写论文、与老师沟通解决问题，并在线完成了毕业的答辩。他的论文还被评为优秀。小吴回忆说，在那段时间里，由于天天在家，写论文也比较累，有时候他也会上网听听歌、看看新闻，或者跟着视频一起做运动来放松和调剂一下。

据教育部公布的数据，截至2020年5月8日，全国1 454所高校开展了在线教学，103万名教师在线开出了107万门课程，合计1 226万门次课程。参加在线学习的大学生共计1 775万人，合计23亿人次，做到了停课不停学。

然而，也有部分学生，由于缺乏监管和自制力，上网课的时候玩手机、玩游戏，不能按时完成学习任务，晚上则熬夜追剧或追热点资讯，完全把学习放到了一边。在小吴班上，也有的学生天天在家泡社交网络平台、玩游戏、看视频，最终未能如期完成论文，没能顺利地毕业。

【分析】小吴在疫情期间，合理利用网络，完成了自己的毕业论文，而那些沉迷于网络的学生却不得不面临无法按时毕业的后果。随着网络的快速发展，网络信息库正呈几何级倍增的态势，越来越多优质知识内容已经上传至网络供我们学习。高职生应当紧紧抓住这一优势机遇，在完成学校课程的基础上，通过网络获取更多的知识内容，让自己拥有更高的学习平台、更多的学习资源，打开自己的眼界，充实自己的学识。

一、网络的发展与网络心理健康

（一）互联网的诞生及其作用

网络是人类历史上最重要的发明之一，它极大地加速了科技、经济和社会的发展。互联网（Internet）最早起源于美国国防部高级研究计划署（Defence Advanced Research

Projects Agency，DARPA）的前身 ARPAnet，该网于 1969 年投入使用，成为现代计算机网络诞生的标志。而在中国，早期的三大主要网络——中国公用计算机互联网（CHINANET）、中国教育与科研网（CERNET）、中国科学技术网（CSTNET）都是在 1994～1995 年启动或与国际互联网连通，迄今为止不过 20 多年，但网络及其应用已经深入到我们工作、学习、生活的各个角落。

网络是信息传输、接收、共享的虚拟平台，拥有海量的参与者。它可以克服时空限制，从而实现海量的资源共享。它不仅有利于知识的传播和学习，而且由于其快捷、方便、双向、开放的诸多特点，给我们带来极其丰富的工作便利和美好的生活享受。

（二）我国网民的网络使用特征

据 2020 年 4 月中国互联网络信息中心（CNNIC）发布的第 45 次《中国互联网络发展状况统计报告》数据显示，我国网民规模已达到 9.04 亿人，其中使用手机上网的比例达 99.3%；在我国网民群体中，学生最多，占比为 26.9%，达到了 2.43 亿人。从上网时间看，我国网民在调查实施前半年人均每周上网时长达到 30.8 小时，每天平均超过 4 小时 20 分钟。对于青少年群体，在线教育、即时通信、网络音乐、搜索引擎、网络购物、网络支付、网络视频、网络游戏等应用的用户规模较 2018 年增长迅速。其中，特别值得注意的是在我国网民群体中，网络视频（含短视频）用户规模已达到 8.50 亿户，较 2018 年增长 1.26 亿户，占网民整体的 94.1%，这个数字还在不断上升，并且用户活跃度较高。网民在各类应用的使用时长占比上，网络视频和短视频的总时长约占全部应用的 25%，网络音频和网络音乐的总时长约占总体的 18%，网络新闻、网络游戏、网络直播各约占 5%，而即时通信占约 15%，网络社交占 5.1%。从中可以看出，网络娱乐在网络使用总时长中占比超过了 50%，这是值得重视的一个数据。截至 2019 年 10 月，已有 53 家网络视频、直播平台上线“青少年模式”，规范青少年用户的使用时长、时段、功能和内容，引导青少年合理使用网络。

“90 后”“00 后”作为伴随着互联网的发展成长起来的年轻人，可以说是网络的原住民，在网络的浸润中完成了性格养成和部分人际互动。无论是浏览信息、社交聊天，还是观看视频、参与游戏、购物消费，当今的年轻人每天的网络使用时间和频度已经达到惊人的地步。

可以说，当代人的学习和生活已经和网络密不可分。许多人被丰富多彩的网络世界所吸引，酷爱网络上自由表达和交往的形式，但对于网络对社会生活造成的变化、对道德的影响及对自身素质的影响等方面却缺乏深入的认识和思考。学生群体使用网络较为广泛，相对而言更容易受到网络影响。数据表明，随着学生群体使用网络的日益频繁，网络心理健康问题也日愈凸显。例如，有的人在生活中因过度依赖网络交往的方式，很少去参与现实社会中的交往活动，疏远了社会人际关系，形成了所谓的“网络孤僻症”。

（三）网络心理健康

网络心理健康指的是个体在网络环境下能够保持心理活动的内容完整、协调一致。具体来讲就是个体在使用网络时能够保持健康、积极的心态，离开网络时身体上没有明显的不适应，线上线下能够保持心理的平衡和人格的一致，可以正确把握虚拟世界和现实社会之间的关系，并且在两者之间选择以现实社会为主。要想抵御网络糟粕的侵蚀，我们就要主动提升网络心理健康意识，培养过硬的心理素质。

二、合理使用网络与过度使用网络

下面这些问题来自有关网络过度使用的一个调研问卷：

你是否有过如下的体验？

——发现自己上网的时间越来越长；

——网络断线或连接不上时，就觉得自己坐立不安；

——即使再累，一上网就觉得自己很有精神；

——每次都只想上网待一阵子，但常常一待就很久不想下来；

——没有网络，自己的生活就没有乐趣可言；

——习惯减少睡眠时间，以便能有更多的时间上网；

——上网对自己的学业已经造成了一些负面影响；

……

合理使用网络是指个人在遵守网络文明规范和相关法律法规的前提下，出于学习工作生活需要，正当利用网络资源搜索或查询信息，或在线进行交流、娱乐、购物、浏览信息等活动，同时注意远离暴力、色情等不良信息，不参与网络欺凌、网络暴力等活动，且上网者能够合理规划时间，不沉迷于网络，避免对自己造成身心损害。

过度使用网络则是指个人在时间和空间上过度沉迷于网络且不能抑制。受欢迎的网络活动，如游戏、视频、购物及异性交往活动，都非常容易让人满足或能够产生即时的快感（或者说心理上的即时奖赏），这对于自我控制能力仍在发展中的青年人来说，很容易造成网络的过度使用，即使用网络超过必要的限度，甚至影响到睡眠、身体健康、学习生活及真实世界中的交往。

要合理使用网络，我们须确立有关网络心理健康的意识和观念，具体包括以下几个方面。

1. 认识到网络是把“双刃剑”

要理解网络在带来便利和美好体验的同时，也带来了错误和虚假的内容、不良的诱惑甚至毒害，即在其积极作用的背后也充斥着各种令人眩晕的色彩和诱惑，使得部分人落入迷失自我的陷阱中，从而损害自己的身心健康。所以我们要取其精华、去其糟粕，既不完全依赖网络，也不惧怕网络。

2. 确立适宜的网络使用目的，养成良好的网络使用习惯

使用网络的目的要正确，同时要注意养成良好的使用网络的习惯，注意网络安全，并且合理安排上网时间。通过网络，我们可以更加有效和广泛地获取信息、学习知识、交流情感和了解社会。同时由于网络的海量信息和多种信息传递方式，我们需要在大量的信息中找到目标，也即自己所需要的信息或者能对自己有帮助的资源，让网络成为自己手中有用的工具，而不是成为毒品、陷阱和黑洞。因此，每个人应根据自己的需要，有目的地进行必要、正常、健康的网络搜索、下载、交流、娱乐、购物等相关活动。人的精力是有限的，要避免在海量信息、海量资源或丰富的体验和享受中迷失方向，甚至

忘记了自己本来上网的目的。

3. 了解网络心理障碍的危害

要了解各类网络心理障碍的危害、表现及原因、预防措施及治疗方法。学生的主要任务是学习，如果整天沉溺于网络世界不能自拔，必然会荒废学业、耽误前程，将来会追悔莫及。故此，建议高职生可利用自动关机软件或者闹钟来提示和控制自己的上网时间，一旦沉迷网络无法自拔时，要及时寻求心理咨询师的咨询和帮助。

4. 注意辨识网络信息的真伪

高职生要注意提升自己的信息素养，掌握一定的甄别网络信息真伪的能力，理智地辨认网络信息的真假，不信谣，不传谣，更不造谣。同时，对于不正确的有关网络使用的认知和行为，要及时改正和控制。

5. 树立网络道德与法制观念，加强自我约束和自我保护

树立网络道德与法制观念，加强自我约束和自我保护，包括不沉迷于网上聊天和游戏，自觉抵制不法网吧的诱惑；在学校或在家里上网时，自觉遵守网络文明规范，不破坏网络秩序，维护网络安全。上网时不使用侮辱、谩骂性的语言聊天，不轻易和网友约会，自觉抵制、不浏览不良网络信息。

目前，针对普通网民的网络暴力行为频发，如人肉搜索、辱骂攻击、霸凌恐吓、诱骗侵犯等，在网络游戏、社交领域尤甚。调查发现，一方面，由于辨别和应对能力相对不足，青少年在网络上身心健康容易受到伤害、人身安全容易招致威胁；另一方面，在“饭圈”“二次元”等亚文化中存在着大量偏激、暴戾的群体性行为，所以，青年学生也要慎入相应的网络圈子，提升自己的网络媒介素养，面对网络不良事件时要学会正确地应对，遇到网络危机应及时向外界寻求帮助。

网络已成为新时代每个人都不可离开的伙伴，当我们上网的时候，只有保持警惕和戒备心，提高自制力和判断力，才能把网络的积极作用发挥到最大，使网络成为我们最得力的助手。

经典分享

发展中的网络心理学

互联网首先依存于计算机和网络硬件，但是其支撑控制软件与信息内容的生成和运作又构成自成一体的系统，有其自身的动力演化机制。所谓的“网络空间”，就是介于物理空间和精神空间之间的“第三空间”。

心理学深入互联网，正是要探索这个第三空间中人的心理与行为的存在方式和演变规律。

随着互联网技术和应用的迅猛发展，网络心理学正处在迅速的孕育和形成过程中，并且必将成为心理科学发展的一个创意无限的重要领域。技术的发展已经使得网络空间从文本环境转变为多媒体环境，从人机互动转变为社会互动，使它成为一个更加丰富多彩的虚拟世界。在第三空间这个新的社会环境和心理环境中，一定会衍生出反映人类行为方式和内心经验的新的规律，包括相关的生理反应、行为表现、认知过

程和情感体验。

网络心理学的研究领域主要有：互联网对人的认知、情感、意志、行为、人格、一般能力、记忆能力、学习能力、社会适应性等心理特征的一般影响；互联网人格的形成机制与影响因素；互联网使用者的网上 / 网下双重人格问题；互联网对青少年人格形成的影响；互联网使用成瘾（或称网络成瘾、网瘾）的早期干预、治疗，及网络成瘾者的愈后的社会再适应问题；色情、暴力、反社会、反政府等不良网络信息对网络使用者的影响；网络智商等。其中最热门的题材，即网瘾形成及戒断方法、互联网对人格形成改变和重建的影响。

1984 年，Sherry Turkle 发表著作，首次系统地提出了有关计算机技术和人类关系的探讨。1985 年，*Computers in Human Behavior* 杂志创立，开始发表计算机、网络与人类行为相关的研究论文，标志着学术界对网络心理学的重视和认可。此后，相关研究领域不断扩展，从教育心理、信息加工到情绪管理和心理健康领域，均有涉及。时至今日，已有超过 20 种学术期刊发表网络心理与行为的相关论文，年发表量数以千计，影响力亦不断攀升。

【分析】在网络时代，互联网的发展映射出人性的可爱和波澜，心理学的发展也折射出“网性”的文明与智慧。在此背景下，网络心理学的应运而生，既是时代与技术结合的产物，也是无数网络心理学人努力的结果。

心理训练

我的网络使用合理吗

1．训练目的

回顾、梳理自己的网络应用时长，反思自我的网络使用习惯。

2．训练时间

30～45 分钟。

3．训练内容

（1）6～8 人一组。每人准备一张纸和一支笔（教师可提前准备，打印列有时间段和网络应用类型的表格以备填写）。

（2）回顾自己一个典型的周末（如上周末）一天中的手机网络使用习惯，按照 6:00～24:00 的时段进行填写，将各时段中自己使用的网络应用的名称和使用时长写下来，然后看看各自在网络使用上花在网络信息搜索（因正常学习、工作需要）、在线教育、网络浏览闲逛、即时通信（聊天）、网络音乐、网络视频（刷剧）、短视频、网络游戏、网络购物等方面的网络使用时间各是多少，进而梳理自己在网络学习、工作、生活、娱乐方面各自的时间支出情况。

（3）学生在自愿和做出保密承诺的前提下，在小组内进行分享。探讨如何更好地使用网络，避免网络过度使用，同时教师可引导学生建立时间是一种投资的意识。

（4）思考：有什么让自己惊讶的发现吗？别人的经验或行为让自己有什么感想？有什么启发？后续自己打算采取什么样的行动？

成长反思

（1）你觉得自己在网络使用中有什么值得修正的地方？
（2）你打算如何形成网络合理使用的行为习惯？

专题二 网络成瘾及其矫治

能力目标

（1）了解网络成瘾的定义与表现。
（2）了解网络成瘾的成因与矫治方法。
（3）掌握网络成瘾的预防方法。

网络成瘾及其矫治

导入案例

沉迷网络的小赵

小赵是一名大学三年级学生，大学一年级时一次偶然的上网经历让他从此沉迷网络游戏不能自拔。从此，他开始千方百计地挤出时间上网，最后发展到逃课的境地。为了省出上网的钱，他常常一天只吃两餐，并且都是方便面等快餐食品。小赵沉迷于网络不能自拔，在虚拟的世界里过五关斩六将，获得快慰和满足；但在现实的世界中，他的成绩却一路下滑，一学期14门课程中有12门功课“红灯高悬”，最后因未完成应修的学分，不得不留级，最终学校给他开出了劝退单。

【分析】小赵长时间地沉浸在网络世界中，对互联网产生了强烈的依赖性，以致达到了痴迷的程度，并产生难以抗拒的再度使用的欲望，严重影响到自己的生活和学习，是典型的网络成瘾的行为。

一、网络成瘾的识别

网络成瘾（Internet addiction disorder，IAD）又称网瘾，是一种非物质依赖的行为成瘾，又称为互联网成瘾、网络依赖，即指上网者由于长时间、习惯性地沉浸在网络中，对互联网产生强烈依赖，以致达到痴迷程度而难以自我解脱的心理和行为状态。例如，网络游戏成瘾、网络关系成瘾、网络信息浏览成瘾、网购成瘾等，其成瘾者都表现出一种沉溺着迷的状态，并产生难以抗拒的再度使用的欲望。与其他成瘾行为一样，网络成瘾者也会产生想要继续增加使用时间、耐受性提高、出现戒断反应等症状，对于上网所带来的快感会一直有心理上和生理上的依赖。

网络成瘾是异常状态的网络使用。正确的使用网络，是在有需求时使用，或者在有助于自己学习、工作、生活便利的情况下使用；而网络过度使用者主要表现为一种不自主的长期强迫性使用网络的行为。网络成瘾者的主要特征是：无节制地花费大量时间上网，必须增加上网时间才能获得满足感，不能上网时则出现异常情绪体验，往往导致学业失败、工作绩效变差或现实人际关系恶化，向他人说谎以隐瞒自己对网络的迷恋程度，症状反复发作等。

（一）网络成瘾的主要表现

具体来说，网络成瘾者往往会有以下表现。

（1）强烈的依恋性和突显性。依恋性是指网络成瘾者的心理和行为被上网这一活动所支配，上网也演变为其主要的心理需要，上网时间和精力所占比例逐渐加大，进而导致个体生物钟的紊乱。突显性指的就是网络成瘾者的思维、情感和行为几乎都局限在网络上，上网成为生活中占主导地位的活动，在无法上网时会体验到对使用网络强烈的渴求。

（2）出现耐受性。成瘾者必须逐渐增加上网时间和投入程度，才能获得以前曾有的满足感。

（3）情绪改变和情感淡漠。情绪改变指的是上网成为网络成瘾者应付环境和追求某种主观体验的一种策略，通过网络活动可以产生兴奋和紧张等情绪体验，也可以获得一些安宁、逃避甚至是麻木的感受。情感淡漠则是指网络成瘾者往往与网友关系密切、难舍难分，相比之下对身边有血肉联系的亲人则比较疏离冷漠。

（4）人际交往圈变窄。网络成瘾者都有寻求较高的社会赞许性的愿望，但在现实生活中的交往却往往遇到相对较多的困难，从而产生严重的社交焦虑。

（5）戒断反应。在意外或被迫不能上网时，网络成瘾者会产生烦躁不安等情绪体验。网络成瘾者的戒断反应主要体现在情绪反应上，而不像物质成瘾者那样出现严重的生理戒断反应。

（6）意志力薄弱。网络成瘾者虽能意识到过度上网所带来的危害，或企图缩短上网时间，但往往以失败而告终。经过一段时间的强制戒除之后，往往会变得焦躁不安，不可抑制地想上网，最后成瘾行为反复发作，并且表现出更为强烈的倾向。

（7）冲突。网络成瘾行为会导致成瘾者与周围环境的冲突，如家庭关系、朋友关系和工作关系的冲突和恶化，与网络成瘾者内心对自己的成瘾行为存在强烈的矛盾心态，一方面意识到过度上网的危害，另一方面又不愿舍弃上网带来的各种满足感，因此往往产生比较强烈的内心冲突。

（二）网络成瘾的临床诊断标准

目前较为通用的观点是，网络成瘾的判定需结合时间标准（每天非学习工作为目的的上网时间达到 6 小时以上）、社会功能标准（工作学习交往能力失衡）、病程标准（上述状态持续 3 个月以上）来综合判定。

（三）网络成瘾的危害

截至目前，网络成瘾在全球范围内已成为严重的社会问题，在我国亦然。有调查发现，我国大学生网络成瘾率为 1.62%～15.8%；在被退学的学生中，约有 1/3 的学生是由于沉迷网络导致课程不及格被迫重修课程。

一旦网络成瘾，人容易出现头晕、头痛、胸闷、胃肠神经官能症，以及焦虑、抑郁、心烦不适等症状，这是因为过度使用网络，大脑神经中枢持续处于高度兴奋状态，引起肾上腺素水平异常增高，交感神经过度兴奋，而产生植物神经紊乱、激素水平失衡，从而使免疫功能降低，进而诱发多种疾患。同时网络成瘾还容易造成视力下降、眼痛、怕光、暗适应功能降低、睡眠障碍、食欲下降、精力不足等状况。

在心理方面，网络成瘾者对事物的感受性会降低，与朋友和家人的交流减少很多，同时会变得容易兴奋、忧虑和紧张。网络成瘾者的情绪非常不稳定、内向、孤独，易出现情绪低落、无愉快体验或兴趣丧失、精神运动性迟缓、社会活动减少等症状，自制能力差，严重者会导致心理变态，危害程度不亚于酗酒和吸毒。同时，许多研究者通过心理辅导工作发现，在与网络成瘾有关的心理问题上，网络成瘾的大学生确实存在多种不良行为来逃避生活，如害羞、自卑、缺乏自信、抑郁与人际交往困难等。

二、网络成瘾的原因

研究发现，网络成瘾的原因有多方面。

（一）网络环境的高奖赏性与间歇强化特征

网络环境具有高度奖赏特征，使人在其中容易获得快感，对青少年而言充满诱惑，从而难以抑制进入的冲动。

在经典的心理学研究中，关于强化的研究是一个重要话题。例如，动物为了获得食物而重复那些它们认为可以令其获得食物的行为，即使这个行为可能只是与食物的出现偶然联系在一起的，于是食物（或奖励）就成为了特定行为的强化物（如“棉花糖实验”）。

心理学研究进一步表明，间歇性强化（奖赏）相比于连续强化而言，更能够有效地保持和强化为获得奖赏而产生的行为。所谓间歇性强化，指的是当特定行为出现时，并不是每次都给予强化，而只是按一定的比例或时距出现，换言之有时候奖赏有时候不奖赏。令人惊讶的是，这样的强化方式会更加激发受试者对于奖赏的寻求，同时降低了其对奖赏的饱足或腻烦，从而更加强化对应的行为。

网络行为典型地具有间歇性强化的特征。由于网络的便捷性及克服时空限制的特征，使得那些能够提供快感的网络内容很容易接触到，网络环境也在不确定概率的基础上提供了多种心理奖赏。上网者会获得频率或强度不可预测的快感，这样的奖赏结构会强烈地强化奖赏的伴随行为，这在强迫行为中表现得也十分明显。高度奖赏的网络环境的一个关键性结果就是网络有关的过度使用及成瘾活动日益增加，从而影响正常的作息、学习、工作、生活、社交及身心健康。

（二）对现实的不满或逃避容易使人陷入网络

对现实的不满或逃避容易使人陷入网络。不少青年学生由于学习、同伴交往或家庭关系的不如意，而导致缺乏自信、心里空虚，这就是典型的满足感缺失。心理学中的自我决定理论指出，人类有自主、胜任、关系三种基本的心理需要，如果能有效地获得这三种基本心理需要的满足，就可以增强个体自身的内部动机、保障健康成长。自我决定的心理标志即在于能够灵活控制自己与环境之间的相互作用。有不少学生，由于某个阶段的学习或人际适应不良而导致基本心理需要的满足感缺失，于是为了满足自己的内心就可能选择逃避或寻求替代满足；由于在虚拟的网络世界或游戏中容易重新找到失去的自我和可以满足的成就感，导致其陷入其中而不能自拔。以往的调查表明，在青少年网络成瘾中，网络游戏成瘾所占比例最高，也说明即时快感、虚拟社交和替代成就满足的多重因素更容易使人沉迷其中。

综上所述，网络成瘾或异常使用网络的原因，与网络环境的高奖赏性、个体自身的心理需求等因素均有关系。在形成网络成瘾的过程中，个体因素与家庭、学校、社会因素在其中可能都有影响，而不完全是由于缺乏自主性或自制能力不强；但是，后果又的确是个体对网络过度依赖，而无法控制自己自由出入和正常使用网络。

三、网络成瘾的预防与矫治

（一）网络成瘾的预防

如前所述，造成青年学生网络过度使用的核心原因主要有三点：一是网络充满诱惑，二是青少年自我抑制能力尚未发育成熟，三是各方面因素基本心理需求得不到满足转而从虚拟世界寻求。故此，针对其形成原因，在预防网络成瘾及过度使用上可以采用如下方法。

1. 明确上网目的，形成良性上网行为习惯

对网络成瘾心理过程的研究分析表明，高职生网络成瘾往往是由于内在心理对外部的需求得不到满足，或产生异常的心理需求，而产生不良的上网动机（如从网络交友寻求安慰、从网络游戏中获得成就体验、从网络暴力中释放攻击性等），进一步产生不良上网行为，由于网络情境的强化（奖赏）而逐渐形成网络依赖，如此恶性循环，直至形成网络沉迷、网络成瘾。为预防这种现象的发生，高职生应明确上网的目的，有意识地正确利用网络资源，注意采取良性上网行为，注重网络行为规范和网络道德安全，满足正常的网络心理需求，形成良性循环，这样就不至于堕入网络沉迷的陷阱。

2. 学会面对诱惑，采用隔离法避开诱惑

当无法抵制诱惑时，可以想法避开。网络成瘾程度较重的人往往是在下意识的状态下上网的，对于那些明知过度上网只会加重症状而不能自制的成瘾者，可以在家人、朋友的帮助下将其与电脑完全隔离一段时间，让他（她）在这段时间里培养其他的兴趣爱好，或者重新安排紧张有序的生活。待其网络成瘾的心理依赖减轻时，再针对性地帮助他（她）科学地安排上网时间。

3. 采取控制法，合理控制接触时间

合理控制接触时间也是减少和避免诱惑的方法之一。要科学安排上网时间，有目的地上网，上网之前应把具体要完成的工作列在纸上，有针对性地浏览信息，选择和取舍

信息。谨记上网只是生活的一部分，可帮助自己有效减少在网上漫无目的地浏览或闲逛，并避免其后由于荒废时间带来的后悔和内疚等消极情绪。同时，要控制上网操作时间，一般每天上网累计时间不应超过4小时。由于网上诱惑太多，故此可以采用设置闹钟的方式提醒自己离开网络；对自控能力差者，应设定强制关机时间，准时下网。也可以参与如豆瓣上“戒网小组”之类的活动，或者自己和同伴一起来设置“无网日”或“无网时段”，在该时段里可以将手机离线或放在一边，不上网，不上QQ、微信，不看网络视频，不玩电子游戏等，相互督促或共同参与一些其他有意思的活动。

4. 采用转移法，平衡多元生活

当出现上网的冲动并期待上网的快感时，如果没有其他活动占据自己的时间和身心，个人可能就无法控制自己越来越强的上网欲望。但如果可以投入其他活动，而这个活动一样可以带来快乐和满足感，如打球、游泳、读书、听音乐、下棋、结伴出游等，可以帮助转移注意力，那么个人上网的欲望就会降低。在生活中感到苦闷或找不到满足感的人，会更容易沉迷于网络，因此，想办法为自己创造多彩的生活，安排其他自己感兴趣的活动（如运动）和同伴交往活动来帮助自己更好地脱离网络，包括在学校多参加社团活动，都可以使虚拟空间的诱惑力大大降低。

5. 增强自己的自控力

心理学研究发现，意志力或自控能力与大脑尤其是前额叶皮层的发育有关。前额叶皮层的发育和自我抑制能力的发展要到22岁左右才会成熟，而即使对成年人而言，面对网络诱惑时也可能出现沉迷，包括日常的各种“手机控”。对青年学生而言，一方面要有意识地远离诱惑，另一方面也要注意锻炼自己的意志力。研究发现，坚持运动、健身、规律作息、习惯性地静坐冥想都有助于提升自控能力，当自己发现意志力不足时，也可以通过与同伴相互督促来形成一种社会支持，帮助自己更好地克服或脱离网络诱惑。

6. 及早发现、及早治疗

如果发现自己出现网络过度使用症状，不要掉以轻心，应及时求助专业的心理咨询人员或机构，仔细分析原因，做到及早发现、及早治疗。

对于网络中的消极面和可能造成过度使用的诱惑，我们既要有清醒的认识，也要有效地应对。同时，我们也可以参照以下标准，看看自己是否符合网络心理健康。

（1）具有网络心理健康的意识和观念。

（2）线上线下保持良好的情绪情感。

（3）线上线下保持人格的完整、和谐和统一。

（4）使用网络不影响正常的学习、工作和生活。

（5）使用网络不影响正常的人际交往。

（二）网络成瘾的矫治

不要把网络过度使用误认为是成瘾行为，网络成瘾是个精神医学概念，首先要到专门的机构确诊，如三级甲等医院的心理科、精神科或者被政府卫生行政主管部门批准的专业网瘾治疗机构。

网络成瘾的矫治手段主要包括药物疗法与心理行为疗法。

1. 药物疗法

药物疗法主要是选取抗抑郁药和心境稳定药来治疗网瘾。这种方法侧重于增强抑制能力、减少戒断反应、减少由于戒断带来的情绪低落和抑郁等反应、促进心境稳定。数据表明，这些药物对网络成瘾的治疗收到了一定的效果。有研究者认为，网络成瘾是一种行为依赖，长期上网通过奖赏或适应等机制使机体（包含脑）产生复杂的生理生化的变化，导致自主神经功能紊乱、激素水平失衡、免疫功能降低，因此需要药物干预。同时，也有人认为网络成瘾者只是心理行为存在一定的偏差，应采用心理行为治疗，因此对采用药物治疗提出质疑。

2. 心理行为疗法

心理行为疗法主要侧重于针对个体和家庭、学校、社会环境的复合影响，从建立作息习惯、自制能力、增强社会支持入手，进行网络成瘾的心理行为矫正。主要包括以下几种形式。

1）认知行为疗法

认知行为疗法认为心理紊乱是由病人错误或不合理的信念和看法引起的，通过现实的评价并矫正其歪曲的或功能障碍的想法，可以达到情绪和行为上的改善。在网瘾治疗上，主要是通过改变网络认知、网络环境的设置、网络行为矫正等方面进行综合矫治，从时间控制、认知重组和集体帮助的角度帮助成瘾者建立有效的应对策略，通过适当的帮助体系改变病人上网络成瘾的行为。这种疗法强调弄清病人上网的认知因素，让病人暴露在他们最敏感的刺激面前，挑战他们的不适应性认知，逐步训练他们上网的正确思考方式。

2）家庭治疗与社会支持治疗法

有研究者认为，对于网络成瘾，医学治疗不是治本之策，家庭教育更重要。家庭治疗的出发点是将家庭看成一个系统，这个系统成员所表现出的行为既影响其他成员，同时也受其他成员的影响。家庭治疗可以说是心理治疗的一个种类，它是把整个家庭作为治疗对象。并且，治疗网络成瘾症仅有家庭教育还不够，它还需要社会、学校等各个环节共同努力，缺一不可。相关研究进一步指出，要使个体的成瘾症状完全到达戒断，需要其自身的努力、家庭的配合及社会的监管，多方面来形成综合作用。

3）生理、心理、环境综合干预模式

有些研究者采用心理干预、药物干预（主要为中医治疗）、社交行为干预和环境干预为内容的综合干预模式来治疗网瘾。其主要特点是采用中药制剂对症治疗、集体治疗、学习与治疗同步，花费少，经济易行，适合在相关医疗机构指导下在学校推广应用。

4）“五位一体”综合干预模式

有学者提出，应建立网络成瘾矫治的医学、心理、教育、军事化管理及社会体验“五位一体”的综合干预模式，倡导个体—家庭—团体循环干预手段，形成静、动态相结合的特色化治疗体系。

当今的青年人包括高职学生中有许多“网络达人”，其中绝大多数人的网络使用状况还是属于正常范围，达不到网络成瘾的诊断标准，但是在上网过程中，还应注意不要在网络上花费太多时间，更不能因为网络使用过度而影响身体健康，影响正常的学习和生活交往。

经 典 分 享

棉花糖实验

著名的“棉花糖实验”是斯坦福大学在幼儿园进行的有关自制力的一系列心理学经典实验，在这些实验中，小孩子可以选择一项奖励（有时是棉花糖，也可以是曲奇饼、巧克力等），或者选择等待一段时间（15 分钟）直到实验者返回房间、等待的小孩可得到相同的两项奖励。在后来的研究中，研究者发现了“延迟满足”的作用：能为偏爱的奖励坚持忍耐更长时间的小孩通常具有更好的人生表现。

【分析】在实验中，许多孩子为了避免诱惑用手遮住自己的眼睛不看棉花糖，或者背过身去，这就是为了避开诱惑的本能选择。在面临诱惑时，每一个人都可以这样，首先确立远离诱惑的意识，再采用合适的方式方法避免诱惑。

心 理 训 练

网络使用目标调查

1．训练目的

明确个人的网络使用目标。

2．训练时间

30 分钟。

3．训练内容

（1）6～8 人一组，每人准备一张纸和一支笔。

（2）学生各自在纸上写下本次活动的主题，然后每人回顾自己在上次课堂活动中网络的使用情况，写下自己希望的网络使用目标，填入表 6-1。

表 6-1　网络使用目标调查表

可能的网络活动	目标考虑（重要 / 一般 / 克制 / 避免）	促进合理达成相应目标的考虑或做法
因学习生活需要查询网络信息		
在线课程学习		
网络浏览闲逛		
即时通信（聊天）		
网络音乐		
网络视频（刷剧）		
短视频		
网络游戏		
网络购物		
其他（请注明）____________		
其他（请注明）____________		
其他（请注明）____________		

（3）学生在自愿和做出保密承诺的前提下，在小组内分享各自关于明确网络使用目标及合理达成目标的思考，探讨有效的方式方法。

（4）思考：小组分享的结果对自己有什么启发？下一步自己打算采取什么样的方法或行动有效地使用网络？

成长反思

（1）你或者周围的熟人有过网络沉迷的经历吗？你认为是什么原因造成的？

（2）对于提升自己的自控能力，你有什么样的考虑和方法？

心理测试：我的自制力

1．测试目的

测试每个人的自制力，以寻求提高和改善个人自制力的方法。

2．测试时间

40 分钟。

3．测试内容

下列各题中，每题有五个备选答案。根据自己的实际情况，选择一个最适合自己的答案：A 为很符合自己的情况；B 为比较符合自己的情况；C 为介于符合与不符合之间；D 为不太符合自己的情况；E 为很不符合自己的情况。

（1）我很喜欢长跑、远足、爬山等体育运动，但并不是因为我的身体条件适合这些项目，而是因为这些运动能够锻炼我的体质和毅力。

（2）我给自己制订的计划，常常因为主观原因不能如期完成。

（3）一般来说，我每天都按时起床，不睡懒觉。

（4）我的作息没有什么规律性，经常随自己的情绪和兴致而变换。

（5）我信奉“凡事不干则已，干则必成”的信条，并身体力行。

（6）我认为做事情不必太认真，做得成就做，做不成便罢。

（7）我做一件事情的积极性，主要取决于这件事情的重要性，即该不该做，而不在于对这件事情的兴趣，即想不想做。

（8）有时我躺在床上，下决心第二天要干一件重要事情，但到第二天这种劲头又消失了。

（9）在工作和娱乐发生冲突的时候，即使这种娱乐很有吸引力，我也会马上决定去工作。

（10）我常因读一本引人入胜的小说或看一出精彩的话剧而忘记时间。

（11）我下决心办成的事情（如练长跑），不论遇到什么困难（如腰酸腿疼），都会坚持下去。

（12）我在学习和工作中遇到了困难，首先想到的就是问问别人有什么办法。

（13）我能长时间做一件事情，即使它枯燥无味。

（14）我的兴趣多变，做事时常常是“这山望着那山高”。

（15）我决定做一件事时，说干就干，绝不拖延或者落空。

（16）我办事喜欢挑容易的先做，难做的能拖则拖，实在不能拖时，就抓紧时间匆匆做完，所以别人不太放心让我干难度大的工作。

（17）对于别人的意见，我从不盲从，总喜欢分析、鉴别一下。

（18）凡是比我能干的人，我不太怀疑他们的看法。

（19）我喜欢遇事自己拿主意，当然也不排斥听取别人的建议。

（20）生活中遇到复杂情况时，我常常举棋不定，拿不定主意。

（21）我不怕做我从来没有做过的事情，也不怕一个人独立负责重要的工作，我认为这是对自己很好的锻炼。

（22）我生来胆怯，没有十二分把握的事情，我从来不敢去做。

（23）我和同事、朋友、家人相处时，很有克制能力，从不无缘无故发脾气。

（24）在和别人争吵时，我有时虽明知自己不对，却忍不住要说些过头的话，甚至骂对方几句。

（25）我希望做一个坚强的、有毅力的人，因为我深信“有志者事竟成”。

（26）我相信机遇，很多事实证明，机遇的作用有时大大超过个人的努力。

【评分标准】

单数题号：A 记 5 分，B 记 4 分，C 记 3 分，D 记 2 分，E 记 1 分。

双数题号：A 记 1 分，B 记 2 分，C 记 3 分，D 记 4 分，E 记 5 分。

各题得分相加，统计总分。

111 分以上：自制力很强；91～110 分：自制力比较强；71～90 分：自制力一般；51～70 分：自制力比较弱；50 分以下：自制力很薄弱。

模块七　心理压力缓解

模块导读

同是一根稻草，在西方的寓言中，是压死骆驼的最后一根草，给人带来的是压力；而中国人却称之为“救命稻草”，给人带来的是希望。没有绝对平坦的道路，也没有绝对平坦的人生。现代社会是一个充满竞争、挑战、风险和机遇的社会，我们随时会面临各种各样的压力与挫折。怎样才能适应现代社会的需要？怎样才能适应现代社会的激烈竞争？

面对压力，不同的应对方式会产生截然不同的结果。目前，高职生所面临的压力的种类多样，如考试压力、学习压力、就业压力、人际压力等，它们已经成为危害高职生心理健康的第一杀手。近年来由各种压力导致的高职生自杀事件及违法犯罪事件，让人触目惊心。弱者困于环境，强者克服环境，智者利用环境。因此，认识压力并学会理性地面对，是每个高职生必须面对的课题。高职生只有学会管理和释放自己的心理压力，才能拥有快乐和健康的学习和生活。通过本模块的学习，高职生能够了解有关压力的知识，正确认识压力，掌握正确释放缓解压力的方式。

名人名言

有恬静的心灵就等于能把握住心灵的全部，有稳定的精神就等于能指挥自己。

——米贝尔

资源导航

1．推荐书籍

（1）宋珉京，看电影学减压［M］. 洪成一，黄春华，刘瑞敏译. 北京：机械工业出版社，2012.

（2）胡君梅，正念减压自学全书［M］. 北京：中国轻工业出版社，2019.

2．推荐电影

（1）《触不可及》，2011 年，导演：奥利维·那卡什、艾力克·托兰达。

（2）《阳光姐妹淘》，2011 年，导演：姜炯哲。

3．推荐视频

《压力应对与情绪管理》，郑日昌，优酷视频，2010 年 2 月 10 日。

专题一 认识压力

能力目标

（1）认识压力的含义和构成要素。

（2）了解压力的反应和症状。

（3）了解压力的两面性。

认识压力

导入案例

孤独的小西

小西是某高职院校大学一年级的学生，从小生活条件比较好，家庭经济状况较好，在家里，自己有单独的房间，其本人卫生习惯好，非常整洁。进入高职院校之后，同宿舍的同学来自不同的省份，学习习惯、生活习惯有着较大的差异。她尽量想办法调整自己，接纳差异，努力融入集体。但是开学以后，由于作息时间不一致，宿舍内部出现了几次小的冲突；还有几次她发现自己的个人用品也被人动过了，虽然不是什么值钱的东西，但是让她觉得非常反感，无法忍受。而宿舍其他同学认为，同学之间，偶尔借用一下不是什么大事，觉得她斤斤计较、为人冷淡，慢慢就和她疏远了，吃饭上课也不再招呼她同行。她觉得在宿舍渐渐被孤立，非常失落，总担心大家在背后议论她、嘲笑她。她想过换宿舍，又没有被批准，因此她开始早出晚归，尽量在图书馆、自习室学习，只有睡觉时才回宿舍。之后，她的身体也开始不舒服，经常失眠，食欲下降，甚至胃疼，学习效率也降低了，每天都盼着快点放假，甚至想放弃学业。

【分析】小西的压力主要来自人际交往，当小西面对巨大的人际交往压力时，首先采取了积极的应对方式，但是由于受到了挫折，缺乏进一步调整的能力，开始消极应对，致使压力越来越大。因此，学会疏导压力，调整应对方式，对每个高职生来说都是非常重要的。

一、压力的含义及构成要素

（一）压力的含义

这里所谓的压力是指心理压力，它作为现代社会最普遍的一种情绪体验，存在于我们社会生活的方方面面。但是对于压力概念的理解，学术界却存在不同的观点。芝加哥大学国际关系委员会主任莫顿·卡普兰认为压力是对个人产生威胁的工作和环境特征的总和，这里强调了构成压力的外在刺激和事件。加拿大生理学家谢尔耶则认为压力就是对外在要求的非特异性反应。这种反应有多种形式，包括直接的生理反射性反应，如行为和身体健康方面的慢性变化等。后来有研究者从刺激和反应的交互作用角度对压力进行了综合分析，认为压力是环境刺激（压力源）与个人反应（精神紧张状态）之间相互作用的结果，这也是现在对压力较为普遍的看法。

（二）压力的构成要素

压力由压力源、压力应对、应对资源、压力反应、压力结果等要素构成。

1. 压力源

压力源是指那些会迫使个体偏离其的正常心理或生理功能的相关因素。压力源可以分为生物性压力源、精神性压力源、生活性压力源和社会性压力源四种类型。

（1）生物性压力源。生物性压力源也叫躯体性压力源，是一组直接阻碍和破坏个体生存与种族延续的事件，它通过人的躯体直接发生作用，而造成身心紧张状态的刺激，包括躯体疾病、创伤或疾病、饥饿、睡眠剥夺、噪声和环境污染等。

（2）精神性压力源。精神性压力源也叫心理性压力源，是一组直接阻碍和破坏个体正常精神需求的内在事件和外在事件，来自人脑中的紧张性信息，包括错误的认识结构、个体不良经验、心理冲突、挫折、不良个性心理特点等。

（3）生活性压力源。生活性压力源是一些引起个人或家庭发生重大改变的生活事件。其按对人的影响程度主要分为：配偶死亡、离婚、夫妻分居、拘禁、家庭成员死亡、外伤或生病、结婚、复婚和退休等。

（4）社会性压力源。每个人都是社会的一员，如社会地位、经济实力、生活条件、财务问题、住房问题等都会给个体造成压力。社会性压力源是一组直接阻碍和破坏个体社会需求的事件，其可分为两种：一种是纯社会性的，如重大社会变革、重要人际关系破裂、家庭长期冲突、战争等，另一种是由自身状况造成的人际适应问题。

2. 压力应对

压力应对是指个体在面对压力情境时的各种处理和行为。

3. 应对资源

应对资源是指影响和帮助个体应对压力的个人资源、环境资源。

4. 压力反应

压力反应是指个体在面对压力情境时所产生的生理、心理和行为变化。

5. 压力结果

压力结果是指过度的压力对个体会产生持久性影响，如学习动机减弱或下降，身心健康问题，如忧郁症、心脏疾病、癌症、头痛、肌肉疼痛、疲倦、失眠、肠胃失调、月经失调等。

二、压力适应的过程

根据内分泌学和生化学家塞利的研究，一般情况下，在适应压力的过程中，要经历警觉阶段、搏斗阶段、衰竭阶段，这三个阶段个体的生理、心理及行为特点都会出现一些变化。

（一）警觉阶段

警觉阶段是指个体发现事件并引起警觉，同时准备应付。此时，人体的交感神经支配肾上腺分泌肾上腺素和副肾上腺素，这些激素促进人体的新陈代谢，释放储存的能量，于是主要器官的活动处于兴奋状态，包括呼吸、心跳加快，汗腺分泌加速，血压、体温上升，骨骼肌紧张，等等。

（二）搏斗阶段

搏斗阶段又叫战斗期或反抗期。继警觉阶段之后，人体将半全身心投入战斗，或消除压力，或适应压力，或退却。这一阶段人体会出现以下生理、心理和行为特征：

警觉阶段的生理生化指标恢复正常，外在行为逐渐平复，个体内部的生理、心理资源及能量被大量耗费，实则为处于意识控制之下的抑制状态。此时个体变得极为敏感和脆弱，即便是微小的刺激，也能引发个体强烈的情绪反应。例如，爱人的唠叨、纠缠都会让一个下班的精疲力竭的丈夫或者妻子勃然大怒，找对方“出气”。

（三）衰竭阶段

衰竭阶段又叫枯竭期或倦怠期。由于抗击压力的能量已经消耗殆尽，此时个体在短时间内难以继续承受压力。如果一个压力反应周期之后，外在的压力消失了，经过一定时间的调理或休息，个体很快就能恢复正常的体征；如果压力源持续存在，个体仍不能适应，那么一个能量已经消耗殆尽的人，就必然会发生危险，此时，疾病、死亡都是极有可能发生的。长期处于叠加性压力和破坏性压力状态下，容易出现身心疾病，就是这个道理。

三、压力反应和症状

从心理学角度看，人们因为一些已经发生或即将发生、存在或虚幻的威胁性事件而产生了精神困扰，而压力就是这些困扰使得人的精神思想和行为语言受到了一定影响的一种情绪情感体验。它包含着三个方面的含义：压力是一种心理体验；压力形成于人对威胁性事件或情境的反应；压力表现为认知、情绪、行为的结合。由此可见：当人们为了顺应社会环境的要求或者感受到威胁性的生活事件时，个体就会体验到压力，其整体平衡状态被打破，并且伴随有生理、心理和行为上的相应变化。压力并不直接导致我们的感受和体验，而我们对压力的认识反应或主观评价，决定着我们的感受和体验。

（一）压力反应

1. 心理反应

在压力情境下，个体的感知功能被激活，注意力集中，记忆力增强，思维也变得活跃。个体的认知反应既有积极的一面，也可能具有消极的作用。积极的一面是，认知活动增强，有利于应对压力情境，迎接威胁与挑战。但也可能产生如“灾难化”的消极认知反应，即对负性压力源的潜在后果估计得过分严重。消极认知反应还包括自我评价降低，使得个体的自主感知自信心丧失。例如，一个长期得到师生称赞的学生，突然面对一次考试失利，很可能就会一蹶不振，变得怀疑自己。个体的心理反应还集中在情绪方面。面对压力，个体最常见的情绪反应包括焦虑与恐惧、愤怒与怨恨、抑郁等。

2. 行为反应

压力条件下的行为反应，与心理和情绪反应密切相关，也可以将其视为心理和胜利过程的外显反应。行为反应主要涉及面部表情、目光、身姿和动作，也包括声调、音高、语速和节奏等副言语线索。当压力超过当事人承受能力的时候，个体的行为反应可能会显得惊慌失措，以致身体的协调能力和灵活性下降，动作刻板，或运动性不安，搓手顿足；或运动减少而呆滞木僵。

（二）压力的症状

忙碌的学习和工作，每个人都不可避免地处于压力状态之中。在感受到压力带来的各种负面情绪的同时，会逐渐出现一些比较典型的症状。

1. 生理症状

情绪是压力的重要组成部分，大多数人心情不好时，往往会压抑自己的情感，当这些压力和情绪在言语层面无法被充分表达的时候，就会转而对我们的躯体产生影响，出现如疲劳、失眠、消化不良、胸闷等症状。

2. 心理症状

在压力的作用下人们除了会有生理上的变化，还会有一系列心理上的情绪和行为上的变化。一些典型的症状如易怒、焦虑、情绪失控，常常对高职生的人际关系和自己的身心健康造成影响，更严重的时候可能影响其社会功能，如整个人显得萎靡不振，无法完成最简单的日常听课和学习；记忆力衰退，感到无能与强烈的自卑。

四、压力的作用

美国心理学家耶克斯和多德森的研究表明，各种活动都存在一个最佳的动机水平。动机不足或过分强烈，都会使工作效率下降。研究还发现，动机的最佳水平会随任务性质的不同而不同。在比较容易的任务中，工作效率随动机的提高而上升；随着任务难度的增加，动机最佳水平有逐渐下降的趋势。也就是说，在难度较大的任务中，较低的动机水平有利于任务的完成。动机强度与工作效率之间的关系不是一种线性关系，而是倒U形曲线。中等强度的动机最有利于任务的完成。也就是说，动机强度处于中等水平时，工作效率最高，一旦动机强度超过了这个水平，对行为反而会产生一定的阻碍作用。例如，学习的动机太强、急于求成，会产生焦虑和紧张，干扰记忆和思维活动的顺利进行，使学习效率降低。考试中的“怯场”现象主要是由动机过强造成的。压力和动机强度有密切的关系，人在没有压力和失去竞争的情况下，会觉得空虚，进而产生更严重的心理危机。然而，当心理压力过大时，人会感到恐惧和无助。可见没有压力和压力过大都不利于个人发展。根据辩证法，压力是一种矛盾，它是客观存在的，它具有两面性，且二者在一定条件下可以相互转化。

（一）压力的消极作用

有越来越多的研究数据表明，压力与健康相关的问题日益突显，在日常的学习生活中，情绪与精神状态都是常见的压力预警信号，一个人如果经常出现负性情绪或者精神空虚的现象，并且在不同程度上影响这个人对压力事件的应对及精神健康时，压力的消极性就已经显现。

此外，我们还要注意到压力会引起疾病的“潜伏期”。当个体面对压力事件时，所出现的情绪反应，尤其是负面情绪没有得到充分而有效的表达，而是被压抑下去，那么在心理学层面，是被压抑到潜意识，就会出现多梦；在医学层面，身体就会出现心慌、胃痛、尿频等症状。这些症状有的会被个体的感觉捕捉到，还有一些症状不会立刻表现出来，而是长期积累在身体里，变成一种慢性压力，对大脑、心脏不断地产生损伤，在不久的将来可能一下子将个体击垮。

（二）压力的积极作用

每个人应该都有过这样的生活体验，在寒假或者暑假刚开始的时候感觉都是很舒服的，但是过了一两周，就开始感到无聊，希望找点事情干干。这个例子清楚地说明了，一点压力都没有，并不会让我们有非常幸福的感觉，相反有了压力，才有了驱动力，才能调动身体各项机能，更好地适应自然和社会。从而让自己的潜能得到更大的发挥，这就是压力的积极作用。同时，不是只有坏事才会引起压力，好事也可能会让你产生压力，因为你可能觉得自己还没准备好去应对它们，如搬入新家、职务晋升等。由于自身能力、资源、解读情境的方式不同，不同的人所遭遇的压力情境各不相同，即使大家遭遇了相同的压力情境，每个人对压力的反应也是不同的。造成这种差异的原因是个体对压力的看法不同，所以如果一种压力能使得某个人成长，那么对这个人而言，这份压力就是好压力。

（三）压力对高职生的影响

1. 压力对高职生积极的影响

（1）激励人拼搏进取、自强不息。生命是一连串克服压力的过程。为维持正常的状态，人们需要一个最低水平的压力状态。生活中如果没有足够的压力引发人处于激活状态，人就会倦怠，生理和心理都无法正常地成长。个体的一生发展，在每个阶段都需要应付新的要求。因此，没有压力，就没有成长，人的成长和发展就是不断适应环境压力的过程。

（2）磨炼意志和毅力。俗话说：“宝剑锋从磨砺出，梅花香自苦寒来。”坚强的意志和优秀的品格不是天然成就的，而是生活的磨炼造就的。承受压力的过程也是人的能力和心智接受磨炼和考验的过程。

（3）提升能力和智慧。压力和挫折可以丰富高职生的阅历，促进高职生的坚强和成熟，使高职生学会独立思考、独立面对现实生活，培养分析问题和解决问题的能力。为了战胜困难，需要自我反省，探究失败的原因，认真总结经验教训，寻找摆脱困境的最佳途径。因此，压力和挫折可以使人学会反省、思考和创新，不断提升自我认知并增长才智。

2. 压力对高职生消极的影响

（1）降低学习效率。学习是一种复杂的心理活动。学习效率除受个体智力水平的制约外，还与学习者的情绪状态、自信心等因素密切相关。有些高职生在经受压力和挫折后，一方面，自信心会降低，出现自卑无能的感觉；另一方面，情绪状态长期处于焦虑不安中，使原有的学习能力受到影响，从而极大地降低了学习效率。

（2）损害身心健康。大量的研究表明，长期强烈的、超过了人自身调节和控制能力的压力，会导致人心理、生理功能的紊乱。因此，长期的压力会危及人的心理和身体健康。近年来，抑郁症的发病率较高，就是过大的压力导致的。有些高职生在受挫后心态受到了严重影响，长时间处在痛苦之中，使身心一直处在一种紧张压抑或焦虑不安的状态下，这种消极的心理如果延续很长时间得不到释放，就可能成为精神疾病的发病诱因，有时还会导致身体上的疾病。

（3）导致性格与行为的偏差。有些高职生面对巨大压力或重大挫折无法做出相应的调整时，往往会使某些行为反应变成相应的习惯模式或个性特征。例如，一个原本热情开朗的人，会因为在人际交往中屡屡受挫而变得孤僻内向；一个对爱情有着美好憧憬的人，会因为失恋而变得心灰意冷，甚至害怕异性。同时，由于受挫的高职生处在压力状态下，感情易冲动，自控能力较差，不能正确认识自己的行为及其后果，可能会做出既损害他人又对自己不利的行为，甚至走上犯罪的道路。

经 典 分 享

好 坏 压 力

杰夫·戴维森在《应对压力》一书中，将压力分为好坏两种。

（1）好压力是指那些能够让你振奋，使你按时完成学习和工作任务，按时参加各种活动的压力；同时它可以使你充满活力，对生活充满向往，充分享受生活。

（2）坏压力是指那些会让你感到焦虑、愤怒和沮丧，甚至危害到身体健康的压力；它可以使心理和生理两个方面产生不良状态。

【分析】严格讲，压力无好坏之分，但如果从身心健康来看，就有好压力和坏压力的差别了，所以我们应学会与压力和平共处，让身体达到平衡状态，才是应对压力的正确态度。

心 理 训 练

压力的自我觉察

1．训练目的

引导学生进行对压力的自我觉察。

2．训练时间

40 分钟。

3．训练内容

我们每个人的体内都会存在一个压力承接器，它是具有弹性的，就像一个充电电池，在应对压力事件后，储存的电量就会发生改变。下面我们一起来画一画，自己的内在压力承接器的电池能量变化表。

（1）拿出一张白纸对折，在左边列出自己认为会消耗自己电量的事情，或是使自己感到有压力的事情。

（2）在白纸对折处的右边，列出那些自己认为能够补充电量的事情，或是能让自己的内在压力承受器电池容量变大，承载力增强的事情，又或是让自己觉得可以减压的事情。

（3）分享：完成这个练习后，3～5 名学生为一组，进行小组分享，完成小组分享以后选出一名代表在班级做分享发言，谈一谈小组训练时的情况和感受。

成长反思

（1）高职生应该如何看待压力？

（2）怎么找到自己的压力源？

（3）如何利用压力的两面性？

专题二　高职生心理压力的特点

能力目标

（1）了解高职生产生心理压力的常见原因。

（2）了解高职生心理压力反应的特点。

高职生心理压力的特点

导入案例

小林的选择

大学生小林是一名天资聪颖的保送生。刚入大学，小林对自己要求严格，学习勤奋刻苦，性格开朗、自信、要强好胜，从不甘于人后，对自己期望很高，具有远大的抱负。在一年级第一学期期末考试中，小林的成绩名列全年级第一，这使他感到非常光荣。然而，在学生会寒假社会实践活动动员会上，当小林看到同班的几个学习成绩远不如自己而在学生会当干部的同学忙前跑后，备受同学们的关注时，心里很不是滋味，强烈地感到自己在社会活动能力上落后于人。他无法忍受这种不如别人的感觉，决心一定要超过他们，出人头地，保持第一的地位。于是，新学期开始后，小林将大量时间和精力投入到社会工作方面，有时甚至利用上课时间精心准备学生活动。功夫不负有心人，在学校很有影响的几项大型活动成功举办下来，聪明的小林很快得到了同学们的认可和老师的欣赏。一年级第二学期结束时，小林被选为班长、系学生会副主席。然而，一个人的时间和精力是有限的，当小林在社会工作方面出人头地时，尽管他学习非常刻苦，学习成绩还是明显下降。第二学年开始了，小林仍然在社会工作方面倍加努力，他将学习成绩的下降归结为自己还不够刻苦努力。于是，当他出现考试不及格的情况时，就惩罚自己一天不吃饭，或在大雨里罚站 1 小时，以警示自己更加刻苦学习。但是即便如此，小林的成绩还是一路下滑，他也一再惩罚自己，从而渐渐陷入恶性循环之中。到了大学三年级第一学期结束时，小林的成绩单里已有 5 门功课不及格，面临拿不到学位证书的结局。这时小林万念俱灰，感到无颜面对老师和同学，自己在学校也毫无存在的价值和意义，最后选择了退学。

【分析】小林为自己制定了远超过自己能力范围的奋斗目标，这在学生中是一种比较普遍的现象。出现压力和挫折是必然的，也是很正常的，可惜的是，小林没有理性、客观地面对压力和挫折。

一、高职生心理压力常见的成因

高职生心理压力的成因各种各样，而高职生心理压力的原因和本科学生相比有相同的地方，也有不同的地方。容易引起高职生心理压力体验的主要因素包括学业问题、人际交往问题、情感问题、家庭问题和就业问题。

（一）学业问题

经过高中三年的学习，高职生入学后会发现，大学也有早晚自习，除了学科考试以外还有各种技能证书的考试、转本、接本、升本等各类学历提升的培训考试，竞争激烈。日益增加的学业压力主要体现在其学习目标不明确、学习适应不良和学习竞争激烈等方面。

1. 学习目标不明确

高职生对自我管理与控制的能力相对薄弱。许多学生一进学校就没有明确的学习目标，刚开始，他们还能按照学校的各项规章制度管控和约束自己，时间久了看到身边的同学有的专注网络游戏，有的忙于恋爱和花样繁多的社交活动等，也逐渐放松对自己的要求，随波逐流，在学习上得过且过，将“60分万岁”变成了自己的口号。却不知道自己和别人的差距就此拉开，严重者甚至很难顺利毕业。

2. 学习适应不良

高职院校的学习方式与高中时期的学习方式是不同的。高中时期，所有的学生都有明确而又清晰的目标——考大学，但很少有学生能清楚地知道自己考大学的目的是什么，好像只是为了考大学而考大学。小学、中学的学习大都有教师和父母的严格看管和教育，但进入高职院校，学习完全要靠自己的主动进取，因此很多学生在入学以后，很长时间都不能完全适应自主学习的方式，因而出现各种学习适应不良的现象。

3. 学习竞争激烈

随着时代的发展，学校对于各类评奖评优的选拔要求更加全面。不但要求高职生思想品德端正、学习成绩优异，还要考量他们是否在学生组织中担任职务；是否积极参与校内外的各项活动、参与各类学科竞赛并获奖；是否取得了各类高级别技能证书等，可谓竞争激烈，这其中的压力也是不言而喻。

（二）人际交往问题

网络时代下，不少在校的高职生容易忽视现实中的人际交往，缺乏和他人之间必要而有效的沟通，有的一学期下来，自己班级同学的名字都叫不全。其实他们离开自己过去熟悉的环境，进入高职院校的陌生环境，尤其需要得到同伴和教师的关心与认可。有的同学是第一次住进宿舍，缺乏集体生活的经验，往往以理想的标准要求自己和对方，一旦发现对方令自己失望，就对其全盘否定。此外，如果这些高职生再加上主观性强、情绪波动大等特点，常常在人际交往中有挫折感。

（三）情感的压力

高职生进入高职院校，正值最美好的青春年华，向往着美好的爱情，渴望体验爱与被爱的感受。但爱情并非都是甜蜜而美好的，尤其高职阶段刚好是青年人生观、价值观的形成期，在恋爱中他们常常过于理想化，对感情的处理会比较简单、冲动，甚至造成一系列负面影响，从而引发心理问题。最常见的情感的压力有失恋、单相思与爱情错觉。

（四）家庭问题

家庭是孩子成长中最坚实的地方。家庭的经济条件及家庭结构都会给学生带来一定的影响。尤其是贫困家庭的学生，到了高职院校后，看到身边有很多家庭条件优越的学生，会感到很自卑、孤僻，从而形成很大的心理压力。同样，家庭变化也会影响高职生的心理，如单亲家庭、离异家庭等，都容易给这些高职生的成长造成心理压力。

（五）就业问题

社会的飞速发展，使得企业对毕业生的要求逐年提高，岗位竞争的压力也在不断加大。越来越严峻的就业形势使高职生对自己的未来前途和职业发展充满担忧和焦虑。受学历限制，高职生在择业竞争中很难突显自身优势，也容易在就业的过程中遇到暂时的困境，面临较大的就业竞争压力。

二、高职生心理压力反应的特点

（一）真实和想象的压力并存

对于高职生来说，他们面对的压力有些是客观存在的，如生病、自然灾害、同学之间的冲突、社会文化差异等。还有些是他们想象的压力源，这主要是由于每个人的经历不同，对客观事件的评估也不一样，所以引发的压力感也各不相同。在多数情况下，他们会对目前自己所处的情境进行合理判断，如果受到不合理信念的影响，判断评估的时候就会扭曲现实，进行不符合逻辑的判断，误读了信息的意义，因而容易因为想象的威胁感而产生过大压力。例如，有些学生由于以前与同学交往失败的经验，就假想现在的同学也会难以相处，产生莫名的焦虑和压力。

（二）生理反应和心理反应并存

当人们面对较大压力时，会产生一系列生理反应，主要表现在植物性神经系统和免疫系统方面，如呼吸急促、心跳加速、血压升高、头晕、头痛等。

除了生理反应外，压力还会引起一些心理反应（负面情绪和消极行为），如焦虑、情绪低落、攻击性增强、悲伤、失眠、暴饮暴食、缺乏安全感，严重者甚至出现逃避、退缩、抑郁等。突发性的巨大压力很可能对个体造成应激性压力症候。

（三）暂时体验和长期体验并存

有些压力是暂时性的，随着压力的消失，压力体验也随之结束，如考试压力，考试过后就会感到轻松。有些压力是长期存在的，如生活环境的改变、学业等。有研究表明，压力是会积累的，随着压力越来越大，存在的时间越来越长，个体也会随之处于能量不足的状态，身心健康会受到影响。

经 典 分 享

学会减负

一个人觉得生活很沉重，便去见哲人柏拉图，以寻求解脱之道。柏拉图没有说什么，只是给他一个篓子让他背在肩上，并指着一条沙石路说："你每走一步就拾一块石头放进去，看看有什么感觉。"那人开始遵照柏拉图所说的去做，柏拉图则快步走到路的另一头。过了一会儿，那人走到了小路的尽头，柏拉图问他有什么感觉。

那人说："感觉越来越沉重。"

"这就是你为什么感觉生活越来越沉重的原因。"柏拉图说："每个人来到这个世界上的时候，都背着一个空篓子，在人生的路上他们每走一步，都要从这个世界上拿一样东西放进去，所以就会有越走越累的感觉。"

那人问："有什么办法可以减轻这些沉重的负担吗？"

柏拉图反问他："那么你愿意把工作、爱情、家庭或者友谊哪一样拿出来呢？"那人听后沉默不语。

柏拉图说："既然都难以割舍，那就不要去想背负的沉重，而去想拥有的欢乐。我们每个人的篓子里装的不仅是上天给予我们的恩赐，还有责任和义务。当你感到沉重时，也许你应该庆幸自己不是另外一个人，因为他的篓子可能比你的大多了，也沉重多了。这样一想，你的篓子里不就拥有更多的快乐了吗？"那人听后恍然大悟。

【分析】人生在世本来拥有很多的幸福和快乐，不要总是把过去的负担背在身上、放在心上。要用乐观的心态，多去想想快乐的事情，你就会发现心中自然轻松了许多。要学会用积极的心态去面对压力，多想想压力能带来的收获，活出精彩人生。

心 理 训 练

寻找压力源

1. 训练目的

寻找常见的几种压力源，并讨论应对方法。

2. 训练时间

40 分钟。

3. 训练内容

（1）每个人填写下面的内容。

我在学习方面的压力来自（最多写两种）____________________，严重程度：____ 分

（1 分压力体验最低，5 分最高）。

我在人际交往方面的压力来自（最多写两种）＿＿＿＿＿＿＿＿，严重程度：＿＿分。（1 分压力体验最低，5 分最高）。

我在经济方面的压力来自（最多写两种）＿＿＿＿＿＿＿＿，严重程度：＿＿分。（1 分压力体验最低，5 分最高）。

我在就业方面的压力来自（最多写两种）＿＿＿＿＿＿＿＿，严重程度：＿＿分。（1 分压力体验最低，5 分最高）。

（2）每个小组 5 名学生，小组内成员每人介绍自己某一方面的压力来源和严重程度，小组选一个代表，到全班发言。

（3）随机挑选 3 个小组的代表在班上发言，介绍自己某一方面的压力来源、严重程度和应对办法。

成长反思

（1）每个人都有压力，没有人是绝对轻松的。

（2）压力不可怕，关键是要学会应对。

（3）除了消除压力源、与压力和平相处、变压力为动力，还有哪些应对压力的有效方法？

专题三　心理压力的自我管理

能力目标

（1）了解心理压力的管理。

（2）了解心理压力应对的方式。

（3）熟悉高职生心理压力的管理策略。

心理压力的自我管理

导入案例

暴躁的小于

小于是某高职院校三年级的学生。从一年级入学开始，他就一直觉得自己应该认真学习，用成绩证明自己。虽然身边一些同学进入高职院校之后都开始享受生活，无心学业，小于却一直坚持把学习放在首位，大学一年级期末考试，他如愿获得专业课第一的好成绩。但是到了二年级，他觉得不被周围人理解，没有在教师和同学面前获得应有的关注，学习劲头越来越懈怠，成绩也渐渐下滑。进入三年级后，想要报考专升本考试的他，突然发现自己已经荒废了太多的时间。每天复习的时候，小于一想到自己的成绩和期望的差距，就十分沮丧；想到自己浪费了太多时间，就感到非常悔恨；想到就此毕业工作，对就业前景又不太满意，因此，他很难集中精力认真复习。眼看考试快要临近，小于开始吃不香、睡不着，脾气也越来越暴躁。

【分析】小于对自己在高职院校的学习有着很高的期望，但是没能够一直坚持下来，不够自律。即将毕业的他，面临着升学和择业的压力，感到无所适从。父母的期望更增加了他的焦虑与悔恨。对于现状，小于首先应该基于当前的就业形势，慎重思考升学和择业的利弊，做好目标规划，确定努力的方向。同时，还要正视自己之前的懈怠，调整期望，制定合理的目标，通过脚踏实地的努力，树立自信，走出困境。

一、心理压力的管理

心理压力的管理指个体对感受到的挑战或威胁性环境主动做出适应性的反应。不同来源的心理压力有着不同的管理策略。高职生个人层面的压力来自学习和非学习两方面，主要包括物理环境、个人承担的角色及其角色冲突、人际关系等因素。其管理策略有锻炼、放松、行为自我控制、认知治疗及建立社会和学习网络等。

二、心理压力应对的方式

应对也称应付，最早由弗洛伊德提出，被认为是解决心理冲突的自我防御机制，是一种无意识行为。应对方式作为压力源与压力反应之间的重要中介心理机制，对个体的心理健康产生着直接的影响。高职生面对生活中的各种压力时，采取的应对方式各种各样，有积极的应对方式，也有消极的应对方式；有成熟的应对方式，也有不成熟的应对方式。最常见的应对方式包括问题解决、逃避面对、寻求帮助和合理化等。

（一）问题解决

问题解决是指由一定的情景引起的，按照一定的目标，应用各种认知活动和技能等，经过一系列的思维操作，使问题得以解决的过程。心理学家认为，我们生活的世界处处时时都存在着各种各样的矛盾，当某些矛盾反映到意识中时，个体才发现它是个问题，并要求设法解决它。

人生就是解决一系列问题的过程，在面对压力时，人们最常用的策略就是直接采取行动以解决问题。其包括评估压力情境、找出行动方案并积极采取行动。例如，当你面临期末考试，会不分昼夜地看书复习，拼尽全力地达到通过考试的目标。这是高职生最常用的成熟性应对策略，把压力转变为动力，才有更大可能性获得自己期望的结果。

（二）逃避面对

逃避面对是一种不成熟的应对模式，所有逃避的事情和不舒服的情绪都会压抑在自己的身体里。长期以这样的方式应对压力，不仅不能使压力退却，反而会影响自己的身体健康。只有当个体能觉察到，并停止自己的逃避模式时，才能回到压力的情境中来，从面对问题开始，接纳问题和自己的情绪。当个体接纳而不逃避和抗拒问题的时候，自己的能量才会回来，才有能量和能力应对问题。

（三）寻求帮助

当个体在遭遇压力事件的时候，会本能地思考自己在社会关系网络中所能获得的、来自他人的物质和精神上的帮助和支援有哪些，同时尝试了解和寻找与压力事件相关的知识，从而增强自己应对压力的信心。同时，个体还会尝试联系和他们有一样困扰的人们，一方面可以和他们倾诉自己的负性情绪，另一方面可以获得理解与支持，在相互的宣泄和鼓励中，大大缓解压力，提高自己生活的热情。

（四）合理化

合理化就是制造“合理”的理由来解释并遮掩自我的伤害，是个体无意识地用似乎合理的解释来为难以接受的情感、行为、动机辩护，以使其可以接受。这个理论有很著名的两个案例，一个是“酸葡萄心理”——丑化失败的动机。一个是“甜柠檬心理”——美化被满足的动机来合理化自己的压力情境，其实它们都是自欺欺人，终非解决问题之道，属于消极的应对策略。

三、高职生心理压力的管理策略

丹麦有个民间故事，说的是一个铁匠，家里非常贫困。于是铁匠经常担心：“如果我病倒了不能工作怎么办？”“如果我挣的钱不够花了怎么办？”结果这一连串的担心像沉重的包袱压得他喘不过气来，使他饭也吃不香，觉也睡不好，身体一天天地越变越弱。有一天铁匠上街去买东西，突然昏倒在路旁，恰好有个医学博士路过。博士在询问了情况后十分同情他，就送了他一条金项链并对他说：“不到万不得已的情况下，千万别卖掉它。”铁匠拿了这条金项链高兴地回家了。从此之后，他经常地想着这条项链，并自我安慰道：“如果实在没钱了，我就卖掉这条项链。”这样他白天踏实地工作，晚上安心地睡觉，逐渐地他又恢复了健康。后来他的小儿子也长大成人，铁匠家的经济也宽裕了。有一次他把那条金项链拿到首饰店里估价，老板告诉他这条项链是铜的，只值一元钱。铁匠这才恍然大悟：“博士给我的不是一条项链，而是治病的方法！”从这则民间故事里，我们可以看出积极阳光的心态和消极担忧的心态，是人们应对压力的两种方式，前者往往使问题得到解决，而后者则可能产生更多的问题。可见掌握管理压力和情绪调节的方法非常重要。

压力管理的本质是针对可预见的压力源进行必要的干预，维护身心健康，提高问题处理的效率，保证学习生活目标顺利实现的管理活动。压力应对具有事后性和被动性，而压力管理则带有一定程度的主动性和积极性特征，当然它也包含压力应对。高职生面临学业、人际、情感、就业等一系列问题，也因此承受着与之相伴的各种压力。为了能很好地适应高职院校乃至今后的学习、生活和工作，我们应进行有效的压力管理，提高自己的压力适应能力。高职生可以从以下几个方面着手进行心理压力的管理，以更积极成熟的方式去面对人生的压力与挑战。

（一）正视压力

1. 克服“鸵鸟心态”

鸵鸟遇到危险时，会下意识把头埋入沙堆里，以为自己眼睛看不到危险就安全了，心理学家将这种心态称为“鸵鸟心态”。这是一种逃避现实的心理防御机制，习惯运用这个应对策略的个体，通常缺乏自我同一性，缺少自信。他们回避挑战，常将自己的失败归因于外部因素，避免自己在压力面前过度坚持而屡屡受挫。

“鸵鸟心态”这种消极的应对反应，虽然可以避免个体在压力情境中持续受挫，但是如果长期使用这样的防御机制，也就令人丧失了解决问题、减轻压力的勇气和可能性。承认压力表明你认识到了自己正面临问题，这对减轻压力非常关键，只有承认压力的存在才能战胜压力。巴尔扎克说过：“世界上的事情永远不是绝对的，结果完全因人而异。苦难对于人才是一块垫脚石，对于能干的人是一笔财富，对于弱者则是万丈深渊。”

2. 调整认知

认知就是我们平时说的想法，通常情况下，这些想法都是在我们没有意识到的情况下就自动出现了，我们称之为自动思维。和压力相关的思维多为负性思维，那些自动出现的负性思维，常常以扭曲的认知偏差来呈现。例如，有的高职生打算去参加班委的竞选，还没去就觉得自己一定选不上，这个念头却毫无依据。如果我们能在负性思维自动出现的时候，就意识到它的存在，并对这个认知进行调整，建立更加积极的认知评价，就可以获得更积极的心态和良性行为。高职生要认识到高职院校的生活并不总是一帆风顺的，困难是不可避免、客观存在的。因此，当遇到困难时，我们不应该退缩，要无所畏惧地去正视它，解决它。高职生应采取积极态度看待压力，要认识到压力可以磨炼人的意志，激发人的潜能，把压力看成是对生活的挑战，是使自己成长的机会。例如，当你觉得“我肯定竞选不上班委的时候”，试着用“我要试试，至少我有一个机会来参与这个事情”的观点来应对你的负性思维。当我们用这样的方式，对有偏差的认知进行调整，就可以增强应对压力和解决问题的力量。

3. 加强自我分析

自我分析就是充分认识自己的优点和弱点。通过有效的自我分析，全面、客观地认识和评价自己。一个人只有正视自己，既承认自己的价值，又能坦然面对和接受自己的不足，才能变得成熟、自信，也才能避免因过低的自我评价所带来的自卑和过高的自我评价所产生的失落和抑郁。

对于高职生来说，还要学会自我规划。自我规划就是在自我分析的基础上，充分考虑自我和外在因素，对自己的未来做出可行性设计，并制订行动计划。一个能自觉进行自我规划并成功执行计划的高职生，会表现出充实、自信，压力感倍减。所以，高职生在压力面前要保持勇气和信心，有心理准备去勇敢迎接各种各样的任务和挑战。自信是成功的基石，有了自信才会有克服困难的勇气和力量。要树立正确的奋斗目标，目标确定后，要用自己的毅力和坚强的意志去实现，不能好高骛远，也不能半途而废。急功近利的思想往往不利于我们意志的磨炼与健康心理的形成。

（二）释放情绪

情绪在压力应对中扮演着重要的角色。日常生活中，情绪的变化尤其是负性情绪的出现，就是在向个体发出压力预警的信号。同时情绪也会贯穿于压力应对的过程当中，与其产生相互作用，积极的情绪将引发更多正向行为，促进压力应对的良性循环。

“好心情来自好行动”，这句话至少给我们两点应对压力的启示：一是面临困境时，积极行动；二是要进行有效行动。实际上，高职生的心理压力得不到缓解，大多数是因为他们只想不做，缺少行动。由于缺少行动，许多并不难于解决的问题又积累成新的困扰。因此，行动是摆脱压力最好的办法。但是，也应注意到，不能盲目行动，而是要进行有效行动。为了确保每一次的行动都成功，就要使行动分步进行，以缓解压力，增加信心，最终实现摆脱压力的目标。例如，当一些高职生因为某一个压力情境而产生大量负性和复杂情绪时，选择去操场上打球、跑步，让自己痛痛快快出一身汗或是痛哭一场，都能让情绪得到释放，减轻压力带来的负面影响。所有表达性的活动都能起到情绪释放作用，如倾诉、书写、唱歌、祈祷、喊叫、舞蹈、各种运动等。情绪能量会随着你的呼吸、语言、声音、汗水、加速的血液循环等得到释放或者转化，让你拥有更好的压力应对状态。

（三）寻求支持

越来越多的研究表明，当一个人独自面对压力的时候，其应激反应的消极作用远远大于社会支持的效果。社会支持能够对处于压力情境下的高职生起到重要的支撑作用，有利于个体的身心健康。尤其是个体主观感知到的支持，能在最大限度上帮助其自身提高压力的应对能力。所以在面对心理压力时，高职生主动寻求社会的支持是非常有益的，要想在压力面前不孤立无助，最好构建自己的社会支持系统，而社会支持体系，包括亲人、朋友、同学、师长和心理咨询专家及组织机构等。社会支持系统可以在你需要的时候给你情感安慰、行动建议，可以提供的支持包括情感支持、信息支持、肯定支持、归属感支持和现实支持等。帮助自己渡过难关。要构建社会支持系统，必须注意以下几点。

1. 学会尊重他人

他人中当然包括同学和教师，因为，只有尊重他人的人才能获得他人的友谊，也才可能获得帮助。

2. 扩大社会交往面，结识更多的朋友

首先，让同学成为最亲密的朋友；其次，需要找到一位人生的导师，可以客观地分析和提供有益的观点。

3. 向亲人、朋友和老师敞开你的心扉

人有时可能基于自尊或面子的考虑而拒绝他人的帮助。但是在确实无法解决的时候，将面临的压力说给他们听，让他们帮助分析并提供建议。请相信这样做不会招致嘲笑，只会让他们感到被信任，因此个体完全能得到最大可能的帮助。

（四）觉察和调整自己的生理状态

生理状态是压力最直接的指标。要想有效管理压力，首先要有压力意识，要能觉察

压力的信号。人在压力状态下，本能会驱动机体的防御机制，这是自发发生的。有效的压力管理，需要我们建立一个对付压力，尤其是那些慢性压力的预警机制。

1. 有意识地觉知自身的紧张、焦虑等情绪状态

当个体处于压力状态时，自己的生理和情绪上会有什么样的不适反应？记录自己的这些压力反应，然后锁定这些反应指标，以后每当你产生这些不适反应时，便发出警告。

2. 学会控制自己的不良生理指标

当自己的压力知觉性提高时，也需要提高自己的生理指标控制力，这实际上就是生物反馈过程，当然，提供反馈的不是机器而是自己的觉知能力。调整好自己的饮食，压力与饮食之间的相互影响确实存在，当个体发现比平时更爱吃甜食、或者不饿的时候也想吃东西时，就要觉察是不是压力在作祟。因此可以尝试多吃水果、蔬菜，用坚果和水果代替零食，多吃豆制品、谷物等，这都有助于身体健康。

3. 减轻和消除自己的心理负担

压力反应，即便是本能反应，也足以使我们身心疲惫。因为，必须卸掉个体身上由压力带来的紧张和焦虑，否则持续性的压力累积效应，迟早会让我们垮掉。消除心理负担的方法很多有以下几种。

（1）理性辨析和积极归因。找来纸笔，将自己面临的核心问题写下来，然后围绕着这个问题逐步回答：这个问题是如何产生的？这个问题真的与自己有关吗？这个问题真的就是一种威胁吗？这个问题真的就不能解决吗？通过如此反复逐层深入的自我辨析，理清问题的症结所在，从而减轻对压力情景认识的模糊或者夸大威胁而产生的焦虑。

（2）多运动，学会经常进行放松训练。放松训练是通过一定的练习程序，学习有意识地控制和调节自己的身心活动，以达到降低机体唤醒水平，调整因紧张而紊乱的身心功能，从而使机体内环境保持平衡与稳定的过程。适当的运动是缓解压力的有效方法，还可以改善睡眠提高人的注意力和身体免疫力。篮球、游泳、慢跑等都是很好的选择。但可以起到减压作用的运动，除了刚才说的那些体育锻炼外，还有身体放松运动，如瑜伽、冥想等。这些运动可以在清晨、午间或者睡前去做，一些简单的肌肉放松也可以让自己的精力得到明显的恢复。还有一种最简单的小运动，就是闭目养神，你只需要把眼睛闭上，将注意力放在对身体的感受上，如关注自己的呼吸和伴随呼吸起伏的腹部，只需一段时间，就能感受到紧张随着呼吸离你而去。

（3）改善睡眠。睡觉是缓解压力的有效方法，充足的睡眠可以帮助我们快速恢复体力和精力，好的睡眠习惯还可以提高睡眠的质量。睡眠是人体节律性的重要体现，从中医的角度，人类睡起的作息安排应该与自然规律相统一，日出而作、日落而息。因此，避免熬夜打游戏或是在睡前做一些令人兴奋的活动，用热水泡脚、喝杯蜂蜜牛奶都可以有效缓解紧张的情绪，帮助自己更好地入睡。

（五）关注当下

“关注当下”源于美国乔·卡巴金博士多提出的正念理论，从心理学角度来说，它是指用一种特定的方式来进行觉察，即有目的地觉察，但不做任何判断。关注当下是一种心理过程，让人的思想不再漫无目的地发散、妄想，而是把内在和外在的意识体验专

注于当下的事物，觉知但不评判。

一些高职生一直无法释怀高考的失利，进入高职院校后也一直焦虑自己未来的发展，甚至出现心慌、失眠等现象。当他们能放下对过去的纠结和对未来的担忧，觉知他们当下的身体、情绪感受，就有机会调整它们而不是被控制。他们的烦恼其实来自自身和外界的评价，当我们不去评价，就会少了很多负性情绪，当我们可以心平气和地把注意力放在自己当下可以做的事情上，并越来越多、越来越好地完成它们的时候，反而能够获得相应的成功和良好的身心状态。

经 典 分 享

胡萝卜、鸡蛋还是咖啡豆

有一个女孩向父亲抱怨她的生活，她觉得凡事都很艰难，不知该怎样挺过去，经常想放弃。她厌倦了不断的抗争和奋斗，似乎一个问题刚刚解决，另一个问题马上就会出现。

父亲是个厨师，把她带到了厨房。父亲在三个壶里分别装满了水，然后放到高温的火上烧。很快，壶里的水被煮开了。他往第一个壶里放了些胡萝卜，往第二个壶里放了几个鸡蛋，最后一个壶里放了些磨碎的咖啡豆，然后，一句话也没说，等着水把它们煮沸。

女儿咂巴着嘴巴不耐烦地等着，对父亲的行为感到很纳闷。大约20分钟后，父亲关掉了火炉，把胡萝卜捞出来，放到一个碗里；又把鸡蛋拣出来放进另一个碗里；接着把咖啡用勺子舀出来倒进一个杯子里。然后转过头来对她说："亲爱的，你现在看到了什么？""胡萝卜、鸡蛋和咖啡。"她答道。

父亲让她走近这些东西，先要她去摸胡萝卜，她摸了之后，注意到它们变柔软了。然后，他又要她去拿出一个鸡蛋并把它敲破，把壳剥掉之后，让她观察煮熟的鸡蛋。最后，父亲要她品尝一口咖啡。尝着芳香四溢的咖啡，她微笑起来，"这是什么意思，父亲？"她不解地问道。

父亲说，这三样东西面临着同样的逆境——煮沸的水。但它们的反应却各不相同。胡萝卜本是硬的，坚固而且强度大，但受到煮沸的水的影响后，它变得柔软而脆弱。鸡蛋本来易碎，薄薄的外壳保护着内部的液体。但是在经历过煮沸的水以后，它的内部却变得坚硬。不过，最独特的却是磨碎的咖啡豆，当它们被放入煮沸的水之后，它们却改变了水。"哪一个是你呢？"他问女儿。"当逆境找上你时，你该如何应对呢？你是胡萝卜、鸡蛋，还是咖啡豆？"

【分析】当我们面对压力时，不同的应对方式，会有完全不同的结果。显然咖啡豆的方式更聪明、更可取。我们要学会适应压力，与压力共存；或者改变压力，让压力转化成自己成长的动力。

心 理 训 练

自我暗示，缓解心理压力

1．训练目的

帮助学生感受理想自我，营造积极氛围，缓解心理压力。

2．训练时间

40 分钟。

3．训练内容

（1）拿出手机或者镜子，看看那个熟悉的自己，想一想有什么是你希望改变的？一个更积极、健康的你会是什么样子？

（2）闭上眼睛，然后想象着自己变成自己希望的样子，一个更积极更健康的样子，直到自己的内心出现一种相信自己一定会变成这个样子的感觉（停顿 10 秒），然后慢慢睁开眼睛。

（3）再次看着镜子里的自己，对自己说出一句鼓励、感激或者赞扬的话，如“我觉得你皮肤很白”“我觉得你能行”，等等。

（4）在完成这个训练后，3～5 名学生为一组，进行小组分享和讨论，并选出一名代表，在班级发言，讲一讲自己和小组同学在训练前后的感受。

成长反思

（1）你平常都采用哪些方法减压？

（2）如何把压力变成动力？

心理测试：简明心理压力自测

1．测试目的

了解心理压力的常见反应和症状，测试自己的心理压力水平。

2．测试时间

20 分钟。

3．测试内容

下面列举了 30 项心理压力反应和症状，请在符合自身近期三个月实际情况的选项后面打“√”。

（1）睡眠不好。

（2）睡觉时感觉一直在做梦。

（3）深夜突然醒来，不能继续入睡。

（4）与人交际纯属应酬，一点不感兴趣。

（5）稍有一点不顺心就会生气，而且时有不安的情形发生。

（6）眼睛易疲劳。

（7）经常鼻塞。

（8）疲劳感不易解除。

（9）有体重减轻的现象。

（10）有头晕眼花的情形发生。

（11）有胸闷情况发生。

（12）头脑不清醒，感觉昏昏沉沉。
（13）站立时，时常有发晕的感觉。
（14）有耳鸣现象。
（15）面对自己喜欢吃的东西，却毫无食欲。
（16）常觉得吃下的东西沉积在胃里不消化。
（17）有腹部发胀、疼痛感觉，且常便秘或拉肚子。
（18）口腔内有破裂或溃烂情形发生。
（19）经常喉痛。
（20）舌头上出现白苔。
（21）肩部容易酸痛。
（22）背部和腰经常疼痛。
（23）稍微做一点事就感到很疲劳。
（24）早上经常有起不来的倦怠感。
（25）不能集中精力专心做事。
（26）经常患感冒，且不易治疗。
（27）常有手脚发冷的情形。
（28）手掌和腋下常出汗。
（29）突然出现呼吸困难的窒息感。
（30）时有心脏悸动的现象。

【评分标准】

每个打钩的题目计 1 分，合计为本测试的总分。

（1）5 分以下，说明个体心理压力轻微，平时注意休息便可以恢复。

（2）6～20 分，说明个体压力严重，有必要去做心理咨询。

（3）在 21 分以上，说明个体可能或者已经出现适应障碍，需要特别注意，积极寻求心理咨询师和心理治疗师的帮助。

模块八　情 绪 管 理

模 块 导 读

"人有悲欢离合，月有阴晴圆缺"，古诗佳句中的"悲欢离合"实际上反映的就是人的情绪状态。在现实生活中，情绪与我们形影不离，它是人心理状态的晴雨表。某种不良的情绪只是短暂存在，就属于正常情况。但如果某种情绪长期占据上风，那么一般是出现了某种心理问题。青年时期是心理走向成熟的重要时期，也是情绪相对不稳定、丰富多变的时期，如果高职生能够在日常学习、工作和生活中有效地进行情绪管理，培养驾驭自己情绪的能力，建立和维护良好的情绪状态，就能时刻体会到积极的情绪带来的生理和心理上的变化，不断提高自己的身心健康水平。

通过本模块的学习，高职生能够了解情绪的特点和分类，认知情商，熟悉健康情绪的标准与高职生常见的情绪困扰，掌握合理的情绪调控方法。

名 人 名 言

成功的秘诀就在于懂得怎样控制痛苦与快乐这股力量，而不为这股力量所反制。如果你能做到这点，就能掌握住自己的人生，反之，你的人生就无法掌握。

——安东尼·罗宾斯

资 源 导 航

1．推荐书籍

（1）维吉尼亚·萨提亚，新家庭如何塑造人［M］．易春丽，叶冬梅译．北京：世界图书出版公司，2006．

（2）林文采，伍娜，心理营养：林文采博士的亲子教育课［M］，上海：上海社会科学院出版社．2016．

（3）成蒂，我们之间：萨提尔模式婚姻伴侣治疗［M］，台北：心灵工坊事业股份有限公司，2019．

2．推荐电影

（1）《愤怒管理》，2003 年，导演：彼得·西格尔。

（2）《七宗罪》，1995 年，导演：大卫·芬奇。

3．推荐视频

（1）《关于情绪的管理》，腾讯视频，2019 年 9 月 23 日。

（2）《压力情绪的管理 1》，腾讯视频：生活高清，2014 年 10 月 28 日。

专题一 情绪概述和健康情绪

能力目标

（1）理解情绪的内涵和分类。
（2）了解情绪的特点和作用。
（3）熟悉健康情绪的标准。

情绪概述和健康情绪

导入案例

误解的由来

某学院体育馆内，同学们正在上篮球课。小张一个转身扣篮，赢得围观同学一片掌声。但球落下后，碰到坐在旁边的另一个班级的同学小赵，小张没吭声，大家也没当回事。过了一会儿，小张传球又砸到了小赵身上，小张打了一个对不起的手势，可是小赵的班长看到了，以为小张故意欺负老实人，带了几个同学怒不可遏地走到小张面前质问他。小张的同学也围过来，双方你一言我一语，最后导致群架，造成轻伤害。

【分析】本案例中，小赵的班长“自以为”小张欺负人，没有理智地沟通处理，而是带着愤怒的情绪质问对方，小张的同学也没有冷静对待、诚恳解释道歉，双方互不相让、言语不合即导致打起群架。如果能够合理地表达情绪，这个事件是可以避免的。只要宽容他人、调整好情绪，很多问题都会迎刃而解。

一、情绪的内涵和产生

（一）情绪的内涵

在现实生活中，我们每个人都会有喜怒哀乐，都会遇到挫折、逆境，这就涉及情绪的问题。情绪是由人对其所接受到的刺激事件的理解自然生成的，是可以从行为表现观察到的。从某种意义上讲，情绪是我们生命的一部分，无论你是否感受到它，它随时随刻都伴随着你。它能促使你成功，也能让你深陷危机。只要我们稍加留意，就会感觉到情绪的力量。

对于情绪的概念，至今还缺乏一个统一的理解。《牛津英语字典》对情绪的解释为：心灵、感觉或感情的激动或骚动，泛指任何激动或兴奋的心理状态。《现代汉语词典》的解释为：人从事某种活动时产生的兴奋心理状态，如生产情绪、战斗情绪、情绪高涨、急躁情绪等；指不愉快的情感，如闹情绪。心理学家则认为：情绪是有机体的一种激动状态，各种情绪的反应，都以其引起的情境来定义，如快乐与环境控制的快乐情境相关联，羞耻与自己所招致的不愉快情境相关联，厌恶与他人所引起的不愉快情境相关联。在人类大脑的进化过程中，大脑的情绪中枢早于理智中枢形成，使得人们的情绪反应也会先于理智反应。可以说，人类的情绪更能反映其本能的需要。基于以上理解，我们认为，情绪是人们在心理活动过程中对客观事物的态度和体验。

我们可以从三个方面来认识情绪：一是情绪有其生理基础，在不同的情绪状态下，人的心律、血压、呼吸乃至人的内分泌、消化系统等，都会发生相应的变化，如人在焦虑状态下，会感到呼吸急促、心跳加快；而在愤怒状态下，则会有面红耳赤等生理特征。二是情绪是一种内心感受和体验，人的不同情绪生理状态必然会反应在人的知觉上，从而形成人的不同的内心感受和体验。当自己的某些需要得到充分地满足时，会感到幸福愉快，在失去亲人时，会感到悲伤。三是情绪有外在的表现形式。情绪不仅表现为生理上的反应和内心的感受，情绪也会直接反应在人的表情、语态和行为动作中。情绪的表现形式分为面部表情、声音表情和动作表情。

（二）情绪的产生

情绪如同我们的影子，时刻伴随着我们。从我们呱呱落地开始，我们就拥有了属于自己的情绪，在成长的环境中，我们逐渐学会了以喜、怒、哀、乐、惊、思、恐等丰富复杂的情绪面对周围的世界。那情绪到底是如何产生的呢？

人类的需要是人类情绪产生的重要基础。需要是否获得满足，情绪具有肯定或否定的性质。能够满足已经激起的需要或能促进这种需要得到满足的事物，便会引起肯定的情绪，如高兴、快乐、赞叹等；反之则会引起否定的情绪，如难过、伤心、失落等。由于很多时候人的需要是多样的，满足了一种需要并不能一定获得肯定的情绪，还要看其主导需要与从属需要之间的关系。

进一步研究发现，事物是否符合于个人的需要有赖于认知的评估作用。相同的外部刺激未必引发不同个体相同的情绪状态，如甲乙两人同时来到花园边，他们对花园中盛开的玫瑰花做出如下的评价，甲说：“这个世界真悲惨，这么漂亮的一朵花，竟然开在这么难看而又带刺的梗上。”而乙却说：“这个世界真美好，这么难看而又带刺的梗上竟然开出这么漂亮的一朵花。”不同的人在面对同样事物面前，往往会做出不同的情绪反应。因为在诱发情绪的刺激与当事者的情绪之间还存在着当事者认知因素的影响和制约。一般来说，刺激符合人的需要，就会引起积极的情绪，反之则引起消极的情绪，与自己无关的刺激则一般不引发情绪反应。

个体内在因素及其变化也可以诱发不同的情绪状态。内在因素包括生理因素和心理因素两方面。生理因素如激素分泌及其改变、疾病等，都可以成为内在刺激而影响情绪，如月经前期紧张症就是由雌激素分泌变化引发的情绪失常；心理因素包括记忆、回忆、联想、想像想象等心理活动，会令活动个体产生不同的情绪，“境由心造”即指不同的心理活动引发的不同的情绪反应。可见，主观的情绪反应不仅与刺激相关，还与个体的经验、知识等心理因素相关。

二、情绪的分类

因为人类的情绪变幻莫测，情绪的分类也令许多研究者感到棘手。下面我们介绍常见的情绪分类学说。

（一）七情说

俗话说："人有七情六欲"，其中的"七情"即是对人类情绪的分类，"七情"的说法有其历史渊源。在《中庸》中，我国古代思想家将情绪分为四类：喜、怒、哀、乐；《素问》中将情绪归为五类：喜、怒、悲、忧、恐；《吕氏春秋》也将将情绪分为五类：喜、怒、忧、恐、哀；《左传·召公二十五年》则将情绪分为六类：好、恶、喜、怒、哀、乐；《礼记·礼运》将情绪分为七种类型：喜、怒、哀、惧、爱、恶、欲，并且提出"七者弗学而能"的观点，由此提出"七情说"。在现代，美国心理学家保罗·艾克曼和华莱士·V. 弗里森提出了人类通用的七种情绪：愉快、惊奇、愤怒、厌恶、恐惧、悲伤、轻蔑，如图 8-1 所示，这一情绪的分类也被大多数学者接受。

图 8-1　艾克曼和弗里森提出的人类通用七种情绪

（二）心境、激情、应激

根据情绪发生的强度、速度及持续时间的长短，即根据情绪的状态可将其分为心境、激情、应激三种类型。

1. 心境

心境是指比较微弱、持久地影响人整个精神活动的情绪状态，其具有弥散性的特点。某种心境一旦产生，就会影响到人们的生活和工作，使人们的言行、思想等均带上某种情绪的色彩。例如，当一个人心情舒畅时，他看什么都会觉得乐观积极，而当一个人郁郁寡欢时，则对许多事，都会感到没有兴趣。"忧者见之而忧，喜者见之而喜"就是心境的表现。心境还有消极和积极之分。

2. 激情

激情是一种强烈的、短暂的、有爆发性的情绪状态，如狂喜、愤怒、绝望等都属于这种情绪状态。在激情状态下，人的理解力、自制力等都有可能降低。激情也有积极和消极之分。积极的激情能增强人的创造性和魄力，激励人们克服艰险，攻克难关；消极的激情则会导致理智的暂时丧失、情绪和行为的失控。

3．应激

应激是在出乎意料的紧迫情况下所引起的高度紧张的情绪状态。在人们遇到突如其来的紧急事故时就会出现应激状态，如地震、火灾等。在应激状态下，会使人身体上心律、血压、呼吸和肌肉紧张度等发生显著的变化，从而增加身体的应变能力，人们往往能做出平时难以做到的事，使人尽快地转危为安。但是人在紧急情境中的应激状态下，也会导致知觉狭窄，行动刻板，注意力被局限；过于强烈的应激情绪会导致人的临时性休克甚至死亡，还会导致心理创伤。一个人长期或频繁地处于应激状态中，会导致身心疾病和心理障碍。

（三）基本情绪和社会情绪

根据情绪的发展可将其分为基本情绪和社会情绪。

1．基本情绪

基本情绪又称原始情绪，是指与人的生理需要相联系的情绪。人的基本情绪在人的幼年时期就已经形成了，带有先天遗传的因素。现代心理学将快乐、愤怒、恐惧、悲哀看作是人的基本情绪。这四种情绪在体验上是单纯的，在此基础上可以派生出众多的复杂情绪，也可以赋予不同含义的社会内容，如悔恨、羞耻这些情绪就包含着不快乐、痛苦、怨恨等复杂因素，是一些复杂的情绪体验。

2．社会情绪

社会情绪是与社会需要相联系的情绪反应，表现为一种较为复杂而又稳定的态度体验。例如，善恶感、责任感、羞耻感、内疚感、荣誉感、美感、幸福感等，都是人的社会情绪。社会情绪是在基础情绪上随着人的成长而逐步发展起来的，同时又通过基础情绪所表现出来的。

三、合理情绪理论

美国心理学家阿尔伯特·艾利斯于20世纪50年代创立了著名的合理情绪理论，也叫“情绪ABC理论”，如图8-2所示。他认为，人的情绪主要根源在于自己的信念及对生活情境的评价与解释的不同。即对于诱发事件A，通过当事人对该事件的评价与解释，以及对该事件所形成的信念B这个桥梁，最终才决定产生什么样的情绪与行为后果C。在A、B、C三者关系中，A对C只起间接作用，B对C则起直接作用。

在情绪ABC理论的基础上，阿尔伯特·艾利斯提出了合理性情绪ABCDE治疗模式。针对不合理的信念进行驳斥与对抗、争辩D，从而改变不合理的信念，进而调整情绪和行为，产生有效的治疗效果E。

按照合理情绪理论，人们身上常常存在的三种不合理的信念。

1．绝对化要求

绝对化要求是指对人或事都有绝对化的期望与要求，如“应该”“必须”“绝对”“一定”。

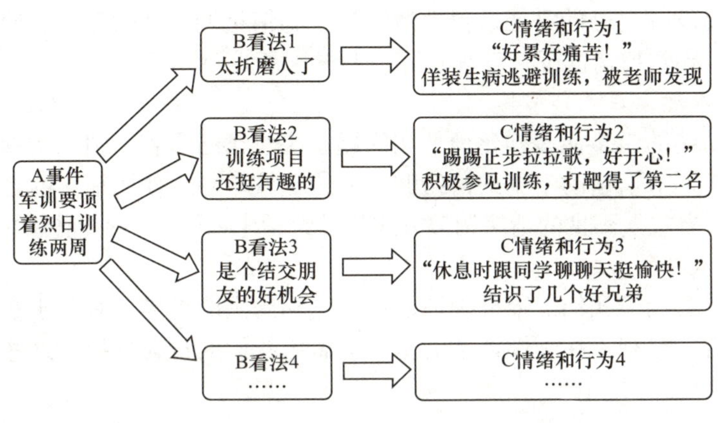

图 8-2 合理情绪理论列举

2. 过分概括

过分概括是指对一件小事做出夸张、以偏概全的反应，如某人做一次坏事，就认为类似的事情都与他有关。

3. 糟糕透顶

糟糕透顶是指对一些挫折与困难做出强烈的反应，并产生严重的不良情绪体验，如一次考试失利，就认为自己已经彻底失败了。

当我们发现自己处于不良情绪之中时，不妨静下心来，分析一下导致自己情绪的一些认知，并加以改正，过程如下。

（1）将引发不良情绪的事件和认识一一列出。

（2）找出引发不良情绪的非理性观念。

（3）通过对非理性观念的认识和纠正，找出合理的观念。

（4）通过建立合理的信念，达到产生合理情绪感受的目的。

现实生活中的许多情绪困扰的确如此，从非理性的角度去认识某件事情，会使人们感到愤怒、沮丧；但换个角度去思考、去认识，便会减弱或消除愤怒或沮丧情绪。如某学生因票数不够落选班干部，失去为大家服务和锻炼自己的机会，很是沮丧。但转念一想，没有当上班干部，正好可以有许多时间专心学习，转换角度，顿时心情开朗。

四、情绪的作用

1. 情绪的保健作用

积极的情绪与身体健康、心理健康和社会适应有密切的关系。首先，积极的情绪不仅能降低传染性疾病的感染风险，还能影响非传染性疾病病情、病程及死亡率；其次，积极的情绪能够降低个体的心理易感性，使个体可以更好地应对负性或压力事件。再次，现有的研究表明积极情绪和社会交往存在相互促进的关系。

2. 情绪的动机作用

情绪对人的行为活动具有推动或减缓的作用，对人的学习、生活和工作产生强大的影响。在我们每个人身上，良好的情绪及调节能力，可以使人心情舒畅，精神愉快，工作效率高，容易发挥自己的潜能；负性情绪过多和情绪调节能力差，会使人处于消极的情绪状态之下，导致情绪低沉、没有激情、工作效率低。

3. 情绪对人际交往的作用

善于调节情绪的学生能多样化地使用问题解决、情绪表露、情感求助等多种情绪调节方式；不善于调节情绪的学生的情绪调节方式比较单一，使用最多的是情绪发泄这种消极的情绪调节方式。不良的情绪调节方式是导致学生人际关系不理想的最主要原因。

4. 情绪对成功的影响

稳定的情绪有利于我们清晰准确地认识自己和周围的世界，有利于获得周围人的理解、接纳和配合，有利于在理性评估的基础上做出我们的行为选择，这些都会直接或间接地帮助我们获得成功。

五、健康情绪的标准

（一）健康情绪的标准

健康情绪是指积极的、良好的情绪状态，并且这种情绪状态与个体的情绪发展、反应水平、自我调控能力与其年龄和社会要求相适应。不同的研究者基于自己对健康情绪的理解，提出了不同的衡量标准。

美国心理学家亚伯拉罕·马斯洛指出健康情绪有六个特征：①适度的欲望；②有清醒的理智；③平和、稳定、愉悦和接纳自己；④对人类有深刻、诚挚的感情；⑤富于哲理、善意的幽默感；⑥丰富、深刻的自我情感体验。

心理学家瑞尼斯等人提出了健康情绪的六项指标：①发展出某些技巧以应付挫折情境；②能重新解释与接纳自己与情绪的关系，不会一直自我防卫，能避免挫折并安排替代的目标；③知觉某些情境会引起挫折，可以避开并寻找替代目标，以获得情绪满足；④能找出方法，缓解生活中的不愉快；⑤能认清各种防卫机制的功能，包括幻想、退化、反抗、投射、合理化、补偿，避免错误的习惯，以致防卫过度，造成情绪困扰；⑥能寻求专家的帮助。

以色列心理学家索尔·库格尔马斯认为情绪健康应有符合八个标准：①独立，不依赖父母；②较强责任感及工作能力，减少与外界接纳的渴望；③去除自卑情结、个人主义及竞争心理；④适度的社会化，能与人合作，并符合个人良心；⑤成熟的性态度，能组织幸福家庭；⑥培养适应，避免敌意与攻击；⑦对现实有正确的了解；⑧具有弹性及适应力。

（二）高职生情绪健康的特征

一般来说，高职生健康的情绪具体表现为：积极、乐观、稳定是情绪的基调；情绪反应适度，对不良情绪具有自我调控能力；高级的社会情感（理智感、道德感、美感等）得到良好的发展。基于这样的理解，我们把高职生健康情绪的特征概括为以下五点。

1. 了解和接纳自身情绪的变化

每个人的情绪都不是一成不变的，因内在或外在因素的变化，经常导致一个人的情绪变化，喜、怒、哀、乐时常发生，我们首先能做的就是了解和接纳自身情绪变化的特点，不过度放大或缩小自身的情绪。

2. 培养积极乐观的人生态度

高职生应该善于寻找和发现自身和他人身上的闪光点，积极聆听和汲取生活中能够给人带来力量的话语，逐步培养自己更多的积极情绪。

3. 拥有良好的情绪调控能力

高职生能够做到在情绪变化的过程中采取适当的方式方法合理调控情绪，不要让激烈的情绪出现。

4. 能够拥有宽容的心态对待自己和他人

宽容是人类的美德之一，拥有宽容和包容态度的人会拥有更多的人际资源，也会让自己的生活道路越走越宽，从而积极的情绪也就会不断增加。

5. 掌握调整情绪的方式

在学习中，高职生可以适当掌握自我认知的方法、行为调节的方法，也可以在学校做情绪放松、情绪宣泄等方面的心理训练，在心理老师的帮助下得到积极的心理暗示。

经典分享

名人也自卑

在人们的印象中，名人都是非常自信的，像毛泽东，“自信人生二百年，会当击水三千里”，如李白，“天生我材必有用，千金散尽还复来”。其实不然，许多名人都曾经自卑过，或很长时间都在自卑的泥潭中挣扎。

德国天才哲学家尼采，出生于一个牧师之家，自幼性情孤僻，而且多愁善感，又矮又瘦，纤弱的身体使他总是有一种自卑感。他曾追求过一个美丽的姑娘，但因为太笨拙，没有成功，这使他更加自卑。因此，他一生都是在追寻一种强有力的人生哲学来弥补自己内心深处的自卑。后来尼采通过自身努力成了著名哲学家，同时他还是“超人哲学”的奠基者。尼采的成功在于，他打破了以往哲学演变的逻辑秩序，凭的是自己的灵感来做出独到的理解，这期间他写出了许多文笔优美、寓意深刻的著作，并大胆地宣称“上帝死了！”

【分析】尼采的成功在于，他没有怨天尤人，没有自暴自弃，而是超越了自卑，战胜了自卑；因为自卑而产生的动力使他比别人更努力，付出更多。所以，自卑并不可怕，可怕的是永远沉溺其中，不能自拔。

心理训练

情绪的表演和识别

1. 训练目的

情绪表演能让学生通过观察人的面部表情，捕捉人内心的情绪状态，形成体会对方情绪感受的能力，并把这种能力运用到平时的生活当中。

2. 训练时间

15 分钟

3. 训练内容

（1）每 4~6 人分为一个小组，每个学生表演喜悦、悲伤、宁静、愤怒、自豪、自卑、敬佩、藐视八种情绪。

（2）每个小组推选一个代表，上讲台进行情绪表演，其余学生猜测其所表演的是哪种情绪，教师进行点评。

成长反思

（1）你经常体验的情绪有哪些？

（2）哪些情绪对你的学习和生活影响比较大？

（3）你觉得你的情绪健康吗？

专题二 高职生情绪特点和情绪困扰

学习目标

高职生情绪特点和情绪困扰

（1）了解高职生情绪的特点。

（2）熟悉高职生常见的情绪问题及解决办法。

导入案例

我抑郁到想要自杀

有一名大学二年级女生，因焦虑不安、失眠、情绪低落来到心理咨询室求助。访谈时主诉自己常常失眠，经常半夜醒来哭，学习、做事情常常静不下心，任何事情都做不了，想自杀。这种情况已经持续一年左右，不知所措。心理咨询师了解到，她生长在贫困家庭，家中欠债，父亲被冤枉进了监狱，全靠母亲一个人支撑家庭的经济来源，每个月还要偿还贷款，家中还有个正在读中学的弟弟，被医院诊断为中度抑郁发作，不愿意去上学，不愿意搭理人，每天通宵打游戏。因此家庭对她寄予厚望，希望她能够帮家庭渡过这个难关，而她面对越来越大来自家庭的压力、学习的压力，每天以泪洗面，不知所措，运动、听歌等调节方式对她而言都已经不起作用。她每天开始胡思乱想，如果自己能够再强大些，父亲就不会被冤枉，妈妈也不会病倒，弟弟也不会叛逆不去上学，自己也不会这么无奈。

【分析】该同学明显意识到自己的状态非常差，整个人提不起精神来，整个情绪表现为焦虑、抑郁不振的状态。而情绪或感受本身就是生命状态的一个晴雨表，情绪出现问题，就代表整个生命状态已经出现问题了。

一、高职生情绪的特点

高职生正处在青年人心理成熟的重要时期，由于其生理基本成熟而心理尚未完全成熟，极易受到外界的干扰，导致产生不同的情绪。高职生是社会中的一个特殊群体，他们的情绪带有鲜明的特征，情绪内容更趋于深刻和丰富，情绪的表达更趋于隐蔽，情绪的变化也更趋向于稳定。具体表现在以下几个方面。

1. 丰富性和复杂性

从生理发展分段来看，高职生正处于爱做梦的年龄，也正处于情绪最发达的时期，他们的情绪极为丰富，无论是在日常生活中，还是从事社会活动时，情绪都表现得极为饱满。随着自我意识的不断发展和各种需要和兴趣的扩展而表现得更加丰富、敏感细腻和深刻，更加带有社会内容的情感体验。同时，高职生的情绪还具有复杂性的特点，他们有时陶醉于某种愉悦的情绪状态中，有时沉溺于某种负面情绪状态中，一时无法被另一种情绪所替代。他们的情绪快而强烈，表现出冲动性的特点，当感受到敌意的时候容易情绪失控；但同时他们又有一定的自制力，大多能用理智克制冲动，进行自我约束、自我调节。

2. 外显性和内隐性

高职生对外界刺激反应迅速敏感，喜、怒、哀、乐常形于色，比起成年人比较外露和直接。一般而言，高职生的很多情绪是一眼就能看出的，如考试第一名或赢得一场球赛，马上就能喜形于色。但由于自制力的逐渐增强，以及思维的独立性和自尊心的发展，他们情绪的外在表现和内心体验并不总是一致的，在某些场合和特定问题上，有些高职生会隐藏或抑制自己的真实情感，有时会表现出内隐、含蓄的特点。例如，对学习、交友、恋爱和择业等具体问题，他们往往深藏不露，具有很大的内隐性。另外，随着他们社会化的逐渐完成与心理逐渐成熟，他们能够根据特有条件、规范或目标来表达自己的情绪，使得自己的外部表情与内部体验的不一致性。

3. 波动性与两极性

在校学习期间，高职生会面临人生的多种选择，学习、交友、恋爱等人生大事基本在这一阶段完成。社会、家庭、学校及生活事件，都会对高职生的情绪产生影响。此时，高职生正处成年早期，虽然认识水平有了一定的提高，对自己的情绪已有了一定的控制能力，情绪亦趋于稳定，但还是相对敏感，情绪带有明显的波动性，一句善意的话语，一支动听的歌曲，一首情理交融的诗歌，一个感人的故事都可以致使高职生情绪发生骤然变化。特别是在社会转型过程中，社会的变迁、体制的变革，新与旧价值观的更替，种种复杂的社会现象更容易使高职生产生困惑和迷茫，产生情绪的困扰与波动。同时，由于高职生正处于情绪表现的“动荡”时期，自我认知、生涯发展及心理发展还未成熟等原因，他们的情绪起伏还比较大，带有明显的两极化特征：胜利时得意忘形，挫折时垂头丧气；喜欢时花草皆笑，悲伤时草木流泪，情绪的反应则摇摆不定、跌宕起伏。有人对高职生进行调查，发现人 70% 的情绪都是经常两极波动的，也就是像“波动曲线一样，忽高忽低，忽愉快忽愁闷”。

4. 阶段性和层次性

众所周知，不同年级的高职生有着不同的生理、心理特点，因此，高职院校的不同年级所面临的培养目标和学习任务也各不相同，教育方式和课程设置也存在区别，因此，高职生的情绪也呈现出阶段性和层次性的特点。大学一年级的学生自豪感和自卑感交织、新鲜感和恋旧感交织，他们面临的主要问题是解决适应问题；大学二年级的学生的独立感、自尊心和自信心都得到明显发展，学习、思想方面也渐趋稳定；大学三年级的学生即将告别学校，走上工作岗位，社会责任感明显增强，紧迫感和忧虑感也随之产生。此外，同一年级的学生由于成绩、能力等的差异，以及社会、家庭与自身要求、也随之期望的不同，又会表现出不同层次的情绪特点。

5. 冲动性与爆发性

美国心理学家斯坦利·霍尔认为青年期处于“蒙昧时代”向“文明时代”演化的过渡期，其特点是动摇的、起伏的，他把这一时期称为“狂风暴雨”时期。由于知识水平和认知能力的提高，高职生对自己的情绪能够有所控制，但由于他们兴趣广泛，对外界事物较为敏感，加之年青轻气盛和从众心理，因而在许多情况下，其情绪易被激发，带有很大的冲动性。他们往往对符合自己信念、观点和理想的事件或行为迅速发生热烈的情绪；对于不符合自己信念、观点和理想的事件或行为，则迅速出现否定情绪。个别的有时甚至会盲目地狂热，而一旦遇到挫折或失败又会灰心丧气，情绪来得快，平息也快。高职生情绪的冲动性常常是与爆发性相连的。高职生的自制力较弱，一旦出现某种外部强烈的刺激，情绪便会突然爆发，借助于冲动的力量驱使，以致在语言、神态及动作等方面失去理智的控制，忘却了其他任何事物的存在，极易产生破坏性的行为和造成严重后果。

高职生的心理活动是复杂的，表现在情绪上就是上述特点的交织。科学把握高职生的心理情绪特点，能够帮助高职生正确认识自己的心理行为特点，有助于更好地实现调节控制。在分析高职生情绪时，应该把某一阶段特有的情绪特点与一些非常态情绪表现区分开来，以达到正确处理情绪的效果。

二、高职生情绪困扰的成因

当今，我国正处于社会的急剧变革中，社会环境的变化给高职生的心理带来了极大的冲击。由于高职生正处于生理、心理及思想变化的时期，心理状态及情绪也会动荡不安，且缺乏社会生活的磨炼，心理承受能力相对薄弱，在这些巨大冲击面前，缺乏恰当的适应能力，极易导致焦虑、抑郁、自卑、逆反等情绪产生。归纳起来，高职生中的情绪问题可从客观和主观两个方面来分析。

1. 客观因素

（1）社会环境的影响。随着社会主义市场经济体制的建立和发展、竞争机制的引入、生活节奏的加快、传统价值观念嬗变，以及转型时期社会腐败、职工下岗、社会治安和贫富差距加大等社会问题的出现，这些社会刺激对社会阅历浅、心理应对和承受能力弱的高职生都带来了很大的冲击，容易引发高职生的心理与行为严重失调，产生不良的情绪。此时，高职生面临的任务就是要全方位塑造自己，将自己推入市场，接受市场的选择。不少学生由于对自己信心不足，时常出现过于焦虑和担心的情绪。

（2）学校环境的影响。随着我国高校教育体制改革的深入，只看重学习成绩或一纸文凭的时代将永远成为历史。高职院校为了适应市场的需要，提高自身的办学水平，培养优秀人才，对学生的学习、综合素质等方面也有了更高的要求，并制定了完善的考核标准。高职生稍有松懈就会在竞争中失利，这也成为高职生产生消极情绪的诱因之一。

（3）家庭因素的影响。家庭是人才成长的启蒙学校，家庭经济状况，家长教育态度、内容与方式，家庭成员之间的亲疏关系对高职生情绪、情感水平的培养起着非常重要的影响。当前，生活节奏的加快、社会的转型，对家庭的冲击较大，单亲家庭、下岗家庭等问题家庭增多，越来越多深刻地影响着高职生的情绪。另外，家长对子女过高的期望值或要求，过于急切的“望子成龙”的心态，对加重高职生的心理负担、使之产生焦虑不安等情绪体验都起了推波助澜的作用。一些高职生因为害怕不能满足家长的要求或不能为家庭增添光彩，因而引发高度焦虑和极度苦闷的情绪反应。个别高职生因体验不到家庭的温暖或感受不到来自教师、同学对他的关爱和体贴，也极易使他们产生“冷眼看世界”的消极情绪体验和反应。

2. 主观因素

外在的环境刺激对高职生情绪问题的产生影响固然深刻，但高职生的情绪变化的决定性因素还取决于高职生自身。

（1）不能正确地评价自我。每个人的过去可能都有一段“辉煌的历史”。但是，在群英荟萃的、人才济济的地方，会使一部分学生感到失落，变得不知所措而逐渐产生自卑感。因此，每个高职生都需要重新认识自我，摆正位置，寻找新的起点。如果一味地沉溺于过去，不愿正视现实，遇到困难挫折时很容易产生自负自卑的情绪。相反，习惯于过高地估价自己，心里常常觉得自己什么都比别人强，自然容易使其滋生骄傲自满的情绪体验，一旦遇到挫折，就会一蹶不振、自暴自弃。

（2）依赖性与自主性的矛盾。在高职院校学习期间，一方面，高职生进入了较为自由和开放的环境，独立意识日益增强，希望独立自主，凡事想依靠自己的力量，处处想彰显个人的主张。他们渴望在各个方面取得成功，关心时事政治，积极参加校内外各种活动，力求处处显示出自己的能力。但是，由于他们的心理成熟落后于生理成熟，认识能力落后于活动能力，在经济上、行为上尚不能完全独立，长期形成的依赖心理一时难以摆脱，面对复杂的环境，常常不知所措。另一方面，多数学生是独生子女，独立性比较差，有较强的依赖性，缺乏社会经验和独立生活能力，生活中的一切事务都要亲自处理，这种依赖性和自主性的矛盾容易导致部分学生对高职生活的严重不适，处于悲伤、抑郁的状态。

（3）期望值偏高与现实状况的反差。处在“青春少年”的高职生，一般比较自信，对自己的前途和未来怀有美好的向往，成就动机很强，自我期望值很高。但现实状况却不尽如人意，如果高职生经过一个阶段的努力仍然不能实现自己的愿望，就会感到理想破灭，一旦遇到困难和挫折，就很容易萎靡不振，情绪低落；或者产生逆反情绪，产生与社会对立的情绪。

（4）性和恋爱引起的情绪波动。由于高职生的性机能日益成熟，对感情的欲望逐渐加强，他们渴望与异性交往，追求美好爱情。但由于高职生心理尚未完全成熟，情绪有较大的波动性；而且由于高职生的性格尚未定型，承受挫折的能力不够，对爱情的理解又过于浪漫而不切实际，一旦情感问题上遭受挫折（如失恋、单相思）便难以接受而灰心丧气、一蹶不振，甚至走向极端而采取毁灭行为。

此外，有些高职生由于缺乏必要的性教育而导致谈性色变，产生性罪恶感。性心理常处于受压抑的状态，本能的释放性与心理的压抑性的矛盾必然导致性焦虑。个别学生会因此精神蒙受痛苦，心灵备受煎熬，情绪波动明显，陷入惶恐不安、担心害怕、心神不宁、头昏脑胀、失眠多梦的心境之中。

（5）人际交往的受挫。一些高职生对人际交往具有浓厚的理想主义色彩，对友谊的渴求十分强烈，对人际交往的期望值过高，一旦期望值难以达到，就容易对人际交往采取消极冷漠的态度。当出现心理困扰，又苦于无人倾诉排解时，由于得不到及时的帮助与治疗，就可能引发精神上的疾病。

另外，不少学生或多或少地怀有封闭的心理，担心自己在社交场合不善言谈，担心自己缺少社交风度和气质，不被人重视接纳。有些学生很想正常地与人交往，却因生性内向，过于腼腆，存在思想顾虑，从而游离于校园交际圈之外。一旦在心理上与人群格格不入，就不可避免地陷入紧张、焦虑情绪之中。

三、高职生常见的情绪问题与克服方法

对高职生而言，心理压力大、学习负担重、竞争激烈等都会使其情绪处于紧张状态。研究资料表明，造成高职生身心不健康的最主要的因素就是情绪问题。一般来说，适度的负性情绪，如考试时的紧张、失意时的悲伤等都是正常的，但是如果高职生不能够正确地处理生活和学习中的各种问题，就极易产生情绪方面的问题，从而危害身心健康和发展。了解常见的情绪困扰，对进一步促进个体自我察觉、自我成长是必要的。高职生常见的情绪问题主要有以下六种。

（一）焦虑

1. 焦虑情绪的表现

焦虑是十分常见的现象，是一种类似担忧的反应或是自尊心受到潜在威胁时产生担忧的反应倾向，是个体主观上预料将会有某种不良后果产生的不安感，是紧张、害怕、担忧混合的情绪体验。人们在面临威胁或预料到某种不良后果时，都有可能产生这种体验。焦虑不仅存在于大多数人的生活中，而且也是其他心理障碍共有的因素，如抑郁症与恐惧。焦虑作为一种情绪感受，可以通过身体特征体现出来，如肌肉紧张、出汗、嘴唇干裂和眩晕等。焦虑也伴随认知成分，主要是个体以为将来会发生不愉快的事情。由于焦虑与恐惧、担心、惊慌等相关，也有人将担心看作焦虑的认知成分。

焦虑是高职生常见的情绪状态，当他们在学习、工作、生活各方面遭遇挫折或担心需要付出巨大努力的事情来临时，便会产生这种体验。焦虑对高职生的影响是复杂的，既可以成为高职生成才的内驱力，起促进作用，也可以起阻碍作用。实验证明，中等焦虑能使学生维持适度的紧张状态，注意力高度集中，促进学习。但过度焦虑则会对学生带来不良的影响。例如，有的高职生在临考前夜的失眠或考试时“怯场”，在竞赛中不能发挥正常水平等，多是高度焦虑所致。被较多的焦虑困扰的学生，常常会感到内心极度紧张不安，惶

恐害怕、心神不定、思维混乱、注意力不能集中，甚至记忆力下降，同时还容易产生头痛、失眠、食欲不振、胃肠不适等不良生理反应。焦虑的学生在内心深处有一种无法解脱、不愿正视的心理问题，焦虑只是矛盾、冲突的外显，借此作为防御机制以避免那些更深层次的困扰。高职生常见的焦虑有：自我形象焦虑、学习焦虑与情感焦虑。

（1）自我形象焦虑。这主要是指个别高职生担心自己不够漂亮、没有吸引力，体貌过胖或矮小等，也有的学生因为粉刺、雀斑等影响自我形象而引起的焦虑。这类焦虑主要与自我认知有关，需要通过调整自我认知重新接纳自我，从而建立新的自我形象。

（2）学习焦虑。与学习有关的焦虑如学习焦虑、考试焦虑，在高职生情绪反应中最为强烈。

（3）情感焦虑。情感焦虑多数由于恋爱受挫而引发的自我否定，认为自己不具备爱人与被爱的能力，因而过度担心引起焦虑。

2. 克服焦虑情绪的方法

克服焦虑情绪的方法主要有：了解个体焦虑后面深层次的潜在冲突，在此基础上给予支持性的专业心理辅导。

（二）愤怒

1. 愤怒情绪的表现

愤怒是由于客观事物与人的主观愿望相违背，或因愿望无法实现时，人们内心产生的一种激烈的情绪反应。心理学研究表明，当愤怒发生时，可导致人体心跳加快、心律失常、高血压等躯体性疾病，同时还会使人的自制力减弱甚至丧失，思维受阻、行为冲动，甚或干出一些事后后悔不迭的蠢事或造成不可挽回的损失。

愤怒是高职生常见的一种消极情绪。处于精力充沛、血气方刚青年时期的青年，在情绪、情感发展上往往容易好激动、易动怒。例如，有的学生因一句刺耳的话或一件不顺心的小事就会暴跳如雷；有的学生因人际协调受阻而怒不可遏、恶语伤人；有的学生因别人的观点或意见与自己相左而恼羞成怒；有的学生因一时的成功、得意而忘乎所以；有的学生因暂时的挫折或失败而悲观失望，痛不欲生。这些情绪对高职生的影响是极其有害的，因而有人说："愤怒是以愚蠢开始，以后悔结束。"

2. 克服愤怒情绪的方法

当一个人愤怒的时候，首先可以找一找愤怒的来源，以避免引起愤怒事情的发生，并努力可以提高自己的修养，使自己成为一个讲文明、有修养、遇事进道理的不骄不躁的文明人。另外，一个人产生愤怒之后，可以先离开现场，到别的地方去安静地想一想，设法拖延愤怒。此外，要避免愤怒情绪的出现，我们还应该降低期望值，不要太完美主义，不要用挑剔的眼光对待别人，不要过高地要求别人，可以学会用幽默和微笑来化解愤怒，还可以自我转移注意力，或向信任的人寻求帮助。同时，我们还应该善于总结以往愤怒的结果和教训，及时进行自我反省。

（三）嫉妒

1. 嫉妒情绪的表现

嫉妒是指他人在某些方面胜过自己引起的不快甚至是痛苦的情绪体验。嫉妒是自尊心的一种异常表现，在高职生中普遍存在。其具体表现为当看到他人学识能力、品行荣誉甚至穿着打扮超过自己时，本人内心产生的不平、痛苦、愤怒的感觉；当别人身陷不幸或处于困境时，又会幸灾乐祸，甚至落井下石，在人后恶语中伤、诽谤。嫉妒是一种情绪障碍，它扭曲人的心灵，妨碍人与人之间正常真诚地交往。嫉妒是一种消极的情绪体验。

嫉妒是人本质上的瑕疵。高职生若长期处于嫉妒的不良情绪状态中，会产生压抑感，容易引起忧愁、消沉、怀疑、痛苦、自卑等消极情绪，严重时还会损害身心健康。嫉妒心会影响高职生的自我发展。这种不良情绪不仅会大大降低高职生的学习效率，还会使他们无法与别人正常交往。嫉妒心强的人常想方设法阻止别人的发展，总想压倒别人，这会使他人想躲避他们，不愿与他们交往。这样就会给自己造成一个不良的人际关系氛围，使自己会感到孤独、寂寞。

2. 克服嫉妒情绪的方法

首先，要开阔视野、开阔心胸，懂得“天外有天，人外有人”“强中自有强中手”的客观规律。真正做到豁达开朗并非易事，如果正处在愤怒、兴奋或消极的情态下，能较平静、客观地面对现实，是能达到克服嫉妒的目标的。

其次，要学会转移注意力，需要积极进取，使生活充实起来，以期取得成功。积极参与各种有益身心的活动，使生活真正充实起来，嫉妒的毒素就不会滋生、蔓延。为了缓解自己的失败带来的心理上的不平衡感，可以找一些理由，使自己不再嫉妒别人。

再次，学习并欣赏别人的长处，化嫉妒为动力。一个人在嫉妒别人时，总是关注别人的优点，忽视自己的优点。一般而言，嫉妒心理较多地产生于周围熟悉的年龄相仿、生活背景大致相同的人群中。因此，只有采取正确的比较方法，将人之长比己之短，而不是以己之长比人之短。有意识地想一想自己比对方强的地方，这样就会使自己失衡的心理天平重新恢复到平衡的状态。

最后，建立正确的自我意识，提高自我意识水平，正确地评价自己和别人。嫉妒是一种突出自我的表现。在这种心理支配下，待人处世常常以我为中心，无论什么事，首先考虑到的是自身的得失，因而引起一系列的不良后果。若出现嫉妒苗头时，即行自我约束，摆正自身位置，努力驱除嫉妒心，会感到“心底无私天地宽”。

（四）自卑

1. 自卑情绪的表现

随着自我意识的增强，高职生对自身生理素质特别在乎，如性别、相貌、身材、体重、肤色等，都可能导致自卑感的产生，其中尤以女生为甚。而有生理缺陷的则更易产生自轻自贱的情绪，由此陷入孤独、沉默、自我封闭、神经过敏的境地，从而产生自卑心理。自卑者具有比较不正确的心理倾向，习惯拿别人的长处与自己的短处比，越比越觉得不如别人，从而形成“我很难成功”的消极自我暗示的思维定式。这种思维模式抑制了自身能力的正常发挥，最后陷入自卑的泥塘不能自拔。高职生正处于身心发展期，缺乏社会经验，自我评价能力一般偏高。他们在自我评价时，往往过高地估计自己，狂妄自大。当遇到困难、挫折时，哪怕是小挫折、小困难，他们的自信心又会受到严重的打击，情绪从高峰跌入低谷，于是便怀疑、否定自我，产生自卑的心理。

自卑者言语和行为迟钝，常常表现出说话犹豫，办事思前想后，缩手缩脚，缺乏应有的胆量和气魄。在公众场合拘谨，不善于自我表现，对批评特别敏感。具有自卑心理的高职生通常感到自己落后，不如人，对别人的话语十分敏感，自以为别人关于他的谈论都带有批评性质，自认为自己的言行举止都在被别人注意，甚至神经过敏，猜疑别人，认为所有的批评都和自己有关。对奉承反应过度，具有自卑心理的高职生因为非常希望自己在学习、活动等方面能有较好的表现和能得到别人的奉承和赞扬，为能够继续得到他人的奉承或赞扬，他们容易受到那些奉承他们的人的摆布，甚至愿意为此去做任何事情。逃避集体和集体活动，由于对自我缺乏信心，对别人的评价过于敏感，因此具有自卑心理的高职生往往很少参加，甚至不参加集体活动，以逃避他人对自己的言行进行的评价或批评。他们多游离于班集体之外，独往独来，而这样做的后果往往使他们更加孤独和不合群。防御行为较重，具有自卑心理的高职生虽然自惭形秽、自己对自己不满意，但自己内心并不接受自己的缺点，而是潜意识地将自己的不满或自责投射到别人身上去。把"我对自己的不满""我瞧不起自己"转变为"别人对我的不满""别人瞧不起我"，并因此会产生怨恨的情绪。为了维护自尊，缓和或消除这种情绪上的不安和痛苦，他们往往在日常生活和学习中表现出过强的自尊和较强的戒备心理，对别人不宽容，甚至有较强的敌对态度。容易轻视他人，具有自卑心理的高职生并不会因此变得谦虚一些，相反常有轻视、贬低别人的倾向。轻视他人无非是要表示他是不屑于像别人那样去行事。贬低别人是肯定自己和抬高自己的另一种形式而已。

2. 克服自卑情绪的方法

首先，要正确认识自我，客观评价自我。个体在不同的环境中生活和成长，由于先天和后天方面的差别，在能力、素质方面有一定的差别是毫不奇怪的。有些高职生终日沉溺于自己不如人的消极体验中，甚至回避与其他同学的交往，将自己封闭起来。正确的态度应该是面对现实，面对自己的长处和短处，从自己的外表、爱好、特长入手，善于发现自己的长处，肯定成绩和优点，不要把别人看得过高，把自己看得过低，客观地了解自己，评价自我，针对自己不如别人的方面进行自我调整和改变。

其次，运用积极的自我暗示，自我鼓励，往往能产生意想不到的效果。如果总是抱有"我不如别人""我不行，我是个差劲的家伙"这些消极的想法，将会对自己的行动产生不良的影响。相反，如果随时对自己进行"这难不倒我，我一定能做得到""别人行，我也行"之类的积极暗示，则会信心倍增。

再次，要合理升华、正确地补偿自己。为了克服自卑心理，我们可以进行两方面的补偿：一是以勤补拙；二是扬长避短。例如，苏格拉底其貌不扬，于是在哲学上痛下功夫，最后其在哲学领域大放异彩。日常生活中，要注意自我调节，扬长避短，克服自卑。这种方法尤其对那些因长相外貌或身体残疾等不可改变的现实条件而产生自卑感的高职生有较好的效果。

最后，还要学会正确地归因。自卑者是消极归因者。失败和自卑如影随形，互为因果。失败引起自卑，自卑导致失败。失败时，他们更多地归结为主观的甚至是不可改变的原因。例如，部分学生成绩不佳，他们不是从学习态度、学习方法等客观原因上找原因，而是仅仅归结为天赋不高这些主观因素。久而久之便形成习惯性无助感，产生无能感，对目标丧失信心和勇气。因此，自卑者要学会积极归因，而不是“正确”的归因。此外，还可以寻求心理咨询：自卑心理形成的原因比较复杂，要改变需要具体问题具体分析，对症下药才能从根本上解决问题。

（五）抑郁

1. 抑郁情绪的表现

抑郁情绪的主要表现为：压抑的情绪、消极的自我观念（自我抱怨或负罪感）、睡眠困扰（很难入睡或醒来）、注意力不集中、兴趣或快乐减退、体重激增或剧减、易激动或行动迟缓、想死或自杀。抑郁症不单指各种感觉，还指情绪、认知与行为特征。抑郁最明显的症状是压抑的心情，表现为仿佛掉入了一个无底洞或黑洞之中，正被淹没或窒息。其他感觉包括容易发火，感到愤怒或负罪感。抑郁常常伴随着焦虑，对所有活动失去信心，渴望一个人独居。抑郁也伴随着个体思维方式的转变，这些认知改变可以是一般性的，如注意力不集中、记忆力衰退或者很难做出决定。在思考中可能有更多的心境转变，消极地看待世界、自我和未来。因此，抑郁的人很难回忆起美好的记忆，不适当地责备自己，认为他人更消极地看待自己，对未来感到悲观。与此同时，还伴随身体症状，如常常乏力，起床变得困难，更严重时睡眠方式都将改变，睡得太多或者早晨醒得太早，并且不能再次入睡。也可能出现饮食紊乱，吃得过多或过少，随之而来的体重激增或剧减。抑郁是一种持续时间较长的低落、消沉的情绪体验，它常常与苦闷、不满、烦恼、困惑等情绪交织在一起。

一般来说，这种情绪多发生在性格内向，好孤僻、敏感多疑、依赖性强、不爱交际，生活遭遇挫折，长期努力得不到回报的学生身上。那些不喜欢所学专业，或因人际关系处理不当、失恋等问题的学生也会产生抑郁情绪。

2. 克服抑郁情绪的方法

学会自我宣泄，就是不依赖他人，单靠自己完成的疏泄过程。常用的自我宣泄方法有眼泪缓解法、转移注意力法、活动发泄法等，当情绪不佳时，做自己感兴趣的事可以转移注意力，从而起到平抑情绪的作用。较为剧烈的劳动或体育运动能在一定程度上起到缓解抑郁情绪的作用，如跑步、打球、蹦迪等运动都是最好的宣泄方式。还可以采用他助疏泄法，利用自己建立的社会支持系统，找一个值得信赖的人，将心中的想法与苦闷全盘托出，即可使抑郁得以缓解。

（六）孤独

1. 孤独情绪的产生及表现

孤独是一种常见的情绪，在一次心理健康课上，一名女生这样说道：“为什么在校园，周围有那么多的同学和朋友，但自己的内心却感到很孤独。”她的这句话引起了在场很多学生的共鸣。其实，孤独感的产生并不以周围是否有多少人为标准，而是来自每个人对周围世界的看法。

大部分人都有感到孤独的时候，但并不是人人都可以战胜孤独。有些人的孤独是内在而稳定的，他们面对孤独无能为力，束手无策；而有的人的孤独则是外在而可以控制的，这些人只是在某些特定的时间里感到莫名的孤独，他们相信自己能够驾驭它，并能积极地做些排除孤独的事情。真正的孤独，往往存在于那些虽然进行着人与人之间的接触，却没有情感和思想交流的人们之中。事实上，不管你是置身人群，或是独处一室，只要你对周围的情况缺乏起码的了解，与你身处的世界无法沟通，你就会体会到孤独的滋味。

某种程度上人类是感情的动物，人需要得到爱抚、赞许、关注才能获得更好地成长。其实可能不仅是人类，动物也具有情感。在心理学上有个著名的恒河猴实验，心理学家给刚出生的小猴子制作了两个人工妈妈。一个是用铁丝做的，有奶水；另一个是用棉花做的，没有奶水。小猴子饥饿时会到“铁丝妈妈”那里喝奶，其他大部分时间会依偎在那个“棉花妈妈”的怀抱里。因为小猴子不仅需要食物，它还需要温暖和关怀。

同样，人们的孤独感也来自不同的方面，情感的缺失、人际关系的疏离、过度地依赖网络、失恋等，都有可能使个体产生孤独感。

2. 克服孤独情绪的方法

要想克服来自情感的缺失、人际关系的疏离、过度地依赖网络、失恋等方面的孤独感，就必须要拓展人际关系，学会主动交往，提升人际交往的方法和技巧，特别要学会赞美和关注别人，提高情感和思想交流的频率和效果，多付出，多奉献，与人打成一片，共同成长，才能收获更多的温暖和关爱。

经典分享

放下包袱，轻松前进

在一座山上，住着一位无际大师。一个青年背着个大包裹千里迢迢跑来见无际大师，他说：“大师，我是那样的孤独、痛苦与寂寞，长期的跋涉使我疲倦到极点；我的鞋子破了，荆棘割破双脚；手也受伤了，流血不止；嗓子因为大声呼喊而喑哑……为什么我还不能找到心中的阳光？”

大师并不急于回答，而是问：“你的大包裹里装的是什么？”

青年说：“它对我可重要了。里面装的是我每一次跌倒时的痛苦，每一次受伤后的哭泣，每一次孤寂时的烦恼……靠着它，我才走到了你这儿来。”

于是无际大师带青年来到河边，他们坐船过了河。

上岸后，大师说：“你扛着船赶路吧！”

“什么，扛着船赶路？”青年很惊讶，“它那么沉，我扛得动吗？”

“是的，你扛不动它。”大师微微一笑，说，“过河时，船是有用的。但过河后，我们就要放下船赶路，否则它会变成我们的包袱。痛苦、孤独、寂寞、灾难、眼泪，这些对人生都是有用的。它能使生命得到升华，但须臾不忘，就成了人生的包袱。放下它吧！孩子，生命不能太负重。”

青年放下包袱，继续赶路，他发觉自己的步子轻松而愉悦，比以前快得多。感悟：“放下包袱，轻松前进”，这句话不无裨益。

在无际大师的开导下，青年终于知道了生命是可以不必如此沉重的道理。

【分析】事实上，我们每个人都要学会放下人生道路上遭遇的痛苦、孤独、寂寞、灾难等，让自己轻松前进。

心 理 训 练

梳 理 情 绪

1．训练目标

了解情绪对个体的作用，学会感知情绪。

2．训练时间

40 分钟。

3．训练内容

（1）准备情绪梳理卡片、放松音乐。

（2）冥想状态：伴随舒缓的音乐，选择舒适的姿势，放松肌肉，回想近一时期生活中发生的事件，并注意自己情绪上的变化。

（3）每人填写一张卡片，并完成下列句子。

最近让我感觉高兴的事情是________。当时我的心情是________，现在想起这件事，我的心情是________。

最近让我感觉不高兴的事情是________。当时我的心情是________，现在想起这件事，我的心情是________。

每当心情好的时候，我会觉得________。

每当心情糟的时候，我会觉得________。

我的心情总是________。

（4）小组内分享，感受情绪对生活、行为、健康的影响，认识积极情绪的重要性。

成 长 反 思

（1）高职生的情绪有什么特点？

（2）怎么对待我们常见的一些情绪困扰？

专题三　情绪管理和情绪智力培养

能 力 目 标

（1）了解情绪管理的意义。

（2）了解情绪管理的方法。

（3）掌握培养情绪智力的方法。

情绪管理和情绪智力培养

导入案例

被遗忘的人

小王是家中的独生女，父母对其管教较严格，尤其对学习要求很高。进入高职院校后，没有了母亲在身旁督促学习，没有了高中的紧张氛围，小王突然感到不知道要做什么了。除了学习吃饭外，大部分的课余时间都用来睡觉了。小王认为，睡觉既可以恢复精力，又可以放松心情，尤其是不开心的时候，她感到睡一觉坏情绪就会过去，但是时间久了，小王感到没有融入宿舍同学的生活。她在日记本上写道："来到高职院校，我最大的困扰是经常莫名其妙的心情不好。当然这不是进了高职院校才有的现象。上高中时就有过，但是最近更严重，我感觉自己很孤独，很想自己一个人静一静，周围的一举一动我都觉得很烦，我会很没耐心，这种时候经常在宿舍的床上翻来覆去，甚至觉得朋友或者生活都没意思，完全活在自己的世界里。有时情绪控制不住就会一个人偷偷地哭，不理人。我觉得自己这样跟性格有关，以前我很喜欢和朋友在一起，但大家都很忙，就觉得关系越来越疏远了，因此就感到被遗忘，有了孤独感。"

【分析】小王遇到的问题是众多高职生可能遇到的问题之一。处于青春期的高职生，由于生理和心理的迅速成熟，生活环境的变动，成长任务的内容增加，加之情绪的波动性较大，容易陷入情绪的困扰，产生消极的情绪体验。情绪困扰是高职生群体中比较突出和普遍的问题。

希腊哲学家伊皮克特德说："使人不安的不是事物本身，而是人们通过这事物做出的结论。"生活中，每个人都不可能一帆风顺，总会存在着不尽人意的地方，不同的人在相似的挫折和困难面前，会呈现不同的态度，怨天尤人和自悲自怜都是解决不了问题的。在困难面前，如果我们能换个积极的角度看问题，也许我们得到的就是另一种生活的答案。

一、情绪和情绪管理的意义

情绪对一个人的心理成长和发展有着重要的影响。良好的情绪可以促进身心健康，而情绪失调则会破坏身心健康。情绪管理是指个体在对待认知内容的态度上，能够调动自我觉察、自我控制、自我调适的能力，使自身情绪与社会环境相适应，从而达到促进自我发展的目的。

情绪的管理不是要去除或压制情绪，而是在觉察情绪后，调整情绪的表达方式。有心理学家认为，情绪调节是个体管理和改变自己或他人情绪的过程，在这个过程中，通过一定的策略和机制，可以使情绪在生理活动、主观体验、表情行为等方面发生一定的变化。这样说，情绪固然有正面、有负面，但真正的关键不在于情绪本身，而是情绪的表达方式，以适当的方式在适当的情境表达适当的情绪，就是健康的情绪管理之道。情绪管理就是善于掌握自我，善于控制和调节情绪，对生活中矛盾和事件引起的反应能适可而止地排解，能以乐观的态度、幽默的情趣及时地缓解紧张的心理状态。对于高职生来讲，管理情绪、调节情绪、驾驭情绪，做情绪的主人，不仅是维护身心健康的需要，而且也是自我发展和人格成熟的条件。

（一）积极情绪与消极情绪

情绪对我们的身心影响是非常大的，一般来说，个体的行为都是在特定的情绪背景下进行的，行为的方向、强弱都受活动主体情绪状态的影响和调节。积极的情绪可以使人工作效率提高，有利于身心健康；相反，消极的情绪则通常会使人工作效率降低，不利于身心健康和个体发展。对高职生而言，了解自己情绪的一般规律及情绪发展的特点，对进一步认识自己、培养良好健康的心态是非常必要的。

所谓的积极情绪反映个体体验积极感觉的程度，如高兴、兴趣、热情等。消极情绪则代表个体对某种消极的或厌恶的情绪体验的程度，如紧张、悲哀、烦恼等。

我们对待情绪也要如同我们对待周围的世界一样，学会使用客观辩证的观点去看待。对待任何情绪，都要适度把握，否则将会产生过犹不及的结果。我们在现实生活中遇到的负面情绪有时候也会帮助我们调适自我，如我们经常遇到的情绪——焦虑，适度的焦虑有利于个体对活动目标的专注与投入，在一定程度上能够激发人的潜能，使人的活动效率得到提升；哭泣在很多时候也是有利于减缓人的内心压力和释放内在的抑郁情绪。

（二）情绪管理对个体发展的意义

1. 有利于个体自我意识的发展

个体自我意识的发展与完善，有赖于个体自身及其所处的成长环境。情绪与认知都会影响个体自我意识的形成，拥有良好的情绪管理能力，必然会促进个体树立正确的自我认知观念，有利于个体积极地自我接纳与自我实现。

2. 有利于个体人际交往

情绪在人际交往的过程中发挥着重要的影响作用，无论是积极情绪还是消极情绪都会在人际关系中进行传递和扩散，拥有良好的情绪管理能力，不仅使人善于自我情绪觉察，同时，对觉察他人的情绪也十分有益，容易成为受别人欢迎的人。

3. 有利于个体身心健康

亚里士多德曾言：生活的本质在于追求快乐，而让自己的人生变得快乐的途径有两种：不断地发现有限生命中的快乐时光，并增加它；发现那些令自己不快乐的时光，并尽量减少它。拥有良好的情绪管理能力的人最大的优势就在于面对相似生活情境的时候，他们会更多地寻找事情的积极面，不是困难不存在，而是我们终究选择了以什么样的态度应对它。因此，情绪管理的过程其实也是一个不断调整自我身心健康发展的历程。

二、情绪管理的常用方法

情绪管理的核心是情绪调控。学会运用合理的情绪调控方法对促进自我身心健康的发展及塑造良好的人际关系都具有非常重要的意义。

（一）改变认知，摒弃心中的不合理理念

调控情绪的秘诀在于从不合理想法转到合理想法。一般来说，不合理想法有三个特征：绝对化要求、过分概括化和糟糕至极。

绝对化要求通常与“必须如何”“应该如何”这类字眼联系在一起。例如，“你必须按照我的要求去做”“你就应该对我好”，等等。过分概括化体现在一些人常常以自己做的某一件或几件事的结果来评价自己，一旦事情不如自己的意愿就会认为自己“一无是处”“一钱不值”，等等。糟糕至极体现在当一个人觉得某件事情很糟糕的时候，往往意味着这是最坏的事情，甚至感觉会是一种灭顶之灾。

我们在遇到很多负面情绪的时候，其实都来自对事物本身的看法。有的学生羡慕别人光鲜华丽的外表，有的学生羡慕别人有优秀的成绩，有的学生羡慕别人谈恋爱，有的来自贫困家庭的学生看到周围家庭条件优越的同学时，心里容易产生自卑，也有的会产生嫉妒、孤独、焦虑、愤怒等情绪，从而怨天尤人，不思进取，沉溺于虚拟的网络空间，或整日浑浑噩噩，度日如年，缺乏上进心和清晰的人生理想。

其实每个人都会在生活中遇到不尽人意的地方，大部分人都能积极地改变认知，保持一种积极乐观的人生态度享受当下，而有的人暂时可能还做不到。问题的关键就是我们需要客观理智地面对周围的世界，摒弃我们心中的不合理理念，“金无足赤，人无完人”，谁都会有一些人生的缺憾，千万不要一味地拿自己的不足与别人的长处相比，也许你在别人的眼里，也是他们羡慕的对象，所以我们要能学会给自己的心灵转换空间，换一个视角看待同一问题，也许你会快乐豁达许多。

（二）自我鼓励，保持积极健康的心态

心态决定个体对自己、对他人、对事物的判断，会直接决定个体的情绪，影响个体行为的选择。

在我国民间曾流传这样一个故事。有位老太太有两个女儿，女儿都出嫁了，大女儿家开伞店，小女儿家开洗衣店。老太太天天为女儿忧愁，为什么呢？在雨天，担心小女儿洗的衣服晒不干；在晴天，担心大女儿家的雨伞卖不出去。总之，每天都有让她忧愁的事。后来，有个人告诉她：“老人家，您好福气啊！下雨天，您大女儿家生意兴隆；大晴天，您小女儿家生意兴隆。对您来说，哪一天都是好日子。”老太太转念一想，内心舒服了许多。

面对不良情绪出现的时候，个体需要冷静地自我觉察，尽可能比较客观、比较全面地分析事情，积极找出事情的有利因素，并适当给予自己安慰和鼓励。积极健康的心态是生活的动力和助推器，平时注意保持良好的心态，自然会容易化解生活中许多不良的情绪。

（三）转移注意力，寻找合理宣泄的方式

当情绪不佳的时候，我们尽可能让自己努力跳出情绪的漩涡，从当前的情绪和所处的情境中暂时抽身出来，尽量不要让自己长时间或一直沉浸在负面情绪之中。这个时候，可以转移注意力做别的可以接受的事情。例如，某天在宿舍因为舍友关系的问题让自己

非常苦恼或烦躁时，我们可以冷处理，把刚刚发生的不愉快暂时放在一边，可以走出宿舍，约上信任的朋友一起在校园里散步，同时向对方倾诉一下自己的感受，当然也可以约朋友一起去看场电影、吃美食、听音乐。你还可以选择读书，在书中可以找到心灵的慰藉，读一些能给自己带来力量的书籍，以此让自己心情好一些。

下面这些调节方法不仅可以用来进行自我调节，还可以用来帮助他人调节情绪，需要的时候不妨一试，来激发正面情绪，使自己快乐起来。

1. 生理平衡法

生理平衡法是一种快速改变自己或他人情绪状态的方法。每当自己或他人出现负面情绪且想摆脱时，可以采用这种方法，来帮助自己或他人改变情绪状态，保持甚至增强对环境变化的适应能力，几分钟之内便有效果。

第一步：保持坐姿，双腿伸直，双脚叠放，双手手指亦交叉结合，反转至胸口。具体步骤如下：

（1）双手叠放，假如右脚在左脚之上，则右手亦在左手之上。

（2）伸出手指，双手拇指向下，掌心对掌心。

（3）双手手指交叉，合掌。

（4）双手握成的拳头向下向胸口方向翻转向上，直至紧贴胸口，眼睛下望可以望到手指。

第二步：舌尖向上顶住口腔内上腭门牙稍后的地方，把呼吸速度调慢。

第三步：把全部注意力转移至心脏上，维持三分钟。

2. 调息放松法

调息放松法是一种最简单却颇为有效地控制呼吸达到放松的方法，通过深呼吸缓解焦虑。

（1）保持坐姿，背部向后靠并挺直，头、颈、背在一直线上，松开束腰的皮带或衣物，将双掌轻轻放在肚脐上，要求五指并拢，掌心向内。

（2）闭上双眼，平静呼吸，体会气流先进入鼻腔，并向上冲击鼻腔顶部，然后再进出双肺的感觉。注意保持呼吸的平静与自然，不要随便改变呼吸的节律，同时也要体会腹部随呼吸运动的感觉。保持呼吸缓慢、有节律地进行，吸气时让腹壁轻轻地扩张，呼气时腹壁回缩，而胸腔不动。

（3）在练习过程中，随着气体的吸入，想象你将宇宙能量、生命之力及平和的气息吸入体内，而随着气体的呼出，你的紧张情绪、疾病及身体杂质也都随之排出体外。注意：练习时始终保持头脑的清晰，摒除一切杂念。

3. 积极自我暗示法

生活中，有很多自我暗示的现象。例如，清晨对着镜子梳妆打扮时，如果看到自己的脸色很好，往往会心情舒畅，这是一种积极的暗示；如果发现自己的脸色不好，眼皮略有水肿，有的人可能会怀疑自己的肾脏出了毛病，于是就感到腰痛，这是一种消极的暗示。主动地运用积极的自我暗示可以帮助我们调节情绪，具体的做法如下：

（1）言语自我暗示。设计一句鼓励自己的话作为常用语，如在减肥时，绝对不能说“我不要胖”，因为这时潜意识得到的暗示不是“不胖”，而是忽略了“不”的“胖”，应该说“我要瘦”。在考试前感到焦虑的时候，可以对自己说“我一定能行”来激励自己。

（2）动作和表情自我暗示。例如，微笑的表情可以给我们带来好的心情。早晨起床给自己一个微笑，每天就会快乐一点。

4. 升华

升华是对不良情绪的一种高水平的调试，通过其他事情的成功来改变自己的失败处境，改善自己的心境，将强烈的情绪冲动所带来的能量，转化为建设性的、有价值的、有积极意义的事情的力量，也就是我们通常所说的化悲痛为力量。

（四）多与外界沟通，建立良好的社会支持系统

负面情绪是可以通过个人的努力改变和战胜的。如果在情绪不佳的时候，能够获得周围信任的他人的情感支持，相信没有人会拒绝的。平时，可以多与外界进行交流和沟通，在与亲属、朋友、同学、老师的交流中增加个体内心的安全感，在相互理解和倾诉中自然化解内心的困惑；也可以经常参加集体活动，不但密切与他人的关系，还可以获得学习和发展的机会。

（五）寻求心理咨询，获得心理健康资源的帮助

对高职生而言，在校期间遇到任何情绪不好的时候，都可以主动地寻求身边的心理健康资源的帮助。例如，可以主动与信任的朋辈沟通，从同龄人那里也许会获得一些启发和帮助；还可以主动到学校心理健康中心寻求心理咨询师的帮助，他们会用心理咨询的专业技术和方法倾听你的心声，陪伴、共情，与你一起探讨问题。

三、情绪智力的培养

（一）情绪智力的含义

情绪智力，也叫情绪智慧，经常被称为情商（EQ）。情商其实是度量自我管理情绪的能力也就是情绪智力的指标。心理学家丹尼尔·戈尔曼认为，在一个人的成功过程中，智商和情商缺一不可。智力是成功的根本，只有具备了较高的智力水平，才有可能获得成功。但是，仅有智力并不能保证个体能获得成功，具有较高的情商才可以更好地帮助一个人去争取并获得成功的机会。

情绪智力的高低主要表现在以下五个方面。

1. 认识自身情绪的能力

了解自我，监视情绪时时刻刻的变化，能够觉察某种情绪的出现，观察和审视自己的内心体验，它是情感智力的核心，只有认识自己，才能成为自己的生活主宰。

2. 妥善管理自身情绪的能力

自我管理，调控自己的情绪，使之适时、适度地表现出来，与自己的意愿相符与周围的环境相符，即能调控自己。

3. 自我激励的能力

自我激励，能够依据活动的某种目标，调动、指挥情绪的能力，它能够使人走出生命中的低谷，从头再来。

4. 认识他人情绪的能力

认识他人的情绪，能够通过细微的社会信号，敏感地感受到他人的需求与欲望，这是与他人正常交往、实现顺利沟通的基础。

5. 人际关系管理的能力

处理人际关系，调控自己与他人情绪反应的技巧，此项能力高的人都有比较高的组织管理能力，能轻松胜任管理和领导的岗位。

我们都知道，一个人的智商可以影响我们的成就，爱因斯坦的智商很高，这帮助他成为伟大的物理学家。但是一个人的情商也可以影响一个人的成就，情商反映着认识、控制和调节自身情绪的能力，反映着情感品质的差异，情商对于人的成功起着比智商更加重要的作用。

情商主要与非理性因素有关，它影响着认识和实践活动的驱动力，它通过影响人的兴趣、意志、毅力，加强或弱化认识事物的驱动力。智商不高而情商较高的人，学习效率虽然不如高智商者，但是，有时候能比高智商者学得更好，成就更大。因为锲而不舍的精神，会使他们以勤补拙。另外，情商是把握和调节自我和他人情感的一种能力，因此与人际关系的处理有较大的关系，其作用与社会生活、人际关系、健康状态、婚姻状态有着密切的关联。

情商低的人，人际关系紧张，婚姻容易破裂，领导水平不高。而情商较高的人通常有较健康的情绪，有较完满的婚姻和家庭，有良好的人际关系，容易成为某个部门的领导人，具有较高的领导管理能力。

（二）培养情绪智力的方法

1. 培养良好的情绪觉察能力

前述已及，情绪觉察能力是个体情绪智力概念中重要的因素之一，在美国心理学家彼得·萨洛维与约翰·梅耶提出情绪智力理论中，将情绪管理能力作为情绪智力理论结构中的一个维度进行了详细的描述。情绪管理能力维度具体包括：对愉快和不愉快的情感保持开放心情的能力；根据对信息的判断和利用，熟练进入或远离某种情绪的能力；熟练觉察自己和别人相关情绪的能力，如清晰性、象征性，影响力或逻辑推理其意义；真实把握信息，管理自我和他人情绪，调节消极情绪，促进积极情绪的能力。

因此不难看出，情绪觉察能力是个体情绪表达与情绪控制的前提与基础，拥有良好的情绪觉察能力，不仅会更好地认识自我、接纳自我，而且对于理解他人、培养共情能力、塑造良好的人际关系等方面是具有促进作用。培养良好的情绪觉察能力的方法有以下几个方面。

（1）认知法。个体对情绪有良好的认知，要建立在学习与日常对情绪觉察与体验中，学习与了解情绪相关的知识，如情绪的生理机制、情绪表现与情绪识别的跨文化研究、情绪的种类等，从而对了解自我的情绪与他人的情绪起到指导与借鉴的作用。

（2）反思法。个体要在现实生活中，耐心体会情绪的变化，无论是对自己或他人，不断尝试觉察引起情绪变化的因素，思考如何控制自己的情绪等。只有对情绪有良好的认知，我们才能更好地选择恰当的情绪表达。

（3）交谈法。个体在与比较信任和亲近的家人、朋友、师生、心理咨询师的交谈中，要不断地促进自我觉察，我们常说“朋友是自己的一面镜子”，我们通过与他们交流，帮助自己更全面、更深刻地了解自己，了解我们的情绪是如何表达的，通常我们的情绪调控方式合理吗？也可以积极主动地询问对方如何评价我们的情绪管理，并虚心接受，这些建议与体会对提高自我的情绪觉察能力有良好的帮助。

2. 选择恰当的情绪表达方式

情绪表达指的是我们内在的情绪往往会通过某种外在的形式表现出来。无论选择何种情绪表达方式，它都会是影响人际交往的重要因素之一。通常，我们所说的情绪表达包括言语与非言语的方式。

（1）言语表达方式。言语是心理学研究的对象，它是不同于语言的，语言是一种符号系统，是社会现象，存在于人们的言语活动中。而言语是人们在交际和活动中应用言语的过程和产物。言语是心理物理现象，具有个体性和多变性。不仅每个人都有自己的言语风格，而且同一个人在不同的场合，其言语表达方式也不同。从心理学视角而言，言语分为外部言语（口头言语、书面言语）和内部言语（对自己发出的言语，是思考时的言语活动）。因此，我们在选择情绪表达方式中，要十分注意言语表达，可以恰当地选择说，也可以选择写。无论是说和写，都要注意表达的语气、风格及程度。尤其是在我们遇到情绪困扰的时候，适当的倾诉和写出烦恼（如写日记、写微博等）都具有缓解不良情绪的作用。

（2）非言语行为表达方式。非言语行为是相对于言语而言的，它在情绪表达方式中占有十分重要的意义，包括我们的目光、面部表情、肢体语言、衣着、声音等。我们在情绪表达过程中有时候不需要言语完成，非言语同样起到情绪传递的功能，如自己的情绪稍微有点紧张，那就让自己深呼吸，使自己慢慢地安静下来。不管是言语表达还是非言语行为表达，都要恰当地把握分寸，选择适合自己当下的情绪表达方式。

3. 掌握科学的情绪放松技巧

当情绪不佳的时候，如何能短时有效地缓解情绪，让自己舒服一些。你可以尝试深呼吸、想象放松、肌肉放松等方法。

（三）高职生高情商的典型表现

情商高的人，往往具有以下特点。

1. 喜欢钻研他人行事的动机

情商高的人对人类行为非常着迷。他们会注意到其他人的肢体语言、方言甚至是面部微妙的表情。因为他们喜欢观察别人，所以也就能明白每个人的独特之处。

2. 热情的领导者，言出必行

情商高的人都知道要言出必行。作为领导者，他们不是站在背后发号施令，而是走在前面做出表率。

3. 清楚自己的优势和短板

情商高的人清楚，最大的缺陷不能说明自己弱势的一面，而最大的优势则可以显示出自己强势的一面。他们会充分发挥自己最大的优势，来弥补自身的不足。

4. 能够平静地面对过去

情商高的人根本没有时间去后悔。他们放下过去，着眼当前。因为他们知道，只有这样才能进步。

5. 对未来充满信心

情商高的人并不会因为未来难以预料而心神不宁。他们的生活很快乐，不需要水晶球预测未来。因为对他们来说，生命应当是一次刺激的冒险之旅，而非预先安排的常规生活。

6. 能够活在当下，体会当前的每一刻

情商高的人不会简单地“度过”每一天。相反，他们会积极体验每一天每一刻的细腻与微妙。

7. 是一个成熟主动的聆听者

情商高的人知道，“听到”和“聆听”是两个截然不同的概念。他们会用提问题的形式重复别人说过的话，确保自己没有遗漏任何信息。

8. 知道自己为什么不高兴

情商高的人不会让自己的消极情绪影响自己。他们会主动寻找自己不开心的原因，最重要的是，他们会想办法让自己开心起来。

9. 能自如地和朋友及陌生人交谈

情商高的人从不会不喜欢陌生人。他们不在乎陌生人的年龄、种族、宗教、性别或者政治立场。因为他们知道，我们都是一样的人，所以真诚地对待每个人。

10. 在生活和工作上都严守道德标准

无论是在工作还是生活上，情商高的人都会遵循道德标准和原则。他们每一个人的价值观可能会有所不同，但是都会用高标准来要求自己。

11. 非常热心助人

情商高的人认为助人不需要理由。他们会帮老人拎食品袋，会在晚餐后洗碗，如果他先进门，无论后面是女士还是男士，他都会为他们把住门。

12. 能像读一本书一样去了解一个人

情商高的人会关注一个人的手势、表情和肢体语言。他们知道不能仅依靠一个人的言语来认识他，因为一个人说的话通常不能代表为他的全部。

13. 坚定地追求自己的目标

不论花费多长的时间，情商高的人都会为成功不断地努力。他们愿意面对问题，解决问题。因为，只要不放弃，成功终会如约而至。

14. 拥有强大的内心驱动力

情商高的人有长久的内心推动力。他们不去想最后的结果究竟如何，而是享受整个过程。因为，个人的成长并不是源于成功的那一刻，而是源于为成功奋斗的整个过程。

15. 在必要的时候敢于说“不”

情商高的人知道自己不可能做到所有事情，所以会优先处理最重要的事。

经典分享

三件事

致力于研究身心成长的作家张德芬说过，天下能引发自己产生情绪的只有三件事：自己的事，别人的事，老天的事。关于这三件事，她有如下解释：

一件是“自己的事”：诸如上不上班，吃什么东西，开不开心，结不结婚，要不要帮助别人……自己能安排的皆属之。

一件是“别人的事”：诸如小张好吃懒做，小陈婚姻不幸福，老陈对我不满意，我帮助别人却不被感激……别人主导的事情皆属之。

一件是“老天的事”：诸如会不会下雨、地震、战争……人能力范围以外的事情，都属于老天爷的管辖范围。

人的烦恼情绪主要来自：忘了自己的事，爱管别人的事，担心老天爷的事。所以要轻松自在其实很简单：打理好“自己的事”，不去管“别人的事”，不操心“老天爷的事”。如果真能做到如此，人还会有烦恼的情绪吗？

【分析】拥有人生幸福的方法很简单：时刻牢记分清人生之件事，我们只对自己负责。

心理训练

情绪放松训练

1．训练目的

让学生体验情绪放松的感觉。

2．训练时间

40 分钟。

3．训练内容

（1）请学生慢慢地闭上眼睛，跟随音乐和教师朗读的内容，放松身体，专心聆听。听完之后，觉察一下自己的身体、心理有什么感觉？

（2）与身边的同学相互分享一下自己的感受。

成长反思

（1）如何理解情绪的管理？

（2）如何提高自己的情绪智力？

心理测试：情绪稳定性自测

1．测试目的

测试个体情绪的稳定性。

2. 测试时间

20 分钟。

3. 测试内容

根据自己的实际情况回答以下 30 个问题。

(1) 看到自己最近一次拍摄的照片，你有何感想？
A. 觉得不称心　B. 觉得很好　C. 觉得可以

(2) 你是否想到若干年后会有什么使自己极为不安的事？
A. 经常想到　B. 从来没有想过　C. 偶尔想到过

(3) 你是否被朋友、同事、同学起过绰号、挖苦过？
A. 常有的事　B. 从来没有　C. 偶尔有过

(4) 你上床以后，是否经常再起来一次，看看门窗时候关好、煤气是否关好等？
A. 经常如此　B. 从不这样　C. 偶尔这样

(5) 你对与你关系最密切的人是否满意？
A. 不满意　B. 非常满意　C. 基本满意

(6) 你在半夜的时候，是否经常觉得有什么值得害怕的事？
A. 经常　B. 从来没有　C. 极少有这样的情况

(7) 你是否经常因梦见什么可怕的事而惊醒？
A. 经常　B. 没有　C. 极少

(8) 你是否经常有多次做同一个梦的情况？
A. 有　B. 没有　C. 记不清

(9) 有没有一种食物使你吃后呕吐？
A. 有　B. 没有　C. 记不清

(10) 除去看见的世界外，你心里有没有另外一种世界？
A. 有　B. 没有　C. 记不清

(11) 你心里是否时常觉得你不是你现在的父母所生？
A. 有　B. 没有　C. 记不清

(12) 你是否曾经觉得有一个人爱你或尊重你？
A. 有　B. 没有　C. 记不清

(13) 你是否常常觉得你的家庭对你不好，但是你又确知他们的确对你好？
A. 有　B. 没有　C. 记不清

(14) 你是否觉得没有人十分了解你？
A. 是　B. 否　C. 偶尔

(15) 你在早晨起来的时候最经常的感觉是什么？
A. 忧郁　B. 快乐　C. 说不清

(16) 每到秋天，你经常的感觉是什么？
A. 秋雨霏霏或枯叶遍地　B. 秋高气爽　C. 说不清

(17) 你在高处的时候，是否觉得站不稳？
A. 是　B. 不是　C. 有时这样

（18）你平时是否觉得自己很强健？
A．否　　B．是　　C．不清楚

（19）你是否一回家就立刻把房门关上？
A．是　　B．否　　C．偶尔是

（20）你坐在小房间里把门关上后，是否觉得心里不安？
A．是　　B．否　　C．偶尔是

（21）当一件事情需要你做决定时，你是否觉得很困难？
A．是　　B．否　　C．偶尔是

（22）你是否常常用抛硬币、玩纸牌、抽签之类的游戏来测凶吉？
A．是　　B．否　　C．偶尔是

（23）你是否常常因碰到东西而跌倒？
A．是　　B．否　　C．偶尔是

（24）你是否需要用一个多小时才能入睡，或醒得比你希望的早一个小时？
A．经常这样　　B．从不这样　　C．偶尔这样

（25）你是否曾经看到、听到或感觉到别人察觉不到的东西？
A．经常这样　　B．从不这样　　C．偶尔这样

（26）你是否觉得自己有超越常人的能力？
A．是　　B．否　　C．偶尔是

（27）你是否曾经觉得因有人跟着你走而心里不安？
A．是　　B．否　　C．不清楚

（28）你是否觉得有人在注意你的言行？
A．是　　B．否　　C．不清楚

（29）当你一个人走夜路时，是否觉得前面潜藏着危险？
A．是　　B．否　　C．偶尔是

（30）你对别人自杀有什么想法？
A．可以理解　　B．不可思议　　C．不清楚

【评分标准】

对于以上各项答案，选 A 得 2 分，选 B 得 0 分，选 C 得 1 分。统计各题得分，算出总分。得分越少，说明个体的情绪状况越佳，反之越差。

0～20 分，表明个体的情绪稳定，自信心强，具有较强的美感、道德感和理智感，有一定的社会活动能力，能理解周围的人的感情，可以顾全大局，是一个性情爽朗、受人欢迎的人。

21～40 分，表明个体的情绪基本稳定，但较为深沉，对事情的考虑过于冷静，处事淡漠消极，不善于发挥自己的个性，自信心受到压抑，办事热情忽高忽低，瞻前顾后，踌躇不前。

41 分以上，表明个体的情绪极不稳定，日常烦恼太多，使自己的心情处于紧张的矛盾之中。

如果个体得分在 50 分以上，则是一种危险信号，务必请心理医生做进一步诊断。

模块九 挫折应对

模块导读

俗话说，“人生不如意事十之八九”。一个人的一生不可能总是一帆风顺。从来不遭遇任何挫折的人是不存在的，伟大人物如此，普通人也不例外。没有挫折就没有成长，人生就是不断磨炼、不断挑战，在挑战和历练中排除万难不断成长、成熟和升华的过程。在挫折与失败面前，痛哭、悔恨、怨天尤人并不能解决问题，正确做法是沉着冷静、临危不乱，积极寻找解决问题、战胜困难的办法，总结经验教训。高职生正值风华正茂的时期，但随着成长发展也会面临各种大大小小的挫折，只有敢于直面挫折、奋力克服挑战，才能在挫折中腾飞、在拼搏中成功。通过本模块的学习，高职生能够明晰挫折的含义，了解挫折的类型、产生的原因及高职生挫折心理的特点，掌握增强抗挫能力的方式方法。

名人名言

每一种挫折或不利的突变，是带着同样或较大的有利的种子。

——爱默生

资源导航

1．推荐书籍

（1）力克·胡哲，人生不设限［M］．彭蕙仙译．天津：天津社会科学院出版社，2011.

（2）尼古拉·奥斯特洛夫斯基，钢铁是怎样炼成的［M］．邢兆良译．昆明：晨光出版社，2014.

2．推荐电影

（1）《当幸福来敲门》，2006 年，导演：加布里尔·穆奇诺。

（2）《面对巨人》，2006 年，导演：埃里克斯·肯德里克。

3．推荐视频

《我和世界不一样》，尼克·胡哲，优酷视频，2013 年 3 月 24 日。

专题一 挫折及其来源

能 力 目 标

挫折及其来源

(1)理解挫折的含义。
(2)了解挫折的类型和挫折产生的原因。
(3)了解高职生挫折的主要来源。

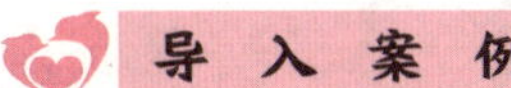

导 入 案 例

失败的创业起步

小林是某工程职业学院的毕业生。他曾参加了市政府举办的全市落实创业政策恳谈会。会上,他提出自己想建立一个对大学生求职提供指导的网站,这个想法马上得到了在场的市领导的赞赏和支持。在市领导的鼓励下,这个充满了创业激情的小伙子迅速完善了先前酝酿许久的创业计划书,架构起未来网站的基本框架。但一个绕不开的问题是,由于网站开发程序非他所长,必须找专业的技术人员来完成,这名技术核心人物在哪里?苦苦找寻数月无果,小林只好暂时收起创业的梦想,先找份工作,给别人打工。

"对创业条件分析不足,这是我最大的失败。"小林这样总结自己失败的原因。

【分析】小林具有创业的热忱和远大的抱负,并且敢想敢做,也善于抓住机会表达自己,争取支持。可惜,对于创业的规划和准备不足,导致他第一次创业失败。同时,我们也可以看到,这次挫折失败并未令小林一蹶不振,而是暂时搁下计划去找工作,积累实力和资源。这说明他能够理性地对待挫折,根据现实情况做出调整。

一、挫折的含义和类型

(一)挫折的含义

挫折是指人类个体在从事有目的的活动过程中,指向目标的行为受到阻碍或干扰,致使其目标不能实现、需要无法满足时所产生的情绪状态。简言之,即个体由于目的行为受阻而产生的情绪反应。挫折主要包括以下三个方面的含义。

1. 挫折情境

挫折情境指人们在有目的的活动中所遇到的存在内外障碍或干扰的情境。构成挫折情境的可能是人或物,也可能是各种自然环境或社会因素,如地震、台风、考试失利、失恋、失业等。

2. 挫折认知

挫折认知是指个体对挫折情境的知觉认识和评价。挫折情境是否导致挫折心理,往往取决于挫折认知。对挫折的认知和内心感受是形成挫折的重要来源。个体受挫与否，是由当事人按照自己对动机、目标与结果之间关系的认识、评价和感受来判断的。对某人构成挫折的情境和事件，对另一人不一定构成挫折，这就是个体感受的差异。

3. 挫折反应

挫折反应是指个体在挫折情境下所产生的烦恼、困惑、焦虑、愤怒等负面情绪交织而成的内心感受，即挫折感。

一般来说，挫折情境越严重，挫折反应就越强烈；反之，挫折反应就轻微。但是，只有当挫折情境被主体所感知时，才会在个体心理上产生挫折反应。如果出现了挫折情境而个体没有意识到，或者虽然意识到但并不认为很严重，那么个体也不会产生挫折反应，或者只产生轻微的挫折反应。因此，挫折反应的性质和程度主要取决于个体对挫折情境的认知。

（二）挫折的类型

1. 缺乏性挫折

缺乏性挫折主要是指人们无法拥有自己认为非常重要的东西时所产生的心理挫折。由于缺乏物资、能力、经验、感情及生理条件等所产生的挫折都属于缺乏性挫折。例如，由于缺乏基本的生活费用而为衣食发愁，由于缺乏知心朋友而感到孤独，由于色盲而不能就读自己喜爱的美术专业，等等。

2. 损失性挫折

损失性挫折是指失去了原来拥有的重要东西而引起的心理挫折。名誉、地位、财产的丧失及家庭解体、亲人亡故、恋人分手等所导致的挫折都属于损失性挫折。例如，有的学生在中学时是出类拔萃的“尖子生”，但进入高职院校后，由于强手如林而失去了学业上的优势，变成了学校里的“一般生”，其内心非常失落，这就是损失性挫折。

3. 阻碍性挫折

阻碍性挫折是指那些在需要和目标之间出现阻碍所导致的挫折。由于自然或人为的障碍、客观或想象的障碍所造成的挫折都属于阻碍性挫折。例如，想念亲人但因路途遥远而不能相见，明明达到了本科录取分数线却因为志愿填报不合理而被专科学校录取，等等。

（三）挫折产生的原因

挫折产生的原因有很多，可分为外部因素和内部因素两个方面，它们之间相互作用，导致了个体挫折感的产生。

1. 挫折产生的外部因素

受挫的外部因素又称客观因素，主要包括自然环境、家庭环境、学校环境、社会环境四个方面。

（1）自然环境因素，包括由不以人的意志为转移的时间、空间的限制，或者无法预料的地震、洪水、台风、海啸、车祸等天灾人祸，给个体的发展带来某种阻碍，致使个体的需要得不到满足而受挫。

（2）家庭环境因素。家庭对每个人的影响是巨大的，家庭环境对每个人的思维和处事方式都会产生长远的影响。家庭的经济基础、父母的教育方式、父母婚姻状况、家庭成员的相处状态等都会成为引发挫折心理的重要因素。

（3）学校环境因素。学校是个体接受教育、成长成才的重要载体，学校的学习环境、管理方式、教师教育教学水平、学风状况、评价导向及人际交往的和谐程度等都会对个体的身心状态产生重大的影响。

（4）社会环境因素。每个人的生活都受社会环境变化的影响，社会的经济发展水平、治安状况、风俗习惯、道德伦理、文化观念、就业状况等都直接冲击着个体的身心状况。

2. 挫折产生的内部因素

挫折产生的内部因素主要包括个体生理因素、认知因素、个性因素、动机因素等。

（1）生理因素。生理因素是指在现实生活中，个体由于自身的性别、身高、容貌及某些生理缺陷、疾病等情况，导致其发展受限制、需要不能满足，从而引发相应的消极情绪状态。

（2）认知因素。认知因素是指个体的思想观念、思维模式、处事态度、归因倾向等内隐心理特征影响着其自身的情绪和行为，当个体对外界事物、自身发展及所处情境产生不合理的认知时，容易产生挫折心理。

（3）个性因素。个性因素是指个人的性格特征、兴趣爱好、世界观都对挫折承受力有重要作用。性格开朗、乐观、坚强、自信的人，其挫折承受力强；性格孤僻、懦弱、内向、心胸狭窄的人，其挫折承受力弱。另外，一个人的适应程度、心理准备、生活态度、人生观、价值观（如理想、信念、信仰）、气质和态度等与挫折感的产生也有直接关系。

（4）动机因素。动机是指个体由于内在需要产生明确的目标指向性的欲求，是个体生存发展的内在动力。当个体存在不同的动机指向且这些动机互不相容时，就会产生动机冲突，包括双趋冲突、双避冲突、趋避冲突和双重趋避冲突四种类型。动机冲突的本质是不同的需要无法同时满足。当个体的动机冲突持续太久、太激烈，就可能会引起痛苦、焦躁和不安。

二、高职生挫折的来源

（一）生理缺陷及疾病原因

青年学生大多很注重自我形象，重视自己的“面子工程”，甚至可能“以貌取人”。有些人可能身体有疾病或生理上有些缺陷，本来属于正常现象，但其自身却不能正确认识对待。有的学生由于患有慢性生理疾病，便整日忧心忡忡；有的因自己脸上有疤，走路不敢抬头；有的男生因身材矮小，或有的女生因体型太胖，便因此产生强烈的自卑感，沉默寡言、闷闷不乐。这些都会导致挫折感。

（二）经济压力过重

高职教育阶段不属于义务教育，往往需要较高的学费，这对一些贫困家庭的高职生来说经济负担较重，再加上与其他学生的对比，消费能力存在落差，就容易易引起他们的自卑心理。不少学生因为经济压力而不能从容地干自己想干的事情，一方面怕因此耽误学业，另一方面又缺乏能够支持实现自己想法的经济基础，因此而产生挫折感。

（三）学习方面的原因

经过十几年的寒窗苦读和激烈的高考竞争后，有些高职生自觉或不自觉地放松了对自己的要求；有的高职生由于所学专业不符合自己的兴趣，对学习缺乏动力，厌倦、敷衍、应付；还有些学生沉溺于电脑游戏，导致学习成绩下降，甚至可能多门功课不及格而面临留级或退学的危险。有些高职生，由于某些方面与同学相比存在落差，就想以优异的学习成绩来显示自己的才能，但过强的学习动机反而导致他们过于紧张、焦虑甚至失眠，由此也会产生挫折心理。

（四）人际关系方面的困扰

多数高职生渴望自己有较好的人际沟通能力。但是，高职教育阶段的生活环境、同学关系等都与中学阶段明显不同，高职生来自四面八方，经济、文化背景各异，思想观念、价值标准、生活习惯和行为习惯不同，因此同学间互相交往起来有一定难度。有些学生由于个性缺陷，又不能正确认识自己存在的不足，导致在群体中不受欢迎、没有知心朋友，从而心情烦躁、紧张。有的学生干脆逃避复杂的人际关系，把自己紧紧地封闭起来，从而产生压抑、孤独和焦虑的情绪。

（五）恋爱困扰

处于成年早期的高职生，性生理发育已经成熟，谈恋爱也是普遍现象。有不少学生认为，在大学里不谈一场轰轰烈烈的恋爱就等于没有上大学。但由于高职生情感心理不成熟、自控能力差，加上毕业后恋人可能两地分开等现实问题，往往使高职生的恋爱成为无果之花。有些学生则是由于受失恋、单相思的困扰，产生苦闷、惆怅、失望、愤怒等情绪，陷入情感的沼泽而不能自拔，食不甘味、夜不能眠。

（六）对校园环境期望值过高，适应能力差

有些高职学生入学后，发现校园环境及设施与入学前的想象有较大差距，心里产生强烈的失落感，在内心不能接受学校的现状，不能认同学校施行的教育，不愿融入高职生活，由于心理落差而产生挫折感。

（七）学校在学生挫折教育方面的欠缺

虽然我国在基础教育阶段就强调素质教育，但许多高职生仍是在应试教育环境中培养起来的。他们自一上学起，就学会了以成绩高低为价值评判标准，升学的压力使他们失去了全面的素质培养的机会。许多学校也片面追求升学率，而忽视了对学生进行必要的心理教育。进入高职院校以后，由于高职生数量庞大，学校的心理健康教育难以全面覆盖，出现问题也可能无法及时跟进，导致不少学生心理脆弱、承受力较差。

经典分享

成功与失败

历史上第一个对个人抱负现象进行实验研究的是德国心理学家霍普，他是著名的德裔美国心理学家库尔特·勒温在柏林的一位学生。在1930年发表的论文《成功与失败》中，霍普报告了关于成功与失败导致人的抱负水平提高或降低的实验研究成果。难度太高或过分容易的任务，都不能使人产生成功感或失败感，不同的人对成功与失败具有不同的态度或不同的抱负水平极限。现实的、可行的抱负应该是在个体能够科学把握主客观因素的基础上建立起来的抱负。只有这样，才能尽可能避免挫折，使各种目标得以实现。

【分析】抱负水平指的是一种想要达到某个目标或者要把自己工作做到某种程度的心理需求水平。如果说一个人的价值取向、兴趣爱好决定了这个目标的方向，那么抱负水平就决定了这个目标的高低水平。每个人都有抱负，但抱负水平的高低是不一样的。一个人的成就需要、对未来的期待、过去的成功或失败经验都会影响到他的抱负水平，同时，还应当根据自己的主客观条件来确定适当的目标，以“努力跳一跳才能够的着”作为自我抱负水平的近期参照目标。

心理训练

挫折排排队

1．训练目的

了解挫折对自己的影响，通过分析讨论，探讨应对挫折的最佳方式。

2．训练时间

20分钟。

3．训练内容

请填写表9-1，找出近一年来对自己影响最大的五次挫折，并标注遭遇挫折时的应对方式，然后按照反应强度和持续时间的长短排序，客观分析这些应对方式在应对挫折时的积极影响和消极影响。与组内的其他人讨论，探讨应对挫折的最佳方式。

表9-1 近一年来对自己影响最大的五次挫折

发生时间	挫折事件	反应方式	排序	积极影响	消极影响	最佳应对方式

成长反思

（1）如何看待生活中的挫折？

（2）挫折对于我们有着怎样的意义？

（3）生活中的挫折究竟是从哪儿来的？

专题二 挫折反应和心理防御机制

能力目标

（1）了解高职生的挫折反应特点与挫折类型。

（2）了解挫折的影响和常见的心理防御机制。

挫折反应和心理防御机制

导入案例

贝多芬的故事

《命运交响曲》是贝多芬最杰出的一部作品，它的主题是反映人类和命运的搏斗，最终战胜命运。这也是他自己人生的写照。这部交响曲的第一乐章，一开始就连续出现沉重而有力的音符。贝多芬说："命运就是这样敲门的。"

贝多芬是世界著名的音乐家，也是境遇最差的一个。童年，贝多芬是在泪水浸泡中长大的。家庭贫困，父母失和，造成贝多芬性格上严肃、孤僻、倔强和独立，在他心中蕴藏着强烈而深沉的感情。他从12岁开始作曲，14岁参加乐团演出并领取工资补贴家用。到了17岁，母亲病逝，家中只剩下两个弟弟、一个妹妹和已经堕落的父亲。不久，贝多芬得了伤寒和天花，几乎丧命。贝多芬简直成了苦难的象征，他的不幸是一个孩子难以承受的。

尽管如此，贝多芬还是挺过来了。他对音乐酷爱到了离不开的程度。在他的作品中，有着他生活的影子，既充满高尚的思想，又流露对人间美好事物的追求、向往。对美丽的大自然他有抒发不尽的情怀。

说贝多芬命运多舛，不仅仅是因为他童年悲惨；实际上他最大的不幸，是28岁那年的耳聋。先是耳朵日夜作响，继而听觉日益衰弱。他去野外散步，再也听不见农夫的笛声了。从此，他孤独地过着聋人的生活，全部精力都用于和耳聋苦战。

贝多芬活在世上，能理解他的人太少了，唯一能给他安慰的只有音乐。他作曲时，常把一根细木棍咬在嘴里，借以感受钢琴的振动，他用自己无法听到的声音，倾诉着自己对大自然的挚爱，对真理的追求，对未来的憧憬。他著名的《命运交响曲》就是在完全失去听觉的状态中创作的。他坚信"音乐可以使人类的精神爆发出火花"。"顽强地战斗，通过斗争去取得胜利。"这种思想贯穿了贝多芬作品的始终。

1827年3月26日，一个雷雨交加的夜晚，这位音乐巨人与世长辞，那时他才57岁。

贝多芬一生是悲惨的，世界不曾给他欢乐，他却为人类创造了欢乐。贝多芬身体常年虚弱，但他却是真正的强者。

【分析】人生道路上的挫折不可避免。温室里的花朵无法长成参天大树，不经历风雨和挫折的人往往也难以成功。挫折是一种财富，关键在于，你敢不敢“扼住命运的咽喉”。

一、高职生挫折反应的特点及挫折类型

（一）高职生挫折反应的特点

1. 情绪性反应

情绪性反应是指人们在受到挫折时常常伴随着强烈的紧张、愤怒、焦虑等情绪反应，它可能仅仅是强烈的内心体验，也可能外化表现为特定的表情或行为反应。与挫折相伴的情绪反应多为消极性反应，其主要表现为焦虑、冷漠、幻想、逃避、固执及毁物自伤等风险行为。

2. 理智性反应

理智性反应是指人们在受到挫折后，采取积极进取的态度，在理智的控制下所做出的反应。通常，人们在遭受挫折后都会出现紧张状态，都会在某种程度上做出某种情绪性反应。其中，有些人始终被情绪所控制不能摆脱；而有些人则能够及时调整，保持冷静，审时度势，采取积极的态度和方式应对挫折。所以，理智性反应是面对挫折的积极反应方式，其主要表现为：或是坚持目标，逆境奋起，矢志不渝；或是调整目标，循序渐进，不断努力。

3. 个性的变化

通常情况下，挫折对人的影响都是暂时的，随着具体挫折情境和条件的改变，或随着时间的推移和受挫者认识上的变化，受挫者所感受到的紧张状态会逐渐消失。但人们在受到挫折后，除了上述直接的挫折反应外，还会出现间接的反应，并可能对受挫者产生久远的影响，甚至影响到个性的形成与发展。挫折对个性的影响，一般是在人们连续经历挫折，或者遭受特别重大的挫折的情况下产生的。由于导致挫折的情境和条件相对稳定并长期持续，由此产生的紧张状态和挫折反应反复出现，久而久之，这些反应方式就会逐渐固定下来，让受挫者形成习惯和一些突出的个性特点，如悲观、孤僻、退缩等。

（二）高职生的挫折类型

进入高职校园后，学生的生活环境、学习环境、人际环境均产生了巨大的改变，面临着不同的压力，同时由于自身的身心发展未尽成熟，挫折反应也会比较强烈。高职生常见的挫折可分为适应型、学业型、人际型、恋爱型、择业型及其他类型。

1. 适应型

适应型挫折一般多集中于高职新生和毕业生。其原因是面对新的生活环境、新的

生活模式、新的角色冲突、新的机遇和挑战，过去熟悉应对方式无法再适应各式各样的新问题。适应型挫折会让个体产生角色模糊的错觉，即对个体自身所承担的社会角色没有清晰的认识，不能明确现实的处境和对未来的期望，缺乏目标，进而感到茫然、不知所措。

2. 学业型

有些学生在进入高职院校之前并不了解自己所学的专业，填报志愿时是盲目填报或只是遵照父母和教师的意见。进入高职院校后，在专业学习与个人意向、专业意识与个人价值观、强烈的自我实现需求与学习成绩“力不从心”等方面的矛盾就显现出来了，时间一长，便产生挫折感。

3. 人际型

高职院校的学生在心理发展的过程中，心理活动具有某种含蓄内隐的特点，他们既不希望把自己的想法轻易告诉别人，又希望别人能够真诚、坦率地对待自己；希望找到知心朋友，但又难以找到知心朋友。这种特殊的心理矛盾使高职生在人际交往的过程中容易产生孤独感。

4. 恋爱型

对高职生来讲，恋爱关系不仅仅是一种人际关系，更重要的是自我价值和自我认可的基础。如果失恋，对个人来说不仅仅是失去了感情的寄托，更重要的是自信心受到打击，从而容易心灰意冷、郁郁寡欢，出现自责、自弃等消极行为。

5. 择业型

高职生在择业的过程中往往渴望有公平的竞争环境，机会均等。但目前很多就业的行业壁垒和地方壁垒仍没有完全打破，由于学历、能力、身高甚至性别等原因，高职生在就业时大多会遇到各种求职挫折，有些人因此而怨天尤人、感慨世道不公，甚至从此一蹶不振。

6. 其他类型

除了上述挫折来源外，日常烦恼、经济压力、情绪困扰、个性因素等也会造成高职生的挫折感。

二、挫折的影响和心理防御机制

（一）挫折的影响

1. 挫折的积极影响

（1）激励人拼搏进取、自强不息。生命是一连串克服挫折的过程。研究表明，为维持正常的状态，人们需要一个最低水平的刺激输入。加拿大研究者汉斯·塞尔耶认为：“完全脱离压力等于死亡。”适度的压力是一种挑战，使人警觉性提高、反应加快、注意力集中、思维敏捷、工作效率提高，发挥出其潜能。

挫折可以赶走惰性使人进步，催人奋进。培根曾说过：“超越自然的奇迹多是在对逆境的征服中出现的。”对于有志向的高职生，挫折可以唤起他的斗志，激发他的进取心。

（2）磨炼意志和毅力。坚强的意志和优秀的品格不是天生的，而是生活的磨炼造就的。承受压力的过程也是人的能力和心智接受磨炼和考验的过程。从某种意义上说，压力和挫折的磨炼能使人开阔眼界、增长智慧、增强勇气和信心。

（3）提升个人能力和增长智慧。压力和挫折可以丰富学生的阅历，促进高职生坚强、成熟，使高职生学会独立思考、独立面对现实生活，提高分析问题、解决问题的能力。为了战胜困难，人们往往要自我反省、探究失败的原因，认真总结经验教训，寻找摆脱困境的最佳途径。因此，压力和挫折可以使人学会反省、思考和创新，提升自我认识水平，增长才干。

2. 挫折的消极影响

（1）降低学习效率。学习是一种复杂的心理活动。学习效率除了受个体智力水平的制约外，还与学习者的情绪状态、自信心等因素密切相关。有些高职生在经受压力和挫折后，一方面自信心会降低，产生自卑无能的感觉；另一方面情绪状态可能长期处于焦虑不安中，使原有的学习能力受到影响，从而大大降低了学习效率。

（2）损害身心健康。大量研究表明，长期强烈的、超过了人自身调节控制能力的挫折，会导致人心理、生理功能的紊乱。有些高职生在受挫后，心态受到了严重影响，身心一直处于紧张压抑或焦虑不安的状态下，长时间地感到痛苦，这种持续长期的消极心理状态就可能成为精神和身体疾病的发病诱因。

（3）导致性格与行为的偏差。有些高职生面对重大挫折无法做出相应的调整时，往往会使某些行为反应变成相应的习惯模式或个性特征。同时，由于受挫的高职生处在应激状态下，感情易冲动，自控能力较差，有时候不仅不能正确认识自己的行为及其后果，反而可能会做出既损害他人又对自己不利的行为，甚至造成无法挽回的后果。

（二）常见的心理防御机制

1. 心理防御机制

所谓心理防御机制是指个体心理面临挫折或冲突情境时，其内部心理活动中所具有的自觉或不自觉地要解脱烦恼、减轻内心不安、恢复情绪平衡与稳定的一种适应性倾向。

在现实生活中，心理防御机制普遍存在。因为在我们的生活环境里，时时处处都可能遇到困难，人不可能每次都能直接采取行动处理问题，这时便需要依赖心理防御机制来适应，这是一种正常且健康的心理现象。

值得注意的是，心理防御机制不仅本身有积极作用和消极作用之分，在不同的人身上也会呈现出不同的倾向和效果。一般来说，心理正常、人格健全的人，在使用心理防御机制时倾向于采取积极、成熟的方式，对他们来说心理防御机制主要起缓冲心理压力的作用，因而使用次数较少、作用时间不长；同时，他们还能正确地感知自己在使用的防御机制，并能合理地进行调节。

2. 积极的心理防御机制

（1）认同。认同指的是个人在遭遇挫折和痛苦时效仿他人的成功经验和方法，使自己的思想信仰、目标和言行更适应环境的要求，从而在主观上增强自己能获得成功的信念。据调查，许多高职生常常把一些历史名人、科学家、英雄楷模、某些歌星、影星，甚至自己身边的同学，作为自己认同的对象。那些与自己家境条件、经济状况、社会经历极为相似或相近的名人、学者，更是他们认同的对象。高职生从他们的人生经历、奋斗精神，甚至风度、仪表等方面汲取营养和动力，尤其在受挫时常拿这些榜样来鼓励自己，从而奋发进取。

（2）升华。人遭遇到挫折后，将自己不为社会所认可的动机或需要转变为符合社会要求的动机或需要，将不适宜的行为引导转变为有建设性、有利于社会和自身的适当行为，就是升华。升华常常一方面能够转化或消除原有的消极情感，达到心理平衡，同时又能够促进个体创造积极的价值，利己利人。例如，贝多芬失聪而作《命运交响曲》；歌德遭受失恋的痛苦但在事业上发愤努力，写出名著《少年维特之烦恼》；“文王拘而演《周易》，仲尼厄而作《春秋》”，都是升华的生动示例。现实生活中，不少高职生把对他人的嫉妒升华为奋发努力、积极进取的行为，把单相思转化为热爱集体、珍视友谊的高级情感的行为都属于升华。

（3）补偿。当由于主客观条件限制和阻碍使个人目标无法实现时，设法以新的目标代替原有的目标，以现在的成功体验去弥补原有失败的痛苦，称之为补偿，即所谓“失之东隅，收之桑榆”。补偿行为在残疾人身上表现得尤为突出。例如，一位没有手的人，将脚练得像手一样灵活，可以写字、劳动，甚至绣花；双目失明的人听觉可能练得特别发达，因此许多盲人在音乐方面的造诣很深。一个人在生理上有缺陷，或在心理上曾遭受打击，为了弥补损失和心理创伤，往往通过其他方式和途径设法达到自己既定的需求目标，从而减轻心理上的不适感。补偿对缓解挫折后的损失感和心理压力有一定的积极作用。同时，并非所有新的目标和活动都具有积极的价值。如果新的目标和活动符合社会规范和个人发展的需要，这时的补偿行为是积极的、有益的；反之，消极的补偿不但于事无补，反而是有害的。例如，丢失钱物后以偷别人东西来补偿，在比自己强的人面前吃了亏就拿比自己弱的人出气，等等。

（4）幽默。当个体遭受挫折、处境困难或尴尬时，可以用幽默来对付困难的情境、化险为夷，或间接表示出自己的意图。一般来说，人格较为成熟的人，常懂得在适当的场合使用适当的幽默，把原来的困境情况转变一下，大事化小、小事化了，渡过难关或解脱窘境。

3. 消极的心理防御机制

（1）否定。否定的防御机制，指的是个体拒绝承认所发生的事情是事实。例如，电视连续剧《人间四月天》里有这样一个镜头：徐志摩乘坐的飞机失事后，邮差给他的妻子陆小曼送去电报，陆小曼见到电报大为生气，“谁家的祖宗八辈缺德，编这样的瞎话，开什么玩笑”。有人在听到亲人患绝症的消息时，矢口否认，坚持认为是医院诊断错了，以减轻和逃避内心的焦虑不安。

（2）文饰作用。文饰作用也叫“合理化”，是一种援引合理的理由和事实来解释所遭受的挫折、以减轻或消除心理困扰的方式。它的表现形式有“酸葡萄效应”“甜柠檬效应”等。

① 酸葡萄效应。在《伊索寓言》中，有一只饥饿的狐狸，它看到一串串甜熟的葡萄，垂涎欲滴。但因葡萄架过高，它“三跃而不得食”。为了维护自己的面子，它就对身边的动物说：“葡萄味酸，非我所欲也。”可见，“酸葡萄效应”是一种借着减少或否定难以达到的目标的优越性，夸大渴望获得物品（目标）的缺点来维护心理平衡的一种防御手段。例如，有的学生当不上学生干部，虽然内心很苦恼、很失望，却安慰自

己："当了学生干部杂事太多，耽误学习，没啥意思"；求爱不成，则说对方才貌平平，非己所求。

② 甜柠檬效应。它也是引自《伊索寓言》，当狐狸找不到可口的食物，只得到了酸柠檬时，却说："这柠檬是甜的，正是我想吃的。"这是借夸大既得利益的好处，否定其缺点，以减轻内心失望与痛苦、达到心理平衡的一种防御手段。例如，当有的学生没能获得一等奖的时候，便对取得的三等奖作评论说："三等奖也不错嘛，好多人还没得奖呢。"以此安慰自己，求得心理平衡。

有些人在遇到挫折时容易自责，这时不妨运用酸葡萄、甜柠檬心理，以免自信心丧失殆尽。不过，合理化虽然能缓解内心冲突，保持暂时的心理平衡，但更多的是对心理发展起的消极作用。因为所谓的"合理化"往往是不真实或次要的理由，起着自我欺骗和自我麻痹的作用，影响了实事求是地面对现实和做积极的改变。因此，长期使用或过于依赖这种方式，会使自己不能够认真吸取教训、放弃对自我的认识和改造，以致降低积极适应环境的能力。

（3）压抑。生活中常见到一些人在非常生气时，努力控制怒气不要爆发出来，这种行为称为压抑。压抑是指个人将不为社会所接受的本能冲动、欲望、情感、过失、痛苦经验等，有意地从意识中予以排除，或抑制到潜意识中，使之不侵犯自我或由此避免痛苦。压抑是对事实存在的回避、否认，把不愉快的心情在不自觉中有目的地忘却。在这种遗忘中，被压抑的东西并没有消失，往往不知不觉地影响人们的日常心理和行为，而且一有相应的情景，被压抑的东西就会冒出来，给个体造成更大的威胁和伤害。如某学生一时糊涂，偷拿同学的钱物，事后羞愧难当，又没有勇气承认，会拼命想把这件事忘掉。但此后每次遇到同学丢东西，就怕被怀疑，以致发展到怕见同学，这种失常行为就是过分压抑的结果。

（4）投射。当以自己的想法去推测别人的想法，将自己的思想、感受和行动推到别人身上，这在心理学上称作投射。投射又称推诿，是指将自己的不当失误转嫁到他人身上，即所谓"以小人之心度君子之腹"，以减轻自己的负疚感；或将自己所具有的某些不讨人喜欢、不被人接受的性格、态度、观念或欲望转置为对他人的评价，以掩盖自己那些不受欢迎的特征。例如，有的高职生自己心胸狭窄、嫉妒心强，却认为嫉妒是人的共性，人人都有嫉妒心；自己自私，却说人人都自私，"人不为己，天诛地灭"；一个对领导有成见的人，可能会散布说领导对他有成见，有意整他，等等。

（5）反向。一般来说，个人的行为方向和他的动机方向是一致的，即动机触发行为，促使行为朝向满足动机的方向前进。但是，人受挫后，可能由于自己的内在动机不能为社会所容忍，或是不敢正面表露自己的真实动机，于是便从相反的方向表现出来。这种把自己一些不符合社会规范、不被允许的欲望和行为，以一种截然相反的态度或行为表现出来，以掩盖自己的本意、避免或减轻心理压力的行为反应，便是反向。例如，有的学生内心很自卑，却总是以自高自大、傲慢不羁的表现来掩盖自己的弱点；有的学生很想与某个异性交往，但和他（她）见面时，却采取冷淡的态度，装出一副对异性不屑一顾、根本没有兴趣的样子；凡事总爱在别人面前炫耀自己的人，恰恰反映了他内心有怕被别人瞧不起的自卑感。

人们在遇到压力与挫折时往往是不自觉地运用防御机制。我们了解了心理防御机制后，就可以有意识地运用积极的防御机制应对压力与挫折，变阻力为动力，更好地帮助自己实现目标。

经 典 分 享

苏格拉底的幽默

苏格拉底是古希腊伟大的哲学家，哲学家当时是很崇高的职业，因此有很多年轻人来找苏格拉底学习。苏格拉底与学生相处总是那么乐观和睦，所以有学生问他："我从没见过你蹙额皱眉，你的心情为何总是那么好？"苏洛拉底回答道："因为我没有那种失去了它，就会使我感到遗憾的东西。"学生听了很受启发，生活就需要像老师那样拿得起，丢得开。

事实上，苏格拉底在生活中一直遇到麻烦，大至雅典的奴隶主当权者要严厉处置他，小到他的妻子经常要向他发脾气。

苏格拉底的妻子是出名的泼妇。一次，他正在待客，妻子为了一件小事大吵大闹起来，他却淡然置之，笑着道："好大的雷霆啊！"谁知妻子越闹越凶，竟然当着客人的面，将半盆凉水泼到了苏格拉底身上。

客人很尴尬，以为苏格拉底一定会发火了，谁知苏格拉底却心平气和他说："我就知道，雷霆过后，必有大雨。"

大家听了都大笑起来。

经过这件事后，妻子很后悔，决心改掉自己的坏脾气。

后来，当奴隶主当权者不容苏格拉底的"异言邪说"传播，将他处以死刑时，引起了普通百姓的极大愤慨，临刑时，一个妇女哭喊着："他们要杀害你了，可是你什么罪也没犯呀！"

苏格拉底回答说："噢，傻大姐，难道你希望我犯罪，作为罪犯死去才值得吗？"

这位伟大的哲人到生命的最后一刻，居然还保持着轻松幽默的情趣。

【分析】苏格拉底通过幽默转变尴尬的场景，还让妻子的怒气出现了"阴转多云"到"多云转晴"的良性变化，甚至为自己的过分行为感到后悔。当面临人生的终点时，他还能幽默地对待，这些都充分反映了他面对挫折乃至重大打击的心理成熟度和智慧。

心 理 训 练

角 色 互 换

1．训练目的

学会站在对方的角度分析问题，更好地理解他人，减少人际关系不和谐带来的挫折。

2．训练时间

20 分钟。

3．训练内容

（1）这是一个角色扮演活动，学生通过互相扮演对方的角色来了解对方的感受。"提出问题"的学生可站在不同角度去看待自己的问题，另一个学生要思考"提出问题"

的同学的问题，了解其感受。

（2）将两张椅子相向放置，一位“提出问题”的学生坐在其中一张椅子上（A），另一位学生坐在另一张椅子上（B）。开始角色扮演后，A 提出问题，B 回答，其他学生为观察员。

（3）两人互换角色（同时互换座位），再继续角色扮演，这时 B 必须重复 A 刚才的叙述，A 重复 B 刚才的叙述。

（4）A 和 B 两位学生交流活动感受，教师总结点评。

成长反思

（1）高职生在遇到挫折时应该采取什么正确的反应？

（2）面对挫折，我们可以采用哪些积极的心理防御机制？

专题三 抗挫折能力的培养

能力目标

抗挫折能力的培养

（1）了解挫折形成的条件。

（2）掌握增强抗挫折能力的方法。

导入案例

学费难题

小赵是一名来自贫困山区的职业院校学生，父母都是地道的农民，家里的收入都来自父母每天辛苦种植的农作物。小赵来到大城市的一所高职院校学习，决心要通过自己的努力学习，学到扎实的技能，找一份好的工作，改善家里的贫困现状。小赵平时花钱很节约。到了要交下一年学费的时候，小赵打电话回家，父母却告知他家里遭受了泥石流灾害，这一季的作物颗粒无收。家里的亲戚也都或多或少受到了灾害的影响，也没有办法借钱给他家。放下电话，小赵一下子有点不知所措，他都不知道自己是怎么走回宿舍的了。一想到自己即将面临的经济困境，他内心非常难过。

班级辅导员李老师听说了他的情况，告诉小赵别太难过，大家都会帮他想办法。在李老师的指导下，小赵很快向学校申请到了助学贷款。后来，班里同学都知道了他的情况，有学生提议大家一起帮小赵凑学费，借钱给他。小赵很感激，他说：“谢谢大家的好意，虽然是借，但这钱我也不能收。大多数同学都还没有工作，经济来源也主要是自己的家里，所以我还是自己想办法解决吧。我已经在学校的勤工助学中心提交了简历，那边的老师告诉我可以提供一份家教的工作给我，这样我就不用担心下学期的学费了。”

【分析】小赵花钱节约是来自家庭环境的影响，而泥石流灾害对他家庭带来的打击属于自然环境因素。突发的情况给小赵带来了很大的挫折。这时候，老师和同学都对他伸出了援手，这给了他极大的心理安慰和支持。同时，他也在大家的帮助下积极地想办法，通过申请助学贷款和勤工俭学解决难题，这也反映了小赵积极应对挫折和坚韧自强的品质。

一、高职生面对挫折的调适方法

通常人们认为生活中遭遇的挫折和失败会损害人的身心健康，纽约州立大学布法罗分校的马克·斯利和同事们的研究却发现，过多、过大的挫折固然会带来损害，但是从未经历挫折也不利于成长。经历过中等程度挫折的人情绪更为平稳，耐挫折能力更强，更有利于人格的完善和能力的发挥，生活满意度和幸福感更高。

不同的人，在遇到挫折时会有不同的应对方式，不仅在于对挫折的理解和评价不同，还在于他们应对挫折方法的差异。面对挫折，只有一次次跌倒又一次次顽强站起来并善于总结经验、勇于进取的人，才能创造人生的辉煌。应对挫折的方式多种多样，高职生应学会正确应对挫折，提高抗挫能力。

1. 正确认识挫折

挫折的存在具有普遍性，人生历经挫折是很平常的事。古人说："天有不测风云，人有旦夕祸福。"所谓"一帆风顺""万事如意"，不过是人们的美好希冀而已。

正确认识挫折，首先应该认识到挫折的双重影响。挫折是一把双刃剑，它一方面对人有消极的影响，如影响个体实现目标的积极性、降低个体的创造性思维水平、损害个体的身心健康；另一方面，挫折也能增强个体情绪反应的力量，增强个体的容忍力，提高个体对挫折的认识水平，激发人的进取心，促使人为改变境遇而奋斗，能磨炼人的性格和意志，增强人的创造能力，使人对面临的问题有更清醒、更深刻的认识，锻炼人克服困难的勇气。因此，辩证地看待挫折，能够变不利因素为有利因素，化消极因素为积极因素，促使挫折向积极的方面转化。

2. 运用心理防御机制

积极的心理防御机制能够使我们在遭受困难与挫折时减轻或免除精神压力，恢复心理平衡，甚至激发我们的主观能动性，激励我们以顽强的意志力去克服困难、战胜挫折。高职生应多运用积极的心理防御机制来化解内心冲突、克服挫折，尽量克服消极防御机制带来的负面影响，以求得心理平衡和自我结构的完善。有利于高职生成长的积极的心理防御机制主要有认同、补偿、升华、幽默等。例如，我们在遇到让自己尴尬或难堪的场合时，可以采用适当的方式调侃一下自己，从而化解尴尬，这些时候的幽默还可以使自己的心理达到一种高层次的平衡；一个瘦弱单薄的学生无法在运动场上争金夺银，但可以刻苦学习，通过补偿机制来获得属于自己的成就感。

3. 善待自己

人在遇到挫折时，最希望能够得到别人的帮助、鼓励和安慰，但外力还是需要靠自己去内化，才能从根本上解决问题。所以，应对挫折的关键是要能够进行自我安慰、自我调节，即善待自己。对此，高职生可采取以下方式。

（1）宣泄不良情绪。对待洪水，堵是堵不住的，只能用正确的方法疏导。对待挫折也是一样，可以进行适当的调试和宣泄，如可以采用倾诉、唱歌、运动放松等方式宣泄不良情绪。

（2）树立自信心。在遭受挫折和失意的时候，有些学生往往开始怀疑自己，对自己的评价降到低点，这时候关键在于能否发现自己好的一面，树立自信心，从而重新振作起来。例如，可以努力发掘自己的优点，用笔逐条记录下来，如个人专长，自己做过的有建设性的事、曾经获得的别人的称赞等。找出的优点越多，自信心也就越强。还可以每天找出自己做得较好的三件事，如在图书馆借到一本满意的书，完成一份作业，成功学会一道菜的做法，等等。成功来自一点一滴的努力和自我肯定，一天至少顺利完成了三件事，又怎能说自己一事无成呢？

（3）培养兴趣爱好。广泛的兴趣和爱好，是健康心理的“减压阀”。高职生在学好专业知识的同时，可以找一样或多样兴趣爱好来培养、发展，如摄影、游泳、烹饪、唱歌、跳舞等。有了广泛的兴趣和爱好，就可能更多地接触社会、接触他人，提高自己的社会适应能力和人际交往能力，也能够帮助自己排遣生活中遇到的不如意，转移注意力，不至过多地陷入苦闷之中，同时还可以从这些兴趣爱好活动中产生积极的体验和成就感。

（4）确立合理的自我归因。归因是指个体对自己或他人的社会行为结果进行推断和解释原因的过程。一个人在认识和对待挫折时要学会对挫折进行合理、正确的归因。按照社会心理学归因理论，人对原因的归结可以分为外归因和内归因两种类型。倾向于外归因的人，惯常于认为自己的行为结果是受外部力量控制的，这种外部力量可以是运气、机会、命运、他人的权力、自然的力量等无法预料和支配的因素；倾向于内归因的人，习惯于认为自己的行为结果是受内部力量控制的，支配自己成功、失败和前途的原因是本身的能力和技能及自己的努力程度等。正确的归因是应对和解决挫折情境的必要基础。人们容易把成功归因于内部因素，如自己的能力、后天的努力等，面对失败时更多归因于环境和他人等外部因素。但有些人在遇到负面事件时，却过分强调内部归因，过于自责，导致自己丧失信心、一蹶不振。因此，高职生要学会客观地看待自己，合理地自我归因，避免归因的片面性，学会实事求是地承担责任，克服过分承担或完全推诿责任的倾向，避免过多自责带来的自责感，这样才能更好地应对挫折。

4. 宽待他人

宽待他人包括以下两方面。

（1）宽容他人，培养同理心。宽容是对他人一些非原则性的缺点和过失的一种宽恕和谅解。如果不宽容，而去选择报复，则很有可能会导致无休止的报复、争执甚至伤害。不肯宽恕他人者，往往自己也会受到心理上的折磨。同理心，又称换位思考。具有较强的同理心，就能对他人多一分理解、少一份苛求。这不仅是帮助他人，也是在帮助自己完成心灵的净化。

（2）告别嫉妒。高职生大多喜欢和身边的同学比较，有时嫉妒的种子便会在心里生根发芽。如果不能很好疏导这种情绪，便会由于嫉妒产生挫折感，觉得自己事事不如人，开始心理失衡。把宝贵的时间浪费在嫉妒他人身上，让自己产生一些不良情绪，这是非常不理智的行为。光阴似箭、人生苦短，与其将精力耗费在嫉妒他人上，不如抓住机会做几件实实在在的事。

二、高职生心理资本的提升

1. 提高挫折的承受力

美国心理学家马克·罗森茨威格认为，挫折承受力是指个体遭受挫折后，能够适应、抵抗和应对挫折的能力，是个体在遇到挫折情境、经受挫折打击和面临各种压力时，能够摆脱和排除困境、使自己避免心理与行为失常的一种耐受能力，是后天习得的。

面对挫折，如何鼓起勇气、克服困难？这可以从以下几个方面入手。

（1）不断学习，丰厚积淀。对于当代高职生来说，知识的更新换代是非常迅猛的。学习掌握丰富的专业知识不但能够增强能力，提高核心竞争力，也会带来强大的自信，抵御挫折的侵袭。另一方面，学习作为新时代的高职生，我们还要注意在生活中学习、在活动中学习、在挫折中学习，通过直接经验和间接经验的取得来增长智慧，从而更好地应对挫折。

（2）保持乐观，增强勇气。许多时候，挫折之所以难以克服，并不是困难太强大，而是我们缺乏直面困难的勇气和意志。知难而退和迎难而上，都是个体的主观选择，而改变这种选择的，是我们面对困难的态度。用乐观的精神看待挫折，每一个失败都是通往成功的道路上的阶梯，把失败踩在脚下，成功就必将到来。

（3）平稳情绪，合理宣泄。情绪状态对于认知有影响作用，遇到挫折时人们容易出现沮丧、愤怒、自我怀疑、逃避、退缩等情绪，如果被裹挟在这些情绪状态之中难以自拔，就会陷入自怨自艾的泥淖，失去走出挫折的信心。所以迅速调整情绪状态，是克服挫折的关键环节。向朋友、家人倾诉，转换生活环境、适当娱乐放松等，是合理宣泄负面情绪的有效方式。

（4）调整目标，学会变通。在现实生活中，不少高职生在学习等方面的挫折都与目标的设立不当有关。因此，必须学会根据自己的实际能力正确设定学习和生活的目标，调整自我抱负水平，并在前进中及时调整。如果多次遇到同样的挫折，个体就需要对目标和自身状态做出评估。因为有可能是当前目标设置过大过难，或是目前环境还不成熟、不具备达成目标的条件。这种情况下，调整期望、降低目标难度、重新规划行动、细化达成步骤、让目标更切合自身实际情况，是鼓舞勇气、踏实前行的好方法。对那些远大目标，要把它分解成中期、近期和当前目标，这样既可以在成功中体验到愉快和满足，逐步提高自信心，又能在失败、挫折后不断总结经验教训，最终战胜挫折，取得最后的成功。

（5）自我规划，坚定意志。挫折是人生中的阶段性事件，并不是人生的结果。如果把一时一事的挫折放到人的漫长一生中去考量，它的影响就会缩小。一次考试的失利、一个朋友的离开、一次选择的失误，都会不同程度地影响到生活，但这种影响只是暂时的、有限的。如果能够做好自我规划，明确自身成长的长期目标与方向，就能够把眼前的困境看做一个新的起点，校正方向，以坚定的精神，提高对挫折的承受力。

（6）和谐人际关系，谋求支持。良好的人际关系能给人带来强大的支持，也代表着一个人社会支持网络构建的能力和水平。人在困境中，会变得敏感而脆弱，这时尤其需要他人的支持。心理学研究表明，一个人与他人一起处在挫折压力中时，可以降低消极情绪体验。在别人遇到困难时能给予关怀，是一种美德；而在自己遇到难题时，能够求助和获得他人的支持，也是一种至关重要的能力。拥有良好社会支持的人心理水平更高，在遇到困难和挫折时也会有更多积极和正向的表现。因此，高职生在面对挫折时，除了积极改变自我之外，还应学会交往，与他人建立良好的人际关系。对此，一要掌握交往技能，如掌握基本的交往礼节礼貌、良好的口头表达能力等；二要养成良好的交往品质，要自觉地择友而交，要相互理解、相互尊重，要对朋友真诚、宽容；三要把握各种机会参与交往，并保持沟通畅通，避免误解而产生不愉快。

2. 高职生抗击挫折能力的长远培养

高职生应怎样培养自身长远的抗击挫折能力呢？

（1）牢记自身的使命。认同全社会共有的价值取向，努力塑造职业院校的积极社会形象，通过自己的学习和未来工作的业绩得到社会公众的认同。

（2）树立职业自豪感。向社会展示对自己职业工作的自豪感，为自己工作的社会价值而骄傲。在发达国家，职业院校培养的高技能人才会得到全社会的尊重，其福利待遇与大学教授相比也毫不逊色。要是没有高技能人才，社会经济发展的齿轮就会停止转动。

（3）提高危机应对能力。当遇到突发事件、受到打击时，人们的心理水平容易受到影响，在这些危机情境中需要具备的能力是：能够克服影响迅速转换情绪，找到恰当的应对方式。在工作和学习过程中，遇到任何突发事件，我们都要有一种坚持的精神和冷静应对的能力，保持面对逆境的力量。自信、乐观、希望、韧性，这就是心理资本自我培养中最重要的方面。

经典分享

林肯的一生

1809 年 2 月 12 日，出生。

1818 年（9 岁），母亲去世。

1831 年（22 岁），经商失败。

1832 年（23 岁），竞选州议员落选。

同年（23 岁），工作丢了，想就读法学院，但未获入学资格。

1833 年（24 岁），向朋友借钱经商。

同年年底（24 岁），再次破产。接下来，他花了 16 年时间才把债还清。

1834 年（25 岁），再次竞选州议员，这次赢了。

1835 年（26 岁），订婚后即将结婚时，未婚妻死了。

1836 年（27 岁），精神完全崩溃，卧病在床六个月。

1838 年（29 岁），争取成为州议员的发言人——没有成功。

1840 年（31 岁），争取成为选举人——落选了。

1843 年（34 岁），参加国会大选——又落选了。

1846 年（37 岁），再次参加国会大选——这回当选了。他前往华盛顿特区，表现可圈可点。

1848 年（39 岁），寻求国会议员连任，失败。

1849 年（40 岁），想在自己州内担任土地局长的工作，遭到拒绝。

1850 年（41 岁），第二个儿子因病去世。

1854 年（45 岁），竞选美国参议员，落选。

1856 年（47 岁），在共和党内争取副总统的提名——得票不足 100 张。

1860 年（51 岁），当选美国总统。成为美国历史上最伟大的总统之一。

1861 年（52 岁），美国内战爆发。

1862 年（53 岁），第三个儿子因病去世。

1864 年（55 岁），再度当选总统。

1865 年（56 岁），美国内战结束。同年 4 月 14 日晚，林肯于华盛顿福特剧院观剧时突然遭到枪击，次日清晨去世。

【分析】林肯的父亲是个农民，家境极为贫穷。林肯很小就经历重大打击（母亲去世），终其一生都在面对挫折和磨难。他曾经绝望至极，但他从没有放弃人生这场跳高比赛。《华盛顿记事报》对他的描述是："性情非常平和，意向坚定不移，道德原则高尚，爱国心极强。"英国《利物浦邮报》说："一个英雄崇拜者跑遍天涯找英雄，不如选择这位又瘦又高的美国佬。"有人说：假如你不知道一个赤贫家庭的孩子能够做什么，请读一读林肯；假如你不知道一个 9 岁死了母亲的孩子能够做什么，请读一读林肯；假如你不知道一个木匠的儿子能够做什么，请读一读林肯；假如你不知道当过劈柴工、店铺小伙计、只上过一年学的人能够做什么，请读一读林肯；假如你不知道一个 22 岁经商失败、23 岁丢了工作、24 岁借钱经商再次破产的人能够做什么，请读一读林肯；……作为美国历史上最伟大的总统之一，林肯的经历激励了无数人。

心理训练

我的防御机制

1. 训练目的

了解自己常用的防御机制及可能给自己带来的影响。

2. 训练时间

15 分钟。

3. 训练内容

（1）请举出几个你曾遇到的人在遇到挫折时运用挫折防御机制的具体表现方式。

（2）探讨各种挫折防御机制在人们应对挫折过程中所发挥的积极作用和消极作用。

成长反思

（1）了解挫折的形成条件。

（2）抗挫折能力对个人成长的意义是什么？

（3）你打算如何培养自己的抗挫能力？

心理测试：抗挫折能力测试

1. 测试目的

通过测试使个体认知自身的抗挫折能力。

2. 测试时间

20 分钟。

3. 测试内容

请仔细阅读下列各测试题，根据自己的实际情况做出选择，将选项填在括号里。

（1）在过去一年里，你认为自己遭受挫折的次数为（　　）。

A. 2 次或 2 次以下　　B. 3～5 次　　C. 5 次以上

（2）对于每次遭受到的挫折，你通常（　　）。

A. 大部分能靠自己解决

B. 有一部分能靠自己解决

C. 大部分自己无法解决

（3）与周围的人相比，你对自己的能力素质（　　）。

A. 十分自信　　B. 比较自信　　C. 不太自信

（4）在面临困境时，你通常（　　）。

A. 知难而进　　B. 找人帮忙　　C. 放弃目标

（5）如果有很令你担心的事情发生时，你通常（　　）。

A. 无法安心工作　　B. 工作照样不误　　C. 介于 A、B 之间

（6）碰到令人讨厌的竞争对手时，你通常（　　）。

A. 无法应付　　B. 应付自如　　C. 介于 A、B 之间

（7）面临失败时，你通常（　　）。

A. 破罐破摔　　B. 把失败转化为成功　　C. 介于 A、B 之间

（8）当工作进展太慢时，你会（　　）。

A. 焦躁万分　　B. 冷静地想办法　　C. 介于 A、B 之间

（9）碰到难题时，你通常会（　　）。

A. 失去信心　　B. 为解决问题费尽心思　　C. 介于 A、B 之间

（10）在工作或学习中感到疲劳时，你通常会（　　）。

A. 总是想着疲劳，脑子也变得不好使了

B. 休息一段时间就会把疲劳淡忘

C. 介于 A、B 之间

（11）当工作或学习条件恶劣时，你通常会（　　）。

A. 无法干好工作　　B. 能克服困难干好工作　　C. 介于 A、B 之间

（12）当因工作或学习而产生自卑感时，你会（　　）。

A. 不想再干了

B. 立即振奋精神去工作或学习

C．介于 A、B 之间

（13）当上级交给你很难完成的任务时，你会（　　）。

A．竭力把任务顶回去　　B．千方百计去干好　　C．介于 A、B 之间

（14）当困难落到自己头上时，你往往会（　　）。

A．厌恶至极　　B．认为是个锻炼的机会　　C．介于 A、B 之间

【评分标准】

（1）～（4）题选 A 得 3 分，选 B 得 2 分，选 C 得 1 分；（5）～（14）题选 A 得 1 分，选 B 得 3 分，选 C 得 2 分。

将各题的得分相加获得总分。

20 分以下：说明个体抗挫折能力很弱。

21～30 分：说明个体有一定的抗挫折能力，但对某些挫折的抵抗力较弱。

31 分以上：说明个体的抗挫折能力很强。

模块十　人际交往与人际关系

模块导读

心理学研究证明，人类对爱、关心、尊重等交往性活动的需要，在重要性上并不亚于对食物、性等的生理需要，每个人都有和他人进行交往、寻找归属感的需求。人际交往在人的一生中占据重要地位。良好的人际关系是人身心健康、事业成功、人生幸福的需要，根据对成功人士进行的分析得出如下结论：85% 的人的成功与良好的人际关系有关。进入高职院校后，高职生面临着新的环境、新的群体，重新整合各种关系，处理好与交往对象的关系便成为他们新的生活内容。良好的人际关系不仅是高职生心理健康水平、社会适应能力的重要指标，也是今后事业发展与人生幸福的基石。因此，在高职院校学习期间是高职生人际关系走向社会化的一个重要转折时期，如何处理好人际关系，成为高职生的必修课。通过本模块的学习，高职生能够了解人际关系的基本理论知识，分析高职生人际关系的特点、存在的困扰及调适的方法，从而达到建立良好和谐的人际关系的目的。

名人名言

一个人永远不要靠自己一个人花 100% 的力量，而要靠 100 个人花每个人 1% 的力量。

——比尔·盖茨

资源导航

1. 推荐书籍

（1）戴尔·卡耐基，人际关系学［M］. 李文泽译 . 北京：中国画报出版社．2012.

（2）王潍明，邹简，哈佛积极心理学笔记：哈佛教授的幸福处方［M］. 北京：中国言实出版社．2011.

（3）岳晓东，通向心灵旺盛的十堂课［M］. 北京：世界图书出版公司．2010.

（4）聂振伟，心灵的距离：人际关系解码［M］. 北京：高等教育出版社．2008.

（5）胡邓，人际交往从心开始［M］. 北京：机械工业出版社．2008.

2. 推荐电影

（1）《壁花少年》，2012 年，导演：史蒂夫·奇波斯基。

（2）《心灵捕手》，1997 年，导演：格斯·范·桑特。

（3）《友情天地》，1995 年，导演：布鲁斯·奈保。

3．推荐视频

（1）《论情商》，陈果，复旦大学公开课。

（2）《孤独论 朋友论》，陈果，复旦大学公开课。

专题一　人际交往和人际关系的一般原则

能 力 目 标

（1）了解人际交往的含义。

（2）知晓影响人际交往的因素。

（3）熟悉人际交往的基本原则。

人际交往和人际关系的一般原则

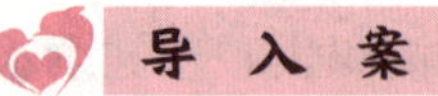

导 入 案 例

难受的同学关系

荣儿以优异的成绩从内地考上了南方某著名高校。接到录取通知书时，举家欢乐，她对未来的生活也充满了憧憬。然而，荣儿进校后情绪低落消沉，失去自信心，认为自己进了个“不太好”的环境，每次打电话回家都会忍不住落泪。与她同宿舍的7个同学中，除了她以外，其余都是广东人。荣儿觉得她们是不同世界的人，说着广东话，见多识广，活跃能干，在一起时能讨论包罗万象的话题，有说有笑。在她们面前，她像个未见过世面的孩子，觉得其他人看不起她。她参加校系班学生干部的竞选，屡战屡败。课堂上教师的讲授，激不起她的学习热情。她发现自己“毫无特长”，感到自己与周围的一切格格不入，喜欢独来独往，也没有人理她。一段时间，她曾想到了退学。她说她找不到自己。她开始厌恶周围的事物，觉得很多人都很“假”。她渴望成功，但又不愿改变自己的性格，她说那是她骨子里的东西。她常常盼望着放假回家。

【分析】荣儿的心理困扰，主要是由她和同学的关系问题、自身的性格问题、自我意识问题和学习问题等引起的。每个高职生初进校门，都会遇到新的人和事。如何与新同学相处，如何提高自己的交往能力，是每个高职生必须解决的问题。

一、人际交往及其影响因素

（一）人际交往的含义

人际交往也称人际关系，是人与人之间通过一定的方式进行接触，从而在心理和行为上发生相互影响的过程。人际交往表现为人与人之间的心理距离，反映着人们寻求满足需要的心理状态。从动态讲，人际交往是指人与人之间一切直接或间接的相互作用，但都超不出信息沟通与物质交换的范围；从静态讲，是指人与人之间通过动态的相互作用形成的情感联系。

交往是人类的特定社会现象。对于社会的发展和个性的成长有着重要的作用。交往是群体的黏合剂，能使群体内部个体之间和群体之间在认知、情感和行为上彼此协调，相互统一。交往是人类特有的需求，人只有在不断地与他人交往中才能促进个性发展，有利于心理健康。从信息交流角度看，精神交往是发信者将信息编码后输入信息通道，受信者将信息译码后接受，并将反应反馈给发信者的过程。

（二）影响人际交往的因素

1. 表层因素

（1）空间距离。人与人之间在空间位置上越接近，越容易形成彼此之间的密切关系。例如，上下床铺的同学，因为空间距离的接近，使双方相互交往、相互接触的机会更多，彼此之间容易熟悉，或成为好朋友，或成为彼此价值观相同的熟人。虽然地理位置不是人际关系好坏的唯一的、决定的因素，但是，远亲不如近邻，空间位置接近的优势，无疑是影响人际交往的一个有利的条件。

（2）交往频率。交往是人际关系的基础，人们只有在交往中才能彼此了解，相互熟悉，进而相互帮助，建立友谊。交往的频率越高，越容易形成共同的语言、共同的态度、共同的兴趣和共同的经验等。否则，交往频率过少，可能会产生冷落之感，以致感情疏远。不过，交往频率过繁，也可能破坏对方的工作和生活秩序，引起对方的反感。

（3）外貌仪表。一个人的长相、穿着、仪态、风度都会对他人产生吸引力，在交往初期，这些因素显得极为重要。虽说人不可貌相，但外貌仪表所起的作用是客观存在的。

2. 深层因素

（1）个性品质。个性影响着交往的态度、频率和方式，从而影响着人际关系。以气质而论，具有多血质和黏液质的人，其人际关系一般来说，要好于胆汁质与抑郁质的人，以能力而论，能力强的人往往使人产生钦佩感与信任感，具有吸引力。不过，能力强弱和特长的差别太大或太小，相互之间的吸引力也会减小；只有当双方的能力既有差别而差别不太大的时候，相互之间的吸引力才会增大。以性格而论，诚实、正直、开朗、自信、勤奋、幽默、热情的人较之虚伪、孤僻、懒惰、固执、狂妄的人具有较强的人际吸引力。因此人格特点在建立良好的人际关系中是非常重要的内在因素。

（2）特点相似。人与人之间若对具体事物有相同或相似的态度，有共同的语言、共同的理想、信念和价值，就容易产生共鸣、同情、理解、支持、信任、合作，从而形成密切的关系。

（3）特点互补。相互满足是形成人际关系的前提条件。如果没有需要和满足需要的期望，空间距离虽小，也可能是“鸡犬之声相闻，老死不相往来”；一旦有了需要和满足需要的期望，空间距离虽大，也可能是“天涯若比邻”。良好人际关系的形成取决于交往双方彼此满足需要的方式和程度，如果交往双方的基本需要都能从交往过程得到满足，其人际关系就会密切、融洽。如果双方的需要都不能从交往中得到满足，彼此之间就缺乏吸引力；如果双方的需要在交往中受到损害，彼此之间就会产生排斥与对抗。除此之外，还要注意人际交往中的一些心理效应。

（三）人际交往的心理效应

1. 首因效应

首因效应又称第一印象。在人际交往中，人们往往注意开始接触到的细节，如对方的表情、身材、容貌等，而对后来接触到的细节不太注意。这种由先前的信息而形成的最初的印象及其对后来信息的影响，就是首因效应，即我们常说的“先入为主”。第一印象赖以产生的信息是有限的，第一印象不一定是真实可靠的。由于认知具有综合性，随着时间的变化、认识的深入，人完全可以把这些不完全的信息贯穿起来，用思维填补空缺，形成一定程度的整体印象。

2. 近因效应

近因效应，是指最近一次的印象对人们认知具有的影响。最近一次留下的印象，往往是最深刻的印象，这也就是心理学上所阐释的后摄作用。首因效应与近因效应不是对立的，而是一个问题的两个方面。在高职生的人际交往中，第一印象固然重要，最近一次的印象也是不可忽视的。在对陌生人的认知中，首因效应比较明显；而对熟识的人的认知中，近因效应比较明显。这就告诉我们，在与他人进行交往时，既要注意平时给对方留下的印象，也要注意给对方留下的第一印象和最近一次印象。

3. 光环效应

光环效应又称晕轮效应，是指在人际交往中，人们常从对方所具有的某个特性而泛化到其他有关的一系列特性上，从局部信息形成一个完整的印象，即根据最少量的情况对别人做出全面的结论。所谓“情人眼里出西施”，说的就是这种光环效应。光环效应实际上是个人主观推断泛化的结果。在光环效应状态下，一个人的优点或缺点一旦变为光环被扩大，其优点或缺点也就隐退到光环背后被别人视而不见了。在人际交往中，你有过这种情形吗？对外表吸引人的同学赋予较多理想的人格特征，或为那些长相比较出众的同学设计美好的未来，如“你气质好，将来求职就业一定没有问题”“那个人第一次见面就对我关心备至，令我难忘”，等等。

4. 投射效应

投射效应是指在人际交往中，形成对别人的印象时总是假设他人与自己有相同的倾向，即把自己的特性投射到其他人身上。所谓“以小人之心，度君子之腹”，反映的就是投射效应的一个侧面。投射可分为两种类型：一种是指个人没有意识到自己具有某些特性，而把这些特性加到了他人身上；另一种是感情投射，即认为别人的好恶与自己相同，进而按照自己的思维方式，试图影响他人。

5. 刻板印象

刻板印象是社会上对于某一类事物或人物的一种比较固定、概括而笼统的看法。主要表现为：在人际交往过程中主观、机械地将交往对象归于某一类人，不管他是否呈现出该类人的特征，都认为他是该类人的代表，进而把对该类人的评价强加于他。刻板印象作为一种固定化的认识，虽然有利于对某一群体做出概括性的评价，但也容易产生偏差，造成“先入为主”的成见，阻碍人与人之间深入细致的认知。

6. 线索偏差

线索偏差主要是指被某人的假象所迷惑从而不了解其真正意图，以致对人的认知发生错误。例如，有的人为了讨好某人，或是为了达到某种目的而彬彬有礼、非常热情，其实，这是一种假象，但这种假象往往会影响人们的判断。

7. 权威效应

权威效应是指在其他条件相同的情况下，来自享有崇高威望的信息源的信息，具有更大的影响。有人做过这样一个实验：一个医术高超的眼科大夫在远处拿着一张白纸，告诉学生，纸上某处有一个墨点，看见了的就举手，结果几乎所有的学生都表示自己“看见”了墨点，但其实纸上并没有墨点。

8. “自己人”效应

在比较友好的人之间，信息的交流量和速度，远比一般人之间要大要快，“自己人”是指利益、兴趣、志向、爱好、所属团体等相同、相似的人。在“自己人”的交往中，通常形成肯定的定势，表现出对对方的亲近和友好。人际交往中，主动创造和发现共同点，有利于人际关系的发展。生活中所谓“套近乎”，就是运用了此效应。

9. 期望效应（皮格马利翁效应）

皮格马利翁是古希腊神话中的一位雕塑师。他对自己精心雕刻的一座少女雕像产生了爱慕之情，他的热情期望感动了上帝，上帝使雕像获得了生命。期待意味着信任，信任是对人格的肯定与评价，是人的精神生活所不可或缺的。当人们获得信任后会受到鼓舞，为之振奋，并成为巨大的精神动力。当人们感受到被某人期望时，除了感激之情，还会对他产生亲近感。

10. 情绪效应

在初次交往中，交际者当时的情绪状态会影响到对这个人今后的评价。第一次接触时交际者的喜怒哀乐对于对方关系的建立或是对于对方的评价，会产生差异。同时，交际双方还会产生“情绪传染”。一方情绪不好，会引起对方不良的态度反应，从而影响人际关系的建立和发展。

二、人际交往的一般原则

（一）平等的原则

在社会中，人与人的交往首先要坚持平等的原则，而平等原则是相对的。现实中，在人际交往中总要有一定的投入与付出。人都有受人尊重的需要，都需要别人的平等对待，在礼仪面前人人更应该平等。人与人之间的贫富差别总是客观存在的，我们不应当让经济上的贫富之别影响了人际间的交往。对于富有者，应当保持自己的尊严和人格；对于贫贱者，应当尊重他们，热情地帮助他们，关心他们，不要在他们面前表现自己的优越感，切勿让自己的不当言行挫伤他们的自尊心。人与人的礼仪交往方面，只有辈分、长幼、主宾的不同，并无贫富之间的差别。为人处事时，应该把自己摆在与对方相同的位置，不要以势凌人。平等，是人与人之间建立情感的基础，只有以平等的姿态出现，不盛气凌人，不高人一等，给别人以充分的尊重，才有可能形成人与人之间的心理相容，产生愉悦、满足的心境，形成和谐的人际交往关系。

（二）相容的原则

相容主要是心理相容，即人与人之间的融洽关系，与人相处时的容纳、包含、宽容及忍让。相容表现在对交往对象的理解、关怀和喜爱上。一方面，人际交往中经常会发生矛盾，有的是因为认识水平不同，有的因性格脾气不同，也有的是因为习惯爱好不同等，相互之间会造成一定的误会。双方如果能以容忍的态度对待别人，就可以避免很多冲突。为人处世要心胸开阔，宽以待人。要体谅他人，遇事多为别人着想。另一方面，每个人都有保留自己意见和按照自己意愿去生活的权利，彼此只能用自己的思想去影响别人，而不可能强制改变别人。如果时时处处尊重和理解别人的选择，不过高要求别人，就可以减少误解，有豁达心胸，从而达到心理相容。此外，还应主动与人交往，广交朋友，交好朋友，不但交与自己相似的人、还要交与自己性格相反的人，求同存异、互学互补，处理好竞争与相容的关系，更好地完善自己。

（三）互利的原则

互利原则也称为交换性原则。美国社会学家乔治·卡斯珀·霍曼斯提出，人与人之间的交往本质上是一个社会交换过程，人们希望交换对自己来说是值得的，否则就没有理由去实施和维持，所以人们的一切交往行动及一切人际关系的建立与维持都是根据一定的价值观进行选择的结果。但人际交往是一种双向行为，人际关系以能否满足交往双方的需要为基础，只有单方获得好处的人际交往是不能长久的，所以交往双方都需要讲付出和奉献。互利原则，既包括物质方面的，也包括精神方面的。由于受传统观念的影响，过去人们交往中更愿意谈人情，而忌讳谈功利。

事实上，人与人之间的交往需求是多层次的，粗略地可以分为两个基本层次：一个层次是以情感定向的人际交往，如亲情、友情、爱情；另一个层次是以功利定向的人际交往，也就是为实现某种功利目的而交往。现实中人们时常会自觉或是不自觉地将这两种情况交织在一起。有时候既是功利目的交往，也会使人彼此产生感情的沟通和反应；有时候虽然是情感领域的交往，也会带来彼此物质利益上的互相帮助和支持。换言之，人际交往的最基本动机就在于希望从交往对象那里得到自己需求的满足。在运用互利原则时要注意，互助互惠并不是等价交换，更不是庸俗的交易，而是一种自觉自愿的相互付出、相互奉献。交往的双方相互关心、相互帮助、相互支持，既要考虑双方的共同价值和共同利益，满足共同的心理需要，又要促进相互间的联系，深化双方的感情。

（四）信用的原则

人与人离不开交往，交往离不开信用。信用即指一个人诚实、不欺骗、遵守诺言，从而取得他人的信任。要做到说话算数，不轻许诺言，一旦许诺，要设法实现，以免失信于人。古人“有一言既出、驷马难追”的格言。现在有以诚实为本的原则。与守信用的人交往有一种安全感，与言而无信的人交往内心充满焦虑和怀疑。当然，我们也应该看到社会环境、人际关系的复杂性，真诚是人际交往的第一要素，但并不是唯一要素。对于初涉人世的青年学生来说，不仅要学会善于表达自己的真情实感，还必须学会善于分辨那些虚情假意之辈，一味的单纯和真诚有时是会碰壁、行不通的。孔子说：“唯仁者能好人，能恶人”，就是说“仁者”应有爱憎分明的态度。

（五）自我价值保护原则

自我价值保护是指对自身价值的意识与评判。任何一个人都不愿意毫无意义地生存在社会上，都希望别人能承认自己的价值。面临别人对自己的否定，要么承认别人对自己评判的合理性，否定自己，贬低自我价值；要么进行自我价值保护，尽可能维护自尊。许多研究表明，自我价值的否定是非常痛苦的，所以当一个人的自我价值受到影响和损害时，第一反应是尽可能地对自我价值进行保护。坚持自我价值保护原则，就要对他人表现出诚心诚意。

经 典 分 享

生活的美好在于与人相处

2003年7月29日，40岁的意大利洞穴专家里奇·蒙塔尔曾只身到意大利中部内洛山的一个地下溶洞里，亲身经历一个长达一年的命名为“先锋地下实验室”的实验活动。“先锋地下实验室”设在溶洞内一个68平方米的帐篷内，里面除配备有科学实验用的仪器外，还设有起居室、卫生间、工作间和一个小小的植物园。在洞外山顶上的控制室里，研究员通过闭路电视系统观察蒙塔尔一个人在长期孤独生活的情况下生理方面会产生哪些变化。在2 000多米深的溶洞里，死一般的寂静，刚开始20多天左右，由于寂寞与孤独，蒙塔尔曾经感到害怕，怀疑能否坚持到底，但是后来他还是顶住了。他给果树和蔬菜浇水，看书、写作或看录像片。一年中，他看了100部录像片；实验室内还备有一辆健身自行车，他共骑了1 600多公里。度过了一年多暗无天日的地下生活后，蒙塔尔于2004年8月1日重见天日。这时，他的体重下降了21千克，脸色苍白瘦削，人也显得憔悴，免疫系统功能降到最低点；如果两人同时向他提问，他的大脑就会乱；他变得情绪低落，不善于与人交谈。虽然他渴望与人相处，希望热闹，但他的确已丧失了交际的能力。里奇·蒙塔尔说：“在溶洞里度过了一年，才知道人只有与人在一起时，才能享受作为一个人的全部快乐。过去，我是一个喜欢安静的人，常常倾向于独处。现在，让我在安静与热闹之间选择，那我宁可选择热闹，而不要孤寂。我之所以在溶洞中坚持了一年，只是为了搞科学实验。我丧失了许多与人交往的能力，这需要在今后的生活中重新纠正。但我不后悔，因为这场实验使我明白了一个人生的奥秘：生活的美好在于与人相处。”

【分析】长期的寂寞与孤独，使蒙塔尔曾经感到害怕、怀疑。重见天日时，他出现了体重下降、脸色苍白消瘦的情况，人也显得憔悴，免疫系统功能降到最低点，并且渴望与人相处，希望热闹，情绪低落，不善与人交谈，明显丧失了交际能力。这表明：人只有与人在一起时，才能享受到作为一个人的全部快乐。这个实验揭示了一个人生的奥秘：生活的美好在于与人相处。

心理训练

同声相应

1．训练目的

与他人拉近心灵的距离，最关键的是找到共同的声音，它可以打破人际间的陌生感，营造积极、轻松的氛围，从而增强人际交往能力。

2．训练时间

40分钟。

3．训练内容

（1）在教室中，设置轻松的音乐背景。教师引导："据说，一个人的成功，15%靠专业能力，85%靠人际关系和沟通技巧。那么，怎样让彼此陌生的我们很快打消隔膜，彼此亲近起来？怎样跨出人际交往的第一步？只有彼此间达到亲近乃至心有灵犀的境地，才有可能。今天所做的'同声相应'就是一次有趣的尝试"。

（2）发给学生人手一张歌名卡，每张都有编号1～6的六首歌名，宣布进行"寻歌"：每人都选定其中一首自己喜欢也会唱的歌，然后全体聚拢，听到"开始"口令之后，每人低声哼唱自己选定的歌，同时寻找与自己同歌的人，再设法让所有同歌者聚拢在某一处，最先聚齐的人高声同唱这一首歌，表示胜利。（注意：寻找和聚拢的整个过程都不许说话，只能不停地唱歌。）

（3）让最先胜利者介绍做法和体会。

（4）分享讨论：你了解到的信息对于改善人际关系和增进友谊有作用吗？整个过程中你是否积极主动？为什么？

成长反思

（1）人际交往对于自己的成长有哪些影响？

（2）反思一下人际交往中有哪些因素影响了自己人际交往的效果？

（3）在人际交往中应该坚持怎样的原则？

专题二　高职生的人际关系

能力目标

（1）了解高职生人际交往的类型及意义。

（2）知晓高职生人际交往的特点。

（3）理解高职生人际交往中常见的问题。

高职生的人际关系

导入案例

他为什么怕和人交往

小李以较为优异的成绩考入了某高职院校，但在开学的第二天，他的父亲便接到了学校辅导员的电话："你快回来吧，你儿子心理出问题了。"李先生忐忑不安地赶到学校，打量着眼前的儿子小李：低着头，眼神恍惚紧张。他关切地拉起儿子的手，手心潮潮的，小李在出汗。"我觉得别人都在看我，周围人都在威胁我……"小李声音颤抖着。回想起儿子离家的情景，李先生才意识到，小李的心理问题早有先兆。十几个小时的火车旅途中，儿子总是低着头不看人，总趴在火车茶几上。坐出租车时，连司机都不敢看。辅导员告诉李先生，报到第二天，小李就哭着说自己心理出了问题。在学校心理咨询中心，小李被诊断为社交恐惧症。李先生不明白，从初中起就住校的儿子怎么会怕和人交往？从心理辅导教师那里，他了解了儿子的心路历程。小李早在高中时就产生了自卑情绪，见到陌生人就会紧张，负面情绪在他心里慢慢堆积。"初中时一个月、高中时一学期，儿子才回家一次。可每次他回来，我只知道买东西，鼓励他好好学习，很少问问他心里的想法。"李先生后悔不已。

【分析】小李表现为不敢与别人交往，而且情况比较严重。这是负面情绪累积的结果，由于没有得到及时的疏通，导致情况越来越严重，最终影响到了小李的身心健康。如果在初中、高中时，家人能够及时发现小李的这种情况，采取一定的措施，如多与小李沟通，并鼓励小李多与同学沟通等，就不会演变成如今的社交恐惧症了。

一、高职生人际关系的类型

高职生交往类型大致可以分为三种：一是积极型，这类高职生往往对交往认识深刻，行动积极，表现出较大的兴趣和热情。他们大多热心参加学生社团活动，主动承担社会工作。二是被动型。这类高职生往往对过去封闭的交往形式不满意，渴望真诚、深厚的友谊，但感到缺少知心朋友，有的人因怕耽误学习，较少主动交往，而多数人是被动卷入。三是沉静型。这种类型人数少，他们习惯过平静的生活，性格一般比较孤僻，平日少言寡语，不善交往，只保持和少数人交往和接触。

人际关系类型是指人际关系行为模式与个体的个性相结合，形成其特有的人际关系倾向。心理学认为，人的气质无好坏之分，以气质为其底色的人际关系类型，当然也没有好坏之分，高职生根据交往的对象与范围的不同，人际关系类型可分为以下几类。

（一）同学关系

同学是高职生人际交往的主要对象，高职生可根据各自兴趣、爱好和性格的不同，结成或松散或紧密交际圈。例如，学习圈内的学生有一个共同的学习理想；娱乐圈内的学生都爱好某种体育运动、文艺活动等娱乐活动；社团圈内的学生大多是性格开朗活泼，喜欢主动与人交往，具有突出的交际、公关、合作和表达能力；还有以地域上"同乡"为基础，以老乡感情维系的老乡圈，关系也是较为亲密的，彼此来往较多。

（二）宿舍关系

宿舍关系是高职生人际交往中最频繁的，也是最难相处的人际关系。同宿舍的同学关系有的亲密如同手足，但“同室操戈”的情形也有时发生。由于距离过分接近，随着时间的延续，彼此优缺点就会暴露无遗；由于来自不同地域和家庭，个体的性格、生活习惯、思想观念、价值标准都存在着差异，易造成不和谐的宿舍关系。

（三）师生关系

师生关系直接影响到学生健康的学习和成长。师生关系应该是民主、平等的，但实际上学生常常处于被动、服从的地位。调查显示，学生只有遇到与学习有关的功课问题、学业问题，才去寻求教师的帮助。至于个人的心理、情感、家庭、交友、恋爱等，则很少有人去找教师咨询，这反映出当代师生关系总体的不密切。

（四）网络关系

网络人际交往是信息时代人们在网络空间里进行的一种新型的人际互动方式，这种虚拟的交往空间极大地满足了学生复杂多样的交往动机。网络是一把双刃剑，网络人际交往对学生的健康成长既有正面效应，也有负面效应。

二、高职生人际关系的特点

（一）高职生人际交往的特点

1. 有强烈的交往动机

交往是人的心理需要之一。健康、正常的交往如能得到满足，就会形成一种向心力，对工作、学习起到促进的作用；如果得不到满足，就会产生空虚感和烦恼，甚至会影响个性的健康发展。很多高职生远离故土和亲人、老朋友，容易产生失落感、孤独感，渴求得到周围同学的关心体贴、爱护、信任和理解。特别是一年级新生，由于环境的改变，第一次离开家庭，他们倍感孤独，十分急切地想与人交往。

2. 交往的范围扩大

以往的交往多限于同班、同宿舍，但随着社会开放和物质文化生活水平的提高，高职生对精神生活有着更高、更迫切的要求，他们渴望走出校园，在与社会人群的交往中满足这方面的需要。这应该说是一种积极的社会心理倾向，它是学生走向社会，开阔视野的原动力之一，但是如果管理不好，就会对校园的组织纪律和正常的生活秩序产生一定的影响。同时，高职生也重视与异性的交往。高职生正处于性心理成熟时期，希望了解异性，得到异性的理解、尊重和爱慕，高职生活又提供了与异性同学交往的许多机会。因此，与异性交往的愿望常会变成交往的具体行动。正确引导高职生与异性的交往，将有利于其个性的全面发展，培养其健康的性心理，加深对异性的理解和尊重，使自己更加自尊、自爱、自重，增强用理智控制情绪、情感欲望的能力。

3. 注重交往双方的平等性

市场经济的发展，使青年学生不但要求政治上平等、民主，而且要求交往中平等、民主。高职生交往的平等、民主观念，使交往双方冲破等级观念的羁绊和心理障碍，使交往方式的单向“辐射”转变为双向“交流”，那种“我是老师，你是学生，我说话，你得听”的交往方式正逐渐为人们所摒弃。

4. 交往过程注重效率

随着市场经济的发展，“时间就是金钱，效率就是生命”的时效观已经被越来越多的人所接受，并成为行为准则。这种时效观反映到高职生人际关系中，必然要求提高交往时间的利用率和高效能。其主要表现形式是：网上交流、电子信件、电话、明信片等沟通形式明显增多，改变了事无巨细非见面谈的传统习惯；预约、践约的风气逐渐形成，避免了因对方不在或无暇顾及而造成时间的浪费；交往中更要注意长话短说，开门见山，尽量避免东拉西扯，没完没了的空谈等。

5. 交往动机复杂化

市场经济的发展，促使人们用价值的观点来衡量、审视一切社会活动，也强化了高职生交往的价值观念。高职生的交往不再是单纯的情感交流，而是在注重情感交流的同时，越来越注重与自身社会利益相关的务实性，呈现出情感交往与功利交往并重的趋势。过去，高职生交往的主要对象是体现“血缘”“地缘”“业缘”关系的亲属、同乡、同事及好友，并以情感上的交流、心理上的共容为满足，较少考虑交往的价值。现在，从交往的对象、内容、范围及样式上，出现了注意价值、追求实惠的趋向。社会上流传着几句话“在家靠父母，出门靠朋友”，“多一个朋友就多一个路子”，在市场经济的大背景下，这种观念必然要影响青年学生。

（二）高职生人际交往的意义

人际交往是个体生活中的一个重要组成部分，通过人际交往建立起来的人际关系是个体生活的基础。高职生的人际交往是高职生人际活动的特殊产物，是其高职生活中一个不可忽视的重要方面。良好的人际关系有助于个体提高自信，使个体体会到温暖和满足。

1. 人际交往是高职生正确认识自我的重要途径

高职生正确认识自我要通过个人与他人的相互交往才能够实现。具体地说，就是指从他人对自己的评价和态度，从和他人关系中认识自我形象，从与别人的比较中认识自我，即我们常说的“以人为镜”。把他人的态度和反应作为判断自己的重要参照系，通过自己在他人身上的映像来审视自己的人生态度、人格状况、人际关系等方面的情况，并以此来警示自己、教育自己。要正确认识自己和周围的环境，形成良好的自我形象，塑造完美的人格，同时恰当的自我认知，既能使人避免“夜郎自大”，又能使人摆脱自卑感。

2. 人际交往有助于高职生学习知识和开发智力

在当今的信息时代，高职生在交往过程中获得的信息都会对学习会起到积极的作用。书本上的知识毕竟是有限的，人际交往是获取新知识的有效途径。同时，人际交往中的信息交流有利于启迪思维，开发智能。由于知识的局限性，加上社会经验的不足，高职生看问题难免陷入僵局。而在与教师、同学的交往中，畅所欲言，思维撞击，就会产生新的思想火花，使自己茅塞顿开。

3. 人际交往有助于高职生走向社会化

人际交往是个人社会化的起点和必经之路。社会化即个人学习社会知识、生存技能和文化，从而取得社会生活的资格，开始发展自己的过程。如果没有其他个体的合作，个人是无法完成这个过程的。从人际关系中得到信息、机遇、扶助就可能帮助自己走上一条成功之路。如果没有其他个体的合作，个人无法获得生活必需的知识和技能，学会与人平等相处，才能自立于社会，取得社会的认可，也才能成为一个成熟的社会化的人。

4. 人际交往有利于高职生的身心健康

现代心理学研究证实：人类的心理病态大多是由于人际关系失调所致。与人发生冲突会使人心灵蒙上阴影，导致精神紧张、抑郁，不仅可致心理障碍，而且可刺激下丘脑，使内分泌功能紊乱，进一步引起一系列复杂的生理变化。如果能时常与人保持良好的交往状态，则会心情舒畅。通过人际交往体现人与人之间的爱护、关怀、信任与友谊，是精神需要得到满足的重要内容。高职生在彼此的交往过程中，相互倾诉各自的喜怒哀乐，进行感情交流，可以获得心理上的满足感，增进彼此之间的亲密感，培养良好的情绪、开朗的性格和乐观的生活态度，促进自己的身心健康。

经典分享

“一个盐罐”的互动

有一家老式餐馆，餐厅很窄小，里面只有一张餐桌，所有的客人都坐在一起就餐，彼此陌生，都觉得不知所措，气氛十分尴尬。突然，一位先生拿起放在面前的盐罐，微笑着递给旁边的女士：“我觉得青豆有点淡，您或者右边的客人需要盐吗？”女士愣了一下，但马上露出了笑容，并向他轻声道谢。这位女士给自己的青豆加完盐后，便把盐罐传给下一位客人。不知什么时候，桌上的胡椒罐和糖罐也加入了“公关”的行列，餐厅里的气氛逐渐活跃起来，饭还没有吃完，全桌人已经像是朋友一样谈笑风生了。他们中间的“冰”被一个盐罐轻而易举地打破了。这个故事告诉我们，人与人之间的隔膜其实很脆弱，问题在于敢于率先打破它的人太少。只要每人都能迈出一小步，就会发现，一个微笑、一句问候，就会化解这层隔膜。人与人之间的交往其实只需要“一个盐罐”的力量。

【分析】这个故事给我们的启发是：人与人之间的隔膜其实很脆弱，打破隔膜关键在于“破冰”。只要每人都愿意迈出一小步，一个微笑、一句问候，就会化解这层隔膜。

心理训练

学会欣赏和赞美他人

1．训练目的

我们周围的人，不可能具备一切能使我们的生活方便、舒适的品质，因此，我们要学会理解和欣赏人们本来的样子。欣赏每个人，是一种视角和胸怀，也是一种能力。

2．训练时间

40 分钟。

3．训练内容

1）发掘他人的优点

（1）把参加训练的学生分成小组，每组 5～6 人。

（2）让每个学生认真发掘自己所在小组其他学生的优点。

（3）由一名学生讲述自我感受到的优点。

（4）其他学生用真诚的言语把自己对该生的美好印象描述出来。

（5）轮流主持，收集大家的优点。

2）收获赞美心

（1）教师发给每个学生 4～5 个赞美心卡片。

（2）请学生在每个赞美心卡片上，写上小组内其他学生的姓名。

（3）在姓名下面写上对该生的良好印象。

（4）按姓名把赞美心卡片交给相应学生。

3）谈谈体会和感受

请参加训练的学生谈谈活动后的感受。根据以下几点，检测一下自己的赞美是否有效。

（1）对方知道你所赞扬的具体行为吗？

（2）对方知道他的行为对你的帮助吗？

（3）你知道对方对你赞扬的感受吗？

（4）对方是否感受到你是真诚的？

（5）对方是否受到鼓励，并重复类似的行为？

（6）对方是否知道你对他的行为的感受？

成长反思

（1）你在日常生活中都有哪些人际交往的方式？

（2）你的交往具有明显高职生人际交往的特点吗？

（3）如何解决自己日常人际交往中常见的问题？

专题三　建立良好的人际关系

能力目标

（1）知晓高职生人际交往中的常见障碍及应对方法。

（2）了解高职生人际交往的艺术。

（3）掌握高职生校园社交的艺术。

建立良好的人际关系

导入案例

僵化的人际关系

李丰是一名高职生。在入学后被指定为临时班长。开始经常打着辅导员的名义要求同学做班级工作，发现同学犯错，不分场合地进行批评；在与同学的日常交往中，也摆出一副班长的派头，对同学颐指气使，从而引起了同学的反感。李丰意识到这一点后，为保住班长的位置，他一改以往的作风，充当起老好人，工作不敢大胆负责。对此，同学颇有微词，但因刚入校不久，同学间不太熟悉，相处还算可以。半学期后的民主选举班委时，李丰落选。他认为是有些同学跟他过不去，拉拢同时落选的两位同学不配合新班委的工作。同宿舍的同学劝慰他，他却说："别假惺惺了，现在充什么好人。"于是舍友慢慢疏远了他。渐渐地，他感到了苦恼、孤独，也心怀怨恨，为避开和宿舍同学的交往，晚上总是很晚才回宿舍，而且故意弄出响声，影响舍友的休息。后来，李丰经常因小事和舍友发生冲突，不得已找辅导员调换了宿舍。

【分析】李丰出现问题的症结所在就是不擅长与人交往。作为班长，他不能很好地遵循平等、尊重等交往原则；作为同学，不懂得真诚待人，不能很好地与同学沟通，最终导致人际关系的僵化。

一、校园人际交往的一般准则

（一）处理好宿舍关系

宿舍人际关系是指宿舍同学间在相互接触、交往的过程中所形成的心理联系。近年来，宿舍人际关系问题咨询在高校学生心理咨询中占据的比重越来越大。许多研究表明，高职生对宿舍人际关系的满意度显著影响其高职生活的满意度。

1. 高职宿舍关系的重要性

（1）宿舍具有“家”的属性。高职生远离了能给予他们情感满足的父母、兄弟、姐妹等，宿舍在一定程度上代替了以前的家，除了能在宿舍里获得属于自己单独的一隅之外，还能在宿舍里获得以前由家庭所给予的安宁与温馨，能使自己在这个新家里得到尊重和理解，能像以前同家人相处一样相互容忍、和睦共处，能像兄弟、姐妹之间那样相互照应、相互帮助。

（2）在宿舍的时间长。就时间而言，高职生平均每天在宿舍里的时间为 13～14 小时，扣除睡眠时间，每天有 5 ～ 6 小时在宿舍度过。在这里，他们没有课堂纪律的约束，每个人都可以很放松地与别人进行交流沟通。

2. 与舍友最可能发生的冲突问题

（1）作息时间冲突容易令人不愉快。晚睡的一方动静太大，影响了正常休息的同学，这样的矛盾在没有熄灯制度的宿舍尤为突出。更有甚者，为了报复自己头天晚上受到的“不公正待遇”，第二天起床时也故意用脸盆、凳子碰撞的声音报复，如此一来二去，形成恶性循环，宿舍人际关系也逐渐恶化。

（2）打扫卫生分工不均。

（3）乱拿东西。

（4）宿舍人际交往中的“霸权主义”。“我的观点和做法绝对是正确的”“不管什么话题，他总是要把我彻底驳倒才肯罢休”，经常或者持续地与宿舍其他人抬杠，强迫他人接受自己的观点。

（5）对舍友口头或非口头的敌意。当接触到不喜欢的舍友时，个体会感到焦虑和愤怒，并在言行上有所体现，当对方接收到“敌对”信号后，随之产生强烈的情绪反应，就会出现对骂、打架等过激的行为，甚至会危害宿舍人身、财产等的安全。

（6）舍友之间贫富差距、物质攀比。同宿舍的学生来自全国不同的地区，家庭背景也各不相同。有的衣食极其奢华，有的缴纳学费都有一定的困难。舍友之间的差别会使得他们之间的距离越来越大。另外，强烈的自尊心往往会使同宿舍学生间产生攀比等不良心态。

3. 宿舍关系处理的要点

（1）与舍友统一作息，在日常起居生活给予包容和理解。一个宿舍有4～6个甚至更多的人在一起生活，宜用统一的作息时间加以调整。只有大家协调一致、共同遵守，才能减少争执，消除摩擦，维持正常的生活秩序。如果你是“夜猫子”，晚上睡得很迟，待宿舍同学都睡了，才洗漱睡觉，这样很容易惊醒他人，影响他人的休息。久而久之，你就会引起舍友的厌恶。倘若实在有事，早起或者晚睡的学生也应尽量减少声响和灯光对舍友的影响。

（2）不搞“小团体”。在宿舍，应当以平等的态度对待每一个人，不要厚此薄彼，和一部分人打得火热，而对另一部分人疏远不理。有些人喜欢与同宿舍之中的某一个十分亲近，平时老是同一个人说悄悄话，无论干什么事，进进出出都和这个人在一起。这样就容易引起同宿舍其他人的不悦，认为这是不屑与之交往。结果，你俩的关系也许搞好了，但却疏远了更多人，这就不利于建立和谐的宿舍关系，是得不偿失的。我们不反对同学间建立有深度的友谊，但绝不能以牺牲友谊的宽度和广度为代价。

（3）不触犯室友的隐私。对于舍友的隐私，我们不要想方设法去探求。对方把一个领域化为隐私，对这个领域就有了特殊的敏感，任何试图闯入这个领域的话题都是不受欢迎的。尤为注意的是，未经舍友同意，切不可擅自乱翻其衣物等。另外，同住一个宿舍，有时难免知道舍友的某些隐私，我们也要守口如瓶，告诉他人不仅是对舍友的不尊重，也是不道德的。

（4）积极参加集体活动。宿舍的活动不单纯是一个活动，更是舍友之间联络感情的重要形式，应该积极参与配合。千万不要把集体活动当作纯粹费财费力的无聊之举，表现出一副不屑为伍的样子。其实，那都是感情投资，也是不可缺少的人生经历。舍友们决定一起去干什么，我们要尊重他们的选择。确实不能参加，可以把自己的想法和意见提出来，不要勉强参与反倒让舍友觉得你在应付了事，更不要一口回绝而伤了室友们的兴致。可以说，集体活动的有无和多少，也从一个侧面反映了这个宿舍的团结程度。倘若这样的活动你老是不参加，多多少少会显得你不合群。

（5）关心别人。主动帮助有困难的舍友，自己有困难的时候也学会向别人求助。良好的人际关系是以互相帮助为前提的。在宿舍中要有良好的合作意识，别人在整理床铺时，你应该想想这种事情是否需要帮忙；有人生病时，你是否愿意帮他去食堂买饭。相互帮助的确是不可缺少的，因为任何时候人都难以凭借自己的力量生活。哪怕只是些小事，相互关心帮助都可以加深友谊。

当我们遇到困难时，是否适宜向舍友求助呢？答案是肯定的。因为有时求助反而能表明你对别人的信任，能够融洽关系，加深感情。例如，你有事需请人帮忙，不找你的舍友而远求他人，舍友得知后反觉得你不信任他。你不愿求别人，别人以后有事又怎么好意思求你帮忙呢？其实，求助舍友，只要讲究分寸，不使他人为难，是完全可行的。

（二）处理好故友的关系

1. 故友为何会渐行渐远

很多学生发现以前的好朋友现在却“渐行渐远”，一时之间很难接受。导致这种现象产生的原因很多，主要有以下几种。

（1）有了新的朋友，长时间与故友不联系，一联系就是想让别人帮忙，这是故友关系破裂的直接原因。

（2）缺乏面对面交流。交往的一方由于上学、辍学或者其他原因到了别的地方，虽然分离的双方可以通过书信、电话、电子邮件等形式保持联系，但是最现代的通信工具也取代不了面对面交往，时间长了双方之间可聊的东西就只剩下“记忆”了。

（3）逐渐不喜欢对方行为上或人格上的某些特点，一方面，个人的喜好标准可能发生变化，另一方面，交往中可能发现对方的一些新的特点，而这些特点恰恰是另一方不喜欢的。

（4）对方需要时不主动帮忙。

（5）双方之间的生活圈子发生了很大的变化，落差比较大，出现了妒忌或批评。

（6）对对方与第三方的关系不能容忍。

在亲密关系中，这一点比较突出，因为亲密关系，尤其是异性之间的亲密关系往往有一定程度的排他性。

2. 如何维持与故友的关系

（1）保持联系的频率。在前面人际交往的影响因素中，我们提到人际交往中的“曝光效应”，也就是说一般情况与某个人接触的次数越多，就越可能觉得此人招人喜爱、令人愉快，那么，故友的关系中同样也是这样的。如果由于地域的原因拉开了两人的距离，那么保持一定的电话、短信、微信等联系频率，让对方了解自己的生活，增进双方之间的了解，可以增进彼此的友谊。

（2）正确理解故友的变化。在友谊的发展过程中，不能不提的就是处在其中的个体的成长。我们说成长在个体发展的过程中是永恒的。那么，有成长，必然就会有变化，甚至有人提出成长就意味着背叛。也许故友在成长的过程中发生了变化，这种变化是你所不能接受的，但是这也给了你一个选择的机会，选择他（她）是否还可以成为你的朋友。如果真的已经不能成为朋友，起码证明在曾经的一段时间中，你们是朋友，这样其实就足够了。如果经历了成长之后，你们仍然能跟上彼此的步伐，那么，你们仍然会是好朋友。

（三）处理好师生的关系

1. 高职师生关系的表现

（1）师生感情淡漠化或被动化。现实生活中，师生之间的关系存在情感的缺失的情况，交往被动的现象时有出现。高职院校的教师总是匆匆而来，课上传授知识，课程结束后收拾好教具便走，师生间就是授技者与学习者的关系。与此同时，高职生自身也在师生交往中缺乏主动性和积极性，甚至师生见面也互不搭理，形同陌生人一般。

（2）师生关系利益化或庸俗化。当前有些高校师生之间的关系变得越来越庸俗、简单和直接。师生关系中的双方只关心自己一方在教育活动中的利益是否受损、是否最大化，至于对方的心理感受和道德目标则被浓厚且强烈的外在诱惑所侵占，常处于被遮蔽的状态，甚至被完全抛弃。

2. 新型师生关系的构建

（1）加强师生双方的个人修养。作为教师，要明确教书育人的职责和使命，应以其渊博的学识、敏锐的思想、开阔的视野和谦逊宽容的品质去赢得学生的尊敬与喜爱；以身上体现的智慧、知识、道义的力量直接对学生产生无言的、持久的影响；以乐观豁达的生活态度和对学生的鼓励信任，建立与学生之间的心灵沟通、思想碰撞。作为学生要时刻谨记“尊师”既是一种道德要求，也是高职生顺利成长所必需的条件。“尊师”就要尊重教师的劳动成果，无论在课内课外，要避免一切不尊重教师的行为。

（2）提高师生沟通的频率。心理学研究表明，空间上的接近和交往频率的增加会使人更易于深入了解对方。作为教师要重心下移，放下架子，多与学生平等、友好相处。可以说如果教师不能与学生多交流，自然不会成为学生的知心朋友，那么想成为受学生欢迎、尊重的好教师更是“遥不可及”。另外，作为学生应积极主动地与教师交流，要将在学习和生活中遇到的困难，及时、主动地与教师沟通和交流，以得到教师的指导和帮助。

另外，随着信息技术的发展，师生沟通交流不仅可以通过面谈、书信等方式实现，而且还可以通过QQ、E-mail、微信等信息工具得以实现，从而有效地提高交流的质量和频率。

二、人际交往障碍的应对

人际交往障碍是指高职生在现实生活中无法按照自己的意愿与别人进行必要的交流与沟通，个体为此感到苦恼，明显影响个体正常生活的一种现象。人际交往障碍不但影响个体的人际状况，而且使个体的整个精神状况都受到消极影响，甚至产生自卑、孤独、自负等情感。高职生的人际交往障碍按照不同的程度，可分为以下几种类型。

（一）社交自卑

在高职生群体中，有部分学生由于个性、早年经历和社会环境等因素的影响，使其人际交往不能顺利发展，甚至产生人际交往障碍。这些问题如果不能很好地解决，将会影响一个人个性的健康发展，影响到与他人的正常交往，以及学习、生活和未来的职业。

对于社交自卑心理，可以采取以下策略进行调适。

（1）正确认识自己，提高自我评价能力，善于发现自身的长处、优势和潜能。

社交自卑障碍者一般不能客观地评价自己，往往自我评价过低，过于求全责备和追求完美，放大自身的不足和缺点，看不到自己的优点和长处。所以，应该学会客观、辩证地认识事物，看待自己和他人，发现自身的优势、长处和潜能，不断增强自信，克服自卑心态。

（2）积极地发展自我，不断完善自我。

人往往因为某些方面的不足而产生社交自卑。要改变社交自卑心态，就必须敢于正视自身的弱点和不足，努力提高自己，积极发展自我，超越自我，使自己由弱变强，由劣变优，由失败走向成功。这样才能从根本上克服自卑心理，增强自信心。当然，一个人的家庭经济状况、身高、相貌等方面的改变很难取决于个人，但一个人的品德、学识、才能和个性是可以通过自身的努力不断发展完善的，而且这种内涵的发展和完善是本质性的，具有持久的魅力。

（3）进行积极的自我暗示、自我鼓励。

在社交场合不要消极地暗示自己“我不行，我会失败的”，而是进行积极的自我暗示：“我能行，我会干好的”“我是最优秀的，我一定会成功”。通过积极的自我暗示可以调整自己的心理状态，振奋精神，鼓舞士气。

（4）及时从社交失败的阴影中解脱出来，提高社交技巧，大胆参与人际交往。

有不少高职生愿意与其他人广泛交往，但由于缺乏交往的技巧和经验而受挫，以致产生自卑，对交往望而生畏。这些高职生应去掉害怕失败的心态，努力学习人际交往的技巧，不断积累社交的经验，提高交往的能力，有意识地主动参与交往，培养自己的勇气和能力。

（二）孤傲自负

有少数高职生认为自己各方面都比别人强，自己了不起，在与他人交往时总是居高临下，盛气凌人，不把别人放在眼里，只关心个人的需要，强调个人的感受，很少去替别人着想；与同伴相处，高兴时手舞足蹈、海阔天空地讲一通，不高兴时就乱发脾气，根本不管别人的感受；对于别人的优点和成绩不予认可，甚至嫉妒，对别人的缺点和不足常常讥讽嘲笑，其结果令人厌恶反感，致使人际关系紧张。对于孤傲自负的心理，可以采取以下策略进行调适。

（1）正确评价自己和别人。

人际交往高傲自负者一般不能客观正确地评价自己和别人，往往过高评价自己，过低评价别人，对人对己产生错误的认知和判断，由此产生一种错误的心态。要解决这一问题首先要从自我认识上下手，改变过去错误的认识，既看到自己的优点，也要看到自己的缺点；既看到别人的缺点，也要看到别人身上的优点，而且要多看自身的不足，多看别人的长处，并抱着虚心学习的态度与人相处。

（2）学会平等交往，理解对方。

在改变自我认识的基础上，尝试着以平等的身份与他人交往。要学会尊重别人，学会理解别人，学会倾听和接受别人的意见，培养谦虚谨慎的人格品质。

（3）互相学习，互相帮助，交流感情，建立友谊。

在平等的交往中，要虚心向别人学习，取长补短，并以自己所能去帮助他人，通过交往沟通感情，交流思想，建立纯真的友谊。

（三）社交恐怖

社交恐怖的外部表现是害怕在众人面前出现，害怕被人注意，害怕与人交往，严重者不敢与人对视，拒绝与同学建立关系。少数高职生在与他人交往特别是与异性交往时产生极度紧张、畏惧的情绪反应，其表现为赤面恐怖和视线恐怖，甚至当他们还未进入社交场所，但意识到将要接触到所恐惧的交往情景时，就会产生紧张不安、心慌、胸闷等焦虑症状。为了避免产生进一步的恐惧情绪，他们就采取逃避的方式，尽量不在公共场所出现，尽量不与人接触。形成社交交往恐怖一般有两方面的因素：一是特殊的个性（内在因素），如胆小、怕事、敏感、害羞，依赖性强，高度内向；二是生活经历、外部刺激（外在因素），如意外事件、恐吓、挫折或社交失败等较强烈的精神刺激。这两种因素作用于同一个人时往往容易诱发社交恐怖。对于社交恐怖心理，可采取以下策略进行调适。

（1）采用认知领悟法克服社交恐惧心理。

具有社交恐惧心理的人往往有过交往挫折的经历，而对此产生一种错误的认识，把失败的后果和影响无限地扩大，过度否定自己的潜能，害怕再遭受失败。认知领悟法即对过去经历中被潜抑的精神创伤，现在重新用更成熟、更理性的眼光去看待它，重新认识和评价，从思想上改变错误的认识，逐渐减轻和消除恐惧心理。例如，有一位高职生上中学时在全班同学面前讲话失败，以后就害怕见人，到了高职院校后仍然竭力回避与同学交往，对人际交往产生恐惧心理。这位学生就是把失败的体验扩大了，在自己的内部语言中用消极的观念否定自己，陷入深深的自责和自卑，从而失去再面对同样情景的勇气，不敢与人交往。如果能对这一事件重新认识领悟，认识到这种事情很多人都发生过，是很正常的，别人并不很在意，多次锻炼后就能改变这种状况。

（2）采用系统脱敏法克服社交恐惧心理。

系统脱敏法一般包括以下三个步骤。

第一步，全身肌肉和精神放松，可以通过自我暗示或听轻音乐使肌肉和精神放松。

第二步，将恐怖的刺激和情景按照引起恐怖体验强度的大小由低到高排列成等级。例如，把引起恐怖体验的情景分为三个等级，一级是最低强度的刺激情景，二级则较一级强度增大，三级刺激强度最大。

第三步，想象等级中最低一级的恐怖刺激，当出现恐怖反应时，便结合放松训练，使之与恐惧情绪对抗，直到恐惧感消失。然后再接着想象下一等级的恐怖刺激，按照前面的方法逐渐脱敏，直到消除所有等级的社交恐怖反应。

（3）学习社交技巧，加强实践锻炼，不断提高社交能力。

常言说“艺高人胆大”，社交恐怖者往往缺乏社交技巧，不知道该怎样与人交往，面对社交活动心里怵。所以留心学习社交技巧，生动参与社交活动，努力提高社交能力，就可以逐步增强自信，克服社交恐惧心理。

（四）社交嫉妒

社交嫉妒是指在社交活动中，因与他人比较发现自己在才能、名誉、地位、境遇、相貌等方面不及他人而产生的抱怨、敌视、憎恨等消极的情感态度。它把强于自己的人看作是对自己的威胁，是自己未来发展的障碍，因而从心理上不予接纳，甚至由于强烈的危机感而产生敌视、憎恨的情绪。在高职生中，由于对他人的才能、学业成绩、相貌、家庭经济等方面的不满也会产生嫉妒心理，总希望别人比自己差，自己成功而别人失败，甚至对别人幸灾乐祸。社交嫉妒表现出以下几个特点：①潜隐性，即嫉妒者表面上不承认自己对某人、某事心存嫉妒，且竭力掩饰自己的嫉妒。因此，有的心理学家认为，嫉妒不完全是理性的产物。②对等性，即嫉妒总是产生在与自己性别、年龄、文化、地位、职务等相类似而状况优于自己的人群身上。③行为性，即在社交中，嫉妒心理往往导致嫉妒行为的发生，如讽刺、挖苦、挑拨、中伤，甚至实施破坏和伤害等。④变异性，即当被嫉妒者的优势转化为劣势，特别是与嫉妒者悬殊较大时，嫉妒就可能发生变异，转化为同情、怜悯、幸灾乐祸等情感。

社交嫉妒是一种十分有害的心理，被称为心理的“肿瘤”。它不仅给个体带来精神上的痛苦和不安，也会影响与他人之间的正常交往和感情的发展，甚至有的因嫉妒丧失理智，对他人实施攻击伤害，最终害人害己，危害社会。对于社交嫉妒心理，可以采取以下策略进行调适。

（1）正确看待人与人之间的差异，正确对待别人的长处。

在人类社会的群体中，人与人都是有差异的，这才形成了一个丰富多彩的世界。由于先天与后天、自然与社会、主观与客观等多种因素的影响，使一个人在某些方面可能具有优势，而在另外一些方面处于劣势，这是非常正常的事。对于他人的长处应该实事求是地承认，找出不如别人的原因，并虚心向别人学习，努力赶上。嫉妒不仅改变不了现状，也不利于心理健康。

（2）善于调整目标，发挥自身优势。

追求事事超人既无必要，也不可能。在看到他人长处时，也应该看到自己的优势，确定适合自己的目标，充分发挥自身的潜能，最大限度地实现自我价值。例如，别人在专业的这一领域有优胜，我可以在专业的另一领域发展自己，占领制高点；别人善于逻辑思维，我可以发展自己擅长的形象思维。

（3）加强沟通，加深理解。

情感不相容者易生嫉妒，情感相容者一般不易产生嫉妒。所以，同学之间应多接触，加强沟通，加深理解，发展纯洁的友谊，成为志同道合的朋友。朋友更多的是分享成功，分享幸福，而少生嫉妒。

（4）培养豁达的人生态度，保持良好的心态。

勇于承认现实，接受现实，并以积极的态度面对现实。努力克服自我中心、狭隘自私的个性品质，积极培养与人为善的良好品德和乐观向上的心态，胸怀全人类，放眼全世界，把自己看作大海中的一滴水。

（五）社交冲突与报复

由于思想观念、个性和生活习惯等方面的差异，使部分高职生在进行人际交往时容易发生矛盾和冲突。在矛盾和冲突发生后，交往者一方认为自己受委屈、被羞辱，甚至感到情感、人格受到了严重的伤害，因而产生反击报复心理，甚至采取报复行动，轻者影响同学团结，重者造成严重的伤害，触犯刑法。云南大学“马加爵事件”就是典型、极端的社交冲突与报复案件。社交冲突与报复一般有以下几种类型：①公开报复和隐蔽报复。公开报复其报复行为毫不隐讳，公开表露出来，容易防范；隐蔽报复报复行为为不动声色，暗中进行，不易防范。②直接报复和间接报复。直接报复采取以牙还牙、直接反击的方式进行报复，你骂我一句，我还你一句，你打我一拳，我踢你一脚。间接报复则不同，你明处羞辱我，我暗中诽谤你，甚至移情于物，毁坏你的东西，或对与你相关的人进行报复。③对等报复和失当报复。对等报复行为的强度与其所认为的或实际被伤害的程度相当，失当报复的行为严重超出其所受伤害的程度。对于社交冲突与报复心理，可以采取以下策略进行调适。

（1）正确认识和分析自己所受的伤害。

对于什么是伤害，各人的理解不尽相同。同一句话或同一件事，有的人认为是伤害，有的人则不以为然。当你在实施报复前，应该冷静考虑一下，自己到底是不是受到了伤害，是否在言语、行为方面发生了误会，自己过敏多疑；即使是伤害，也要加以分析，弄清楚别人是有意的还是无意的，是偶然的还是蓄意的，是严重伤害还是轻微伤害，等等。总之，要三思而后行。

（2）认真考虑报复的后果。

在产生报复心理时，应认真考虑报复行为会产生什么后果？是图一时之快、解一时之恨，还是从根本上解决问题。报复可以打击对方，但不一定能改变对方；严重的可能伤害他人的健康或生命，触犯刑律，毁掉他人和自己的前途。

（3）采取适当的方式来解决问题。

当个体受到羞辱或伤害时，最好采取某种适当的方式解决，如请某组织或某个人为中介，通过沟通和交流，或者消除误会，或者让对方认识到错误，诚恳道歉，化干戈为玉帛。也可以直接约对方谈话，也可以找有威信的人来调解和促成沟通，还可以通过班干部、学生会、班主任、系领导甚至学校的学生管理部门来帮助解决。总之，应通过正确的渠道来解决。

（4）学会克制和忍耐。

在日常的人际交往中，难免会有矛盾和冲突，除想办法合理解决外，还应学会克制与忍耐。有些伤害是轻微的，由于一些不文明言行造成的，并非奇耻大辱，受伤害的一方一方面应指出对方的错误，另一方面也应学会宽容和大度，克制和忍耐自己的情绪，常言道：让一着满盘皆活，退一步海阔天空。对于脾气暴躁、易冲动的人，遇事应采取冷处理的办法，当矛盾和冲突发生时，通过语言暗示提醒自己冷静、冷静、再冷静，先离开事发地点，转移注意力，等彻底冷静以后再来处理问题。

（5）采取积极健康的方式进行宣泄。

作梗的心理能量长久堆积不利于心理健康。当你在交往中与人发生矛盾，感到愤怒、屈辱和压抑而又不希望矛盾升级、报复对方时，可以运用一些积极、健康的方式来排遣不良的情绪，释放消极的心理能量，如写信、写日记，向知己倾诉，参加大运动量的体育活动或劳动，在旷野中喊叫，在宣泄室中对着假人进行拳击，等等。通过积极的宣泄和调整，可以使不良的情绪得到释放，心理得到平衡。

三、提高人际交往能力的艺术

优化人际交往的艺术、良好的人际关系是高职生健康成长的基础。每个高职生都希望自己有好人缘，与同学之间建立良好的人际关系。如何使自己成为一个受欢迎的人？掌握一定的交往技巧与交往方法，就会与他人建立和谐的人际关系。

（一）倾听的艺术

1. 关于倾听

古希腊先哲苏格拉底说过："上天赐人以两耳两目，但只有一口，欲使其多闻多见而少言。"寥寥数语，形象而深刻地说明了"听"的重要性。繁体字"聽"有"耳"，有"目"，有"心"，显示了听需要做到"用耳朵听、用眼睛看、用心聆听"。倾听是一种情感活动，也是一种能力，更是一种艺术。不同的方式方法和质量，将产生巨大的效果差异。

真正的倾听不仅要听事实，也要听情感。听事实意味着需要能听清楚对方说什么。听情感要听对方的感受及弦外之音。

在实际生活中不能做到有效倾听主要有以下原因：一味地想说服对方听命行事；对方的想法与自己的不一致；有心事或心不在焉；对对方的谈话内容不感兴趣；讨厌或排斥与自己的谈话的人；想要打断某人的谈话，急于发表自己的意见；对对方表达的内容已有预设的成见；认为已经知道对方要表达什么。

2. 如何做到有效倾听

要达到有效的倾听，需要注意以下几点。

（1）用心专注，不打扰。与说话人交流目光，让自己的眼神和表情表示出自己的用心、认真的态度。一定要注视对方，但不要自始至终盯着对方。适当地发出"哦""嗯"等应答声，表示自己在注意倾听，以激起对方继续讲话的兴趣。即便是自己感到不耐烦，也不要急于插话以否定或打断对方的话，可以等到对方的话告一段落时，再表明自己的看法。

（2）理解并积极反馈。听的过程中要理解对方想表达的意思，把对方的思想、观点同自己的思想观点对照比较，理解对方的用心并换位思考。倾听的过程中要给对方一些反馈。假如没有任何的反馈，对方会认为你对谈话一点兴趣都没有，反应冷漠。这样会使对方觉得尴尬、扫兴，不愿再说下去。所以，赞同的时候要点头表示赞同。点一点头，实质就是发出一种信号，让对方知道你在赞许他，对方这时会兴致很高地讲下去。有时还可以适时提问或插话要求对方把某些要点谈详细一些，或要求补充说明，这样就说明你听得很仔细，同时你还可获取更多的信息。

（3）克服个人偏见。在沟通的过程中，造成沟通效率低下的最大原因就在于倾听者本身。如果倾听者本身有偏见会对沟通过程造成比较大的影响，所以在倾听过程中要做到只针对信息本身而不是传递信息的人，诚实面对、承认自己的偏见，并能够容忍对方的偏见。

（二）赞美的艺术

1. 关于赞美

美国社会学家赖斯·吉布林在谈到人际交往时曾说：“每一个人都是人际关系的百万富翁。然而可悲的是我们中太多的人‘窝藏’了这种财富，或者只是吝啬地少量地施舍出来。甚至更糟的是，根本意识不到我们拥有这种财富。”那么，这种财富究竟是什么呢？就是“惠而不费”的赞美的语言。

俗话说：“良言一句三冬暖，恶语半句六月寒。”美国著名作家马克·吐温曾说过：“我可以靠别人对我说的一句好话，快活上两个月。”其实，这种可以让马克·吐温先生快活上两个月的好话，对说话人来说正是轻而易举且“惠而不费”的事情。而在社交中，这种“惠而不费”往往会收到意想不到的效果，它可以起到一种人际关系润滑剂的作用。

但是，在人际交往中，好话、赞美别人的话说得太多以致太过分，也往往会给人一种虚伪、不真诚的感觉。2000多年前的孔子早就说过：“巧言令色，鲜矣仁。”就是说，花言巧语，装出和颜悦色的样子，这种人是很少有仁德的。像寓言故事中所讲的那样，狐狸吹捧乌鸦为的是它嘴里叼着的那块肉，而不是真的觉得乌鸦唱歌好听。

2. 如何做到恰到好处的赞美

那么，在人际交往中，赞美的话怎样说才恰到好处，才能收到令人满意的效果呢？

（1）必须是真诚的。阿谀奉承、溜须拍马，那是别有用心者之所为，正人君子是不以此为能事的。

（2）赞美应求具体，就事论事，不要不着边际。如果别人劈头对你说：“你真够棒的！”你便会感到莫名其妙：我到底哪里真棒？而如果别人就你身上穿的一套新西服而称赞你：“嘿，你穿这身西服真精神！”你听后会感到很舒服。

（3）赞美应实事求是。如果故意把别人的短处或缺陷拿来赞扬一番，人家一定会听出你是在捉弄讽刺对方。

（4）赞美应掌握一定的分寸。过犹不及，一味说好话，难免会有奉承之嫌。当然，对于赞美的话，听者也应从上述几个方面略加考察、分析。因为顺耳的未必都是忠言，赞美的话有时也会把人“捧杀”的。

（三）微笑的艺术

在现实的人际交往中，确实有很多的高职生不会运用“微笑”这个简单的沟通艺术，一直苦恼于“冰山冷美人”或者“冰山帅哥”的称号，周围的同学反馈这类人常常是面无表情、冷若冰霜。

古希腊哲学家苏格拉底曾说过，“在世界上，除了阳光、空气、水和微笑，我们还需要什么？”当在微笑时，人的精神状态最为轻松，全身的肌肉处于松弛状态，因而，个人的心理状态也就相对稳定。当你充满笑意的眼光与别人的目光相遇时，笑意会通过这道“无形的眼桥”传递给对方，对方也会被你的快乐情绪所感染，自然而然地，双方之间的气氛会变得和谐，相处得融洽，交流起来也容易多了。反过来，如果一方老是皱着眉头，挂着一张苦瓜脸，那没有人会欢迎和这种人交流的。

微笑是人生最好的名片，谁不希望跟一个乐观向上的人交朋友呢？微笑能给予自己一个信心，也能给别人一个信心，从而更好地激发潜能。微笑是朋友间最好的语言，一个自然流露的微笑，胜过千言万语，无论是初次谋面也好，相识已久也罢，微笑都能拉近你和他（她）之间的距离，令彼此之间倍感温暖。一个人的情绪受环境的影响，这是很正常的，但你苦着脸，一副苦大仇深的样子，对处境并不会有任何的改变。相反，如果微笑着去生活；那会增加亲和力，别人更乐于跟你交往，得到的机会也会更多。只有心里有阳光的人，才能感受到现实的阳光。微笑是一种修养，且是一种很深厚的修养。微笑的实质是亲切，是鼓励，是温馨。真正懂得微笑的人，总是容易获得比别人更多的机会，总是容易取得成功。

（四）换位思考的艺术

有一则故事：一头猪、一只绵羊和一头奶牛，被牧人关在同一个畜栏里。有一天，牧人将猪从畜栏里捉了出去，只听见猪大声号叫，强烈地反抗。绵羊和奶牛讨厌它的号叫，于是抱怨道："我们经常被牧人捉去，都没像你这样大呼小叫的。"猪听了回应道："捉你们和捉我完全是两回事，他捉你们，只是要你们的毛和乳汁，但是捉住我，却是要我的命啊！"

这个故事中告诉我们，由于猪、绵羊和奶牛的立场不同，因此很难理解对方的感受。当然，寓言就是寓言，它需要的是简单、透彻、对比强烈，而在现实生活中，判断可就复杂得多了。

在人际关系中也是如此。换位思考的实质就是设身处地为他人着想，即"想人所想，理解至上"。通过换位思考可以让我们突破固有的思考习惯，学会变通，解决常规思维下难以解决的事情；通过换位思考可以让我们了解别人的心理需求，感受到他人的情绪并将沟通进行到底；通过换位思考可以让我们揣摩到对方的心理达到说服对方的目的；通过换位思考可以让我们欣赏到他人的优点，并给予对方真诚的鼓励。真正做到换位思考需要用心，有尊重之心、协作之心、的赞赏之心和分享之心。

（五）批评与接受批评的艺术

在与人交往中难免会用到批评这个武器，也不可避免会收到批评，掌握一点批评和接受批评的艺术，也不是一件非常难办的事情。

1. 用赞美和欣赏做开始

批评也得按步骤进行，不要一上来就开始大发"牢骚"，先创造一个尽可能和谐的气氛。做错事的一方，一般都会本能地有种害怕被批评的情绪。如果很快地进入正题，被批评者很可能会产生不自主的抵触情绪。如果对方确实需要批评，首先要肯定他所做的事情中的好的部分，从赞扬其优点开始。然后指出具体存在的问题和改进的方向，要注意以理服人。

2. 对事不对人

批评时，一定要针对行为本身，不要针对人。批评人只会引起对方的抵触，对方也不明白为什么要被批评，不知道要改进什么。批评行为却会使对方明白为什么要被批评，需要改进什么。谁都会做错事，做错了事，错的只是行为本身，而不是某个人。批评指向对方的活动就无损于他的整个自我形象，不会伤对方的自尊，使批评建立在友好的气氛中，使对方感到无拘无束，欣然接受批评。

3. 批评必须是善意的

做任何事情都需要原则和目的，批评也不例外。批评之前要明确批评的目的是什么，希望通过批评对将来造成什么样的影响。被批评者在接受批评后，可能会产生两种截然不同的感受：一种是很快意识到对方是为了自己好，是善意的批评；另一种是觉得对方是在找人发泄心中的不快，是恶意的批评。在这两种不同的感受之下，人们对批评所接受的程度会完全不同。因此，当你拿起"批评"这个武器时，一定要记着批评的原则和目的，不要把自己的利益放在第一位，要让对方感到批评是有益的劝导，这样就会很容易接受。

经 典 分 享

交友小贴士

（1）学会主动沟通。要尝试融入新的工作或学习环境中去，可以通过主动打招呼或问候等，与他人打开话题，并主要加入到他们的活动或倡议中去，这样你在新环境中的形象就会被大家所接受。

（2）"己所欲，施于人"。要主动把自己的好东西或乐趣与大家一起分享，把自己的美食、成果或用品与大家一起使用，做到慷慨地对待大家，这样大家就会对你的大方个性表示认可，并与你交往。

（3）乐于助人。主动去帮助别人。例如，主动去替别人分担或做一些力所能及的事情，这样别人更愿意去接纳你，你以后的学习、生活和工作也能更快地适应。

【分析】人际交往是需要方法和技巧的，要想提升人际关系，拓展人脉，就要学会主动交往，严于律己，宽以待人，学会分享，乐于助人，才能开心、快乐地生活，学习和工作。

心 理 训 练

逃离"泰坦尼克号"

1. 训练目的

培养高职生在人际交往中的协作精神。

2. 训练时间

45 分钟。

3. 训练内容

（1）布置游戏场景。将 25 米长的绳子在空地上摆成一个岛屿的形状；在另一边，摆四个长凳作为"泰坦尼克号"船；地面代表大海；六张 A4 纸代表六块浮砖；播放《泰坦尼克号》电影音乐的音响设备。

（2）教师讲故事：……"泰坦尼克号"即将沉没，船上的乘客须在《泰坦尼克号》

电影音乐结束之前利用仅有的求生工具——六块浮砖（六张 A4 纸）逃离到小岛上。

注意：出发时，每一个人必须从船舷栏杆（长凳）上跨过，踏上浮砖。在逃离过程中，乘客身体的任何部分都不能与海面（地面）接触。自离开“泰坦尼克号”起，在整个逃离过程中，每块浮砖都要被踩住，否则教师会将此浮砖踢掉。全部人到达小岛，并将所有浮砖都拿到小岛上后，游戏才算完成。

（3）思考：你发现自己在游戏中担任了什么角色？发挥了什么作用？与你平时在生活中所扮演的角色一致吗？

成长反思

（1）怎样克服人际交往中的常见障碍？

（2）怎么理解高职生人际交往的艺术？

（3）日常校园中如何和各类人打交道？

心理测试：你是个受欢迎的人吗

1．测试目的

测试个体在社交场合是否受欢迎。

2．测试时间

40 分钟。

3．测试内容

如果下列题目符合自己所想的或自己所做的，请画“+”，相反则画“−”。

（1）当你离开和朋友相处的地方时，朋友会感到依依不舍吗？

（2）当你有病休息在家，是否有朋友围绕在你的身旁谈天说地，使你不感到孤独？

（3）你很少为一点小事与别人争吵吗？

（4）你是否觉得有很多人都给你留下了美好的印象，从而使你喜欢他们？

（5）朋友感到有趣的事，你也感到有趣吗？

（6）你愿意做你朋友喜欢做的事吗？

（7）经常有朋友来约你叙谈聊天吗？

（8）友人是否常常请你组织安排或主持舞会、野外郊游等集体活动？

（9）你是否喜欢参加或被别人邀请参加各种社交聚会；这些聚会在你眼前出现的时候，你会感到愉快吗？

（10）是不是常常有人欣赏、夸奖你的仪表、才能和品德？

（11）数日不见的朋友，你会立刻记起他（她）的名字吗？

（12）与不同类型脾气和个性的人打交道，你能否很快地适应？

（13）当你遇上一个陌生人的时候，你认为他喜欢你的可能性大，还是不喜欢你的可能性大？

（14）你能否相当容易地去找你需要找的人？

（15）你是否愿意与他人共度周末或假日？

（16）你是否能在短时期内与你所遇的各种人物熟悉热络起来？

（17）你觉得你所遇到的人，是否大多数都很容易接近？

（18）他人是否对你很少指责、批评甚至恶语相向，而且很快地原谅、理解你的过失和错误？

（19）你与异性是否容易接近？

（20）你的朋友是否容易受到你的感染，接受你提出的意见和建议？

【评分标准】“+”号得5分，“－”号得0分。然后累计一起为总分。

【结果分析】

如果总分在71分以上，你可以非常自豪地说：我是一个最受欢迎的人。

61～70分，你可以聊以自慰：“我是个比较受人欢迎的人。”

51～60分，你可稍稍乐观：“我在别人眼里印象不坏。”

41～50分，你还可以松口气：“我还不让人讨厌。”

40分以下，你必须引起注意，因为这表明你不受人欢迎。

模块十一　亲 密 关 系

模 块 导 读

爱情是人类永恒的话题。法国作家雨果曾这样给爱情定位：人生有两次出生，头一次是在开始生活的那一天；第二次则是在萌发爱情的那一天。“爱情即人生”可以作为这位伟大的作家对爱情的定义。也有人这样看待爱情：每个人的爱情都是一部电影，自己是这部电影的主角兼导演，自己诠释的这部电影到底是艺术片、悲情片、无声片、商业片还是灾难片，即取决于自己对待爱情的态度。归根到底，爱情需要自己来把握。对于职业院校的学生而言，爱情已不再是禁忌，爱与被爱都是正常的情感需要。通过本模块的学习，高职生能够掌握爱情的定义及特征，学会有效地应对恋爱问题，懂得维护性心理健康的方向，树立正确的恋爱观，培养爱的能力，具有健康的恋爱心理和性心理。

名 人 名 言

在年轻的时候如果你爱上一个人，请彼此温柔地相待，就算是分开的时候也要心存感激……不管你们相爱的时间有多长或多短，若你们能始终温柔地相待，那么所有的时刻都将是一种无瑕的美丽……

——席慕蓉

资 源 导 航

1．推荐书籍

（1）埃里希·弗罗姆，爱的艺术［M］．李健鸣译．上海：上海译文出版社，2011．

（2）盖瑞·查普曼，爱的五种语言［M］．王云良，陈曦译．南昌：江西人民出版社，2006．

2．推荐电影

（1）《爱乐之城》，2016年，导演：达米恩·查泽雷。

（2）《两小无猜》，2003年，导演：杨·塞谬尔。

3．推荐视频

（1）《是什么阻挡了我们相亲相爱》，沈奕斐，复旦大学公开课。

（2）《什么是爱情》，陈果，复旦大学公开课。

专题一 异性交往和爱情

学习目标

(1)了解爱情的内涵和特征。
(2)理解爱情相关的心理学理论。
(3)掌握异性交往的基本原则。

异性交往和爱情

导入案例

小画的遭遇

小画在读大学二年级的时候，就和男朋友住在一起了。一开始，她觉得自己就像个天使，可突发的一件事情却一下子把她的天使梦打破了。有一段时间，她感觉自己身体很不舒服，以为得了什么怪病，所以一直也没敢和男朋友说。出于女性的自我保护心理，她害怕别人知道，所以也不敢告诉她的朋友和家人，更不敢到医院去检查。她在浏览网页的时候发现一些疾病的前兆和她出现的症状是一样的。为此，她的恐惧感更是与日俱增。可令她无论如何也想不到的是自己竟然怀孕了。因为拖的时间太长，肚子已经有所凸显了。同学还以为她发胖了所以也没有在意。小画为了在同学面前证明自己一切如常，表现得更加活跃，结果在下楼的时候，由于疯跑，从楼梯上摔了下去，幸亏同学们及时把她送到了医院，否则后果不堪设想。

【分析】高职校园是一个容易产生“童话”的地方，几乎每个人都有着罗曼蒂克的想法，也各自试图想拥有属于自己的浪漫的爱情故事。然而爱情不是单纯的“头脑发热”，更不是只凭着“一腔热血”，爱情是需要学习与经营的。

正值花样年华的高职生，爱情在不经意间悄悄生长，他们的爱情如同夏日里的太阳雨，美丽却又有些伤感。随着性生理的成熟和性心理的发展，渴望爱情，想谈恋爱已成为高职生中较为普遍的心理现象。如何正确对待自己的生理变化、如何培养健全的性心理，是高职生保持身心健康的重要方面。

一、爱情的内涵及特征

爱情是什么？爱情作为一种人类特有的高尚的精神生活，作为一种人们彼此间以相互仰慕为基础的关系，作为一种深刻的心灵情感的沟通，既有自然的本能属性，也有社会化的心理、美学、道德的内涵。

爱情是人际吸引最强烈的形式，是身心成熟到一定程度的个体对异性个体产生的有浪漫色彩的高级情感。爱情是人性的组成部分，在爱的情感基础上，爱情在不同的文化中发展出不同的特征。马克思主义认为“爱情是男女双方之间基于共同的生活理想，在各自内心形成的相互倾慕，并渴望对方成为自己终身伴侣的一种强烈的、纯真的、专一的感情”。

（一）爱情的基本要素

1. 相异性

爱情发生在两个人之间，如男女之间彼此倾慕而产生爱情，人不会与自己产生爱情。

2. 成熟性

爱情是个体随着生理与心理的成熟而产生的情感体验，幼儿之间不会产生爱情。

3. 生理性

爱情具有一定的生理基础，即性爱成分，而非纯粹的精神上的活动。

4. 高级性

爱情是一种高级的情感，它包括认知成分，是恋爱双方的个性、习惯、兴趣等诸多方面互补、完美协调，是情感交融的高层次境界与愉悦享受。

（二）爱情的特征

1. 专一性

爱情具有排他性，排他性是爱情最大的特点，它源于爱情的自然属性，即基于性爱基础之上的一种自发的心理倾向。排他性往往表现为对恋人与其他异性亲密关系的排斥。它强调恋爱双方要建立专一的情感，彼此忠诚，不能朝三暮四、三心二意，否则容易引起猜疑与不信任感，对恋情造成破坏。

2. 持久性

爱情不是交往双方因一时冲动而产生的，而是两人经过相互了解和深入思考，在产生激情的基础上形成的真挚的情感。爱情所包含的认知成分与情绪成分存在于整个恋爱的过程当中，爱情会随着时间不断深化。真正的爱情不会因为时间和环境的改变而轻易改变，它会随着岁月的流淌不断地升华。

3. 互爱性

爱情是男女双方在思想品德、性格爱好、仪表风度和文化素养等方面相互倾慕，是经过较长时间的接触，在彼此相互了解、相互尊重的基础上自愿建立的情感关系。恋爱双方既是爱者，又是被爱者，彼此之间相互关怀、相互理解、相互包容，具有共同的理想、共同的价值观、共同的思想的感情。

4. 平等性

真正的爱情是建立在男女之间自愿基础上的互爱，是对对方的倾慕与无私付出，同时得到对方爱的回馈，而不是依靠外在因素的干预。在爱情中，两人应是平等、互相尊重的，没有一方能凌驾于另一方之上。

二、关于爱情的心理学理论

（一）斯滕伯格的三元理论

美国著名心理学家罗伯特·斯滕伯格运用定量分析与定性分析相结合的研究方法，在进行大量文献综述和实证研究的基础上提出了爱情的三元理论。斯滕伯格认为，爱情是由亲密（重视彼此的喜欢、理解与期待）、激情（魅力与性吸引）及承诺（决定发展稳定的关系）三因素组成三角形，如图 11-1 所示。

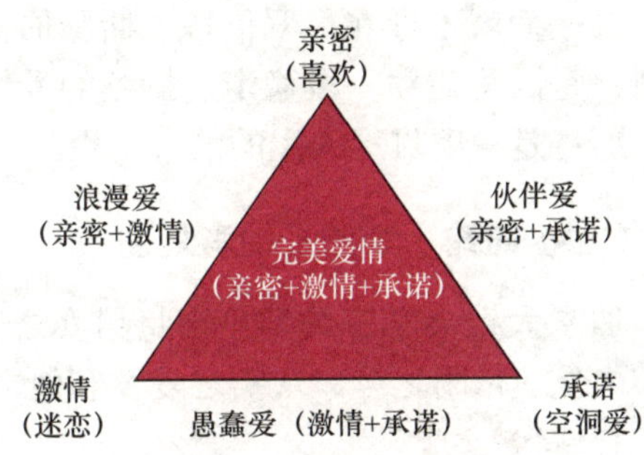

图 11-1 爱情的三元理论

（1）亲密是指伴侣间心灵接近、相互契合、相互归属的感觉，属于爱情的情感成分。

（2）激情是指强烈地渴望与伴侣结合，促使关系产生浪漫和外在吸引力的驱动力，是与性相关的动机驱动力，属于爱情的动机成分。

（3）承诺包括短期和长期两个部分，短期的部分是指个体决定去爱一个人，长期的部分是指为维持亲密关系所做的持久性承诺，属于爱情的认知成分。

罗伯特·斯滕伯格这里所用的“成分”一词并非指代心理过程，而是说人类的爱情可以从上述三个方面来加以描述和区分，或者称之为三个维度似乎更为恰当。根据这三个成分在爱情中的多寡情况，可以把人类的爱情关系区分为八种类型，如表 11-1 的归纳。

表 11-1 罗伯特·斯滕伯格爱情三元理论的爱情组合

爱的种类	亲密	激情	承诺
非爱	无	无	无
喜欢	有	无	无
迷恋的爱	无	有	无
空受	无	无	有
浪漫爱	有	有	无
伙伴爱	有	无	有
愚蠢爱	无	有	有
美满爱	有	有	有

不同的爱情可以用不同形状、不同大小的三角形来描述，即三角形的面积表示爱情的多少，三角形的形状表示爱情的三种成分之间的相对关系。等边三角形表示平衡的爱情，因为代表各个成分的顶点到三角形重心的距离相等。不等边三角形代表不平衡的爱情，哪个顶点到三角形重心的距离最长，就表明哪个是主导成分；哪个顶点到三角形重

心的距离最短，就表明该成分的不足或缺少，这就是该理论的基本三角形原理。

有人说，激情是爱情的发动机，没有激情，爱情就缺少了生存和发展的原动力；亲密是爱情的加油站，没有了亲密，爱情就容易枯竭；承诺是爱情的安全气囊，没有了承诺，爱情就多了几分危险，时刻有崩溃的可能。激情、亲密和承诺共同构成了爱情，缺少其中任何一个要素都不能称为爱情，正如三点确立一个平面，缺少任何一个点，这个唯一的平面就不存在。罗伯特·斯滕伯格之所以把具备三个基本要素的爱情称为完美式爱情，是因为建立一段稳定、持续的爱情需要恋爱双方耗尽毕生的精力去认真培育、呵护，那将是一项贯穿人生的浩大工程。

（二）约翰·李的爱情彩虹图

加拿大社会学家约翰·李将男女之间的爱情分成六种形态：情欲之爱、游戏之爱、友谊之爱、依附之爱、现实之爱及利他之爱。

1. 情欲之爱

情欲之爱建立在理想化的外在美，是罗曼蒂克、激情的爱情。其特点是一见钟情式，以貌取人、缺少心灵沟通、热烈而专一，靠激情维持。

2. 游戏之爱

游戏之爱视爱情为一场让异性青睐的游戏，并不会将真实的情感投入，常更换对象，且重视的是过程而非结果；不承担爱的责任，寻求刺激与新鲜感。

3. 友谊之爱

友谊之爱是指如青梅竹马般的感情，是一种细水长流型、稳定的爱。这种爱情以友谊为基础，在长久了解的基础上滋长着，能够协调一致、解决分歧，是宁静、融洽、温馨和共同成长的爱情。

4. 依附之爱

依附之爱对于情感的需求非常大，具有依附、占有、妒忌、猜疑、狂热等情绪，在恋爱中情绪不稳定。这种爱控制对方情感的欲望非常强烈，即两人牢牢地捆在爱情这条绳索上。

5. 现实之爱

现实之爱会考虑对方的现实条件，是一种以期让自己的酬赏增加并且减少付出的成本的爱情。这类爱情理性高于情感，持有受市场调节的现实主义态度。

6. 利他之爱

利他之爱带着一种牺牲、奉献的态度，追求爱情且不求对方回报。自我牺牲型爱情是无怨无悔，是纯洁高尚的。

（三）爱情阶段理论

美国心理学家默斯特因主要探讨亲密关系如何发展，注重爱情的阶段性。默斯特因提出的 SVR 理论（即关于“刺激 - 价值 - 角色”的理论）认为亲密关系的发展，依双方接触的次数多寡分为刺激、价值和角色三阶段。

1. 刺激阶段

通常双方第一次的接触即属于刺激阶段。在这个阶段中，双方彼此间互相吸引，主要建立在外在的条件上，如被对方的外貌或身材所吸引。

2. 价值阶段

一般而言，双方大约第二次至第七次的接触，便属于价值阶段。在这个阶段中，彼此情感上的依附，主要是建立在彼此价值观和信念上的相似。

3. 角色阶段

通常双方大约第八次以后的接触，便开始属于角色阶段。在这个阶段中，彼此对对方的承诺，主要建立在个体是否能成功地扮演好在此关系中对方对自己所要求的角色。

从关系的发展历程来看，刺激因素一开始占较高的比重，之后随着接触次数的增加而逐渐上升，但是所增加的幅度很小，最后会趋于一个平稳的水准；价值因素虽然一开始时的比重较低，但关系发展至价值阶段的时候，这个因素的比重会迅速提升，不过在角色阶段时，其比重也会趋于平稳，且最后平稳的水准所占的比重，也比稳定后刺激因素所占的比重高；同样的，角色因素一开始最低，到角色阶段则会超越其他两个因素，且随着关系的继续发展，其比重也会不断地往上提升。

三、异性交往的原则和艺术

高职生异性间的正常交往，有利于破除对异性的无知和好奇，增进对异性的了解，有利于丰富情感体验，有利于社交能力的培养，可以使性能量在合适的人际渠道中以升华的方式得以合理宣泄。

（一）异性交往的原则

1. 健康、文明的原则

异性同学之间说话要文明，切忌说粗话、脏话；举止要大方，对待异性不可拍拍肩膀、打打闹闹、随便轻浮；尊重对方，不可拿对方开心取乐，甚至不尊重异性感情。

2. 选择场所与时间适当的原则

与异性同学交往，不可在阴暗、偏僻的场所，而应在公共场所；不可在晚上单独交往，以防止各种性意向的幻想发生；到异性宿舍，应得到准许，且不应停留过长时间。

3. 保持一定距离的原则

男女异性交往本身有一种自然吸引力。因此，若男女生交往距离太近，且身体接触，人的性器官会感受到刺激而产生条件反射，出现性冲动，甚至越轨行为。因此，男女生接触，应注意保持一定距离，这也是一种礼貌。遵循这些原则就能使男女生之间的交往保持文明、积极的氛围，并能避免一些不当行为的出现。

4. 严于律己、宽以待人的原则

人与人之间时时刻刻都需要宽容，人类社会的发展离不开宽容。宽容不是无原则的忍让，不是无能的表现，更不是窝囊废。但在无原则问题的纠纷中，需要彼此宽容一点，一旦出现问题和矛盾时，应多进行自我批评。

5. 己所不欲、勿施于人的原则

人人都有被爱和受人尊重的需要。你不希望别人伤害你，你就不要去伤害别人，交往时需做到推己及人，仁爱待人。

（二）异性正常交往的艺术

（1）在异性交往中，不能带有实用主义和功利主义的目的，或带有性攻击的动机和强制性。

（2）异性之间交往要保持一定的距离，因为距离产生美。

（3）异性之间交往还应具有自己独特的风度，这是自己在与异性交往中保持永恒魅力的法宝。

（4）异性之间交往还应自信而坦诚，坦诚是异性交往的最佳艺术。

（5）要克服异性交往的心理障碍。

（6）异性之间交往要讲究礼仪和注意小节。

经 典 分 享

杨绛与钱钟书令人羡慕的爱情故事

杨绛和钱钟书是中国文坛上的爱情典范，两个人从一见钟情到相伴终生的故事曾经羡煞世人。门当户对，举案齐眉，相濡以沫，白头偕老，所有美好的词对于他们夫妻来说都适用。他们两个的爱情故事，读起来是一种美好的享受，也会让我们体会到什么是幸福的婚姻。他们向世人诠释了爱情的浪漫与温馨，婚姻的相濡以沫。

杨绛与钱钟书一生相伴60余年，从学生时代一直携手走向生命的终点。钱钟书离世时留给杨绛的最后一句话是：好好活。这句话支撑了杨绛往后的18年。

对于现代婚姻，杨绛曾给出这样的建议：“我是一位老人，净说些老话。对于时代，我是落伍者，没有什么良言贡献给现代婚姻。只是在物质至上的时代潮流下，想提醒年轻的朋友，男女结合最最重要的是感情，双方互相理解的程度。理解深才能互相欣赏、吸引、支持和鼓励，两情相悦。门当户对及其他，并不重要。”

钱钟书曾形容杨绛是“绝无仅有的结合了各不相容的三者：妻子、情人、朋友”。而杨绛在钱钟书去世后也写道：“我们仨失散了，留下我独自打扫现场，我一个人思念我们仨。”就是这样一份从相识相爱到相守的感情，惊艳了时光，温柔了岁月。

钱钟书曾写给杨绛一句这样的话：“没遇到你之前，我没想过结婚，遇见你，结婚这事我没想过和别人。”

人生不可能一直快乐，有欢乐就有痛苦。他们也经历过一段痛苦的岁月，就像杨绛在《五七干校》中写的那样：“相互扶持着走过来了，一直过着平淡而温馨的生活。我们一起读书，一起写文章，一起品茶散步，直到‘我们俩’都老了。”

【分析】在如今这样一个什么都追求速度的快节奏的社会中，就连爱情也追求快，就像一阵龙卷风来得快，来得猛烈，退却后只剩下一片狼藉的萧条，似乎这样的世界似乎越来越不懂爱。反而更加让人开始怀念从前那种日色消退的慢，车、马、邮件都很慢，一生只够爱一个人的浪漫。希望高职生都能遇到一份像钱钟书和杨绛一样的持久绵长的爱情，幸福而温馨的婚姻。

心理训练

爱的类型判断

1．训练目的

能够运用罗伯特·斯滕伯格爱情三元理论判断情感类型。

2．训练时间

20分钟。

3．训练内容

在表11-2的第一列写下自己所认识的人的名字（可用代号表示），然后对照罗伯特·斯滕伯格提出的三个要素打“√”，判断自己与他人之间的情感类型。自己可以选择是否与他人讨论这个表格的结果。

表11-2　罗伯特·斯滕伯格情感类型判断表：我对他（她）究竟是什么情感

姓名	因素			情感类型
	亲密	激情	承诺	

成长反思

（1）谈谈你对爱情的理解。

（2）你所追求的爱情属于哪种类型？

（3）爱情的发展阶段有哪些？

专题二　恋爱心理和性心理

能力目标

（1）了解高职生恋爱心理的发展过程。

（2）能识别恋爱中常见的心理问题并能够正确应对。

（3）认识高职生的性心理健康。

恋爱心理和性心理

导入案例

小林的恋爱遭遇

小林来自苏北的一个小城镇，家境虽不富裕，但也颇得父母的宠爱。高一的时候小林开始恋爱了，恋爱带来的甜蜜成了她和男朋友学习的动力，两人相互鼓励，希望都能考上省城的同一所本科院校。高考分数出来后，小林的男朋友如愿以偿，而小林只考上了本地的一所高职院校。看着录取通知书，小林很是伤心，自己觉得和男朋友的距离一下子拉远了，但此时，小林的男朋友却给了她很多的安慰和鼓励，这让小林的心情渐渐地好起来。男朋友要去省城的前一天，小林去男朋友家送别，恰巧男朋友的父母都不在家，男朋友说，这一别要好几个月呢，遂向她提出了性的要求，当时小林想，既然我们是相爱的，就不应当拒绝他，也没有太多的考虑就答应了。过了一段时间，小林一直没有什么胃口，本该按时来的月经也没来，但她并不知道是怀孕了，直到听了女性生理讲座后，小林才觉得天要塌下来了。她给男朋友打了电话，男朋友也很紧张，建议她国庆放假去省城，男朋友陪她去找一家医院做人工流产。小林听了既担心又害怕，心理特别难受，觉得自己对不起父母，也害怕去医院做手术。小林开始睡不着觉，夜深人静的时候，常常望着窗外落泪。

【**分析**】由于学校、家长都不愿意和子女谈论有关性的话题，让小林和部分学生对性知识知道得很少，甚至并不知道两性之间发生关系之后，有可能对自己带来的影响。部分学生在懵懵懂懂的爱情的驱使下，毫无保护地和异性发生关系，得知怀孕后，往往又会因为惧怕家人的责备、同学的鄙视，造成较大的心理压力，情绪上也会出现较大的波动。这个案例告诉我们：对正确的性知识的认识，对于高职生来说是非常有必要的，女性都应该学会在与异性交往中保护自己，男性也应该知道如何在与女友的交往中尊重和爱护她。如果像小林那样发生了不想发生的事情，最佳选择应该是告知双方父母，并在父母的陪同下，去正规医院做手术。术后，要注意调整情绪。当然，这一阶段男朋友的关爱和理解对女友摆脱低迷的情绪是非常重要的。

一、高职生的恋爱心理

（一）高职生恋爱心理的发展

著名美国心理学家艾瑞克·埃里克森在《儿童期与社会性》一书中提出个体必须成功通过八个心理社会性发展阶段，在每个阶段个体都会经历一个主要冲突或者危机。其中在个体成长的第六个阶段——成年早期（18～25岁）的发展任务是获得亲密感，需要和朋友等其他社交对象建立友爱关系，避免孤独感并体验爱情的实现。在高职阶段，高职生对异性的爱慕和向往有了明确的目标，对爱的内容和要求也比较清晰和强烈，开始有目的地试着选择对象，并尝试与之建立关系。

高职生恋爱心理的发展过程大致可分为萌芽期、发展期、稳定期三个阶段。高职期间是高职生恋爱心理形成、逐渐走向成熟的重要时期。

1. 萌芽期

通常在高职一年级阶段。高职新生跨入大学后，升学压力的消失，此时远离家乡到异地求学、远离父母和亲朋好友，独自一人面对全新的生活环境和全新的人际关系，心里不免会产生孤独感和悲凉感，渴望得到他人的关心和帮助，渴望建立友谊。同时，班级活动、各级学生会、团委、校园社团活动也会为高职新生提供许多交流和接触的机会。这一阶段，男女生在较高的交往频率和交往质量的基础上增加了彼此了解和熟悉，双方会渐渐产生好感，好感并不意味着爱情。如果错将好感或友谊看作爱情，不仅会给自己带来困惑，也会给对方造成困扰，进而影响双方的友谊。但好感阶段往往又是爱情的基础，一些好感也会逐渐发展成爱情。

2. 发展期

发展期又包括爱慕阶段、相爱阶段、热恋阶段。

（1）爱慕阶段。随着对新环境的逐渐适应，与班级、宿舍同学的磨合也逐渐完成，此时的高职生已经基本褪去了中学生的影子。无论是知识、能力、体魄，还是风度、服饰、语言等都彻头彻尾地“被高职生”化了。一些高职生经过进一步的交往，对对方的爱好、性格、为人等各方面有了更加深入的了解，产生更深刻的情感体验，萌发了希望与对方在一起的强烈的情感倾向。在认知的参与下，这种情感体验发展成对对方的爱慕之情，这一阶段的男女生在深入了解后开始彼此吸引，并体验到了一种难舍难分的感觉。

（2）相爱阶段。男女之间单方面的爱慕还不是爱情，只有当双方相互爱慕且互相确认，建立起恋爱关系，爱情才能建立。恋爱中的高职生通常具有以下特征：恋人之间常有眉目之间的传情和语言的沟通；恋人之间有美化对方、只见对方优点而不顾及其他方面的倾向；恋人有力图完善自己与对方协调起来的倾向；恋人会在日常的一举一动里表达自己对对方的关心，有“一日不见，如隔三秋”的感受；恋人常常戒备对方会被别人抢走，有独占对方的欲望。

（3）热恋阶段。恋爱关系确立一定时间后，双方就进入了热恋状态。情侣在热恋中的感情容易起伏波动，时而达到幸福与欢乐的最高峰，时而进入情绪的低谷和痛苦之中，甚至导致恋爱关系的破裂。因此，热恋阶段对青年来说是一个证实、发现、判断的时期。在这个阶段，个体需要证实自己在求爱阶段对恋人的一些理想化看法，并发现另一些没有注意或被忽视的优缺点。热恋是两人朝夕相处的阶段，优缺点较求爱阶段和恋爱初期更容易表露出来。恋爱双方一般都会自觉或不自觉地根据对方表现出来的优缺点的综合印象做出价值判断，进而对这段感情是否值得延续下去做出抉择。

3. 稳定期

如果恋爱双方在热恋阶段互相肯定，并决定将恋爱关系延续和升华，那么恋爱就会慢慢发展到家庭角色的扮演阶段。在这一阶段恋人从浪漫的迷雾回归到现实生活，开始考虑日常生活琐事，考虑工作问题或其他谋生问题。这种家庭角色的扮演为以后的婚姻生活打下基础，做出铺垫。

（二）高职生恋爱常见的心理问题

1. 单恋

单恋又称单相思，是指在异性关系中一方对另一方产生倾慕之情，但又不能告知对方或不被对方接受的一厢情愿的恋爱渴望。一些高职生遇到自己喜欢的异性，便会产生爱慕之情，但却不清楚对方的情感态度，因而会感到迷茫困惑，羞于表白，使自己陷入单相思的煎熬之中。还有一些高职生坦率地向倾慕的对象表达自己的情感之后，却遭到对方的拒绝，挫折心理在短时间内难以调节，心理需求得不到满足，情绪无法释放，致使自己陷入矛盾与痛苦之中。

爱情错觉是单相思的一种形式，是对爱情的错误感觉。一些高职生，在十分强烈的渴望得到倾慕者爱情的时候，就会过分敏感，产生过多的幻想。他们常常会把对方的言行态度纳入自己主观需求的轨道上去理解，会把对方的亲切和蔼与热情大方误认为是爱的表达。对方的一个表情、一个微笑或是一句话语都会被单恋者看作是某种暗示或爱的回应。在这种爱情错觉的影响下，单恋者会感到自我满足，因此越陷越深、难以自拔，一旦发现幻想破灭，就会受到严重的打击。因此，高职生应该理智、客观地认识自己与他人的情感，避免沉浸在爱情错觉当中自欺欺人。

2. 多角恋

所谓多角恋，是指一个人同时与两个或两个以上的异性建立恋爱关系。在高职校园中多角恋现象不可忽视。高职生多角恋通常有以下几种情况。

（1）一些高职生由于心理发展还未完全成熟，生活经验不足，择偶标准不明确，不能确定与自己关系密切的异性中到底哪一位更适合自己，因此就会广泛培养，以求选择最佳对象，由此出现了选择性的多角恋。

（2）一些高职生的择偶动机不良，心态浮躁，追求形式，抱着游戏人生的想法，感情态度不专一，渴望占有所有美好的事物，因此就在不同的恋爱角色中周旋，寻求刺激，获得满足感。

（3）一些高职生的虚荣心较强，他们会以自己追求者众多而感到荣耀，通过建立多角恋爱关系来显示自己的魅力，满足强烈的虚荣心。

（4）还有一些高职生过分地以自我为中心，任性固执，嫉妒好强，对于自己喜欢的对象具有强烈占有欲，因此会在他人的恋爱关系中充当第三者的角色，导致复杂的多角恋。

多角恋是一种极为不健康的恋爱观念，是对他人不尊重和不负责的表现，是违背社会道德规范的行为。多角恋还潜伏着极大的危险性，处理不当容易激化矛盾，产生严重的不良后果。

3. 网恋

随着电子信息技术的普及，网络已经渗透到社会生活的每个角落，同时也成为高职生的普遍交往方式。一些高职生在感到学习和生活压力过大或孤独、空虚时，便会通过网络宣泄情绪，寻求进一步的情感寄托，遇到情投意合的对象便会发展成为网恋。

由于网络虚拟性的特点，使得网恋多为思想、情感、意识和观念等精神世界的沟通和交流，缺乏现实的生活基础。恋爱双方不可能全方位地认识和了解对方，仅仅是通过对方的自我陈述和表达来实现恋爱的过程，因此，具有一定的主观性、片面性和虚假性，一旦双方相互接触，就会因现实的差距而导致恋爱的失败。我们不否认网恋的成功实例，但是高职生在对待网恋问题上应保持冷静和慎重的态度，避免受到伤害或欺骗，造成不可挽回的后果。

4. 失恋

高职生的恋爱心理不成熟、不稳定，择偶标准不明确，在恋爱过程中缺乏责任感。淡化恋爱结果等观念和态度，会使得恋爱中的某一方因双方的性格不合，见异思迁，不愿承担压力或恋爱动机不纯而主动放弃恋爱关系，从而导致另一方受到极大的伤害。

失恋会引起一系列不良的心理反应，如挫折、失落、悲伤、孤独、抑郁、冷漠、绝望甚至报复等。失恋的学生往往会有愁眉苦脸、精神不振、压抑颓废、沉默寡言等表现，他们在短时间内难易平复自己的情绪，容易产生自卑心理，对爱情失去信心，对生活失去兴趣。心理承受能力差的学生甚至会由于心理严重失衡而走向极端。

5. 恋爱行为不当

高职生恋爱行为不当主要表现在几个方面：

（1）喜新厌旧。有少数高职生为了满足与异性交往的欲望，寻求刺激、填补精神上的空虚，他们见一个爱一个，完全是玩弄别人的感情。

（2）过度亲昵。由于性生理和心理本身的作用，高职生在恋爱过程中，做出一些牵手、拥抱、接吻的亲昵举动是爱的一种表达方式。但是，这种亲昵行为一定要适度并注意场合。有的男女生在大庭广众之下拥抱接吻，勾肩搭背，这是一种不文明的行为，不仅有损于爱情的纯洁和尊严，而且对旁人也是一种不良的心理刺激。

（3）婚前性行为。热恋中的高职生，往往因性爱的激情而产生一种难以抑制的性冲动，使情感突破理智的防线，容易发生性交行为。这除了与高职生性心理发育的成熟及角色的特殊性相关外，一方面是受西方“性自由、性解放”的影响，另一方面也与我国在学校性知识教育方面的薄弱、大众媒体宣传的不适当有关。在与异性的交往中要学会控制感情，勇于说“不”，婚前性行为一旦发生，会给当事人双方造成心理压力和身心痛苦，如果出现未婚先孕，更会产生更加严重的后果。

6. 同性恋

我国性社会学家李银河认为，同性恋是指以同性为对象的性爱倾向与行为。实际上，同性恋也包含了与异性恋同样的爱情成分。不可否认的是，当前我国的同性恋者依然承受了来自社会文化和舆论的较大压力。在此需要指出的是，同性恋人之间的性行为不是心理异常的表现，而是和异性恋一样，只有当这一行为给自己带来心理困扰或者影响到学习、生活、工作时，才会引起心理异常。近年来许多国家已经逐步承认了同性婚姻的合法地位，赋予同性恋者婚姻家庭权。世界卫生组织和我国的精神病诊断标准第三版（CCMD Ⅲ）也相继取消了同性恋的诊断标准。

（三）培养健康的恋爱心理

高职生恋爱是身心发展的需要，对其心理健康有积极的促进作用，但必须是建立在真正的、健康的爱情基础之上的。反之，不仅不利于心理健康，还可能对其身心健康造成很大的危害。爱情就像玫瑰花，虽美丽却带刺，它给高职生带来馨香的同时，也会刺伤某些脆弱的心灵。高职生要培养正确的爱情观，培养健康的恋爱心理，才能避免被爱情的玫瑰花刺伤。

1. 发展健全的理智感

（1）理智的爱情首先意味着将学业和爱情分开。爱情不是生活的全部，还需要学习、工作及承担责任。如果陷入爱情而荒废学业，毕业后无立足社会的一技之长，则爱情也将由于失去“面包”而褪色、夭折。

（2）理智的爱情还要避免狂热。高职生要学会审视自己的感情，避免陷入狂热。一时的狂热迷恋会使双方毫无信任感，当一方不在身边时，就会猜疑他是否变心，而且挖空心思去证实自己的推测；真正的爱情是以相互信任为基础的，它可以使人平静，让人放心。

（3）理智的爱情也意味着平等和尊重。一味地付出或一味地索取，都难以使爱情保持久远。所以，双方都要坦诚相待、相互尊重，任何一方都不能强迫或诱骗另一方接受自己的爱，不能强求对方违心地接受。特别值得注意的是，恋爱中产生性冲动时，男性要尊重女性，保护和爱护女性。

2. 培养恋爱道德意志

高职生在恋爱的过程中不可避免地会产生各种波折，如失恋、单相思等。爱情挫折是对高职生恋爱道德意志的一种考验，意志力强的学生对自己的目标和行动具有明确的认识，对庸俗的东西有较强的抵制力，对恋爱中遇到的挫折能自觉地控制自己的情绪，用理智战胜情感；而意志薄弱的学生思想盲目性大，在自我发展中，没有明确的方向，是非分辨能力差，很容易被感情挫折击倒，或因外部不良诱惑而误入歧途。

因此，要加强高职生的道德情操和意志力的修炼。当爱情受挫后，用理智来驾驭感情，通过增强理智感，分析原因，总结经验教训，寻找解决问题的方法和途径，在新的追求中确认和实现自己的价值，从而提高自己的心理承受能力和思想水平。一个人如果能够理智地从恋爱挫折中解脱出来，就往往会使自己变得更加成熟起来。

3. 保持健康的恋爱行为

高职生恋爱言谈要文雅，讲究语言美。交谈中要诚恳、坦率、自然，不要为了显示自己而装腔作势、矫揉造作；不能出言不逊、污言秽语、举止粗鲁；相互了解，不要无休止地盘问对方，使对方自尊心受损，否则只会使之厌恶，伤害感情。

高职生的恋爱行为要大方。一般来说，男女双方初次恋爱，在开始时常感到羞涩与紧张，随着交往的增加会逐渐自然与大方。这个时期要注意行为举止的检点。有的人感情冲动，过早地做出亲昵动作，会使对方反感，从而影响感情的正常发展。

另外，恋爱过程中，亲昵动作要高雅，避免粗俗化。高雅的亲昵动作会发挥爱情的愉悦感和心理效应，而粗俗的亲昵动作往往会引起情感分离的消极心理效果。

二、高职生的性心理健康

（一）性心理健康及评定标准

1. 什么是性心理健康

世界卫生组织对性心理健康所下的定义是：通过丰富和完善人格、人际交往和爱情方式，达到性行为在肉体、感情、理智和社会诸方面的圆满和协调。我国学者这样定义性心理健康：性心理健康是指个体具有正常的性欲望，能够正确认识性的有关问题，并且具有较强的性适应能力，能和异性进行恰当的交往，在免受性问题困扰的同时，还能使之增进自身人格和完善，促进自身身心健康的发展。

2. 性心理健康的标准

世界卫生组织制定的性心理健康的标准包括以下五条。

（1）有正常的性需要和性欲望。

（2）能够正确认识自我，愉快地接纳自己的性别。

（3）性心理特点和性行为符合相应的性心理发展的年龄特征。

（4）能和异性保持和谐的人际关系。

（5）性行为符合社会道德规范。

（二）保持理性的性行为

性欲是正常的，也是可控制的。高职生要通过积极的方式进行自我调节。

1. 缓解性冲动

高职生要积极投入到学习、工作和各种文体活动，以及正常的异性交往中，以此取代或转移性欲。要尽量避免影视、报刊、网络上过强的性信息刺激，抵制低级宣传的不良影响。

2. 调节性心理问题的困扰

高职生要通过对性知识的学习，消除手淫、性幻想、性梦带来的困扰，既不要为此感到恐慌，也不要过分沉溺其中，而应通过丰富多彩的文体活动和恰当的异性交往来平衡自己的性心理。

3. 正确把握异性交往

人与人之间的异性交往，是建立在生理需要和社会规范双重标准下的，因此，高职生在异性交往中要把握文明、适度原则。要注意场合，适当限制亲密行为，尤其要避免性行为带来的不良后果，保持身心健康。

4. 懂得寻求专业帮助

一旦感觉自己无法独立解决面临的性问题时，要及时向心理咨询和心理治疗机构寻求帮助。具有一定心理学知识的心理咨询师和咨询技能的治疗师，将会给予有益的指导和建议，帮助求助者调适和缓解心理问题。

（三）婚前性行为问题

性爱是情爱的重要生理基础，是爱情发展到一定程度的自然而然地流露；然而，它又是一股强大的力量，如果脱离控制，也有可能会变成一场灾难。

1. 高职生婚前性行为的特点

在一项有关高职生婚前性行为的全国性调查中，有 10.6% 的男生和 5.6% 的女生承认发生过性关系。其婚前性行为往往有以下几个特点。

（1）具有突发性，往往在无心理准备的情况下突然发生。

（2）是自愿性而又非理智性，高职生已是青年，较少被别人胁迫，大多在双方自愿而不理智的情况下发生性行为。

（3）反复性，由于年龄和观念的影响，一旦冲破这道防线，便不再过多顾虑，还会多次反复发生。

2. 简单的避孕知识

（1）安全期避孕。正常育龄女性 1 个月左右来 1 次月经，从本次月经来潮开始到下次月经来潮第 1 天，称为 1 个月经周期。如从避孕方面考虑，可以将女性的每个月经周期分为月经期、排卵期和安全期。安全期避孕就是在排卵期内停止性生活的一种避孕方法，但要注意此方法存在不确定性。

（2）口服避孕药。服用避孕药进行避孕，是一种比较安全、有效的避孕方法，坚持使用，能达到 99% 的避孕率。避孕药有女性口服避孕药和男性口服避孕药，又分为短期口服避孕药、长效口服避孕药、速效口服避孕药、紧急事后避孕药，可针对不同的避孕需求，有针对性地服用。但避孕药必须按规定服用，而且可能有一定的副作用。

（3）避孕套。避孕套又称安全套，是一种男用避孕工具，只要掌握了正确的方法，避孕有效率达相当高。避孕套还可以预防性传播疾病，尤其是艾滋病。

3. 预防性病、艾滋病的传播

据全国性病控制中心提供的数据表明，性病已经取代结核病成为继痢疾和肝炎之后我国第三大传染病。性病，不仅是个人健康的大敌，也关乎社会的公共卫生事业，高职生应积极参加性病、艾滋病的预防工作。

高职生要预防性病，首先要培养健康的人格，自尊、自信、自爱，保持积极的人生态度和健康的生活方式；要洁身自爱，减少婚前性行为的发生；还要积极参与性病、艾滋病的宣传教育活动，传播文明健康的性知识。

经典分享

爱情是感觉还是选择

爱情究竟是一种感觉，还是在决策后的意志行动？有人觉得，爱是一种感觉，它是瞬间的、不连续的、稍纵即逝的。爱情是某件“发生在自己身上的事情”，而不是自己主观意志能够控制的事。它就像一条河流一样，你可能在某个瞬间和一个人彼此吸引，共同走一段路，如果有一天你们的爱情消失了，就会自然而然地分开。依此看来，我们不仅控制不了自己爱上谁，也很难解决“失恋后依然爱着前任”的痛苦。

事实上，近年来神经科学研究显示，爱确实不是一种持续不断的情感，而是一个个产生了“积极共振”的瞬间，每个这样的瞬间都伴随着身体、大脑、激素水平的变化。当我们感觉到“爱上一个人”的时候，往往说明我们与另一个人之间存在很多个这样的瞬间。从这个角度看，爱既不是永恒的，爱的对象也不是独一无二的。你会在一些瞬间感到非常爱对方，但也可能会在另一些瞬间讨厌对方。你可能在一个瞬间和某个人有爱的感觉，在另一个瞬间和另外一个人产生这样的感觉。

不过，爱情虽然是由一个个瞬间构成的，并非说明它是无常的、不可控的。恰恰相反，说明它是能够被我们管理和控制的。

美国密苏里大学学者兰格斯拉格的研究发现，通过“爱情管理策略”，人们便既能在你想爱一个人的时候增加瞬间“爱”的感觉，也能够在你想放弃一个人的时候，减弱爱的感觉。她让一组恋人拿着另一半的照片进行积极的思考，如“我们相处很好”“我们会永远在一起”。另一组恋人拿着伴侣的照片则进行负面的思考，如“我们经常吵架”“我们今后不会在一起”。结果发现，前一组实验的对象在刻意进行积极的思考后，对伴侣爱的感觉得到了增强，不论是在参与者本人的报告中还是脑电波监测的结果都是如此，被称为“爱的脑电波”——LPP 脑电波活动会增强。相应地，第二组实验对象，对伴侣爱的感觉会减少，LPP 脑电波活跃度降低。

【分析】爱情中“迷恋”与“依恋”的感觉是能被管理和控制，当我们想要改善伴侣的关系时，多用积极的方式思考，如多想想伴侣的优点，或两人甜蜜的回忆等。

心理训练

学会拒绝婚前性要求

1．训练目的

学会婉转而又坚定地拒绝婚前性行为。

2．训练时间

40 分钟。

3．训练内容

甲、乙是一对热恋中的情侣，下面是他们的一段对白。

甲：别的恋人之间都是这样做的，我们既然相爱也试试吧。

乙：别人是别人，但是我还没有想好，我相信好多人都不会这样做，包括我在内。

甲：如果你真的爱我，就应该理解我的感情，我真的非常想和你“做事”。

乙：我不跟你“做事”，不等于我不爱你，如果你爱我的话，就不要逼我做我不想做的事。

甲：我们大家都彼此爱着对方，还有什么不可以做的呢？

乙：但是，我还没有足够的心理准备，我还要好好想一想。

甲：我们都是大人了，都已经成熟了，还等什么呢？

乙：成熟的人做什么事都会想得清清楚楚，并会考虑后果。不如我们先讨论一下做过之后，会有什么样的后果和责任，你说好不好？

甲：别人试过的，都说感觉不错，你为什么不愿意呢？

乙：那是别人的事，现在我要想想清楚，我想你是不会逼我的，是不是？

甲：有性要求是正常的，而且性行为会给大家带来快感，你不想试试吗？

乙：你付出那么多就是为了试试看？那你就别搂着我了。

甲：总之我太爱你了，有些控制不住了，现在就想要。

乙：你太冲动啦！如果你爱我，你应该顾及我的感受。

甲：我知道你其实同我一样很想试试的，为什么不试试呢？

乙：其实你都不知道我想要什么，证明你都不了解我。我要的是真正关心我，并尊重我的人。

甲：拥抱使我很兴奋，如果你真的很爱我，就证明给我看。

乙：对不起，我不想这么做。爱是不能这样证明的吧！不如我们冷静一下，好不好？

甲：如果你不肯，就说明你不是真爱我，那我就找别人了。

乙：我觉得你很不尊重我，你真的爱我？如果你真是这样想的，我倒要好好想想你是否真正值得我爱。

针对以上对话，讨论：

（1）面对另一半提出性行为的要求，该不该拒绝？

（2）女生为什么要拒绝婚前性行为？该如何拒绝？

成长反思

（1）你了解自己的性心理特征吗？

（2）如何利用健康的性心理途径来保护自我？

（3）你如何抵御黄色诱惑，防范性病与艾滋病？

专题三　爱的能力和亲密关系的发展

学习目标

爱的能力和亲密关系的发展

（1）了解爱的能力。

（2）树立正确的恋爱观。

（3）掌握正确面对恋爱冲突的方法。

导入案例

以爱之名，止爱之殇

女高职生李某，21岁，从小父母在外地打工，每年仅回家一次，平时与父母沟通联系较少，她由爷爷奶奶在老家抚养长大。高中同学王某很关心李某，而李某也很依恋他，于是两人确立恋爱关系。在两人进入同一所高职院校后，李某对男友更是言听计从。远离家人，男友提出同居，李某开始不同意，但男友以分手相威，李某妥协了。为了男友，她曾做过两次人工流产，学习成绩也受到很大影响，迟到、早退、旷课现象增多，造成多门课程不及格。李某很担心男友如果哪一天离开自己，自己就没有活路了，她感觉小时候，父母不够关心自己，爷爷、奶奶已经年迈，而男友才是自己唯一的倾诉对象。大学二年级下学期，男友和另一名女生来往密切，对李某逐渐冷淡，尽管李某委曲求全，但男友还是提出了分手。李某曾给男友写过十几封信、打过无数电话，承诺自己可以为男友做一切事情，但男友还是没有回头。从此，李某开始失眠、健忘、学习无兴趣，一度曾想过自杀。

【分析】李某没有很好地鉴别什么是真正的爱情，而且作为女性也没有学会在恋爱中保护自己，并不懂得如何面对男友提出的不合理要求。

一、爱的能力

爱情本来是美好而又纯洁的情感，每个人都渴望自己能得到美好、幸福的爱情。费洛姆说："爱是一种能力，也是一种艺术，也是一个人的终生任务。"恋爱的过程是培养爱的能力的过程。具备了爱的能力，才能使自己真正体验到爱给人带来的快乐和幸福。爱的能力表现为爱的过程中许多方面的能力。

（一）发展爱的能力

爱，不只是一种情感，也是一种能力。爱的能力实际是一种综合的素质，表现为在爱的过程中许多方面的能力。

埃里希·弗罗姆在《爱的艺术》中说："所有领域里都能保持创造性和移动性，倘若在其他领域消极无能，他在爱的领域也必将重蹈覆辙。"培养爱的责任，发展爱的能力，不仅把阳光放在爱的领域，也放在其他非性爱的领域。苏联著名教育家马卡连柯说："爱的力量只能在人类非性欲的爱情素养中存在。它的非性欲爱情范围越广，它的性爱也就越为高尚。""发展爱的能力，并不是非要具体到对某一异性的爱，可以是更广泛意义上的爱。我们的亲人、同学、朋友、祖国和人民，都值得我们去热恋。"发展爱的能力，就是要培养无私的品格和奉献精神，要培养善于处理的能力，有效地化解消除恋爱和生活中的矛盾纠纷，为恋人负责，为自己负责，为社会负责，才能创造出幸福美满的婚恋。

（二）鉴别爱的能力

鉴别爱是指当事人能较好地分清什么是好感、喜欢和爱情。有鉴别爱的能力的人，是个自信也尊重别人的人。有鉴别爱的能力的人，会自然地与别人交往，主动扩展交往的范围，珍惜友谊，会尽量多地体验他人的感受。过于自我孤立，会过于站在自我的角度考虑问题，往往会对他人和自我感受的认识发生偏离。

当期望的爱来到身边，能否勇敢地接受也是爱的能力的表现。有的高职生在别人向自己示爱后，内心挺高兴，但又不敢接受别人的爱，或者对爱缺乏心理准备，或者觉得自己不配，不值得爱，因此而失去发展爱的机会。

（三）迎接爱的能力

迎接爱的能力包括表达爱的能力和接受爱的能力。埃里希·弗罗姆说："爱主要是给予，而不是接受。"一个人心中有了爱，在理智分析之后，要敢于表达、善于表达，这是一种爱的能力。一个人面对别人的示爱，能及时准确地对爱做出判断，并做出接受、谢绝或再观察的选择，这也是一种爱的能力。缺乏这种能力的人，或是匆忙行事，或是无从把握。高职生要具备迎接爱的能力，就应懂得爱是什么，有健康的恋爱价值观，知道自己喜欢什么，需要什么，适合什么。就应对自己、对他人、对万事保持敏感和热情，就应主动关心他人，热爱他人。当别人向你表达爱时，能及时准确地对爱的信息做出判断，坦然地做出自己的选择。

（四）表达爱的能力

当你爱上一个人时，能否用恰当的方式和语言向对方表达出来呢？表达爱需要勇气，需要信心。表达爱是在表明爱一个人也是幸福，即使可能得不到回报，也要让对方知道被一个人爱着。不同的人会喜好不同的爱的表达方式，就像不同地区的人会使用不同的语言。除了要学会表达爱，也需要学会辨识对方的表达方式。每个人偏好的表达方式都不同，但不要刻意地表达爱意。研究发现，当一个人刻意地对他人做出维持关系的举动时，对方能察觉到这种刻意。而一旦人们认为某种行为别有目的，便会保持警惕和距离。此外，爱的表达也需要不断地练习。如果不开始试着展现爱意，人们始终会对爱的表达感到陌生和焦虑。

（五）拒绝爱的能力

有爱的能力的人不是对爱来者不拒，或者将认为不是自己的爱就简单地拒之门外。当然也有不少高职生当别人向自己示爱时有些优柔寡断，既怕伤害对方，又怕对方误会。拒绝爱的能力，一是表现为对他人的尊重，要感谢对方对自己的欣赏和感情；二是要态度明确，表达清楚，即和对方只能是什么样的关系，同学还是一般朋友，或者什么都不是；三是行动与语言要一致，可能有些人怕对方受伤害，虽然语言上拒绝了对方，但是行动上还与对方有较亲密的接触，如一块儿去看电影、去吃饭等，这就容易使对方误解，对方会认为还有机会，还纠缠在与自己的情感中。

（六）保持爱情长久的能力

保持爱情长久的能力，需要上面多种能力的综合。爱需要两个人真正地关心对方，走进对方的内心世界，以对方的快乐为自己的快乐。要保持爱情的常新，需要智慧、耐力、持之以恒及付出心血。

（七）解决爱的冲突的能力

爱的冲突一方面来自日常生活中的不一致，或不协调；另一方面可能来自性格的差异。相爱的人不是寻求两人的一致而是看如何协调、合作。爱需要包容、理解、体谅，并且要学会用建设性的方式去解决冲突。沟通是一种非常有效的方式，恋人间需要有效的沟通，表达清楚自己的思想、感受。伤害性的争吵或者冷战都不利于问题的解决。

（八）提高恋爱挫折承受能力

恋爱受多种因素的制约，因而在追求爱情的过程中遇到各种波折是在所难免的。前面所提到的单相思、爱情错觉、失恋等恋爱心理挫折对心理承受能力就是一种考验。如果承受能力较强，就能较好地应付挫折，否则就有可能造成严重后果。因此，高职生提高恋爱挫折承受能力对心理健康是非常重要的。

二、树立正确的恋爱观

恋爱观是指人们对恋爱问题所持有的基本观点和态度，是一定社会条件下的经济关系和道德关系的产物。健康的恋爱观是理想、道德、义务、事业和性爱的有机结合，包括建立正确的认知和择偶标准，摆正恋爱、爱情与事业、发展友谊的关系，提倡志同道合式的爱情，选择健康的恋爱行为方式等。

一个人的恋爱观是否健康、正确，首先看他们对择偶标准的认识。因为恋爱观不正确会导致一个人产生择偶偏差，并会给双方带来一系列交往问题，乃至会为将来的婚姻生活埋下隐患。

（一）摆正爱情的位置

对于青年学生而言，高职阶段是人生的黄金时代，一生的事业在这里奠基，成才的希望在这里起步，高职生应以学业为主，爱情次之。高职生应树立崇高的理想，不应只有“儿女情长”而没了胸怀大志。高职生正确认识、对待和处理爱情与学业的关系，主要表现在如何正确认识、处理恋爱和学习的关系，正确处理恋爱与集体活动、社会工作的关系，正确处理恋爱与其他同学间的团结关系等方面。

（二）真诚的态度，平等的相爱

爱情是建立在恋爱双方相互理解与尊重的基础上的，因此双方应以诚相待，绝不能伪善与欺骗，更不能持有不良的目的。恋爱的双方要尊重对方的情感和人格，不能把恋人当作是自己的私有物，侵犯恋人的个人自由，诋毁恋人的人格尊严。爱情的双方不仅要自尊自爱，还要相互尊重与体谅，这样才能成为并肩作战的亲密战友。

（三）严肃认真，忠贞专一

恋爱是涉及双方终身幸福的事情，因而当事人都要秉持严肃认真的态度，不能朝三暮四、见异思迁。恋爱关系一经确定，就要忠实于伴侣，爱情要专一，这是恋爱道德的基本要求。爱情的专一，要求男女双方都要承担一定的道德义务和道德责任，不能变化无常，轻率转移爱的对象，爱情不能同时献给两个人。只有专一，两人的爱情才能长久。

（四）爱与责任相统一

爱不仅仅是一种权利，更是一种责任和义务。爱的权利与义务不可分割，不能只享受爱的权利，而不履行爱的责任与义务。爱是一种给予，包含对对方强烈的责任感，恋爱的双方所作所为须向对方负责，这也是恋爱道德的基本要求。

（五）积极参加社会实践，提高自身人际交往能力

爱情体现着人与人之间一种特殊的人际关系，良好的人际交往能力是健康恋爱心理形成的必要条件。积极参加各种社会实践活动，有助于锻炼高职生的社会适应能力，丰富自己的社会阅历，提高自我认识水平和自我控制能力，从而塑造良好的心理素质，提高人际交往的能力，形成健康的恋爱心理。人际交往能力的提高，也会使高职生在遇到困难时能够获得更多的社会支持，降低由于恋爱挫折造成的消极影响。

（六）树立正确的择偶观

所谓择偶观，是指在一定爱情观的指导下用某些标准或条件，挑选自己所要爱的人。

在现实社会中，不同的人有各自不同的择偶标准，或“高富帅”，或“白富美”，概括起来可分为事业型、美貌型、金钱型、权力地位型、兴趣志向型等。高职生文化层次相对较高，未来将作为各个行业的骨干，在恋爱对象的选择上应从政治、品德、性格、爱好等多方面综合考虑，注意理想志向的一致性，以互相爱慕、志同道合为基础，选择与自己心理特点相配的恋人。这不仅符合恋爱道德的要求，也是使恋爱能够成功的前提条件。

作为当代高职生来说，为了自己的爱情之花盛开不败，就要建立正确的爱情观，选择合适的恋爱动机、适合的恋爱对象，培养正确的行为方式，塑造自身良好的人格，这样才能酿造出甜蜜的爱情美酒。

三、正确处理恋爱中的冲突

在亲密关系中，冲突是在所难免的。但是冲突的形式却不尽相同，有些直接表现出愤怒和敌意，有些则是隐性的，从未公开表达的。比起没有被表达的冲突，直接发生的争吵对关系有更多的积极作用，它能满足人们在关系中自我表达的需求。

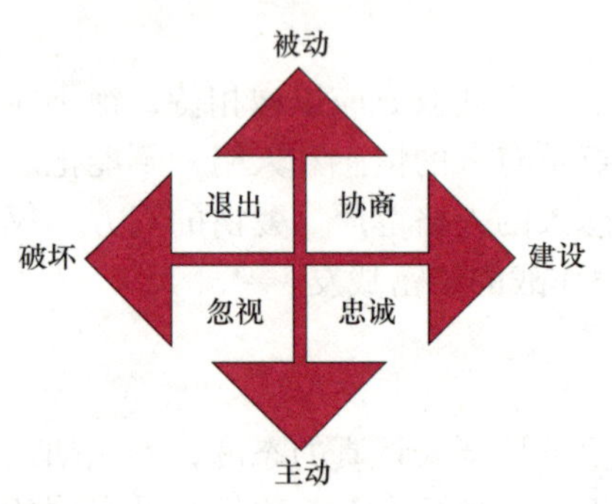

图 11-2 亲密关系中应对冲突的方式

人们应对冲突会做出种种反应。有些反应具有破坏性，会不利于亲密关系；而有些反应则具有建设性，有利于维持和提升亲密关系。有些应对方式是主动、公开地面对争端；而有些应对方式则是被动的，试图绕过问题。

按照“破坏 - 建设”、“主动 - 被动”两类维度，心理学家卡瑞尔·鲁斯布尔特将亲密关系中应对冲突的方式分成退出、忽视、忠诚和协商四类，如图 11-2 所示。

（一）退出

退出是以主动的，但却是破坏性的方式来应对冲突，强硬地要求伴侣服从自己、为自己妥协。例如，威胁结束关系，提出对抗性的问题，或是做出粗暴、恶意的反应，如大喊大叫或对伴侣大打出手。它被称为退出，是因为这种关系中，以这种方式应对冲突的人，一旦冲突发生，就直接退出关系，没有进行好好解决冲突的努力。

（二）忽视

忽视是指以消极的方式应对冲突，眼睁睁地看着情况恶化下去却坐视不管。例如，避免和伴侣讨论关键性的问题，自顾自地与伴侣拉开距离；或是不直接和伴侣起冲突，改为因为和冲突无关的事指责伴侣。回避冲突的人，甚至会用其他不利于亲密关系的方式来缓解焦虑，如出轨。

（三）忠诚

忠诚是一种被动但有利于亲密关系的反应，忠诚者并不会主动交流，只是乐观地等待境况的改善。忠诚与忽视的区别是，在面对伴侣的沟通要求时，忽视者会回避交流，打断对方的话，或者就是不肯谈论与冲突有关的问题，而忠诚者并不回避交流。当伴侣发起讨论或批评时，忠诚者会温和地进行反驳，或者坦率地说出自己的想法。

（四）协商

协商是积极应对冲突的方式，试图通过沟通来恢复或改善亲密关系。协商者会与伴侣共同讨论问题，而当协商者觉得两个人不足以解决问题时，他们也会积极地寻求第三方的帮助，如朋友或婚姻咨询师等。进行协商的伴侣们，更容易达到积极结果，如达成一致、双方折中，或是一起找出更好的方法。

无论是忠诚，还是协商，建设性的应对之所以有利于亲密关系，关键在于它们会开启沟通的正面循环。人们做出建设性回应，加强了伴侣的信任，提升伴侣做出同样回应的意愿，于是又反过来鼓励人们更多地做出正面回应，如此不断循环下去。

经典分享

了解自己与对方表达爱的方式

北美著名的婚姻辅导专家盖瑞·查普曼博士指出，了解与沟通双方爱的表达方式是很重要的。我们都有自己最先习得的爱的表达方式，就像每个人都有母语一样。而双方爱的表达偏好不同，会使得一方觉得自己已经努力表达爱意了，另一方却总觉得不够，从而产生不满与冲突。像两个语言不通的人彼此无法沟通，感情就在沟通不畅中破裂。所以，很多时候不是你表达得不够或是做得不好，而是因为你们没有了解和学习彼此的爱的表达方式，没有做出有效的爱的沟通。盖瑞·查普曼博士还认为，要改善这点，关键是我们得站在对方的角度上，了解对方喜欢什么，而不只是拘泥于我们自己偏爱的爱的表达。也许对方给你的关怀不是你最喜欢的，却是对方心目中最美好的东西。人们需要就这点沟通和交流，确保双方没有误会彼此的付出，并根据双方的喜好调整爱的表达。我们除了要学会表达爱，也需要学会辨识对方的表达方式。每个人偏好的表达方式都不同。比起强迫对方按照自己偏好的方式去表达，不如接受和享受对方的表达方式。当然你也可以提出你的期望，对方如果爱你，也会愿意做出一些调整，但必须是双方共同做出一定程度的妥协，而不是一方无穷尽地刻意逢迎对方。把爱的表达变成一种日常习惯。

【分析】爱的表达也需要不断地练习。越表达，越会表达。就像当你第一次说“我爱你”时可能会感到别扭，但第一百次说“我爱你”时会自然很多。不妨从今天开始，试着对你在乎的人表达爱意吧。

心理训练

男生女生对对碰

1．训练目的

促进高职生对自己的择偶标准的思考，树立健康的恋爱观。通过分享，加深对异性的认识。

2．训练时间

20 分钟。

3．训练内容

请男女生分别列出自己的择偶标准并进行思考，然后统计并公布结果，由此展开交流讨论。

1）男生填写

你择偶时最看重女生的三项特质，从下列选项的题号依次选出：

（1）温柔；（2）漂亮；（3）贤惠；（4）高学历；（5）健康；（6）真诚；（7）稳重聪慧；（8）有才华；（9）身材好；（10）有修养；（11）热情、活泼、外向；（12）内向沉稳；（13）善于打扮；（14）爱好相近；（15）家庭背景好；（16）勤奋好学；（17）善良；（18）善解人意；（19）其他。

最后简单描述你讨厌什么样的女生：______________________________。

2）女生填写

你择偶时最看重男生的三项特质，将其下列选项的题号依次选出：

（1）风度；（2）英俊；（3）幽默；（4）高学历；（5）健康；（6）真诚；（7）稳重聪慧；（8）有才华；（9）出手大方；（10）有修养；（11）热情、活泼、外向；（12）内向沉稳；（13）穿着潇洒；（14）爱好相近；（15）家庭背景好；（16）勤奋好学；（17）善良；（18）有责任心；（19）其他。

最后简单描述你讨厌什么样的男生：______________________________。

3）分享

（1）女生为什么看重男生的这些特质？由此对男生的启示是什么？

（2）男生为什么看重女生的这些特质？由此对女生的启示是什么？

成长反思

（1）你了解自己的恋爱心理特点吗？

（2）你有恋爱中的心理问题吗？如何调适？

（3）怎样让爱情更富有营养？

心理测试：恋爱观测试

1．测试目的

恋爱观就是对恋爱问题的看法。它表现为青年人对美的认知尺度、择偶的标准、恋爱的目的、使用的方式及对幸福伴侣的理解，等等。根据下面的测试题，看看自己的恋爱观是否正确。

2．测试时间

20 分钟。

3．测试内容

每题只选一个答案，对照表 11-3，计算各小题的得分。

（1）你认为恋爱作为人生一个极其重要的环节，其最终所达到的目的应当是（ ）。

A．找到一个情投意合的爱侣

B．成家过日子，养育儿女

C．满足性饥渴

D．只是觉得新鲜、有趣儿，没有明确的想法

（2）（男女单独做）

☆ 作为男性，你对未来妻子的要求最主要的是（ ）。

A．善于操持家务，利落能干　　B．面貌漂亮，风度翩翩

C．人品不错，能体贴帮助自己　　D．只要爱，其他一切都无所谓

☆ 作为女性，你在选择丈夫时首先考虑的是（ ）。

A．潇洒大方，有男子风度

B．有钱有势，社会能力强

C．为人诚实正直，有进取心，待人和蔼可亲

D．只要他爱我，其他都不考虑

（3）你决定和对方确定恋爱关系时，所依据的心理根据是（ ）。

A．彼此各有千秋，但大体相当　　B．我比对方优越

C．对方比我优越　　D．没想过

（4）对最佳恋爱时间的考虑是（ ）。

A．自己已经成熟，懂得了人生的意义和爱情的内涵，并且确定了事业上的主攻方向

B．随着年龄增长，自有贤妻与佳婿光临，“月老”不会忘记每个人的

C．先下手为强，越早越主动

D．还没想过

（5）你希望自己是这样结识恋人的（ ）。

A．青梅竹马，情深意长　　B．一见钟情，难舍难分

C．在工作和学习中逐渐产生恋情　　D．经熟人介绍

（6）你认为推进爱情的良策是（ ）。

A．极力讨好取悦对方　　B．尽力使自己变得更完美

C．百依百顺，言听计从　　D．无计可施

（7）人们通常认为：恋爱过程是个相互了解、相互适应和培养感情的过程。即如此，了解、适应就需要花时间。那么，你希望恋爱的时间是（ ）。

A．越短越好，最好是“闪电式”　　B．时间依进展而定

C．时间要拖长些　　D．自己无主张，全听对方的

（8）谁都希望完整全面的了解对方，你觉得了解他（她）的最佳途径是（ ）。

A．精心布置特殊场面，对恋人进行考验

B．坦诚恳切的交谈，细心观察

C．通过朋友打听

D．没想过

（9）你十分倾心的恋人，随着时间的推移，暴露出一些缺点和不足，这时你（　　）。

A．采用婉转的方式告诉并帮助对方　　B．因出乎意料而伤脑筋

C．嫌弃对方，犹豫动摇　　D．不知如何是好

（10）当你已初涉爱河之中，一位条件更好的异性对你表示爱慕时，你于是（　　）。

A．说明实情，挚情于恋人　　B．对其冷淡，但维持友谊

C．向其谄媚并瞒着恋人和其来往　　D．感到茫然无措

（11）当你久已倾慕一异性并发出爱的信息时，你忽然发现她（他）另有所爱，你怎么办（　　）。

A．静观待变，进退自如　　B．参与角逐，继续穷追

C．抽身止步，成人之美　　D．不知道

（12）恋爱进程很少会一帆风顺，而你对恋爱中出现的矛盾、波折怎么看呢？（　　）。

A．最好平顺些。既然已经出现，也是件好事，双方正好借此机会考验和了解对方

B．感到伤心难过，认为这是不幸

C．疑虑顿生，就此提出分手

D．束手无策

（13）由于性情不合或其他原因，你们的恋爱搁浅了，对方提出分手。这时你（　　）。

A．千方百计缠着对方　　B．到处诋毁对方名誉

C．说声再见，各奔前程　　D．不知所措

（14）当你十分信赖的恋人背信弃义、喜新厌旧，你怎么办（　　）。

A．权当自己眼下认错了人　　B．你不仁，我不义

C．吸取教训，重新开始　　D．痛苦，难以自拔

（15）你爱情坎坷，多次恋爱均告失败，随着年龄增长进入“老大难”的行列，你（　　）。

A．一如从前，宁缺毋滥　　B．厌弃追求，随便凑合一个

C．检查一下择偶标准是否实际　　D．叹息命运不佳，从此绝望

【评分标准】

请通过查表11-3得到各小题的得分。综合累加各小题的分值，得到本问卷的总得分。

表11-3　评分表

问题	答案			
	A	B	C	D
（1）	3	2	1	1
（2）	2	1	3	1
（3）	3	2	1	0
（4）	3	2	1	0
（5）	2	1	3	1
（6）	1	3	2	0
（7）	1	3	2	0

续表

问题	答案			
	A	B	C	D
(8)	1	3	2	0
(9)	3	2	1	0
(10)	3	2	1	0
(11)	2	1	3	0
(12)	3	2	1	0
(13)	2	1	3	0
(14)	2	1	3	0
(15)	2	1	3	0

（1）35～45 分：恋爱观科学正确。你是一个成熟的青年，你懂得爱什么和为什么爱，这是你进入情场的最佳入场券。不要怕挫折和失败，它们是考验你的纸老虎，终将在你的高尚和热忱面前逃遁。尽管大胆地走向你梦中的恋人吧，你的婚姻注定美满幸福。

（2）25～34 分：恋爱观尚可。你向往真挚而美好的爱情，然而屡屡失误，一时难以如愿。你不妨多看看成功的朋友，将恋爱视为圣洁无比的追求，不断校正爱情之舟的航线，这样你与幸福的爱情就相隔不远了。

（3）15～24 分：恋爱观需要认真端正。与那些情场上的佼佼者相比，你的恋爱观存在不少问题，甚至有不健康之处。它们使你辛勤播撒的爱情种子难以萌发，更难结甜蜜的果实。如果你已经贸然地进入恋爱，劝你及早退出。

（4）答案出现 7 个以上 0 分：恋爱观还未形成。你或许年龄太小，不谙世事；或许虽已老大，却天真幼稚。爱情对于你是一个迷惘恐怖的世界，你须防备圈套和袭击。故建议你读几本婚恋指导书籍，或等心智稍许成熟些，再涉爱河不迟。

模块十二　择业准备

模块导读

阿基米德说："给我一个支点，我能撬起地球。"人们在社会上要想获得成功，实现自己的梦想，也同样需要一个支点，那就是你的职业。随着高职毕业生就业途径日益多元化、多层次化，伴随着新兴产业的发展，给高职生提供了充满机遇又富于挑战的就业前景，也给高职生带来了复杂的矛盾和深层的困惑。就业、择业和创业是每个高职生都要经历和面对的，这要求高职生不仅要有良好的思想品质、文化素质和身体素质，还要具备良好的就业心理素质，懂得一些择业创业的知识和技能，才能开创辉煌灿烂的人生。通过本模块的学习，高职生能够了解个体个性与职业匹配的关系，熟悉职业生涯规划的步骤，了解新时期职业院校学生就业创业难的原因，懂得职业生涯规划的准则及择业准备的相关注意事项，掌握择业期间常遇的心理困扰及调适方法。

名人名言

走好选择的路，别选择好走的路，你才能拥有真正的自己。

——杨绛

资源导航

1．推荐书籍

（1）覃彪喜，求职，从大一开始［M］．武汉：长江文艺出版社，2010.

（2）安徽省大中专毕业生就业指导中心，高职生职业发展与就业指导励志与成功［M］．合肥：安徽大学出版社，2015.

2．推荐电影

（1）《三傻大闹宝莱坞》，2011 年，导演：拉库马·希拉尼。

（2）《赛车手妮卡》，2016 年，导演：斯洛博丹·马克斯姆维奇。

3．推荐视频

（1）《筑梦未来与你同行》，陕西广播电视集团卫星电视频道，《创客时代：高职生创业就业》第一期。

（2）《大学生职业发展和就业指导》，优酷视频，2011 年 11 月 2 日。

专题一 职业兴趣和职业生涯规划

能力目标

（1）理解个体兴趣与职业匹配的关系。
（2）了解职业生涯规划的含义及相关理论。
（3）了解人格类型与职业类型的匹配关系。

职业兴趣和
职业生涯规划

导入案例

没有考虑兴趣找工作的遭遇

小张是一名高职毕业生，在校期间曾担任学生会宣传委员职务，也参加过各种活动，自认为自己是一个多才多艺、综合能力较强的人。但是在找工作的过程才发现，自己似乎没有什么一技之长，就算是有过管理学生会的经验，用人单位也不会把一个新人安排到管理层。辅导教师建议小张按照自己的兴趣来找工作，但涉猎广泛的小张也不清楚自己对什么感兴趣，越是回顾自己学习过的各种技能，越觉得前路迷茫，也越来越没有自信。

【分析】小张的问题在于不了解自己，虽然做了足够的就业准备，但没有明确的方向，另外也有求职视野高度不够的问题。如果在校期间做过周详的职业规划，就能够按照自己的个性选择合适的求职方向。在职业规划的训练下，能够认清毕业生不仅只有就业这一条路，还可以自主创业，小张既然善于管理，或许直接创业会更适合。

一、职业的价值与意义

职业是个体参与社会分工，利用专门的知识和技能，创造物质财富和精神财富，获得合理报酬，满足物质生活和精神生活的工作。

职业选择是人生中面临的重大选择之一，它决定了我们事业发展方向和社会定位。虽然每个人最终的职业选择各不相同，但它体现出我们的心理需求。

（一）职业是个体生存的需求

即将毕业的高职生都会感到不能再靠父母养活了，要自己在社会上谋生，要自己闯一闯。劳动是我们谋生的手段，有劳有得，不劳无获，劳动的目的就是要获取合理的报酬。高职生通过职业选择进入职场，得到赖以生存的物质基础，工作将带来生存的保障。

（二）职业是个体发展的需求

当代的高职生越来越注重自己的职业意向，关注岗位与自我的匹配度，并努力寻找适合自己专业特长和兴趣爱好的工作岗位，以更好地发挥自己的潜能和才智，使工作带给个人不断成长的空间。

（三）职业是个体自我实现的需求

每个高职生都有着这样或那样的梦想，都渴望将自己的梦想变成美好的现实。自我实现的需求能够驱使个体将自身的潜能不断发挥出来，通过工作得到充实与欢乐，体会到人生的价值和意义。

二、兴趣与职业的匹配

人的职业选择受到诸多方面因素的制约，在表层次上，职业选择受身体因素、家庭因素和经济因素等制约，而在更深层次上，人的职业选择还要受心理因素的制约。情商心理学理论向我们揭示：一个人的成功，20% 依赖于智力因素，也就是智商水平的高低，其余 80% 都依赖于非智力因素。在职业选择的过程中，我们必须正确地认知个体兴趣与职业匹配的问题。

（一）兴趣

兴趣是一个人为追求认识、掌握某种事物，并经常参与该种活动的心理倾向。兴趣是活动的重要动力之一，是活动成功的重要条件之一。兴趣的发展一般经过有趣、乐趣、志趣三个阶段，从有趣开始，逐渐产生乐趣，进而与奋斗目标结合发展成志趣，表现出方向性与意志性的特点，使人坚定追求某种职业，并为其献身。所以，兴趣对未来职业的选择有着重要的影响。

心理学研究资料表明，如果一个人对某一工作有兴趣，可以发挥他的全部才能的 80%～90%，并能长时间保持高效率而不感疲劳；相反，对自己从事的工作没有兴趣的人，只能发挥全部才能的 20%～30%，也较容易疲倦。古今中外许多卓有成就的科学家、文学家、艺术家，正是在强烈的兴趣的推动下才获得成功的。例如，伽利略、舒伯特、米开朗琪罗、诺贝尔等著名人物，他们获得的巨大推动力都来自兴趣。可以说，找到了自己感兴趣的职位，等于叩开了职业成功的大门，为日后建功立业做好了充分的准备。

（二）职业兴趣与择业

当兴趣指向某种职业时，就形成了“职业兴趣”。而职业兴趣则直接影响个人的职业选择，并在今后的职业活动中起着主要的作用。爱因斯坦之所以能够成为世界闻名的大科学家，就是因为他具有优秀的职业兴趣品质。爱因斯坦曾说：“征服未知世界，和自己的无知作斗争，这是我生活的最大乐趣。”职业兴趣是在社会的职业需要的基础上形成的，并受后天学习和教育条件的影响，是可以培养的。在培养职业兴趣时，要注意以下几个问题。

1. “广”——培养职业兴趣的广泛性

现代社会的职业竞争日趋激烈，知识面广、眼界开阔、能力多样的人才备受青睐。死钻一门技术而对其他事物一无所知的人是寸步难行的。培养广泛的职业兴趣，有助于个体能力的全面发展，在职业竞争中可处于优势地位，在职业的选择上也有较大的余地，这里的“广”是适应自己个性爱好前提下的“广”。

2. “专”——培养中心兴趣

仅仅有“广”是不够的，学而不专，样样浅尝辄止，只得皮毛，同样无法适应实际工作的需要。现代职业一个显著特点是对人的技能要求越来越高。适者生存，不适者被淘汰，个体想要为自己在社会职业竞争中谋一席之地，就必须拿出自己的看家本领来，即掌握一门熟练的、特长或专业技能。而这些又必须以用心专一即培养中心兴趣为前提，三心两意的人是难有收获的。与此同时，必须处理好“广”与“专”的关系，两者要统筹兼顾、互相协调。“广”必须为“专”服务，而在“专”的基础上需进一步推动“广”的发展。

3. “稳”——培养稳定的职业兴趣

这种稳定性是建立在前两个基础之上的：其一是恒心，其二是求实精神。有些人缺乏恒心，往往是三分钟热情，半途而废，而且兴趣多变，朝秦暮楚，对某一职业很容易产生兴趣，但很快被另一种职业兴趣代替，到头来是一无所获，两手空空。我们应记住安格尔的名言：“一切坚忍不拔的努力迟早都会取得报酬的。”如果把职业兴趣建立在不切实际的空想之上，不顾客观实际而过分追求清高，结果只能是曲高和寡，甚至是画地为牢、自缚手脚。

三、职业生涯规划的相关理论

做好职业生涯规划，有利于高职生建立科学的择业观、提高就业市场配置的成功率、降低离职率、降低就业压力。所以，高职生学习一些与职业生涯规划有关的心理学知识是十分必要的。

（一）帕森斯的特质因素理论

帕森斯的特质因素理论又称帕森斯的人职匹配理论，是最早的职业辅导理论。1909年美国波士顿大学教授弗兰克·帕森斯在其《选择职业》一书中提出了人与职业相匹配是职业选择的焦点的观点。他认为，个人都有自己独特的人格模式，每种人格模式的个人都有其相适应的职业类型。“特质”是指个人的人格特征，包括能力倾向、兴趣、价值观和人格等；“因素”是指在工作上要取得成功所必须具备的条件或资格。这一理论主要是针对职业指导而言的，为此，帕森斯提出了职业指导的三大步骤。

1. 评价求职者的生理和心理特点

通过心理测量及其他测评手段，获得有关求职者的身体状况、能力倾向、兴趣爱好、气质与性格等方面的个人资料，并通过会谈、调查等方法获得有关求职者的家庭背景、学业成绩、工作经历等情况，并对这些资料进行评价。

2. 分析各种职业岗位对人的要求

通过分析各种职业岗位对人的需求，向求符合条件的求职者提供相关职业的信息，如职业的性质、要求、机会等。

3. 人-职匹配

在了解求职者的特性和职业的各项指标的基础上，帮助求职者加以比较分析，从而选择一种适合其个人特点又有可能得到并能在职业上取得成功的职业。

这一理论主要是针对人才测评而言的，强调个人所具有的特性与职业所需要的素质与技能之间的协调和匹配。为了对个体的特性进行深入详细的了解与掌握，特质因素理论十分重视人才测评的作用，最终以个人和职业的相互匹配作为职业指导的最终目标。

（二）舒伯的生涯发展理论

舒伯将职业生涯发展看出是一个持续渐进的过程，一直伴随个人的一生。其主要理论观点如下。

1. 自我概念

自我概念是舒伯理论中的核心概念，就是指个人对自己的兴趣、能力、价值观及人格特征等方面的认识。一个人的自我概念在青春期以前就开始形成，到青春期时就比较明朗，并于成人期由自我概念转化为职业生涯概念。工作与生活满意与否，就在于个人能否在工作和生活中找到展现自我的机会。舒伯曾说："职业生涯就是对自我的实践。"

2. 生涯发展阶段

（1）成长阶段（出生至14岁）。这一阶段儿童开始辨认他们周围的事物，并逐渐开始意识到自己的兴趣所在及和职业相关的一些最基本技能。其在这个阶段发展的任务是：发展自我形象和对工作世界的正确态度，并了解工作的意义。

（2）探索阶段（15～24岁）。青少年开始通过个人尝试一些自己感兴趣的职业活动，对自我能力及角色、职业进行探索。其职业倾向趋向于某些特定的领域。

（3）建立阶段（25～44岁）。个人开始尝试选择适合自己的职业领域。这个阶段发展的任务是个人致力于工作上的稳定，大部分人处于最具创造力的时期。

（4）维持阶段（45～64岁）。个人通过不断努力来获得职业生涯的发展和成就，并逐渐能在自己的领域中占有一席之地。这一阶段发展的任务是维持既有的成就与地位。

（5）衰退阶段（65岁以上）。由于个体生理与心理机能的日渐衰退，个人职业角色的分量逐渐减少，逐渐离开工作岗位，开始发展新的角色，寻求新的生活方式替代和满足个人发展的需要。

3. 职业循环理论

舒伯在后期，提出一个人在一生的职业发展过程中，职业发展会经历的五个阶段：成长阶段、探索阶段、建立阶段、维持阶段和衰退阶段，这是一个循环再循环的过程。

职业发展的五个阶段并不完全和年龄相关，而且各阶段之间并不存在严格的界限，可能有交叉，在人生中的不同时期，都可以经历由这五个阶段构成的一个"小循环"。职业生涯发展是一个循环往复的过程。

4. 生命彩虹图

舒伯认为一个人的职业生涯发展与在个人在发展历程的各个阶段中所扮演的各种角色，如儿童、学生、休闲者、公民、工作者、夫妻、家长、父母和退休者等有关。人在某一阶段对某角色投入得多，会导致这一角色的成功，同时也可能导致另一角色的失败。他称发展的各个阶段为生活广度，称个人扮演的角色为生活空间。生活广度和生活空间交汇成生涯彩虹图（图12-1），它描绘出了生涯发展阶段与角色彼此间交互影响、多重角色生涯发展的状况。

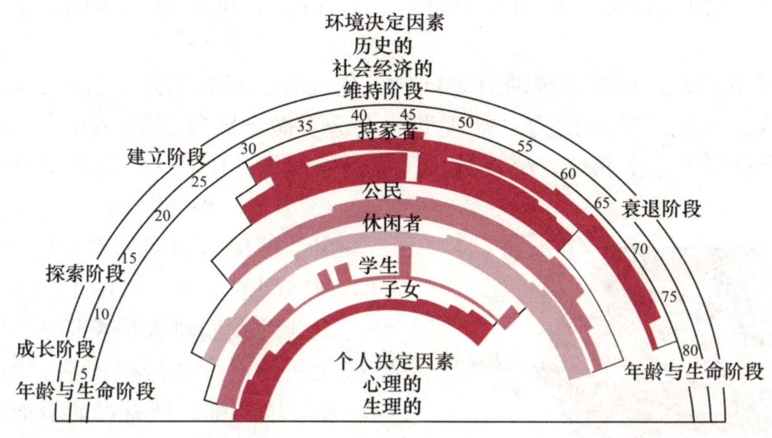

图 12-1　舒伯的生涯彩虹图

（三）霍兰德的类型论

1. 霍兰德理论的基本观点

职业选择是人格的一种表现，工作兴趣类型即人格类型。大多数人的人格特质可以归纳为六种类型：现实型、研究型、艺术型、社会型、企业型、常规型。工作环境也可以分为与人格类型的分类一致的六种类型，由于同一职业吸引有相似人格特质的人，他们对情境和问题会有类似的反应，因此，工作环境也可以分为与人格类型的分类一致的六种类型。

2. 六种职业选择兴趣类型

（1）现实型的人，喜欢有规则的具体劳动和需要基本技能的工作。这类职业一般是指熟练的手工业行业和技术工作，通常要运用手工工具或机器进行劳动。这类人往往缺乏社交能力。现实型的人适于做木匠、农民、技师、工程师、机械师、鱼类和野生动物专家、车工、钳工、电工、报务员、火车司机、机械制图员、电气师、机器修理工、长途汽车司机。

（2）研究型的人，喜欢智力的、抽象的、分析的、推理的、独立的任务。这类职业主要指科学研究和实验方面的工作。这类人往往缺乏领导能力。研究型的人适于做生物学者、天文学者、气象学者、药剂师、动物学者、化学家、科学报刊编辑、植物学者、地质学者、物理学者、数学家、实验员等。

（3）艺术型的人，喜欢通过艺术作品来达到自我表现，爱想象、感情丰富、不顺从、有创造性、能反省。艺术型的人缺乏办事员的能力，适于做室内装饰专家、摄影师、作家、音乐教师、演员、记者、作曲家、诗人、编剧、雕刻家、漫画家等。

（4）社会型的人，喜欢社会交往，常出席社交场所，关心社会问题，愿为别人服务，对教育活动感兴趣。这类人往往缺乏机械能力。社会型的人适于做导游、福利机构工作者、社会学者、咨询人员、社会工作者、学校教师、精神卫生工作者、公共保健护士。

（5）企业型的人，性格外向，爱冒险，喜欢担任领导角色，具有支配、劝说和言语技能。这类人往往缺乏科学研究能力。企业型的人适于做推销员、商品批发员、进货员、福利机构工作者、旅馆经理、广告宣传员、调度员、律师、政治家、零售商等。

（6）常规型的人，喜欢系统的有条理的工作任务，具有实际、自控、友善、保守的特点。这类人往往缺乏艺术能力。常规型的人适于做记账员、银行出纳、成本估算员、核对员、打字员、办公室职员、统计员、计算机操作员、秘书、法庭速记员等。

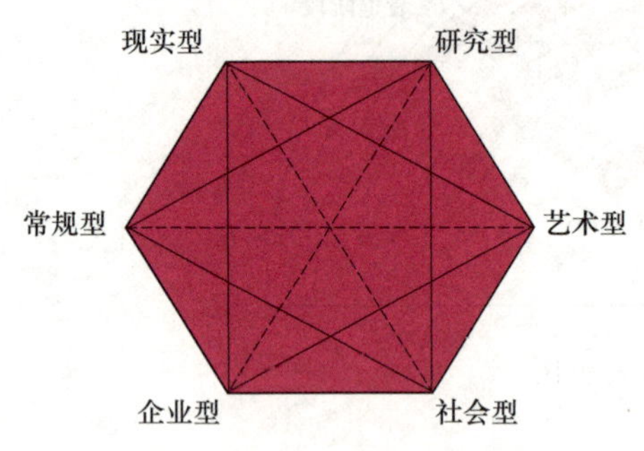

图 12-2　霍兰德的六角模型

3. 六种职业选择兴趣类型之间的关系

霍兰德用六角型模型来解释六种职业兴趣类型之间的关系，如图 12-2 所示，这种模型可以帮助我们对人格特质类型与职业环境类型之间的适配性进行评估。如果人格类型与职业环境匹配，就有可能增加职业满意度，带来职业成就感并提高职业稳定性。

4. 职业环境

霍兰德认为一种职业环境就是一种职业氛围，这种职业氛围是由具有类似人格特质的人所创造出来的特定环境，具有特定的价值观念、态度倾向和行为模式。因此，霍兰德将职业环境也分为六种类型，其名称及性质与人格类型的分类一致，人们都尽量寻找那些能运用自己的技术、体现自己的价值和能扮演令自己愉快的角色的职业。一个特定的职业场所的工作氛围可以通过对其工作人员的工作、训练类型或职业偏好进行分类而获得。一个人如果知道自己的人格类型和职业类型，就可以预测自己的职业选择、工作变换、职业成就和社会行为。个人的工作满意度、职业稳定性和职业成就感取决于个人人格类型和职业环境之间的适配度。

经 典 分 享

他可能是中国最富有的教师

俞敏洪，从一名初中毕业的乡村拖拉机手到一名乡村教师，从高考三次不中，到北京大学（简称“北大”）的高材生，从校园里内向自卑的丑小鸭到英语系里耀眼的单词王，从大街小巷刷广告的个体户到亿万身家的上市公司总裁。

具体说来，1991 年 9 月，俞敏洪从北大辞职，进入民办教育领域，先后在北京市一些民办学校从事教学与管理工作。1993 年 11 月 16 日，俞敏洪创办了北京市新东方学校，担任校长，从最初的几十个学生开始了新东方学校的创业历程。2003 年，俞敏洪成立了新东方教育科技集团（简称“新东方”），任董事长兼总裁。2006 年 9 月 7 日，新东方在纽约证券交所成功上市，开创了中国民办教育发展的新模式，俞敏洪身价一跃成为中国最富有的教师。

【分析】作为高职生，该以怎样的心态来面对第一份工作？面对第一份工作时，不要去想成败，应该想我怎么样全力以赴地把这份工作做好。只有自己全力以赴地去做，日后成功了，那表明自己做这件事情是合适的；如果全力以赴去做之后失败了，也很正常，因为自己没有工作经验，也许这份工作不适合自己。只顾耕耘不问收获，是做第一份工作时最重要的心态。此外，高职生要有自己的喜欢的专业，没自己喜欢专业的学生一般找工作时会缺乏目标和方向。俞敏洪在25岁的时候就确定了他这辈子要做教师站在讲台上，所以之后成就了新东方。

心理训练

理解职业生涯

1．训练目的

促进高职生对生涯和职业生涯的理解。

2．训练时间

20分钟。

3．训练内容

将学生分成若干组，每组选出组长，由组长组织对下列问题进行讨论并推选一名学生在全班进行结果分享。

① 想一想自己对职业院校的生活有过什么样的打算？付诸努力了吗？

② 自己对毕业后将要从事的职业有什么打算？为了这样的规划，计划做哪些准备？

③ 其他同学的看法对自己有什么影响？

成长反思

（1）怎么理解兴趣与职业选择的关系？

（2）自己的职业类型是怎样的？适合做什么样的工作？

专题二 职业心态和择业心理

能力目标

（1）了解构成职业心理的因素。

（2）熟悉制定高职生职业生涯规划的步骤。

（3）了解就业前相关的注意事项。

职业心态和择业心理

导入案例

三天热情

小毕在职业院校学的是英语专业，但由于缺乏社会经验，对自身的优势和特点也不够了解，她总是有机会就上，随意决定自己的工作，可是过几个月就会发现自己不适合这份工作或者根本不能坚持，于是先后换了好几份工作也无法让自己满意。现在，从事秘书工作的她仍然十分苦恼，觉得自己并没有找到“属于自己的事业舞台”。

【分析】小毕最大的问题是没有做好自己的职业规划，对职业没有明确的定向。在选择工作时，显得很随意，开展工作总是三天热情，又不能吃苦耐劳，大量的时间都用在找工作、换工作上。建议像小毕这样的职业院校学生首先应进行一次全面的职业规划，认识自己的兴趣、能力、性格、价值观等方面的优势与不足，认清相关行业的现状，进而寻找符合其自身特点的相关职业和职位，并且在工作中要踏实肯干、克服困难，逐渐适应新的职业。

一、职业心理的特点和结构

（一）职业心理的特点

职业心理是人们在职业活动中表现出的认识、情感、意志等心理倾向或个性心理特征，其具体有以下特点。

1. 职业活动伴随共同的心理过程

人们在职业活动中要经历选择职业、谋求职业、获得职业或者失业、再就业的过程。在这些过程中必然伴随着认知、情感、意志等共同的心理过程。例如，对选择的职业进行认识和深入的了解，通过思维想象发生情感的过程。当选择的职业符合个体的需要和客观现实，就会产生兴奋、愉快，甚至兴高采烈、欣喜若狂的情绪，反之则会出现情绪低落、闷闷不乐，甚至悲观失望、垂头丧气。

2. 职业活动中反映出个性的不同和差异

不同个性心理特征的个体，适合不同的社会职业，在选择职业时又有不同的心理表现，认识、情感、意志表现出不同的特点。有的人反应敏捷、全面，有的人则迟钝、片面；有的人达观、豁朗，有的人则忧虑、退缩；有的人果断坚决，积极克服困难去实现目标，有的人则朝三暮四、犹豫彷徨、知难而退。

3. 不同职业阶段有着不同的职业心理

职业活动中的心理现象千奇百怪，纷纭复杂，依据职业活动经历的过程，职业心理可分作择业心理、求职心理、就业心理、失业心理、再就业心理等。不同阶段的职业心理对职业会产生不同的影响。

4. 不同的职业心理特点影响着人们的生活

处于择业、求职、就业、失业、再就业等不同阶段的人的心理特点，时刻影响着人们的生活态度、生活方式、价值取向。职业心理对高职生的职业选择起着很重要的作用。“知己知彼，百战不殆”，这句话正道出了在职业选择过程中一个很重要的原则，认识自己，了解自己，熟知自己的个性心理特征和心理过程，把个人的职业意愿和自身素质相联系，根据社会的需要和社会职业岗位需求的可能性，评价出个人职业意向的可行性，以积极的态度去选择职业。

（二）个体的职业心理结构

职业心理是人们在对自我、职业和社会的认识基础之上，形成的对待职业和职业行为的一种心理系统。它不但包括个体自身有关职业的一些特质和特点，而且还包括在对二者认识的基础上所产生的对待职业的某种价值取向、兴趣和态度。具体来讲，个体的职业心理结构包括以下三个相辅相成的系统。

1. 职业导向系统

职业导向系统包括职业价值观、世界观、职业伦理。职业导向系统中的各种成分引导个体去选择特定的职业、追求特定的职业目标、接受和内化职业价值、确立正确的职业角色、评价自己和别人的职业行为、努力争取职业成功。例如，在1949年初期人们对职业的名声特别重视，因此，青年们往往选择当时声望比较高的军人，从而出现了参军热的现象；但是到了现今，青年们对自我发展和自我价值特别重视，因此，人们往往选择那些有发展机会的职业和单位。这就是职业价值观对人们职业行为所起的作用，它决定了人们的职业目标和选择职业的标准。

2. 职业动力系统

职业动力系统包括需要、动机、兴趣、信念、理想。职业动力系统中的各种成分推动和维持个体去努力实现职业目标，推动个体积极树立职业目标、克服各种各样的困难、坚持不懈地争取职业和人生的完善。例如，当一个人的主导需要是发展型需要时，他就会选择发展机会较好的工作，并且在工作中不断虚心地学习新知识、新技能，不断地积累自己的经验，从而能够发挥自己的特长以便在工作中获得最大的发展。但是，当一个人的主导需要是享受型时，他就会选择比较舒适的工作，并且工作热情也不会很高，他的目标就是只要工作得舒适就行了，不会努力争取，去获得很大的发展。

3. 职业功能系统

职业功能系统包括气质、性格、能力。职业功能系统中的各种成分保证了个体胜任特定的职业，同时，在努力胜任挑战工作任务的过程中，个体的心理也得到磨砺、发展和加强。一个人的气质、性格和能力特点往往决定了一个人适合从事的职业。例如，如果一个人具有音乐的特殊才能，那他就适合从事与音乐有关的职业。当然，职业也会在一定程度上塑造一个人的气质、性格和能力，一个比较内向的人在从事一段时间的公关工作后，可能会变得活泼开朗、性格外向。因此，职业功能系统会影响一个人从事的职业，反过来，一个人所从事的职业也会影响和塑造一个人的个性。

（三）良好的职业心态

职业心态是指在职业当中，应该根据职业的需求，表露出来的心理感情，即指职业活动的各种对自己职业及其职业能否成功的心理反应。研究表明，良好的职业心态主要有以下15种。

1. 感恩心态

心中常怀感恩：感恩企业、感恩工作、感恩领导、感恩伙伴，感恩家庭、感恩挫折，有了感恩，内心就有了宁静和平和，就没有那么多抱怨。感恩的人才是快乐和富足的，所以，每天都应该感恩。

2. 阳光心态

要像向日葵一样永远朝向太阳，想想自己对一些事物的想法常常是负面还是正面？不要总是盯着阴暗面，拥有正能量很重要，用阳光的心态对待一切，你会发现生活和世界的美好。

3. 效率心态

时间就是生命，时间就是金钱。在工作中更是如此，效率带来的不仅仅是财富，更是一种对生命的珍惜。优秀员工必须重视效率，有时间管理的意识，而不是经常发呆、刷微博，上班时间玩耍、浪费时间。

4. 主动沟通的心态

沟通是我们工作当中的润滑剂，多些沟通才能少些矛盾，才能达成共识。主动沟通更是积极解决问题的关键所在。沟通要主动积极，绝不能逃避和敷衍。

5. 尊敬他人的心态

学会尊敬他人是一个职业人的本分，也是处理好企业人际关系的一个重要内容，才能保持良好的执行力。只有懂得尊敬他人，才有可能被他人尊敬。

6. 规则心态

没有规矩不成方圆。规则才能带来秩序，工作中保持良好的守规则、守制度的心态，才能有工作的标准和规范，同时不要想着违法乱纪，也不要抱持侥幸心理。

7. 助人心态

送人玫瑰，手留余香。助人都是相互的，在工作中也是如此。同事之间的互相帮忙，才有同事之间的快乐分享。关键时刻，伸出援手，你有困难时，也会获得帮助。

8. 进取心态

在职场中，每天进步一小步，一个月、一年才能进步一大步。我们要有上进心，才有好的状态。

9. 友好的心态

与人为善也就是与己为善，友好都是相互的，友好地对待身边人才能在让别人友好地对待你：我们不要因鸡毛蒜皮的事就和人闹矛盾，对身边所有人保持友好的态度是很重要的。

10. 专业的心态

职业就是专职从事固定事业的活动，做任何事情都应该精通它，自己成为了专家，就有了高价值，不管哪个部门，持有专业的心态，是做好工作很重要的素质。

11. 平常心

平常心不等于什么都不做，“宠辱不惊，闲看庭前花开花落；去留无意，漫看天上云卷云舒。”保持一颗平常心，才能在面对挑战、挫折，面对困难和压力的时候，做最好的自己。

12. 企业人的心态

要有主人翁意识，和企业荣辱与共，只有把职场当作自己的家，才能把工作做得更好，才能获得双赢，即要保持对企业的忠诚度。

二、择业心理及择业心理的准备

高职生的择业观正处于形成和完善的阶段，树立理性的择业观，明确其内涵和培养途径是十分重要的。

（一）择业心理

所谓择业，就是择业者根据自己的职业理想和能力，从社会上各种职业中选择其中的一种作为自己从事的职业的过程。任何已具备劳动能力的人，都要进入社会职业领域选择特定的职业。在职业选择过程中，择业者不仅要考虑到个人的需要、兴趣、能力等因素，还要考虑社会发展的需要。择业是当前很多人面临的一项难题，尤其是即将毕业的职业院校学生，他们找工作又要专业对口，又要薪酬高，又要待遇好。可是用人单位也要挑成绩优秀的毕业生，所以择业要考虑很多方面的因素。

择业心理是高职生在择业时，对择业过程中可能出现的各种情况所做出的估计和评价，以及为解决这些问题而建立的某种思想观念和强化某些心理品质的心理活动。

高职生的择业心理主要表现为：第一，择业热情高涨；第二，对未来充满憧憬；第三，乐于接受竞争，愿意在公平竞争环境中施展自己的才华，实现优胜劣汰；第四，崇尚双向选择，双向选择的就业机制为职业院校学生求职拓展了择业空间，被广大毕业生所肯定；第五，择业易冲动，理智成分减少，功利成分增加。

（二）择业心理的准备

择业活动是一个复杂的过程，对初次择业的职业院校学生来说，要想择业成功，就必须了解自身的心理素质状况，即自身的气质、兴趣、性格、能力等个性心理特征，对自己有一个实事求是的评价，并根据择业的现实需要，积极调整自己的心态，做好择业的心理准备。

近年来，随着高等教育规模的不断扩大，每年职业院校毕业生供给总量持续增加，目前，受到全球经济形势下滑的影响，企业对新增劳动力的需求也在减少，供给高职毕业生的就业岗位也进一步减少，就业形势十分严峻，高职生的就业压力也越来越大。在联系实习、准备简历、参加招聘会等求职历程中，必然会产生复杂的心理变化，所以提前做好充分的心理准备显得尤为重要。

1. 把握社会经济发展的形势和职业发展的变化

随着国家经济的发展，我国产业结构调整速度加快，某些经营管理不善、生产力过剩、产品技术含量低的行业会出现就业困难，人才需求数量也会减少。同时，某些行业会得到快速发展，如第三产业的交通运输、金融保险、社会服务等人才需求数量在明显增加。高职生在择业过程中，要密切关注社会经济发展的新动向，把握和顺应我国产业结构发展的趋势和人才需求的趋势，转变择业观念，不断拓宽就业思路。

同时，随着社会经济的变化和发展，导致职业发展也产生了较大的变化，并直接对高职生的择业产生了影响。首先，职业发展导致同一职业或岗位对就业者要求不断提高。某些职业仅有学历文凭还不够，还要求高职生必须注重实践技能的锻炼，并通过职业资格认定，获取职业资格证书。其次，职业发展和劳动人事制度的改变，为人才的合理流动创造了条件。

高职生首次择业并不意味着选择了终生不变的职业，就业后，因为对薪资待遇、工作氛围等不满意，或者因为喜欢尝试与挑战，喜欢变化与新意，毕业后的高职生可能面临第二次、第三次的择业，所以，高职生应从职业发展和职业规划的角度理性看待自己的第一次就业。

2. 掌握行业企业对高职生的要求标准

行业企业对所需人才的要求是多方面的，概括起来有以下几种。

（1）思想素质好。从高职生就业情况看，企业普遍喜欢政治思想素质好、品德高尚、遵纪守法的毕业生。优秀毕业生、优秀学生干部、三好学生、优秀团员等备受青睐。高职生在校期间应积极从事学生工作和社会实践，培养自己的工作能力，为未来的求职择业加分。同时，具有敬业精神和责任感的员工，几乎是每个用人单位所需要的。看重学生的综合素质，是现代企业用人的新特点。

（2）个人品质优。企业认为所需的人才应该具有良好的个人品质：做人诚实、正直、做事勤奋、踏实、思路清晰、灵活、主动积极、勇于进取、充满激情和活力，而过于自信和过于谦恭的人不会给用人单位留下深刻的印象。

（3）专业素质高，是指高职生应具有丰富的知识技能储备、合理的知识结构和其他相关知识，具体表现在学习成绩和专业能力两个方面。在企业看来，必要的专业知识和技能是胜任某一方面工作的基础。

（4）能力素质强。企业都十分看重学生的创造能力、学习能力、团队合作精神、沟通协调能力、实践能力、实际操作能力、适应社会能力等。

（5）身心素质好。其包括健康的身体素质和良好的心理素质。健康的身体是从事职业劳动的必备条件，现代社会工作效率高、生活节奏快，对从业者的身体素质要求越来越高。高职生要处理社会交往、个人与集体等各种关系，不断面临挑战和竞争，只有具备良好的心理素质，才能经受住失败和挫折，并能尽快地自我调适。

综上所述，用人单位认为高职毕业生应具有四个特点：一是具有吃苦耐劳精神，二是专业思想比较稳固，三是上岗适应能力强，四是能较快跟上新技术发展的步伐。此外，高职生还需加强人际交往、沟通能力的培养，以及提高自己的外语水平。

3. 全面认识职业自我

（1）了解自己的职业能力倾向。职业能力倾向主要指与个体成功从事某种工作有关的能力因素，是一些对于不同职业的成功、在不同程度上有所贡献的心理因素。通过职业能力倾向测验，可以判断一个人的能力素质水平与成功发展的可能性，为择业提供科学依据。常见的职业能力倾向有：语言理解能力、数量关系能力、逻辑推理能力、知觉速度能力、空间知觉能力、综合分析能力、动作协调能力等。

（2）了解自己的职业兴趣。职业兴趣是职业的多样性、复杂性与就业人员自身个性的多样性相对应下反映出的一种特殊的心理特点，是个体择业的重要依据。如果一个人对从事的工作有兴趣，就能发挥全部才能的80%～90%，且能长时间保持高效率而不感到疲劳。兴趣是在后天生活实践中形成的，但它有相对的稳定性，高职生在择业中应充分考虑自己的兴趣和爱好所在。利用本模块心理测试中霍兰德职业兴趣问卷，可诊断出自己最突出的职业兴趣及各方面职业兴趣强弱对比的特征。

（3）了解自己的职业气质。气质是一个人稳定的心理活动的动力特征。了解气质与职业的关系，有助于职业选择的成功。例如，胆汁质的人精力旺盛，热情直率，激动暴躁，情绪体验强烈，能以极大的热情投入工作，克服工作中的困难，但若对工作失去信心，情绪会很快低落。此类人适宜竞争激烈、冒险性、风险意识强的职业。多血质的人活泼、好动、反应迅速，易适应环境，喜欢交往，这类人工作能力强，情绪丰富易兴奋，但注意力不稳定，兴趣易转移，对职业有较广的选择范围和机会，适合从事要求反应灵活的工作，如导游、外交、公关等。黏液质的人安静、沉稳、情绪不易外露，灵活性不够，比较刻板，有较强的自我克制能力，能埋头苦干，态度稳重，不易分心，不易习惯于新工作，善于忍耐。这种人适合于从事要求稳定、细致、持久性的活动，如会计、外科医生等，不适合从事具有冒险性的工作。抑郁质的人敏感，行动缓慢，情感体验深刻，观察力敏锐，易感觉到别人不易觉察的细小事物，易疲倦，工作耐受性差，做事谨慎小心，适合于要求精细、敏锐的工作。

没有完美无缺也没有一无是处的气质类型，气质不同，对职业的适应性就不同。气质类型往往能影响一个人的工作性质和活动效率，影响一个人与职业的适应性程度。在职业选择中，气质应作为重要参考因素之一。

（4）了解自己的职业性格。职业性格是一个人对职业的稳定态度和在职业活动中习惯化的行为方式所表现出的个性心理特征。不同职业需要不同性格的从业者。有些用人单位提出了用人的新观念：性格比能力更重要。其原因在于，如果一个人的能力不足，可以通过后天培养加以提高，而一个人的性格与职业不匹配，要改变起来就困难得多。例如，一个典型性格内向的人，见人就脸红，说话就紧张，要是从事营销工作，很难会取得好业绩。所以，了解自己的性格特点，了解自己的行为风格，有助于科学择业、有效决策。

4. 适时调整择业期望值，做好在基层工作的准备

高职院校注重职业技能教育，培养的是既具有一定的理论知识，又具有很强实践能力的生产第一线的技术应用型和管理型人才。高职教育的优势就是在日常教育教学过程中，在理论学习的同时，强化学生的动手操作能力。所以高职院校毕业生受专业特点的影响，毕业以后绝大部分将深入基层工作。具体地说，一个企业的人才梯队由不同学历、年龄的人员互相搭配而成，研究生、本科生从事专项设计等技术开发工作，中专、技校学生担当流水线上的操作工人，而介于两者之间的技术管理工作，如设备维修、参数调整、车间管理等则是高职生的责任。如同样是计算机专业，高职毕业生不是去做复杂的程序设计，而是偏向硬件维护或简单的程序编写。

高职生应围绕高职教育的培养目标，确立自己的择业目标；根据社会需求和企业要求，适时调整职业理想。调整择业期望值，不是对用人单位没有选择，而是要在职业生涯规划和发展的基础上确定自己的职业轨迹。具体调整择业期望值方法是：在择业时可以先确定一个岗位目标，经过一段时间求职后没有进展，就要根据客观情况调整主观需要，看社会现实可提供的岗位中自己能胜任的有哪些，再进行有针对性的求职，提高成功率，应放弃过去那种“一次到位”、要求安稳的择业观念。

5. 注重健康心理素质的养成，尽快实现职业角色的转换

高职生求职实质上是一个竞争上岗的过程，要想在竞争中胜出，一方面要提高自身的实力，如专业能力、解决问题能力、人际沟通能力和团队协作能力等；另一方面要养成健康的心理素质，提高承受挫折的能力，以充沛旺盛的精力、积极乐观的心态处理自我与社会的关系，正确对待市场竞争和就业压力，正确化解找工作中遇到的困难、挫折和委屈，不苛求自己一下子就能求职成功，不因为求职失败就马上否定自己的能力，冷静坦然相对，客观分析自己失败的原因，学会重新认识自我、认识社会，主动调整自我以适应社会。

从择业开始，高职生的社会角色就需要发生变化，从自然人、家庭人转变为职业人、社会人，由学生角色向职员角色转换。学生角色与职员角色有着明显的不同：学生是接受教育、掌握本领，凭兴趣做事，比较注重自我的感受，由父母提供经济支持和资助；而职员是通过具体的工作岗位付出劳动，能承担责任，取得相应报酬，在经济上可不再依靠父母而独立生活。高职生应有这样的角色转换意识，尽早做好准备，在各种校园活动、社会实践活动中，有意识地锻炼自己，培养自己的责任感、判断力、情绪管理能力，提高自己的职业成熟度，加速个人社会化，以尽快适应角色的转换。

6. 保持和谐的人际关系

在就业时还应构建良好的人际关系。广结善缘永远是对的，人是社会关系的总和，它承载了自己的思想、财富和未来。要永远知道人外有人、天外有天这个道理，你能帮到别人，不是因为别人的困境，而是你的荣幸。投之以桃、报之以李，时间，会提高回馈帮助的价值。

珍惜并建立高质量的亲密关系。亲密关系是你的情感资产，将为自己提供工作与进步的动力。永远向所有人学习，永远和更优秀的人在一起。向所有人学习，即使自己已经做得很好。不必去改变平庸的人，而要去靠近优秀的人。

7. 调整心态，敢于竞争

要进行正确的自我评价，不妄自菲薄，敢于通过竞争去达到理想的目标，如上所述，职业院校学生有着自己的优势。另外，在当今的社会竞争下，必须在心理上准备、树立竞争的意识，告别大锅饭，并在职业过程中，强化竞争意识，正视社会现实，转变观念，做好参加竞争的心理准备。

8. 正确对待挫折

在择业过程中，每个人不可能一帆风顺，更不可能一次就到达事业的顶峰，所以，择业当中的失败挫折都是为下一次的成功奠定基础的，失败是成功之母。另外择业过程中，每个人的经验或者成绩的积累都是有一定的过程，不可能一蹴而就，保持适中的期望值，在就业过程中自己的动力、兴趣都会比在高压之下更有成就。

经典分享

王兴的成功之路

王兴是一名人们口中的天才少年，没有参加高考就被保送到清华大学，毕业后拿

到全额奖学金去了美国特拉华大学，师从第一位获得MIT计算机科学博士学位的学者高光荣，随后归国创业，在前一两次不算成功的创业项目之后，王兴创立了中国版Facebook校内网，并很快风靡于大学校园圈子中。中国版Facebook校内网于2006年10月被千橡以200万美元收购。2007年5月12日，王兴创办饭否网，这也是中国第一个类Twitter项目。但就在饭否网发展势头一片良好之际被关闭了，让王兴事业受到挫折。之后王兴于2010年3月上线新项目美团网，并在“千团大战”之中脱颖而出，先后获得红杉和阿里的两轮数千万美元的融资，这个连环创业客的事业正逐渐走上正轨。

【分析】何为正确的“择业观”，无非就两点，首先务实不务虚，作为一位新晋职场人，一定要踏踏实实地做好手中事，千万别陷入各种形式主义的空谈。王兴的成功，源于他的坚持，和他坚定的目标，职业院校学生创业、就业，须脚踏实地，切忌一味空想。职业院校学生创业、就业需谨慎，国家鼓励大众创新，但不是让人去盲目创业，拿着一个“不成熟”的计划书就认为将天下无敌，在目前各行各业几乎饱满的市场环境之下，是一种“异想天开”。

心理训练

招聘拟演

1. 训练目的

在模拟现实场景中，锻炼求职、快速突显自己的能力，并且换位体验招聘者的需求。

2. 训练时间

30分钟。

3. 训练内容

（1）选定几个学生扮演招聘者，其他学生扮演求职者。招聘者认真阅读关于岗位的描述，认真思考自己的需求，并且在招聘过程中展现出来。而其他学生则思考哪个岗位适合自己，如何在那么多人的竞争中突显自己。演练开始前，最好不要和其他求职者讨论。以下岗位可根据学校情况自行调整。

岗位一（推销员）：岗位要求是热情大方、善于沟通交流的人才，认真负责，对产品有很详细的了解和推荐能力，最好有推销经验。招聘者可自行决定产品内容，也可以加入自身的情绪表演，以培养学生的应变能力。

岗位二（办公室人事）：岗位要求是擅长交流、能发现求职者优点特性的人才。求职者可思考对于这个岗位除你之外还有什么类型的人才可以胜任。必要时可进行角色互换。

岗位三（编辑）：岗位要求是对文字有一定敏感性，审美理解到位，并且有善于和其他岗位的人交流的能力。此岗位对专业性有一定要求，招聘者和求职者可查阅资料进行理解，最重要的是发现和展现专业能力。

（2）教师对学生的求职和招聘表现进行评分，并进行点评。

成长反思

（1）职业心理的特征和结构有哪些？应该如何梳理良好的职业心态？

（2）自己平常都做了哪些有关择业的准备工作？

专题三　择业心理困惑和调适

能力目标

（1）了解新时期高职生就业与创业难的原因。

（2）了解高职生职业生涯规划的准则。

（3）掌握高职生择业过程中常见的心理困扰和调适方法。

择业心理困惑和调适

导入案例

松下的精神

松下电器创始人松下幸之助（简称“松下”），起初家境贫寒，全靠他一人养家糊口。松下失业后，一家人的生活更是无所依靠。一次，他去一家电器公司求职，身材瘦小的松下来到公司人事部，请求给他安排一个工作最差、工资最低的活干。人事部主管见他个头瘦小又衣着不整，不便直说，就随便找个理由说：“现在不缺人，过一个月再来看看吧。”人家本来是推脱他，没想到一个月后松下真的来了，那位人事部主管又推脱说现在有事，没时间接待他。过了几天，松下又来了。那位负责人有点不耐烦地说：“你这种脏兮兮的样子，根本进不了我们公司。”松下回去后借钱买了套新衣服，穿戴整齐地又来了。这位主管一看，觉得不好说什么了，又难为松下：“我们是搞电器的，从你的材料看，你对电器方面的知识了解得太少，不能录用。”2个月以后，松下又来了，他说：“我已经下功夫学了不少电器方面的知识，您看哪个方面还有差距，我再一项一项来弥补。”这位人事部主管盯着松下看了半天，感慨地说：“我干这项工作几十年了，头一次见到你这样来找工作的，真佩服你这种耐心和韧劲。”就这样，松下终于打动了主管，如愿以偿地进了这家公司。后来，他经过艰持不懈的努力，终于成为享誉全球的“企业经营之神”。

【分析】正因为松下幸之助有着良好的择业心态、勇于竞争的意识、较强的适应能力，明知道择业有竞争就有风险，参与竞争就难免要受到挫折，但仍然坚持，坦然面对择业过程中面临的挫折和考验，愈挫愈勇，终于获得了成功。

一、造成高职生就业创业难问题的原因

影响职业院校学生就业与创业的原因有很多种，不仅有社会方面的原因、用人单位

方面的原因、职业院校方面的原因，同时还有职业院校学生自身的原因。要想推动职业院校学生更好地实现就业与创业，就应当从各个方面努力，为职业院校学生就业创业创造有利的条件，推动其就业创业能力与水平的全面提升。具体来看，造成当前职业院校学生就业创业存在某些问题的原因有以下几个方面。

（一）社会方面的原因

纵观当前我国劳动力市场可知，人才需求整体上呈现一种供大于求的现象。同时，由于职业院校某些专业的学生数量过多，高于用人单位的人才需求量，因此很多用人单位在挑选人才的时候会设置过高的条件和门槛，这就大大打击了职业院校学生就业的积极性，导致职业院校学生对就业产生恐惧心理，从而影响了其就业和创业。另外，市场中对于职业院校学生就业存在一定的偏见，一些用人单位认为职业院校学生的工作经验和实践经历较少，没有足够的能力适应工作，所以不给职业院校学生工作的机会。

（二）用人单位方面的原因

由于劳动力市场中人才供求比例失调，用人单位在挑选人才的时候会设置较多的条条框框，对职业院校学生的筛选较为严格，这就使得能够留下来的职业院校学生少之又少。一些用人单位在挑选人才的时候比较注重职业院校学生的学习成绩，认为学习成绩好的学生工作能力就比较强，而不注重考察职业院校学生的动手实践技能和综合素质，这就使得很多优秀的职业院校学生被拒之门外，无法找到相对应的工作。甚至还有很多用人单位在招聘的时候更青睐于选择名牌大学毕业的学生，认为名牌大学的学生能力更强，如不是名牌大学的学生就想方设法不让其通过应聘，这对于高职生而言，打击非常大，会导致学生失去就业的信心，从而不利于其长远的职业发展。

（三）职业院校方面的原因

职业院校是人才培养的主体，人才质量优秀与否与职业院校的教育有着重要的联系，职业院校只有顺应时代发展的趋势，合理进行人才培养理念的转变，采取有效的方法进行人才培养，才能提升人才培养的质量，推动人才更好地实现就业与创业。然而，就当前的情况来看，很多职业院校的人才培养模式并不是十分科学，一些职业院校在课程选择方面仍然是采用传统的职业划分，虽然对于学生的理论知识较为注重，采取了有效的方法来提升学生的理论水平，但是并不注重实践技能的培养，导致学生的动手操作能力低下，不能很好地适应社会发展的形势。同时，一些职业院校人才培养的模式较为单一，使得学生参与学习的积极性下降，学习兴趣不高，这就无法达到良好的人才培养效果，不利于职业院校学生综合技能的提升，势必会对其就业与创业带来不利的影响。

（四）职业院校学生自身的原因

职业院校学生自身存在的因素也是导致该群体就业与创业存在问题的重要原因。很多职业院校学生对于工作的期望过高，希望得到更多的薪酬，但是却没有对自身的工作能力进行评估，导致部分职业院校学生频繁跳槽，这对于其就业是不利的，也无法帮助其更好地积累工作经验。同时，还有很多职业院校学生存在攀比心理，喜欢拿自己的工作和其他人的工作进行比较，一旦发现自身的工作条件没有其他人的条件好就会选择辞职另找工作，这就会导致其工作稳定性差，不利于其职业发展。

二、高职生职业生涯规划的准则

高职生职业生涯规划应遵循以下准则。

（一）选择自己感兴趣的职业

从事一项自己所喜欢的工作，工作本身就能给自己一种满足感，自己的职业生涯也会由此变得妙趣横生。兴趣是最好的老师，也是成功之母。调查表明：兴趣与成功概率有着显著的正相关性。所以高职生在规划自己的职业生涯时，应考虑自己的特点，珍惜自己的兴趣，择己所爱，选择自己所喜欢的职业。

（二）选择自己能够发挥一技之长的职业

任何职业都要求从业者掌握一定的技能，具备一定的能力条件。而一个人一生中不能将所有技能都全部掌握。所以自己必须在进行职业选择时择己所长，从而有利于发挥自己的优势。一个人的能力对职业的选择起着筛选的作用，是求职择业及事业成功的重要保证。高职生在选择职业的时候应该运用比较优势原理充分分析别人与自己，尽量选择冲突较少的优势行业。在对自己的正确评价的基础上，根据自己的真才实学和能力进行职业生涯规划。

（三）选择符合社会需求的职业

选择职业作为一种社会活动必然会受到一定的社会制约，如果择业脱离社会需要，将很难被社会所接纳。社会的需求不断演化着，旧的需求不断消失，新的需求不断产生，新的职业也不断产生，所以在设计你自己的职业生涯时，一定要分析社会需求，择世所需。最重要的是，目光要长远，能够准确预测未来行业或者职业发展的方向，再做出选择。将社会需要作为出发点和归宿，以社会对个人的要求为准绳，将个人利益与长远利益在现实中进行有机的统一。

（四）选择有所发展的职业

职业是个人谋生的手段，也是人们谋求发展的一种方式，其目的在于追求个人幸福与个人发展。所以个体在择业时，首先应考虑自己的预期收益——个人幸福的最大化，也要考虑职业的发展前途，使自己的能力有所展现，同时还要为社会的发展尽到自己的一份力量。

三、高职生择业中的心理困扰

（一）焦虑

焦虑是由心理冲突或挫折而引起的，是紧张、不安、焦急、忧虑、恐惧等感受交织而成的情绪状态。绝大多数高职生在择业过程中，都会或多或少地出现焦虑。优秀学生的焦虑是，能否找到实现人生价值的理想单位；学业成绩不理想的学生的焦虑是，没有单位选中自己怎么办；来自边远地区的学生为不想回本地区而焦虑；恋人们则为是否继续在一起而焦虑；女学生为用人单位“只要男性”而焦虑；还有一些高职生优柔寡断，竟因不知自己毕业后向何处去而焦虑。

高职生的上述焦虑状态一般并不会对未来职业生涯产生影响。一般来说，适度的焦虑会使个体产生压力，这种压力可以增强人的进取心，从而产生奋发有为的精神。但是，如果焦虑不能得到及时的缓解，就有可能向病态发展，表现出情绪紧张、心情紊乱、注意力不能集中、身心疲倦、头昏目眩、心悸、失眠等症状。这种焦虑，会使高职生毕业时精神上负担沉重、紧张烦躁、心神不宁、萎靡不振；学习上得过且过、疲于应付、反应迟钝；生活中意志消沉、长吁短叹、食不安、卧不寝。有些学生在屡遭挫折之后，甚至产生了恐惧感，一提择业就心理紧张。此时，焦虑不但干扰了高职生的正常的生活、学习和娱乐，还成为择业的绊脚石。

（二）自负

自负心理是过高地估计个人的能力，失去自知之明。受当今社会对高职生的惯性看法的影响，高职生中有的人不能正确地认识自己，在择业时常常过高地估计自己的能力，把自己的愿望和社会需要割裂开来认识问题。由于与社会接触不多，一些高职毕业生对用人单位的要求知之甚少，对自己在求职市场中的真实位置搞不清，把自己的学历、知识作为资本，常常挑剔、攀比，提出过分的要求，给用人单位留下极差的印象，导致最终无法就业。其根源就在于这些学生对自己的评价过高，存在自负的心理。现如今在就业市场上，仅从工作经验这点说，众多高职生已经处于不利的地位。市场经济条件下所需要的人才是个人素质和能力的结合，而高职生所拥有的学历并不是决定因素。如果高职生不能及早对社会的人才需求形势有足够清醒的认识，对自己有一个全面、客观、公正的评价，那么有些学生将会坐失择业的良机，耽误自己的前程。

（三）自卑

自卑心理表现为对自己的能力评价过低，看不起自己。对于涉世不深的高职生来说，在择业问题上极容易产生自卑，尤其是那些性格内向，在学校期间没有经历过各种社会工作、社会活动锻炼的学生尤为突出。其主要表现为缺乏自信，行动退缩不前，表面上怕别人看不起，实际上是自我认识出现偏差所致。在择业过程中，一些高职生求职者不能正确评价自我，缺乏自信心，勇气不足，没有主见，依赖心强，其结果是这些学生在择业的人生关头，不敢或不善于推销自我，丧失了许多成功求职的机会。这种心态与人才市场激烈的竞争形成了强烈的反差，是求职活动中的一大心理障碍。从心理学的角度上分析，自卑的实质是自我评价过低，自信心差。自卑的学生往往并不是真的能力不如别人，只是过低的自我评价压制了其能力的发展和表现，因此，在求职过程中克服自卑是走向成功的必经之路。

（四）盲目从众

高职生正处在心理逐渐完善和成熟的阶段，容易受社会上一些观念的影响，表现在就业上就是“别人怎么选择，我就怎么选择”。入学之后，高职生的自主意识在逐步增强，希望尽早地独立于学校、家长的社会之外，但客观上，他们从小到大均在学校和家长的百般呵护之下，缺乏独立性。就业时，许多高职生产生了严重的依赖思想，觉得还是跟随大众保险一些，他们一方面也希望找到称心如意的工作，另一方面又不愿意自己到处奔波、劳心劳力，于是这种缺乏独立求职的思想观念，致使他们盲目从众。

四、高职生就业心态自我调适的方法

以上列举的高职生择业、就业、创业中遇到的心理困扰，对于高职生的职业规划及就业都十分不利，应该采取一定的方法进行自我调适。解决高职生就业心理问题的根本对策是：主动自觉地适应环境，与环境保持协调，客观地分析自我与现实，有效地排除心理困扰，保持一种稳定而积极的心态，达到合理择业、顺利就业和健康成长的目的。

（一）客观地认识社会和评价自己

高职生是社会中的人，作为个体，人与社会的关系可以说是互为目的，又互为手段的。只有正确地认识自我与社会的关系，才能有效地把握自己的权利、义务和责任，确立个体适合社会需要的主体意识。目前，社会对高职生的期望是：具有较强的改革意识和业务能力，具有敬业精神和创新能力，社交能力强、知识面宽，一专多能，德智体全面发展等。择业过程中的高职生，应当认真仔细、深层次地认识自己的价值目标、适应力、知识结构、个性特征等，对自己有一个完整的认识，在此基础上建立起来的职业选择意愿，才具有现实可能性。

（二）学会自我欣赏与自我接纳，提高承受挫折的能力

在求职择业过程中遭受挫折在所难免，高职生要正确对待挫折和失败，学会自我欣赏与自我接纳，对自己的能力抱认可、肯定的态度，敢于竞争，不怕失败。例如，求职失败时，可运用理性情绪法宽慰自己，借“成功是失败之母”“天生我材必有用”等理由减轻或消除所受挫伤；也可通过列举别人失败或不如自己等事实，说明自己虽败犹荣，从而提高抗挫伤的能力，保持内心的安宁。

（三）克服从众心理，培养决策能力，避免盲目竞争

从众心理是指在群体压力影响下，放弃个人意愿，采取顺从行为的心理倾向。在择业过程中表现为缺乏主见和竞争意识，择业观为他人所左右，为舆论所左右，不顾主观条件和客观现实，随波逐流，人云亦云。高职生就业的选择很大程度上受传统价值观念和社会心理的支配，但作为高职生本人，切不可盲从，更不能以别人的选择为自己的最

佳选择，而应综合各方面因素，培养自己果断的抉择能力。因此，高职生在择业时一定要有所选择，充分发挥自己的优势，同时要有所侧重，即在竞争中把主要精力放在对自己有益的方面。

经典分享

施瓦辛格的成功之路

施瓦辛格终于如愿以偿地被选举为美国加利福尼亚州州长，从一个瘦弱的奥地利小男孩成长为健美冠军、电影明星、亿万富翁，直至一个政治家，施瓦辛格一步一步实现着自己的梦想，一步一步把自己的职业生涯规划变作为现实。

出生于1947年的施瓦辛格早在他10岁时，就有三个梦想：世界上最强壮的人、电影明星、成功的商人。通过自己艰苦努力和奋斗，今天，他把自己的三个梦想全部都实现了。

成功不易，但也并非想象中的那么难。施瓦辛格正是用自己的成功向我们阐释了职业生涯规划的真谛所在。

其实，职业生涯规划就像爬山，既需要不断调整方向，也需要有阶段性，当然还需要一定的外在因素。假如施瓦辛格第一步就将自己的职业生涯规划定位于政治家，那么，他可能不会这么顺利成功。

第一步是第二步的基础，第二步是第一步的延续。现在一些年轻人看到别人的成功后，心里就有点不安分，眼里就有点泛红光，就迫不及待急于求成，妄想一步登天。

施瓦辛格善于创造条件来完成自己的职业生涯规划。自18岁获得欧洲健美冠军以后，施瓦辛格怀揣20美元到好莱坞闯荡天下，意图做个电影明星。演员生涯的成功，为他成功进军商业打下了坚实的基础。之后，他在威斯康星大学攻读商业和经济学，更是让他快速成为拥有20亿美元身价的亿万富翁。

【分析】不畏艰辛、坚定意志、不断调整，阶段性地实现自己的近期目标，把近期目标与远期理想结合起来，这才是切实的职业生涯规划。

心理训练

思考人生

1．训练目的

促进高职生对生涯规划的思考。

2．训练时间

20分钟。

3．训练内容

以宿舍为单位分成若干组，每组选出组长，由组长组织组员对下列问题进行讨论。

（1）请思考一下自己喜欢做的五件事，其中，哪些可能与将来的职业有关，把它们写在表12-1中。

表 12-1 自己喜欢做的五件事

序号	喜欢做的事情	有关的职业
1		
2		
3		
4		
5		

（2）根据表 12-1 中自己所填写的内容，谈谈自己的感受。

（3）组内推选出一名学生，归纳组内成员的想法在班级进行分享。

（4）思考其他同学的想法对自己有哪些启发？

成长反思

（1）怎么看待当下职业院校学生就业创业难的问题？

（2）如何合理地规划职业生涯？

（3）如何调适择业带来的种种心理不适？

心理测试：霍兰德的职业兴趣问卷

1．测试目的

通过测试了解自己的职业兴趣。

2．测试时间

20 分钟。

3．测试内容

仔细阅读下列内容，并在每一项特性前用铅笔标注记号。凡是看起来很像你自己的，画“+”；完全不像的画“－”；很像和完全不像之间的留空白。

现实型

□ 喜好机械、户外体育类的活动及职业。

□ 喜欢从事和事物、动物有关的工作，而不喜欢从事和理念、资料或与人有关的工作。

□ 具有设计制造机械或成为运动员的能力。

□ 喜欢建筑、塑造、重新建构和修理东西。

□ 喜欢使用设备和机器。

□ 喜欢看到有形的结果。

□ 是个有毅力、勤勉的人。

□ 缺乏创造力和原创性。

□ 较喜欢用熟悉的方法做事并建立一种固定模式。
□ 以绝对的观点思考。
□ 不喜欢模棱两可。
□ 较不喜欢处理抽象、理论和哲学的议题。
□ 是个唯物论、传统和保守的人。
□ 没有很好的人际关系和语言沟通技巧。
□ 当焦点汇聚在自己身上时会很不自在。
□ 很难表达自己的情感。
□ 别人认为自己很害羞。

研究型

□ 天生好奇且好问。
□ 必须了解、解释及预测身边发生的事。
□ 具有科学精神。
□ 对于非科学、过度简化或超自然的解释，持悲观、批判的态度。
□ 对于正在做的事能全神贯注、心无旁骛。
□ 独立自主且喜欢单枪匹马做事。
□ 不喜欢管人也不喜欢被管。
□ 以理论和解析的观点看事情且勇于解决抽象、含糊的问题及状况。
□ 具有创造力和原创性。
□ 常难以接受传统的态度及价值观。
□ 逃避那种受到外在规定束缚的高结构化情境。
□ 处事按部就班、精确且有条理。
□ 对于自己的智力很有信心。
□ 在社交场合常觉得困窘。
□ 缺乏领导能力和说服技巧。
□ 在人际关系方面拘谨与形式化。
□ 通常不做情感的表达。
□ 可能让人觉得不太友善。

艺术型

□ 是个有创造力、善表达、有原则性、天真及有个性的人。
□ 喜欢与众不同并努力做个卓绝出众的人。
□ 喜欢以文字、音乐、媒体和身体（如表演和舞蹈）创造新事物来表达自己的人格。
□ 希望得到众人的目光和赞赏，对于批评，自己内心却很敏感。
□ 在衣着、言行举止上倾向于无拘无束、不循传统。
□ 喜欢在无人监督的情况下工作。
□ 处事较冲动。
□ 非常重视美及审美的品位。

□ 较情绪化且心思复杂。
□ 喜欢抽象的工作及非结构化的情境。
□ 在高度秩序化和系统化的情境中很难表现出色。
□ 寻求别人的接纳和赞美。
□ 觉得亲密的人际关系有压力而尽量避免之。
□ 主要通过艺术间接与别人交流以弥补疏离感。
□ 常自我省思。

社会型

□ 是个友善、热心、外向、合作的人。
□ 喜欢与人为伍。
□ 能了解及洞察别人的情感和问题。
□ 喜欢扮演帮助别人的角色，如教师、调停者、顾问和咨询者。
□ 善于表达自己并在人群中具有说服力。
□ 喜欢当焦点人物并乐于处在团体的中心位置。
□ 对于生活及与人相处都很敏感、理想化并且比较谨慎。
□ 喜欢处理哲学问题，如人生、宗教及道德的本质和目的。
□ 不喜欢从事与机器或资料有关的工作，或是结构严密、反复不变的任务。
□ 和别人相处融洽并能自然地表达情感。
□ 待人处世很圆滑，别人都认为自己很仁慈、乐于助人和贴心。

企业型

□ 性格外向、自信、有说服力、乐观。
□ 喜欢组织、领导、管理及控制团体活动以达到个人或组织的目标。
□ 胸怀雄心壮志且喜欢肩负责任。
□ 相当重视地位、权力、金钱及物质财产。
□ 喜欢控制局面。
□ 在发起和监督活动时充满活力和热忱。
□ 喜欢影响别人。
□ 爱好冒险、有冲动、行事武断且言语具有说服力。
□ 乐于参与社交圈并喜欢与有名、有影响力的人往来。
□ 喜欢旅行和探险，并常有新奇、昂贵的嗜好。
□ 自认为很受人欢迎。
□ 不喜欢需要科学能力的活动及有系统、理论化的思考。
□ 避免从事需要注意细节及千篇一律的活动。

常规型

□ 是个一板一眼、固执、脚踏实地的人。
□ 喜欢做抄写、计算等遵行固定程序的活动。

□ 是个可依赖、有效率且尽责的人。
□ 希望拥有隶属于团体和组织的安全感并且希望做个好成员。
□ 具有身份地位的意识，但通常不渴望居于高层领导地位。
□ 知道自己该做什么事时，会感到很自在。
□ 倾向于保守和遵循传统。
□ 遵循别人所期望的标准及自己所认同的权威人士的领导。
□ 喜欢在令人愉快的室内环境工作。
□ 重视物质享受和财物。
□ 有自制力并有节制地表达自己的情感。
□ 避免紧张的人际关系，喜欢随兴的人际关系。
□ 在熟识的人群中才会自在。
□ 喜欢有计划地行事，较不喜欢打破惯例。

【评分标准】

被试者可以根据“+”、“－”及各类型的一般描述，选出一种最像的类型，虽然没有一种可以完全准确地描述自己，但总有一个比其他类型看起来更适合自己的，最后从高到低排出适合自己的六种类型，思考一下什么职业最适合于自己，也可以让周围的同学进行测试，看看之间的差异性。

模块十三　职场发展

模块导读

时光如白驹过隙，高职生的校园生活似乎还没来得及好好体验，转眼时光之轮就把他们送到了毕业季。职场，将是大多数高职生人生的下一站。

如果把学校比喻成公园，那么即将面临的职场就是莽莽林海。公园里花团锦簇，岁月静好；林海里风景如画，却荆棘遍地。面对一个从来没有过经验的职场生涯，高职毕业生是心怀忐忑，还是充满憧憬？

通过本模块的学习，高职毕业生可以了解职场与学校环境有什么不同，初入职场的高职毕业生会面临什么样的困扰，高职毕业生怎么样为即将到来的职场生涯做好心理准备；如何培养良好的职业心理素质，以及在职场中如何处理冲突和危机，使自己获得职场的成功、人生的进步。

名人名言

卓越人生的一大优点是：在不利与艰难的遭遇里百折不挠。

——贝多芬

资源导航

1．推荐书籍

（1）史蒂芬·柯维，高效能人士的七个习惯［M］．高新勇，王亦兵，葛雪蕾译．北京：中国青年出版社，2015.

（2）威尔·鲍温，不抱怨的世界［M］．陈敬旻，李磊译．长沙：湖南文艺出版社，2013.

（3）斯科特·普劳斯，决策与判断［M］．施俊琦，王星译．北京：人民邮电出版社，2004.

（4）凯利·麦格尼格尔，自控力［M］．王岑卉译．北京：文化发展出版社，2017.

2．推荐电影

（1）《杜拉拉升职记》，2010 年，导演：徐静蕾。

（2）《穿普拉达的女王》，2007 年，导演：大卫·弗兰科尔。

3．推荐视频

纪录片《大国工匠》，2015 年，导演：吴晓江。

专题一 职场的心理适应

能力目标

（1）了解职场和学校的主要区别。

（2）能够识别初入职场的常见困扰。

（3）能够做好职场的心理适应。

职场的心理适应

导入案例

上班第一天

护士资格考试结束后，张丽误打误撞，进了一家二甲医院。

第一天上班，张丽就忙得要飞起来。上午好不容易弄清了评估单，下午护士长让她跟着去操作，因为毛手毛脚，挨了一顿批评，忙到晚上只吃了个面包，又赶去给病人换点滴药液，换点滴药液要三查七对，她轻轻地问病人："您好，您叫什么名字？""问什么问，都写着呢，你没长眼，不会看啊！"张丽根本没想到病人会突然冲着她大叫。她一下子蒙了，好一会儿才下意识地说了句"对不起"，换好药液就慌张地跑开了。

后来她去掰安瓿，不小心碎了一支，手指被划伤流血了，只能一个人跑到值班室，委屈地哭了。

小时候张丽就想当医生，因为听说医者仁心，所以她想成为一个仁慈体贴的人，工作后才知道，要得到陌生人的温柔相待，真的很奢侈啊！

【分析】职场与我们熟悉的学校环境很不一样，这里既没有老师不厌其烦的教育和指导，也没有同学真诚无私的支持和帮助。就职前如果缺乏必要的准备，仅凭着美丽的幻想就冲进职场，极可能和案例中的张丽一样，被"残酷"的现实撞得头破血流。

对照上面的案例我们每个人都可以想一想：如果我是张丽，我会怎么想？怎么做？

一、职场和学校的主要区别

对于即将走上工作岗位的高职生来说，了解学校和职场的区别很是重要，它直接关系到自己能否顺利地迈出职业生涯的第一步。

（一）功能和目的不同

学校是教书育人的地方，学校的一切工作都是围绕培养人这个目标来进行的。职场是应用知识和利用劳动力的场所。企业的根本目标是获得利润，满足自身的生存和发展。企业希望员工能发挥最大的潜能为其创造价值，至于培养员工仅仅是一个次要目标或者副产品。所有的企业都希望招到适应能力强、上手快的员工。对于大学刚刚毕业的职场新人，企业经常等不及他们成长，希望他们来之能战、战之即胜。

因此，高职生在求职时，要充分考虑自己的兴趣、爱好、能力等与职位和企业的匹配度。入职前，要提前练习，做好准备，否则仓促上马，容易败下阵来，败坏心情，影响上级和同事对自己的看法，不利于自己的职场进步。

（二）“作战方式”不同

学校里学生基本上是“单兵作战”，独自完成各类作业和任务。少量需要团队合作的事情，个人在其中往往也可以被代替。个人的失误一般不会对团队产生致命的影响。

在职场上，大多数工作任务都需要通过团队协作来完成。任何一个环节的缺少、效率低下或错误都会给整体任务的完成带来不利的影响，并进一步损害企业的效益。即使一些可以被代替的工作，我们少做，同事就要多做；我们做错，同事就要替我们补台。

因此，在职场里我们就不能像在学校读书一样仅靠单打独斗就行了，我们既要有螺丝钉般的坚守，又要有链条般的配合。

（三）奖惩原则不同

学校和职场都看重绩效，但学校主要看学习成绩，职场主要看工作业绩。

在学校犯错，一般不会威胁学校的生存，影响可控；而职场的一个失误，轻则给企业造成一定的损失，重则可能整垮一家百年老店，并断送自己的职场前程。

所以，在职场上每个人都肩负着自我成长和企业发展的双重责任，员工的所作所为一定要合法合规。工作创新，须在遵守程序，在被上级允许的前提下才能尝试。

（四）管理方式不同

学校的管理相对来说是民主的，以教育为主，学生有相当大的自由度；企业更多的是要求遵从和服从。企业按规章办事，违规即罚，纪律严明。

职场新人，很容易把职场当学校，追求个性表达和工作的自主性，这样很容易引起同事和上级的反感，为自己的职场发展造成障碍。

（五）成长模式不同

校园是一个规范化的成长体系，我们按部就班地读书就行，有老师和学校的保驾护航，我们不用特别考虑前进的方向和长远的目标。

职场类似荒野求生，处处荆棘，根本没有一条常规的逃生路线。我们要随机应变，不断调整自己的行为方式和目标，做出有利的选择。

刚入职场的高职毕业生，很容易把职场简化为考场，希望有人能为自己指出一条从初级到中级再到高级、从普通员工晋升到高级管理人员的成长路径，但现实中这是不可能实现的。企业招聘员工是为了企业的需要，只有兢兢业业做好每一件事情，为企业实现价值，企业才会给每个人提供成长的空间。

（六）经济来源不同

高职生在学校里是花父母的钱，读自己的书。经济来源和支出项目相对简单，量入为出即可，无须专门做财务规划。

在职场中要每个人靠自己的努力挣钱。职场收入除了供自己的日常花销外，还要考虑回馈家庭、回报社会，更要为自己未来的发展和建立家庭积累财力。

有些初入职场的高职毕业生，和上学期间一样，发多少钱，花多少，不够了还想着找家人赞助。大家换位思考，如果我们是父母，我们希望自己的孩子这样永远长不大吗？因此初入职场，每个人都就要做好经济独立的准备，学会为自己的收入和支出做规划。

（七）人际关系不同

大学里，人与人之间不存在明显的、长期性的利益冲突，人际互动相对简单，同学之间、师生之间的关系往往是平等的、民主的。

职场中因为晋升机会稀缺等方面约束，人与人之间经常处于一种竞争态势。由于管理和执行力的需要，企业员工之间是有等级差别的，下级服从上级是基本的纪律。所以，高职毕业生就业以后面临的一个重要挑战就是学会处理与上级、与同事之间的关系，为自己的职场发展创造良好的人际环境。

了解了职场和学校的一些区别后，我们可能会觉得紧张，仿佛职场是丛林，处处陷阱、风险莫测。其实不用过度担心，职场竞争虽然激烈，但还是有规则的。只要我们愿意学习、善于学习，有谦卑的态度，愿意付出，主动作为，我们就能迅速适应职场，开启人生新的缤纷旅程。

二、初入职场常见的困扰

许多高职生求职时往往雄心勃勃、心怀憧憬；入职后却很快失去热情，觉得前途迷茫。据“人人校招网”2013 年的一项有效样本数为 75 872 的在线调查显示，新入职场的高校毕业生仅有 49.53% 的人对第一份工作表示满意，对薪酬不满意者占 36.46%，认为企业晋升制度不合理、对晋升空间不满意者占 49%、对企业氛围和职场人际关系不满意者占 50.75%。

（一）工作压力大

过惯了单纯的读书生活的高职生进入职场，面临全新的环境、不熟悉的工作、复杂的人际关系、经常超负荷的工作量和冗长的工作时间等问题，感到工作压力大是很正常的。但随着对职场环境的越来越熟悉，工作越来越得心应手，这种压力会在一段时间后逐渐缓解。

（二）缺乏工作兴趣

许多高职毕业生初入职场，觉得每天的例行工作既烦琐又呆板，没有成就感，慢慢就丧失了对工作的兴趣。这往往与对工作的认知有关，如果我们认识到“熟能生巧，巧能生精”的道理，愿意从点滴小事做起，把简单的工作做到极致，就会发现重复的工作中也有成就和乐趣。

（三）无法胜任工作要求

大学的学习成绩挺好，但参加工作才发现所学远远不够，感觉自己难以达到企业的要求，这也是令很多职场新人困扰的事情。

学业成绩和职场能力、专业技能不能画等号。要做有心人，不断地学习和练习，才能跨越理论知识和实践技能之间的鸿沟，把书本上的知识从会背、会考到会做，使之成为活的知识和自身的能力。

（四）薪酬比期望低

新入职者一般都有一段试用期，试用期薪酬肯定是偏低的。转正以后，因为成长为熟练工还有一个过程，按照劳酬相符的原则，薪酬的提高也是逐步提高的，除非是特别紧缺的人才。职场新人要取得高薪酬，缺乏现实可行性。

（五）发展空间有限

一些新入职的员工觉得企业论资排辈，自己的地位不被重视；或者企业太小，不像在大企业里个人有比较好的发展空间。其实不管核心岗位与非核心岗位，大企业与小企业，都能培养人，都能成就人。有一句话说得好，没有卑微的职业，只有卑微的人。在普通的岗位尽职尽责，把简单的工作做到极致，也是一种成功，也会为自己未来的发展创造机会和空间。

（六）专业不对口，找不到发展方向

现在，高职院校通识教育课程占有相当比例，目的是培养学生的基本素养，为学生毕业后的职场生涯创造基本条件。无论国内还是国外，大学生毕业后不做专业对口的工作是很常见的。但隔行不隔理，所谓触类旁通，知识、技能是有迁移作用的，如果高职生对专业知识、技能真正学深学透，对新的职业也会有帮助。很多职场新人以专业不对口来为自己的懈怠找借口，只能浪费自己宝贵的时间，同时也会失去探索自己职业弹性和发展潜能的机会。

（七）人际关系复杂

由于职场同事之间存在竞争，职场人际关系总体上说比学校复杂。高职生在校期间就应该主动学习一些沟通的技巧和建立良好人际关系的方法，这样才不至于在参加工作后，因为人际关系不良而导致职场适应的困难。

职场之路崎岖不平，作为新人须有充分的思想准备，要耐得住寂寞，经得起考验，受得了委屈，扛得住辛苦。没有人能随随便便就能成功，坚持下来，度过困难时期，就有可能天宽地阔、柳暗花明。

三、如何做好职场适应

职场适应是指员工接纳自己的工作和职场环境（包括环境中的人），且与工作和环境处于协调、平衡的一种良好状态。心理学家把为了形成平衡状态而不断进行自我调整

的过程也叫职场适应。职场适应是获得职业幸福感和职场成功的重要前提。

职场适应的核心是心理适应。青年人步入社会，初进职场，一定会面临众多陌生和不适应的场景。如何积极调整心态，采取一些有效措施促进心理适应，让自己迅速融入职场，是每个即将开始职场生涯的高职生应了解和重视的问题。

（一）正确认识自己的角色

前面已经了解了职场和学校的区别。高职毕业生踏进职场，一定要迅速转变角色，原来是学生，现在是企业职工。企业招我们进来的根本目的是给它创造价值。换一句话说，要实现自我价值达到自我成长，必须以给企业做贡献为前提。

一些职场新人，一副以天下为己任、指点江山的姿态，不屑于从基层做起，不尊重老职工，处处看不顺眼，事事想走捷径，这样很容易引起同事的排斥和上级的反感。这种不踏实、不务实的职场态度和行为模式不仅不利于自己的职场适应，反而会影响个人的职业发展。

（二）学会管理自己的情绪

情绪管理的重要性和相关知识我们在前面的课程中已经学习了。在职场中，学会情绪管理不仅能帮助我们缓解心理压力，还有利于提高劳动效率，改善我们的人际关系。一个成熟的职业人士，应该是一个会认识、接纳并调控自己情绪的人。

（三）建立良好的人际关系

职场压力很重要的一个来源就是职场人际关系的不良。作为职场新人，要谦卑，要向同事学习，从别人身上看到优点，在发现他人缺点后不是立即指责对方，而是自我反省，克服自己身上类似的缺点，作为职场新人要相信职场还是存在基本的公平性的，做事的人最终不吃亏。

（四）合理安排时间

很多职场新人没有时间管理的意识和经验，不知道事情的轻重缓解，经常是胡子眉毛一把抓，然后四方灭火、处处告急。这样肯定会体验到巨大压力，造成职场适应困难。

时间管理的原则主要是两条，首先，今日事今日毕，严守任务的时间节点，不拖拉；其次，事情要按轻重缓解排好队，顺序处理，部分简单的工作可以并行处理。

时间管理的具体方法有很多种，如简单的事情和复杂的事情交替做，把每天（每周）要做的事情写在纸条上，完成一件划（撕）掉一条的“消除法”等。

（五）建立工作和生活的边界

工作和生活是人生的两个组成部分，缺一不可。把工作和生活分开，建立平衡和边界，这有利于提高工作效率和享受多彩人生。

一些职场新人工作中想着生活，生活中还在工作，缺乏边界。从早到晚，忙忙碌碌，短时间可以，长期这样，会让自己疲惫不堪，造成职业幸福感降低和职业倦怠。

（六）坚持学习，勇于尝试

要想职场获得好的发展，必须要坚持学习和善于学习。现在知识更新很快，新技术新工具层出不穷，啃老本很难适应激烈的职场竞争。要向书本学习，向网络学习，更要向人学习，还要多思考、多总结，这样才不会在时代前进的步伐中掉队。作为职场新人兴趣可以广一点，书可以看得杂一些，非本职工作、非自己的事情可以多做一些，不要患得患失，处处算计。要相信努力和付出就有收获，多一分努力和付出就多一分收获。

还要勇于尝试不同的职业和工作方法。人的成长障碍经常就是自己，如很多人经常自设禁锢，认为自己学机械的就不能做化工，学养殖的就不能做销售。其实试一试，没准自己也能做，并且能做好。生涯规划从来不是静态的东西，它是个动态的过程，只有考虑企业和社会的需求，同时不断尝试创新，找到自己的兴趣点和特长，发掘自己的潜能，我们就有可能走上自己职业发展的光明大道。

经 典 分 享

《中国机长》的故事

2019 年 9 月《中国机长》在国内影院上映，深受喜爱。这部电影是以 2018 年川航 3U8633 航班飞往拉萨紧急迫降的真实事件改编的，讲述了机组执行航班任务时，在万米高空突遇驾驶舱风挡玻璃爆裂脱落、座舱降压的极端罕见险情并化险为夷安全降落的故事。剧中机组人员的一些日常细节和遇到危险时的沉稳不乱，显示出了过硬的职业素养。

镜头一：技术人员对飞机做完起飞前的检查后，都已经告诉机长飞机是没有问题的，但机长还是绕飞机一周，再次确认飞机有没有问题。

镜头二：在申请关闭舱门后，空中乘务人员拿着舱门关闭的操作手册念着关舱门的标准手法和顺序，乘务长则按照操作手册的要求一步一步地执行关闭舱门的动作。

镜头三：飞机遭遇了强气流强烈颠簸、摇晃，让人晕头转向。面对机舱中存在的小孩的哭闹声、情绪激动的成年人的哭喊声，以及一个情绪失控男人的暴行情况，空中乘务人员没有惊慌失措，让乘客戴起氧气面罩，安抚乘客，其中还有一位乘务人员抱起了在母亲怀中因惊吓过度而撕心裂肺哭泣的孩童。

【分析】不同的职业对从业者应具备的职业素质有着不同的要求，良好的职业素质是事业成功的保障。要想在职场中脱颖而出，就必须在日常的学习生活和工作中注重训练，提高自己的职业素养。

心 理 训 练

我适合做什么

1. 训练目的

发现自己的兴趣点和特长，建立自己初步的职业匹配意识。

2. 训练时间

45 分钟。

3．训练内容

（1）全班随机分组，每组4～6人。

（2）每位组员填写下列内容。

我的情况：

专业：____________________________。

兴趣：____________________________。

特长：____________________________。

家庭：____________________________。

经济：____________________________。

我适合的职业：

①__________。理由：________________。

②__________。理由：________________。

（3）每位组员在小组内发言，介绍上述内容，进行组内讨论。讨论结束后选出一位代表在全班发言。

（4）讨论要点：

①报告者是否还有其他的兴趣和特点？

②报告者适合做他所说的职业吗？

③除了他自己认为合适的职业，还有什么职业适合他，为什么？

成长反思

（1）要更好地适应未来的职场，你有哪些思考？

（2）在高职院校学习期间，应加强哪些方面的职场技能学习？

专题二　培养良好的职业心理素质

学习目标

（1）了解职业心理素质的内涵。

（2）了解良好职业心理素质的表现。

（3）掌握如何培养和发展自己的职业心理素质。

培养良好的职业心理素质

导入案例

小王的职场适应

小王是财经类专业一名毕业生，经过一个学期的顶岗实习，目前已经签约了某融资租赁公司销售部，主要负责省内外优良项目的考察和投资工作。因为需要经常出差，任务繁重，工作压力较大。

毕业前实习时，小王曾经在一次出差时出现失误，导致一个项目出现问题，影响了公司的业绩。因此，平时表现良好的他被主管和公司处罚，这对小王打击挺大，他因此寻求过心理咨询师的帮助。由于那个事件的影响，现在小王一遇到有出差任务就感觉心情烦躁和痛苦，越是紧急任务，他越无法沉下心完成，出错的概率剧增。小王曾经尝试自我开导和化解，还主动加强营销技术的练习，如主动进行演讲练习，在任务前准备好销售支持要点等，但是效果依然不明显。现在，小王一到工作现场就开始紧张，手忙脚乱，接到主管电话，会不自主地心慌和紧张，害怕又出问题。小王这种严重的不自信，导致他甚至开始怀疑自身的专业能力，并经常闪现通过辞职来躲避这种烦恼的念头。

【分析】从案例中可以看出，小王出现了职场中自信受损的问题，但深层次的原因是其职场心理素养不够好。他在社会角色转换、自身成长定位和岗位角色适应等方面存在一定的问题，对其工作和成长产生了影响。类似的问题可能会发生在每一个初入职场的毕业生身上。对于高职毕业生来说，具备良好的职业心理素质，将有助于提升个人的综合素养，更好地适应职业环境，获得长远的职业发展。

一、职业心理素质概述

职业心理素质是个体拥有的对职业活动有重要影响的心理品质，是指从业者认知、感知、记忆、想象、情感，意志、态度、人格特征（兴趣、能力、气质、性格、习惯）等方面的素质。

（一）良好职业心理素质的表现

良好的职业心理素质是职业发展的基础。一般来讲，良好的职业心理素质主要包括以下几个方面。

（1）正确的职业意识。职业意识是人对职业劳动的认识、评价、情感和态度等心理成分的综合反映。良好的职业意识具体表现为：有主人翁精神，工作积极认真，有责任感，具有基本的职业道德等。

（2）正确的职业态度。用人单位都希望员工能以积极乐观的心态对待工作、生活和他人，全力以赴地做好本职工作，在工作中享受生活。良好的心态能帮助人们主动地应对各种变化。

（3）较高的职业情商。情商是认识、控制和调节自身情感的能力。它主要是指人在情绪、情感、意志、耐受挫折等方面的品质。职业情商高的人往往对自己有清醒的认识，能控制自己的情绪，承受住压力，不为挫折和困难所左右，能维系融洽的人际关系，善于处理生活中遇到的各方面的问题。

（4）较强的自我管理能力。没有人能随随便便成功，一个成功的人，首先应具有较强的自我管理和自我约束能力。

（二）不良职业心理素质的表现

对于高职生而言，不良职业心理素质主要表现为以下几个方面。

（1）缺乏良好的职业意识。例如，不清楚自己毕业后所要从事职业的具体情况，不了解职业的从业要求，缺乏明确的学习目标和动力，职业选择具有盲从性，未建立起对职业的认同和为之坚持奋斗的理念。

（2）未能形成正确的职业价值观。例如，个人并没有形成与职业相关的价值体系，不能建立起工作的意义和价值，缺乏正确的价值导向，甚至个人价值观和工作价值观存在较大冲突等。

（3）未能建立起良好的职业行为习惯。例如，缺乏良好的时间管理技巧，缺乏主动沟通和及时反馈的意识等。

（4）缺乏有效的问题解决技巧，如不能发现问题、评估问题，不能找到合适的问题解决策略，不了解问题解决的过程等。

二、如何培养良好的职业心理素质

结合高职生的心理和职业特点，要发展和提升良好的职业心理素质，应该从以下五个方面着手：一是培养工匠精神；二是形成正确的价值观和职业价值观；三是学会目标设定和自我激励；四是杜绝拖延行为；五是提升解决问题的效能。

（一）培养工匠精神

1. 工匠精神及特征

一般来说，工匠精神的内涵非常丰富：是爱岗敬业的责任心，是工作严谨的敬业心，是追求完美的决心等；是精益求精，是对匠心、精品的坚持和追求；是一种对职业敬畏、对工作执着的态度；是劳动神圣、执着专注、心无旁骛；是潜心工作、不断改进、淡泊名利。工匠精神属于职业精神的范畴，是从业人员的一种价值取向和行为表现，其核心是对品质的追求。

在对工匠精神内涵探究的基础上，可以将技能人才工匠特征概括为：有着较高自我追求与约束、重视品质的意识，精雕细刻、精益求精的敬业精神，反复磨炼提升的卓越创新能力。技能人才工匠特征由工匠意识、工匠精神与工匠能力三个相互关联且相互支撑的内容构成（图 13-1）。

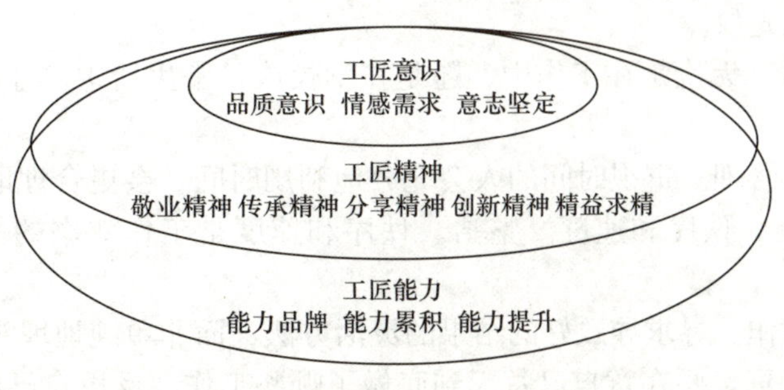

图 13-1 技能人才工匠特征

工匠意识、工匠精神、工匠能力三者相互依托、相互渗透。工匠意识是技能人才工匠特征的内涵，工匠精神是工匠特征的主导部分，工匠特征外显为工匠能力的技艺超群。工匠精神由工匠意识派生，并不断接受工匠意识的强化，形成能力品牌与能力积累等，产生强化能力提升的效果。随之，能力提升所获得的外界反馈如成就感，进一步坚定了技能人才的品质意识，工匠精神也得以强化。

2. 工匠精神的养成

工匠精神的养成并非一朝一夕之事，在校学习期间可以通过以下方面逐步发展自己的工匠精神。

（1）坚定思想意识，确立奋斗目标和人生规划。

（2）加强自控能力和自主学习能力的提升，养成刻苦学习精神和钻研精神，建立解决困难问题的信心、决心和持之以恒的毅力。

（3）以高标准要求自己，加强知识学习和技能训练。

（4）有意识地向榜样学习，更多地感受和理解行业要求、企业文化、工匠精神，并在学习和生活中见贤思齐。

（5）充分利用寒暑假、节假日、课余时间，参加实习实践，提前了解社会、认识专业、掌握技能、锻炼专业能力，用实际行动践行工匠精神，实现自我价值。

（二）形成正确的价值观和职业价值观

1. 价值观与职业价值观

价值观是指个人对客观事物（包括人、物、事）和自身行为结果的意义、作用、效果和重要性的总体评价，是对什么是好的、什么是应该的总的看法，是推动并指引一个人做出决定、采取行动的原则和标准，是个性心理结构的核心因素之一。人的价值观在形成之后会相对持久和稳定，但也会随着人们经历或经验的增加而发生变化。

职业价值观是个人追求的与工作有关的目标，是个人价值观在职业问题上的反映，即个人对于与工作有关的客观事物的意义、重要性的评价和看法。职业价值观体现了一个人真正想从工作中得到什么，它决定了个体对工作的相对稳定的、内在的追求，对于个体的职业选择和发展起到方向导引和动力维持的作用。

2. 高职生应该具备的职业价值观

高职生进入职场的过程中，应有意识地建立一些与职业和工作有关的价值观，可以帮助改进工作习惯和工作效率。

（1）将职业发展的愿景作为行动指南，在决定如何安排每一天的生活时，给予使命相关目标最高的优先权。

（2）注意守时。无论是在工作中，还是在学校或日常生活中，守时会潜移默化地影响个人的声誉。

（3）重视时间管理。重视时间的人会充分地利用时间，会更合理地安排时间。

（4）重视整洁、秩序和速度。整洁、秩序和速度是工作效率的保障，应给予足够的重视。

（5）聪明地工作。寻求导致好的结果的灵活方法，而非单纯地埋头苦干、蛮干。

（6）对自己负责。要在意自己每天到底做了哪些工作，反思自己的工作对工作绩效和生活质量的提高有没有起到促进作用。

（7）重视休息和放松。过度工作会导致工作压力增高，甚至工作耗竭，适当地休息将有助于保障工作效率和工作质量。

（8）关注效果。将注意力放在影响工作成效的关键因素上，而非工作本身。

（三）学会目标设定和自我激励

1. 目标设定的优点和原则

目标是人们想要达到的结果、境况、目的或状态。目标设定是一种激励方法，设置特定的、具有适当难度的目标，能够有效地提升自己的工作效果。

目标设定是一门艺术，在目标设定过程中，可以参考以下原则。

（1）形成简明的目标。一个实用的目标通常可以用简洁明了的方式表达出来，过长的目标表述会涉及太多的行动，难以作为一个行动指南为行动服务。

（2）描述当达成目标后将会怎样。所列出的目标应该明确，应该是对实际行动的描述。

（3）设定现实的目标。目标既不能过于简单，又不能过难，应当是具有一定的挑战性，但是通过努力可以实现的。

（4）在不同时期设定不同目标。目标最好根据不同时期而有所不同，设立日常、短期、中期或长期目标。

（5）在个人目标设定中保留一些幻想，幻想目标可以弥合职业和生活目标之间的鸿沟，可以帮助个体进行自我调整，有助于缓解焦虑。

（6）经常回顾自己的目标。要经常回顾目标实现的情况，并确保这个目标对自己还有激励作用。

2. 自我激励的技巧

目标的设定可以为个体带来心理上的激励，但更重要的是，人们要学会更好地自我激励。以下是常见的自我激励的技巧。

（1）寻找工作的乐趣或工作本身的价值，寻找挑战和新鲜感。

（2）获得工作绩效的反馈。反馈信息很重要，它实际上代表着一种回报，如果知道自己的努力是有价值的，就会感到欢欣鼓舞。

（3）注重自我行为矫正。行为矫正是一个在做对事情时给予奖励而在做错时给予惩罚的激励系统，人们可以运用这套机制来改变自己的行为，如克服饮食障碍、烟瘾、网瘾、啃手指头及无故拖延时间等。

（4）使技能提升与自己的目标相联系。个体应该接受适当的培训来提高自己的技能水平，以满足工作岗位的需要。适当的培训会给个体带来出色完成工作的信心，同时也会加强个体对自我效能的认知。

（5）提升自我期望的水平。可以对自己的期望更高一些，尽管高的自我期望和积极的心理状态需要花很长的时间来培养，但是在很多情况下，它们对个体而言是非常重要的。

（6）培养强烈的工作道德准则。一个自我激励的高效战略就是培养强烈的工作道德准则。如果个体认为大部分工作是很有意义的，并且是愉快的，那么自然很容易受到激励。

（四）杜绝拖延行为

拖延行为本身并不是十分严重的问题，然而当拖延行为积累成习惯，进而影响到事务进展、人生发展，甚至带来其他负面的情绪时，就需要采取有效措施杜绝这种现象的不断扩大。

1. 造成拖延的原因

造成拖延的原因很多，常见造成拖延的因素主要有以下几点。

（1）不够自信：容易逃避，产生拖延。

（2）完美主义者：要求太高，过分追求完美。

（3）内心消极颓废：觉得什么事情都很难。

（4）内心太胆小：对失败及至成功的恐惧，顾虑太多，执行力弱。

（5）过度自信：错误估计时间进度。

（6）缺乏干劲：得过且过，能拖多久是多久。

（7）外部因素：非个人原因造成的拖延。

2. 如何杜绝拖延行为

首先要告诉自己，拖延不是病。我们每个人不是一个糟糕的自我，大家都可以在以下方面做出调整。

（1）学会善待自己。重新定位自我，学会自我减压，不必求全责备。

（2）学会储蓄时间。当身心疲惫时，不妨停一停，换一下环境，把工作能量储存起来，再回来全力再战。

（3）自我奖励。每完成一项工作后给自己一个奖励，即使有些工作没有得到及时的回报，或者效果很难确切地看出来，也可以为完成工作而自我奖励一番。

（4）设定完工期限。为了自我约束，必须定下最后期限，最后期限是一种无形压力，以避免毫无计划的自我放任。

（5）将时间看作重要资源。时间是自己的重要资源投入，是自己的成本，应该更理智、科学地规划和使用时间。

（五）提升解决问题的效能

1. 影响问题解决的个人特征

许多个人特征和人格特质都会影响个体所采用的或可能采用的问题解决方式，这些个人特征主要包括以下几个方面。

（1）智力、教育和经验。一般而言，受过良好教育，具有一定经验的人会做出更佳的决策，有更好的问题解决效果。

（2）情绪智力。能够有效地应对自己和他人的感觉和情绪，有助于做出更好的决策。

（3）灵活与僵化。有些人之所以能成为成功的问题解决者和决策者，是因为他们总能以一种更为灵活的角度来看待每个问题，避免形成一种僵化的观点。

（4）直觉。有效的问题解决有时并不单单依靠认真的分析，相反可能会依靠直觉。直觉是一种基于经验的理解或推理方式，其中对于各种证据的权衡和抉择是自动完成的。

（5）专注。精力集中是做出良好决策的一个重要原因。有效的问题解决者通常会有一种沉浸体验，完全投入到工作中。

（6）决断性和完美主义。如果缺乏决断，而又有完美主义的倾向，就很容易出现拖延行为，从而影响问题解决的有效性。

（7）承担风险和寻求刺激。对于某些类型的问题（例如突发状况），高风险承担和刺激寻求者会更有优势；而对于另外一些类型的问题（例如常规工作），承担风险和寻求刺激可能会导致糟糕的问题解决。

（8）价值观。价值观会在解决问题过程中的每一步决策上产生影响。与情境相适合的、正确的价值观会促进问题解决，而错误的价值观则会导致糟糕的决策。

2. 问题解决的步骤

无论多么复杂的问题，如果遵循一个标准的问题解决步骤，通常会产生良好的效果。问题解决的步骤主要包括以下几点。

（1）觉察问题。问题解决开始于人们意识到了问题的存在。

（2）界定问题原因。在采取任何行动之前，必须首先明确和澄清问题的原因。界定问题原因时，通常会从人、物、环境、方法的角度提出问题。在人的方面，如哪些人需要对问题负责？他们能胜任吗？他们是否存在态度问题？在物方面，如是否有可利用的正确材料？材料的品质适宜吗？是否有适宜的机器和设备来完成工作？在环境方面，如环境是否有什么问题？环境是否发生了改变？在方法方面，如过程和程序是否得当？是否所有人已经了解了这个方法？

（3）寻找创新方法。创造力和想象力也同问题解决和决策相关。成功的决策者有能力想出更多的解决方法，那些迫使自己寻找一种不同的问题解决方法的人，更有可能寻找到突破性的解决方法。

（4）权衡不同方法。这个步骤仅指对先前阶段所产生出来的不同解决方法的利弊进行检查。一个重大决策中，应该严肃考虑每一种方法。在实践中，权衡不同的方法通常是指记录下每种可能选择的好处和坏处。

（5）做出选择。在选择解决方法时，不必过分执着于为问题寻找唯一正确的答案，许多问题都会有多种解决方法。

（6）实施选择。在决定了采用哪套方案后，需尽快将选择付诸实施。

（7）评估选择。实施选择后，要评估自己的选择是否达到理性的效果，从而判断问题解决的有效性，并根据评估结果对前述的问题解决过程进行回顾、反思和调整。

经 典 分 享

有一种工匠精神叫从年轻干起

成熟、稳重、干练，手中捧着奖杯，眼神中透着几分从容和淡定，这就是翁国栋的青春模样。

2020 年 6 月 1 日，翁国栋特意换上一套崭新的黑西装，来到浙江省宁波市国际会展中心，走上“宁波市大学生就业之星”的领奖台，作为最年轻的获奖者之一，接过沉甸甸的奖杯，许多人不会想到，此时的他还未满 22 岁，正式工作不到 1 年。

2015年9月，从小就喜欢捣鼓电子产品的翁国栋，如愿进入浙江工商职业技术学院应用电子技术专业。很快，他就在电路板上看到了一个浩瀚斑斓的“新宇宙”，这是一个理论与实践交织的梦幻空间，形状各异的电容、五颜六色的电阻、大小不一的二极管，眼前的每一个零件，都浸润着丰厚的知识储备和卓越的技能训练。

2018年毕业之际，翁国栋与同学一同创办了宁波鄞州星鲨电子科技有限公司，翁国栋主要承担生产管理和项目技术负责人的工作。从零干起，在一年不到的时间里便担任技术部主管，同时兼管生产部，负责公司生产流水线和技术研发，“不懂就去其他的公司学习是那时的家常便饭。有时候我们也会去一些国内外大型的展会参观，如慕尼黑国际电子展、中国电子展等展览，学习一些国际上大公司的技术及理念。”翁国栋说。

翁国栋所创办的这家公司主要从事电子产品设计、开发，电子元器件的生产销售及电路板的生产加工。企业从成立之初，每月只有一些零散的客户订单，到现在每月有将近三万片电路板的订单，不仅产品销路越来越广，在翁国栋和技术团队的带领下，企业也逐步走上了一条从“制造”向“智造”转变的道路。

每天上班，翁国栋来到车间一线，和工人们待在一起。他说，能够做着自己喜欢的工作，每天的日子过得充实又满足。“现在，我最大的愿望就是希望公司发展得越来越好。我相信，只要好好干，和大伙一起努力，一定能够把产品越做越优、事业越做越大。”

年轻有朝气，翁国栋和同伴们漫长的工匠生涯才刚刚开始，但他们和那些大国工匠一样坚信：有一种工匠精神叫从年轻干起。

【分析】工匠精神是一种严谨认真、精益求精、追求完美、勇于创新的精神。工匠精神不是因循守旧、拘泥一格的匠气，而是在坚守中追求突破、实现创新。把工匠精神融入生产制造的每一个环节，敬畏职业、追求完美，才有可能实现突破创新。

心理训练

价值表

1．训练目的

了解自己的职业价值观。

2．训练时间

45分钟。

3．训练内容

（1）请在下面的横线上列出5个自己所认为的最能感受到工作成就感的情况（典型事件），找出每一项成就中涉及的表13-1中的职业价值，然后把每种职业价值出现的次数累加起来填在最后一栏中。

①____________________________________。

②____________________________________。

③____________________________________。

④____________________________________。

⑤____________________________________。

表 13-1　职业价值表

职业价值	内涵	成就					总计
		1	2	3	4	5	
成就	知道自己干得不错						
晋升	不断被提拔						
审美	注重美好与和谐						
合作	与人和谐相处						
创新	发展新观念、新事物						
经济回报	拥有待遇不错的工作						
教育	重视学习						
家庭	关心父母、孩子和亲属						
自由	具备思想和行为的自由						
健康	在情绪上、身体上和精神上感觉良好						
助人	为他人服务						
独立	计划自己的工作日程						
正直	表现出行为和信仰的一致						
忠诚	忠于某人或某物						
管理	计划和监督工作						
愉快	追求快乐和满足						
权利	有影响力和行动力						
声望	出名且受人尊敬						
赏识	获得尊重和崇拜						
确定性	确信无疑						
团队精神	与人合作，富有成效						

（2）在完成表 13-1 后，列出排在前五位的职业价值，按照职业价值出现次数多少依次为：

①________________________________。

②________________________________。

③________________________________。

④________________________________。

⑤________________________________。

（3）与身边的人讨论一下各自的职业价值倾向。

成 长 反 思

（1）比较一下自己的职业价值倾向和身边同学的异同之处，想一想，自己的职业价值倾向是怎么形成的？

（2）了解一下自己未来可能从事的工作的情况，想一想，未来工作能否满足自己的职业价值倾向，如何让自己的职业价值倾向与工作导向更加匹配？

专题三　化解职场冲突和危机

能 力 目 标

（1）了解未来职场中可能经历的冲突、压力和危机。

（2）掌握应对职场冲突、压力和危机的技巧。

（3）做好进入未来职场工作的心理准备。

化解职场冲突和危机

导 入 案 例

职业经理人的困惑

一位职业经理人，她非常注意自己在办公室中遇到的一个问题，于是她给一个商业专栏作家写信：“我是一个小部门的经理人。我遇到的问题是，有一个比我大 12 岁的员工在言语上使我难堪，他说我不知道自己在做什么，并且不能够胜任这个工作。很多次，我都尽力避免和他打交道。为了防止我会说出什么令自己后悔的话，我认为我还是走开为好。这个男人并不是直接对我说这些，而是和别人说。但是我在工作上比他有权力。我的权力在哪里？我该如何来处理这件事？”这个专栏作家，也是一个解决人际关系的专家，他回复道：“这是多么紧张的一个情形，是多么令人讨厌的评论啊。你可能害怕和这个男人直面相对。但不幸的是，这正是我希望你做的，直接和冒犯你的人针对其行为进行面谈。”

【分析】这个案例描述了职场中的一种典型冲突形式，专栏作家给出了“直面问题”的建议，这也是一种有效的处理冲突的方法。随着社会变化和组织变革的加快，在未来的职业发展过程中，你可能会感受到冲突、压力，甚至遭遇到危机，这些都需要自己花费很多心理资源去妥善应对。

面对冲突、压力和危机，有些人能够很好地处理，有些人却很容易出现身心健康问题。之所以出现不同的应对结果，很大程度上是因为不同人所拥有的内部或外部的心理资源储备不同。在本专题中，将重点介绍如何处理好职场中的冲突，建立良好的业缘人际关系、处理好职场极端情绪和不良行为，应对好职业发展中的变化，以帮助个体在步入职场之前，了解并储备一些应对这些冲突、压力和危机的措施。

一、职场中的冲突及应对方式

冲突是非常常见的引发职业心理不健康的职业问题。当个人内部、个人和个人之间、群体和群体之间、组织和组织之间发生了彼此在要求、目标、动机、价值观等多方面因素上的不匹配时，就出现了冲突。冲突通常具有两个成分：一个是感知到的矛盾或某种形式的对立；二是有可能引发彼此在行为上的对立或者敌对。

（一）职场冲突产生的原因

在所有的冲突中，影响员工职业心理健康的因素往往都是组织内部的冲突，造成组织内出现冲突的原因主要包括以下几个方面。

1. 组织资源的稀缺性

组织内的资源是有限的，当两个或两个以上的个体同时依赖于组织提供的稀缺资源，而现有资源又不能同时满足需求时，极有可能因为如何分配资源而发生冲突。人们对组织资源依赖性越强，就越容易引发冲突。

2. 目标导向不同或目标实现障碍

在组织中容易引发冲突的目标通常表现在两个方面：一是目标导向的不同。如组织中部分员工希望尽快把工作任务完成而不那么注重完成质量，另外一些员工则希望尽可能好地完成工作，时间早晚并不重要，这种目标导向的差异性就可能带来冲突。二是目标实现的障碍。组织内部相互作用的各个部门在实现其各自目标的过程中，一方目标的实现可能会妨碍另一方目标的顺利实现，而这种障碍就可能导致冲突。

3. 个性、价值观和文化的差异

在个性、价值观上的差异比较大的个体之间不太容易接受对方的行为，更容易出现分歧和矛盾，导致冲突。不同文化背景的个体，也会表现出明显不同的行为方式和价值观，并最终可能导致冲突。

4. 期待不能被满足导致的行为隔阂

如果组织中相互作用的各方在实际行动上没有满足对方的期待，或者与双方期待相违背，则很容易因相互之间的行为隔阂而引发冲突。互动双方的相关性越强、互动越频繁，则出现差异的机会越多，冲突的频率也会上升。

5. 组织内沟通不畅

组织信息沟通过程中存在误解，或信息的无效传递，极易引起个体或群体之间产生隔阂，由此引发冲突。

6. 其他原因

不同的社会地位、人与人相互之间的不信任、组织成员之间的不同社会角色、不同的行为习俗等都可能引起组织内部的冲突。

（二）妥善应对职场冲突

冲突在所难免，对于个体而言，解决冲突的关键是积极、主动地去面对冲突。妥善应对冲突可以遵循以下几个原则。

1. 应该直面和解决问题

如果能够确认冲突的真正来源，那么直接面对和解决问题是最有效的解决冲突的方法。运用这一方法的关键是讲道理，对事不对人，尽可能地去寻找以合作方式解决冲突的方法。

2. 保持理性

如果暂时很难寻找到冲突的直接原因，那么应该先消除敌意，理性地看到彼此间的

差异，通过消除双方敌意，给解决问题提供时间和空间。

3. 积极看待冲突

在冲突发生之后，应该多从积极的一面看待冲突，这是一种间接的解决冲突的方法，通过寻找情境中的积极因素，从而在心理上将消极方面带来的影响降到最低。

4. 灵活处理冲突

如果实在通过个体无法解决问题，也可以采用其他解决冲突的方法，包括向第三方求助、冲突各方进行协商和交易、通过正规渠道进行申诉等。

二、建立良好的业缘人际关系

建立良好的业缘人际关系（也称职场人际关系）也是化解职场冲突和危机的重要方式。在职场中，需要重点关注的人际关系主要是与上级的关系、与同事的关系和与客户（工作对象）的关系。

（一）与上级建立良好的关系

与上级友好相处是职业生涯发展的最基本策略。与上级建立友好关系有多种方式，其主要目标是使自己被看作是对工作群体有重大贡献的人。具体策略有以下方面。

（1）取得出色的工作绩效。

（2）表现出良好的职业道德。

（3）展现出较高的情商，有效处理好感性和情绪问题。

（4）认真对待工作，展现出可靠和诚实。

（5）即使没有被许诺给予特别的报酬，也愿意为了组织的利益而工作。

（6）营造适时出现的好印象，包括参与大家高度关注的项目，和团队成员多多接触，参与管理者关注的活动，给出关于工作的建设性意见，主动承担上级不喜欢但不得不做的事。

（7）了解上级对自己的期待，适应上级的工作方式。

（8）尽量少抱怨。

（9）避免越级上报。

（10）慎重参与上级的社交活动，与上级保持一般而友好的社会关系。

（二）与同事建立良好的关系

如果个体不能融洽地与他人合作，完成工作会变得很困难，可能会产生工作挫折感、压力感，还会降低工作效率。而良好的同事关系会让自己在工作中感到愉快，更容易获得合作和支持。下面是一些维持良好同事关系的策略。

（1）通过提高自己的修养来建立同盟。彬彬有礼、善良、富有合作精神且保持乐观心态的人，易于在职场中获得朋友和同盟军。

（2）让他人觉得自己是重要的。一个培养与他人良好关系的准则，就是让对方感到个体的重要性。

（3）维持开诚布公的关系。与同事进行坦率而有策略的沟通，准确表达自己的感受。

（4）成为团队建设的高手。要关注团队的绩效和合作，而不是只是关注个人的绩效、对他人的困难袖手旁观。

（5）遵守团队的行为准则。准则是成员在团队中区分应该做和不应该做的事情的标准，它指导团队成员如何与其他成员进行积极互动。

（6）关心同事的工作和个人生活。关心他人，用心发现与同事的共同点，但不要打探隐私和过度介入他人私人生活。

（7）适当地称赞别人。称赞同事最引以自豪的事情，给予他人认可。

（三）与客户建立良好的关系

与客户建立良好关系的有效方法是，成为尊重客户的好员工。以下的一些建议能帮个体和顾客建立起来密切的、有价值的、持续的关系。

（1）确立客户满意目标，这样的目标将会决定取悦顾客的努力方式和努力程度。

（2）理解客户的需要，并把它们置于首位，集中精力满足客户的需要，而非应付。

（3）在和客户接触的过程中，要对他（她）的生活情况表示关心和关注。

（4）以积极的态度来沟通。可以通过表情、友好的手势、热情的音调和良好的交流技巧来表达自己的积极态度。

（5）让客户因为接受你的服务或从你这里购买商品而感觉良好。

（6）展示高尚的商业道德，像珍视家人和朋友一样对待客户。

（7）面对客户抱怨时，首先是伸出援助之手，而非辩解。

（8）邀请回头客，这种邀请越具体越有针对性，就越会对客户的行为产生影响。

三、职场极端情绪和不良行为的应对

工作并非总是一帆风顺，有些时候我们会承受难以承受的压力，从而出现各种各样的情绪和行为问题，一些极端的情绪和行为问题会极大损害我们的健康，应该妥善处理。

（一）应对愤怒情绪

愤怒是一种极端不友好、不愉快或恼怒的体验，无法控制好愤怒情绪会损害职业生涯和个人生活，甚至导致攻击行为，因此我们应该觉察和管理好自己的愤怒情绪。

首先，理性看待愤怒情绪，从积极的方面看，愤怒可以是一种令人奋发的力量，只要降低它的负性影响，愤怒可能会使个体成就非凡的业绩。其次，要养成在愤怒还没有升级之前就释放的习惯，不要让愤怒情绪达到个体不能控制的程度。再次，当个体要发怒时，放慢一些，先强迫自己从 1 数到 10 再去发怒，就有可能避免由于自己的愤怒情绪伤害了彼此间的关系。最后，主动寻求反馈，以了解自己的愤怒造成的后果或产生的效果。

（二）理解和控制成瘾行为

成瘾也叫物质依赖，是一种不可遏制地使用某种物质或从事某种活动，且表现出心理依赖和断瘾症状的行为。例如，吸烟、酗酒、药物滥用、网络依赖、工作成瘾等。当出现以上行为倾向时，首先要评估这些行为有没有对自己的工作和生活已经造成不良影响，并制订计划去控制和改善自己的行为。行为的改变过程并非一蹴而就，我们需要制定总体目标，并把总体目标分解为具体目标，然后转化为可以执行的行动计划，当完成每天的小目标时，记得给自己一个激励。在行为改变的过程中，需要逐步建立起良好的工作生活习惯，从而避免不良行为再次卷土重来。当感觉到自己的努力总是无法达成预期的效果，或觉得无能为力时，应该尽快去医院和心理咨询机构需求专业的帮助和支持。有时候加入一个有相同困扰的互助小组，也可以从团队中获得支持和力量。

（三）克服和预防自暴自弃的行为

在一些极端的情况下，人们可能出现自暴自弃的行为。克服和预防自暴自弃的行为有以下六种广泛应用的策略。

1. 检查“人生剧本”并做出必要的改变

如果发现个体的“人生剧本”中有太多自暴自弃的场景设定时，就应该有意识地改写剧本，并在必要时寻求心理咨询专家的专业支持。

2. 不再把个人问题归罪于他人或命运

个体应该积极地思考和行动，以提高个人的控制力，为自己的问题负责，把命运的控制权交回给自己。

3. 寻求对自己行为的反馈

仔细倾听来自上级、同事、下级、客户及朋友的任何形式、直接或间接的评价，尽力不要对这些反馈进行防御性的反应。

4. 学会从批评中获益

学会在批评中进行换位思考，尝试寻找批评中可能的价值，将会使个体从批评中受益。

5. 不要否认问题的存在

否认是一种回避痛苦现实的防御性策略，如果否认了问题的存在，自然就不会采用恰当的方式解决问题。

6. 想象自我强化行为

运用想象，为自己制定一套克服自暴自弃行为和想法的措施。想象自己正在进行自我强化，采取合理的行动，拥有正确的想法，当完美的结局即将呈现时，想象自己正在进行高峰体验。

四、妥善应对职业发展中的变化

从首次踏入职场到退休，个体可能要经历40年左右的职业生涯。个体的职业生涯并非是一成不变的，处理好职业发展中的各种变化，可以帮助个体顺利而成功地度过职业生涯。

（一）职业发展的特期

职业发展过程中会经历各种各样的特殊时期（简称“特期”），我们把这些特期归纳为组织发展特期、职业发展特期和个人发展特期。

1. 组织发展特期

组织发展特期是指组织在自身发展过程中会经历的特殊发展阶段。一方面，任何组织的发展都会经历导入期、成长期、成熟期和衰退期；另一方面，组织也会因为外部环境变化或自身发展方向的调整而不断进行变革，如企业的合并、分立、划转，组织机构的职能转变、机构改革等。组织经历特定的发展阶段时，组织文化、制度、上级行为、工作要求等方面也会变化，从而也会对员工产生影响。

2. 职业发展特期

职业发展特期是个人的岗位或职责变化过程中所经历的特殊阶段，包括新入职、岗位调动、晋升或晋升失败、技术岗转管理岗、承担上级责任、退休等特殊时期。每一个岗位或职责的变化都会需要个体自行适应。

3. 个人发展特期

个人发展特期是个人在人生发展过程中所经历的特定阶段，包括恋爱、结婚、生子、赡养和照顾老人、丧失亲人、进入更年期等。每个人生发展特期都会对个人的身体和心理造成一定影响。

（二）职业发展早期的心理调适

在职业发展的早期，初入职场、岗位变化、结婚生子等都可能对个体的心理状态产生影响，下面将介绍一些心理调适的策略。

1. 度过职场“蘑菇期”

初入职场的新人有时会像蘑菇一样被置于阴暗的角落，不受重视，有时还会遭受无端的指责，代人受过，故名“蘑菇期”。蘑菇期是很多职场新人必须经历的一个过程，在这种情况下，与其浑浑噩噩地浪费时间，不如以正确的态度对待工作。在这个时期，要学会积极乐观地做好每一件小事，细细体味其中包含的道理和学问；认真踏实地处理好每一个细节，不急于求成，而是按照既定的计划踏踏实实地把每个细节做好；以平常心对待每一个结果，保持自我的真性，不陷于盲目的贪欲和痛苦之中。

2. 应对“老员工综合征”

工作一段时间后，你就会成为组织中的老员工，在工作越来越熟练的同时，可能会患上“老员工综合征”，不思进取、思维固化、拉帮结派、居功自傲，这种心理状态会严重影响个体的心理健康和职业发展。对于老员工来说，要尽量发挥自己的年龄、经验和阅历优势，多注意更新现代知识和技术，更新自己的观念，对工作重新赋予意义，努力做一个舒心的老员工。

3. 岗位调整中的心理调适

岗位调整对有些人而言会带来比较大的适应问题。岗位适应困难的主要原因包括对新工作操作流程理解不清，工作量的改变带来工作节奏的变化，职位变化带来的焦虑感，不适应新上级或同事的工作风格等。对于岗位适应困难的人而言，首先应该多花时间充分了解与新任岗位有关的各种信息，从而做好履职的心理准备；在适应新岗位的过程中，合理安排时间和适时调整工作习惯；保持积极良好的工作状态，不能视新工作为包袱和压力；给自己一些时间，主动与上级沟通和交流。另外，对于开始承担上级职责的员工，还要主动学习与下级沟通的技巧，学会影响激励和引领下级。

4. 工作与生活的平衡

由于人们在工作和生活中分别承担着各种角色，每种角色的履行都需要投入时间和精力，当个体的时间和精力不能充分地在各个角色间进行分配时，冲突就产生了。冲突的表现可能是由于履行工作角色而不能很好地照顾家人、享受生活，也可能是由于履行生活角色影响了工作任务的完成。

促进工作生活平衡可以采用五个策略：

（1）改变理念，要建立起工作和生活需要相互平衡、相互促进的理念，充分意识到工作生活存在冲突的原因。

（2）让自己更健康，通过关注自己的身体健康、定期的身体锻炼、建立良好的生活习惯等方式提高身体素质。健康的体魄让个体可以有更多的精力去分配给工作和生活。

（3）更好地管理自己的时间并学会让自己放松下来。即便是在紧张的工作之中，也能让自己有放松的时间，从而避免心理资源的过度耗竭。

（4）必要时寻求专业支持。专业的心理支持可以让个体更好地评估自己的工作与生活状态，并做出改善。

（5）多举办和参与家庭活动，提高与家人的陪伴质量，增进与家人的感情，并获得家人的支持。

经典分享

三种思维方法教你做“靠谱的职场人”

“靠谱”是很多公司在衡量员工素质时非常看重的指标之一，“靠谱的职场人”常常给人脚踏实地、兢兢业业的印象。有些职场新人总让人感觉不靠谱，而这些职场新人自己也很委屈，觉得自己已经工作到不眠不休了，怎么还不靠谱呢？事实上，靠谱并不意味着不眠不休地工作，要想做一个“靠谱的职场人”，需要学习一些职场心理学，接下来，就为大家介绍“靠谱的职场人”需要掌握的三种思维方法。

1. “云 - 雨 - 伞”思维法

“云 - 雨 - 伞”思维法是职场心理学中非常重要的一种思维方法，即“天上出现乌云，眼看就要下雨，带上伞比较好”。其中，“云”代表事实，即观察到的情况；“雨”代表推断，即根据事实做出的分析；“伞”代表结论，即综合事实与分析做出的判断。举例而言，如果公司交给自己一个“去菜市场看土豆行情”的任务，那么自己在执行该任务的时候，不仅要看市场上是否有人卖土豆、有多少人卖土豆，而且要了解土豆的质量和价格，还要带回土豆的样品并提出自己的建议。

2. “假设性思考”思维法

“假设性思考”思维法的实用性和操作性较强，即在工作之前，可以先大胆地做出假设，然后按照假设来制订工作计划。举例而言，如果公司让自己调查“每晚消费 1 000 元住宾馆的年轻客户群体是否在增加”，自己可以先假设这类年轻客户群体的确有所增加，但存在明显的地域差异，然后在调查时增加“咨询地域”的环节，以验证假设是否正确等。

3. “逻辑树”思维法

“逻辑树”思维法是指从一个大问题出发，按逻辑关系延伸出一系列小问题的方法，这种思维法能够把无从下手的大问题分解为看得见、摸得着的小问题。具体而言，可以按照如下步骤进行操作。

（1）将庞大、复杂的大问题分解成若干小问题，并用“总—分”的形式罗列出来。

（2）想出解决每个小问题的方法。

（3）对每个小问题及其解决方法进行整理、分析，找出解决大问题的关键、重点。

（4）制订计划，并在行动方案中落实。

【分析】以上思维方法不仅有利于全面、清晰地理解任务，而且有助于妥善地完成工作，因此，要想做一个“靠谱的职场人”，一定要学会这三种思维方法。

心 理 训 练

目标职业素质扫描

1．训练目的

掌握目标职业所需要的职业素质，制订计划，提升自己的职业素质。

2．训练时间

40 分钟。

3．训练内容

（1）确定三个目标职业。

（2）查找目标职业对从业者的职业素质的要求。小组活动。对同一行业和类别的职业进行归类，每个小组选择一个类别的职业，确定同一类别的职业对职业素质的要求有哪些，并按照态度、能力、兴趣、价值观等几方面进行划分。

（3）小组总结。小组代表总结不同行业类别的职业所要求的不同的职业素质，并指出哪些是共性的，哪些是特殊的。

（4）教师总结。引导学生了解目标职业对职业素质的要求，明确哪些是自己需努力提高的。

（5）思考：每个职业对从业者应具备的职业素质都有不同的要求，思考自己的目标职业有哪些职业素质的要求。自己还需要提高哪些职业素质。谈谈自己提升职业素质制订的计划过程中的体验。

成 长 反 思

（1）所学的专业知识和技能中，有哪些有助于自己未来的职业发展？

（2）在过往的经历中，养成了哪些关键的心理品质，可以促进自己未来的职业发展？

（3）在本书中，学到的哪些有用的知识和技能，丰富了自己的心理资源，帮助自己更好地适应未来的职业发展。

心理测试：雇主需要的素质

1．测试目的

这是人力资源管理活动中经常进行的一种素质测试，主要测试、鉴定和验证员工的某种素质，以便雇主选拔适宜或优秀的人员。

2．测试时间

45 分钟。

3．测试内容

表 13-2 是被广泛预期的雇主所需要的系列素质要求。在阅读每个问题之后，用 1～5 分的分值在每个维度上进行自我评定。1＝非常低，2＝低，3＝中等，4＝高，5＝非常高（请在所在的格子中画“√”）。

表 13-2　雇主所需的系列素质要求

问题	自我评定				
	1	2	3	4	5
1．拥有职位所需要的教育背景，并且获得了良好的成绩					
2．拥有相关工作经验或实习经历					
3．沟通及其他人际交往技能					
4．动机、坚忍和活力					
5．问题解决能力和创造力					
6．判断力和常识					
7．适应变化的能力					
8．情绪成熟度（行为职业化，并且有责任感）					
9．团队精神（拥有团队工作的能力和兴趣）					
10．积极的态度（具有工作的热情和主动性）					
11．客户服务导向					
12．信息技术技能					
13．网络搜索技能					
14．愿意持续学习与工作、公司和行业相关的知识					
15．幽默感					
16．独立、负责和尽职（包括良好的工作习惯和时间管理）					
17．领导能力（有主动承担和完成任务的责任，并且能影响他人）					

如果自评的得分低或者很低，建议考虑参加一些正规的、关于以上条目的自我发展、培训和教育。如果所有方面的得分都是 4 或 5，那么，受试者就是个合乎期望的候选者。

参 考 文 献

Andrew J. Dubrin，2009. 职业心理学：平衡你的工作与生活［M］. 姚翔，卢昌勤，等译. 北京：中国轻工业出版社.

蔡晓军，张春丽，2010. 自主与成长：高职生心理健康教育［M］. 北京：教育科学出版社.

陈昉，王明娟，2012. 新编高职生心理健康教育［M］. 北京：北京邮电大学出版社.

陈艳丽，盛秋芳，2013. 高职生职业心理素质培养的途径和方法［J］. 江苏建筑职业技术学院学报，13（2）.

段鑫星，赵玲，2003. 大学生心理健康教育［M］. 北京：科学出版社.

郭纪昌，叶一舵，2018. 心理健康模型的发展及对心理健康的再认识［J］. 教育评论，（4）：80-84.

衡书鹏，周宗奎，孙丽君，2017. 视频游戏中的化身认同［J］. 心理科学进展，25（9）：1565-1578.

胡平，2015. 职业心理学［M］. 北京：中国人民大学出版社.

黄群瑛，2008. 大学生心理素质训练［M］. 大连：大连理工大学出版社.

黄占华，2011. 大学生心理健康教育实用教程［M］. 银川：宁夏人民教育出版社.

吉家文，等，2012. 新编大学生心理健康教育［M］. 天津：南开大学出版社.

李冬霞，2017. 高职学生“工匠精神”培育途径探析［J］. 常州信息职业技术学院学报，16（6）.

李红亚，万虎，李岚冰，2012. 爱的成长：大学生心理健康教育［M］. 北京：现代教育出版社.

李文霞，任占国，赵传兵，2013. 高职生心理健康教育［M］. 北京：北京师范大学出版社.

林春，2009. 心理学基础知识［M］. 北京：北京教育出版社.

林葳，2014. 淡定，不浮躁的活法［M］. 武汉：华中科技大学出版社.

刘军，周华珍，2018. 基于扎根理论的技能人才工匠特征构念开发研究［J］. 中国人力资源开发，35（11）.

刘晓玲，2012. 大学生心理健康教育［M］. 北京：旅游教育出版社.

刘新庚，黄小明，李超民，2012. 论大学生网瘾心理过程机理及心理行为矫治方法［J］. 湖南大学学报（社会科学版），26（2）：111-116.

罗伯特·里尔登，珍妮特·伦兹，加里·彼得森等，2016. 职业生涯发展与规划［M］. 侯志瑾，等译. 北京：中国人民大学出版社.

罗冬梅，2013. 大学生职业心理素养教育浅析［J］. 学习月刊，（1）.

马绍彬，1999. 心理保健［M］. 广州：暨南大学出版社.

马喜亭，2008. 阳光伴我行：大学生情绪管理［M］. 北京：高等教育出版社.

马莹，黄晞建. 2013. 职业院校学生心理健康［M］. 北京：高等教育出版社.

欧阳辉，袁中霞，2012. 高职生心理健康应用教程［M］. 沈阳：辽宁教育出版社.

潘愉乐，2017. 工匠精神与中职学生职业意识的培养［J］. 广东职业技术教育与研究，（1）.

庞丽娟，2012. 做情绪的主人［M］. 北京：中国华侨出版社.

彭萍，2008. 未来的金钥匙：生涯规划［M］. 北京：高等教育出版社.

齐亚菲，莫书亮，2016. 父母对儿童青少年媒介使用的积极干预［J］. 心理科学进展，24（8）：1290-1299.

清华大学职业能力发展研究中心，2017. 初入职场 ABC［M］. 北京：化学工业出版社.

沈德立，马惠霞，2004. 论心理健康素质［J］. 心理与行为研究，2（4）：567-571.

宋莉莉，王詠，赵昱鲲，2020. 真实性量表在我国青少年中的信效度检验［J］. 中国临床心理学杂志，28（2）：260，

344-347.

苏文平，2020. 职业生涯规划与就业创业指导［M］. 北京：中国人民大学出版社.

王媚，2018. 大学生网瘾成因的心理学分析及教育对策［J］. 课程教育研究，23：4-5.

王欣，乾润梅，2019. 打开心门，通向幸福：大学生健康心理指导教程［M］. 上海：上海交通大学出版社.

魏杰，2013. 新时期大学生心理健康标准整合的探索性研究：以江苏省为例［D］. 南京：南京大学硕士论文.

肖淑梅，彭彤，2016. 高职职业院校学生心理健康［M］. 北京：机械工业出版社.

姚锡远，王金云，2000. 当代高职生心理健康教育［M］. 开封：河南大学出版社.

张大均，2012. 青少年心理健康与心理素质培养的整合研究［J］. 心理科学，35（3）：530-536.

张洁，冯伟强，李云峰，2010. 心理学［M］. 北京：北京师范大学出版社.

张立军，黄桂玲，2020. 论高职大学生职业心理素养的培养：基于学生工作案例的思考［J］. 高教学刊，（9）.

中国互联网络信息中心，2020. CNNIC 第 45 次《中国互联网络发展状况统计报告》. CNNIC 官方网站，4 月 28 日. URL：http://www.cnnic.cn/gywm/xwzx/rdxw/20172017_7057/202004/t20200427_70973.htm

周蓓，2007. 大学生心理健康教育［M］. 北京：电子工业出版社.

周蓓，周红玲，2009. 大学生心理健康案例教程［M］. 北京：人民邮电出版社.

周永莲，周红玲，宋红艳，2012. 大学生健康教育［M］. 长春：吉林大学出版社.

周宗奎，刘勤学，2016. 网络心理学：行为的重构［J］. 中国社会科学评价，3：55-67，126-127.